楚令尹制研究

宋公文 著

楚学文库

张正明 主编
刘玉堂 执行主编

长江出版传媒
湖北教育出版社

图书在版编目（CIP）数据

楚令尹制研究 / 宋公文著. -- 武汉 : 湖北教育出版社，2024.5
（楚学文库）
ISBN 978-7-5564-5418-1

Ⅰ. ①楚… Ⅱ. ①宋… Ⅲ. ①官制—研究—中国—楚国(?-前223) Ⅳ. ①D691.42

中国国家版本馆CIP数据核字(2023)第111599号

楚令尹制研究　CHU LINGYINZHI YANJIU

出品人	方　平	责任编辑	许　梅
封面设计	蔡立国	责任校对	李庆华
美术编辑	李　枫　何亦明	责任督印	刘牧原

出版发行	长江出版传媒	430070　武汉市雄楚大道 268 号
	湖北教育出版社	430070　武汉市雄楚大道 268 号
经　销	新　华　书　店	
网　址	http://www.hbedup.com	
印　刷	湖北新华印务有限公司	
地　址	武汉市硚口区长风路 31 号	
开　本	787mm×1092mm　1/16	
印　张	27	
字　数	370 千字	
版　次	2024 年 5 月第 1 版	
印　次	2024 年 5 月第 1 次印刷	
书　号	ISBN 978-7-5564-5418-1	
定　价	140.00 元	

总　序

光阴荏苒，岁月不居，弹指间《楚学文库》初版问世已近三十个春秋。蓦然回首，当年的盛况仍历历在目：《楚学文库》甫一亮相，即在北京召开了出版座谈会与楚学研讨会，著名学者季羡林、张岱年、何兹全、任继愈、邹衡、庞朴、黄展岳、俞伟超、黄景略、瞿林东、刘梦溪、王渝生、徐敏、白翠琴和主编张正明等先生欣然赴会，畅所欲言，对《楚学文库》给予了高度评价，称其“是本世纪楚文化研究成果的一次重要总结和集中展示”，为“区域文化研究树立了里程碑”，“对其他地域文化的研究必将产生强大的推动作用”，《光明日报》以《光彩神州，丰润中华》为题，整版刊发了与会学者的精彩发言。李学勤先生因故未能莅临盛会，特意致函主编张正明先生，盛赞《楚学文库》“不愧为楚文化研究的集大成之作”。社会反响异常强烈，文化史学界更是好评如潮，虽多次重印，某些专著仍一书难求。

然而，自《楚学文库》出版以来，有关楚文化的考古发现层出不穷，出土文献联翩而至，相关研究成果亦如雨后春笋，学术界对楚文化的认知已由量的积累上升到质的飞跃，加之初版《楚学文库》已难以购全，因此，增补、修订《楚学文库》成为学术界和广大读者的共同心愿。湖北教育出版社审时度势，毅然决然对《楚学文库》进行增修，堪称远见卓识之举！

相较于原版《楚学文库》，增修版至少有如下优长。

一是体量增大，即所收专著数量增加。初版《楚学文库》共有专著18部，除《楚人的纺织与服饰》尊重作者意愿未纳入外，其他17部全部纳入增修版，并在此基础上增加了3部专著，即张正明先生的《楚文化史》，刘彬徽、刘长武先生的《楚系金文汇编》和宋公文先生的《楚令尹制研究》，共计20部。其中，《楚系金文汇编》弥补了初版有简帛文字研究而无铜器铭文研究的缺憾，与原《楚系简帛文字编》可谓珠联璧合，便于人们在一套丛书中得窥楚文字之全豹；《楚令尹制研究》不仅填补了楚令尹制度研究的空白，还为楚官制研究向纵深推进提供了有益的借鉴，二书的重要意义不言而喻。尤其值得关注的是张正明先生《楚文化史》的收入，该书堪称海内外第一部全面、系统、深入研究楚文化的精品力作，不仅在楚学界具有开榛辟莽之功，而且在中国区域文化乃至中华传统文化研究领域享有盛誉，其影响力并未因时光流逝而消减。回想起1987年《楚文化史》横空出世，旋即在历史文化学界掀起一股先睹为快的热潮，书中锦句如“从楚文化形成之日起，华夏文化就分成了北南两支：北支为中原文化，雄浑如触砥柱而下的黄河；南支即楚文化，清奇如穿三峡而出的长江……”等，一时为楚文化研究者和爱好者广泛征引传诵，几近“有井水处皆歌柳词”之情状。正是由于《楚文化史》一书思接千载，视通万里，新意纷披，文采斐然，故虽屡屡再版，依然洛阳纸贵。此次其被纳入增修版，与初版中的《楚史》相映生辉，更利于人们对楚国历史文化的全面认识和整体把握。

二是内容增加，即每部专著都增添了新的内容。近30年间，随着湖北枣阳九连墩楚墓、河南新蔡葛陵楚墓、湖北宜昌万福垴遗址等的发掘，尤其是湖北荆门郭店楚简和上海博物馆、清华大学、安徽大学珍藏的战国竹简等出土文献陆续问世，极大地丰富了楚文化的内容。各位作者秉持精益求精的态度，对新资料悉心梳理、精细甄别，进而充实到原书相关部分，从而使原著更加丰满。

三是精度更高，即匡谬正误，推陈出新。随着新材料的出现、新方法的运用和新技术手段的推广，楚文化研究高潮迭起。增修版各位作者在充分吸收最新研究成果的基础上，提出了一系列新的见解，纠正了原著中存在的谬误，廓清了初版中某些模糊的认识，调整了不甚合理的结构，文字表述也更加准确、精炼和畅达。

人们常常以章太炎先生的“前修未密，后出转精”来形容作品的初版和修订版的差别，我们虽不敢如此自诩，但增修版的质量超越初版则是毋庸置疑的。时值《楚学文库》初版问世29周年和主编张正明先生仙逝18年之际，湖北教育出版社历经9年艰苦细致的工作，郑重推出《楚学文库》增修版，充分体现出该社对学术的尊崇、对事业的执着和对楚文化研究一如既往的关心与支持，其中也饱含着对张正明先生的敬重和缅怀。

作为忝列张正明先生门墙的弟子，我承蒙湖北教育出版社真诚而盛情的邀请，有幸主持了《楚学文库》的增修工作。受命之日，我即摒弃其他琐务，全身心恭奉其事，未敢有丝毫懈怠。因为从某种意义上说，我把这项工作当作是恩师张正明先生布置的一次特殊作业，只不过评判这次作业的不再是恩师，而是广大热心的读者。

因我学识浅陋和能力有限，各位作者增修的时间也较为仓促，增修版错讹之处在所难免，诚望读者诸君不吝指正。

刘玉堂

2024年4月28日

于武汉东湖之滨

编者献辞 *

楚学是一个正在开拓中的学术园地，从初辟草莱到蔚成气象，还不满半个世纪。

楚学的任务是对楚国的历史和文化做多层面的、全方位的研究，需要众多志士仁人为它献出智慧和辛劳。

楚学的对象自成一个博大精深的体系，从神话、传说到信史，从石器时代、铜器时代到铁器时代，从天文、历法到地理，从物质形态的、精神形态的到制度和风俗，从民族、语言到文字，到玉帛到干戈，从科学到巫术，从老、庄的“玄览”到屈、宋的“流观”，从事象到模式，等等，凡上古文化涉及的一切，无所不包。只靠一个学科或者几个学科的力量，断难窥其堂奥而得其神髓。

中国的古代文化是多元复合的，它的主体华夏文化是二元耦合的。所谓二元，就方位来说是北方与南方，就流域来说是黄河与长江，就代表性的始祖来说是黄帝与炎帝，就象征性的灵物来说是龙与凤，就学术的主流来说是儒家与道家，就风格的基调来说是雄浑、谨严与清奇、灵巧。早在先秦，就形成了这样的格局。春秋战国时代的华夏文化，北方以晋（韩、赵、魏）为表率，南方则由楚独领风骚。近数十年来，学术界论及中国古代文化，大抵重北轻南，重河轻江，重黄轻炎，重龙轻凤，重儒轻道，总之，不免失之偏颇。要全面地认识中国古代文化，不可不研究楚学。

世界的古代文化更是多元复合的，它的主体即旧大陆的古代文化也是二元耦合的。这个二元，简单地说来，就是西方与东方。从公元

* 本文系 1995 年版《楚学文库》编者献辞。

前6世纪中到公元前3世纪中，西方的希腊与东方的楚竞辉齐光，宛如太极的两仪。然而，近百余年来，学术界论及世界古代文化，往往重西轻东，也不免有偏颇之失。要全面地认识世界古代文化，也不可不研究楚学。

我们奉献给读者的这套《楚学文库》，结集了晚近的楚学专著，总计有书18部。出齐之后，则非仅一斑，而足使读者获睹楚国历史文化的全豹。

对于学术问题，见仁见智是正常的现象。我们的编纂宗旨是择善而取，不拘流派，不分门户，不求千口一腔。各部专著分开来看，都自成一家言。整套文库合起来看，则可谓："纷总总其离合兮，斑陆离其上下。"

《楚学文库》编委会

目　录

引言　/001

第一章　楚令尹释名及其比拟之称释义　/003

第一节　楚令尹释名　/003
第二节　楚令尹比拟之称释义　/012

第二章　春秋战国时期楚令尹序列考辨　/037

第一节　春秋时期楚令尹序列考辨　/037
第二节　战国时期楚令尹序列考辨　/057

第三章　春秋战国时期楚司马序列及大事考述　/085

第一节　春秋时期楚司马序列考述　/085
第二节　战国时期楚司马（柱国）序列述略　/099

第四章　楚令尹选拔的范围、条件与方式　/106

第一节　选拔范围　/106
第二节　选拔条件　/113
第三节　选拔方式　/125

第五章　楚令尹的巨大权力及所受王权的严密制约　/127

第一节　楚令尹的内政管理权　/127

第二节　楚令尹巨大的军权　/136
第三节　楚令尹的外交权　/160
第四节　楚令尹权力的不平衡性　/169
第五节　楚令尹权力所受的严密制约　/180

第六章　楚令尹与分领其职司的主要属官　/200

第一节　卿级及亚卿级官员　/200
第二节　大夫级中央官员　/209

第七章　楚令尹大事记略　/218

第一节　春秋时期楚令尹大事记略　/218
第二节　战国时期楚令尹大事记略　/253

第八章　楚令尹个体研究　/269

第一节　令尹彭仲爽与楚国政治体制的革新　/269
第二节　略论令尹子文　/275
第三节　令尹子玉的“刚而无礼”与城濮之败　/293
第四节　孙叔敖事迹考论　/307
第五节　略论吴起变法　/321
第六节　略论春申君黄歇　/335

第九章　楚令尹制的特点　/341

附录　/363

一、春秋战国时期楚令尹所属主要职官表　/363
二、战国时期楚国封君表　/416

引　言

开展对楚国宰辅之制的研究，是探研楚国官制和楚国政治制度的基石，是剖析楚国君主集权制的前提，也是厘清令尹制与他国宰辅制区别的关键所在。为了揭示这一制度的奥秘，有必要撰写《楚令尹制研究》一书。

本书共分为九章。每章的探研，均以可见的文献资料和考古资料为依据，以弄清令尹制研究中某个专题的主旨所在。这些专题研究的要义综合起来有以下几项：令尹这一新奇宰辅称谓的由来及其无可替代的专属性；令尹与其比拟之称的共性及实质区别；全楚可考的49名令尹的出身籍贯，任职时序；楚令尹选拔的范围、条件与方式；楚令尹巨大的内政权、军权和外交权；王权对楚令尹权力的制约；通过对令尹与司马有关史料的梳理，以多重证据阐明二者职位的高低与上下级关系，确认令尹为全楚最高军事首长，而司马次之；分阶段对比楚令尹权力与华夏诸国宰辅权力的变化状况，证明楚令尹权力的至大和它所具有的长期稳定性；战国中后期“相制”这一宰辅制度在华夏诸国的定型，以及楚令尹制中“相制”特征的初步显现。

书中有些章节，乍看仿佛与令尹制研究关系不大。其实不然，如第六章《楚令尹与分领其职司的主要属官》，此章意在说明令尹权力虽大，但所管范围甚宽，不可能事事躬亲，必须得由他属下的一个职官群来分领其职司，以保障、巩固其权力的长期稳定性。第七、第八章通过对49位令尹资料的统摄和对一些重要令尹事迹的探研，呈现有关令尹行权的实例，为论证令尹的全面权力提供系统而扎实的史证。事实证明，这些章节的存在，对锤实楚令尹制的特征，是必不可少的。

本书稿在写作过程中，曾得到友人、楚学名家罗运环教授在古文字资料方面所提供的诸多帮助，值此谨表示诚挚的谢意。

第一章　楚令尹释名及其比拟之称释义

第一节　楚令尹释名

楚官多以尹名，令尹即是其一。

以尹名官非从楚始，而是远肇自商、周。为了解楚尹官的承继关系，以求对“令尹”一词作出正确理解，这里有必要对我国古代尹官的由来作一历史的回顾。

据甲骨文，商代从执政、众官到藩卫诸侯，均可称尹。

商初有伊尹其人，甲骨卜辞多记其事。如：“甲申卜，又（侑）伊尹五示？”[①]“丁乙卜，又于十立（位），伊又九？”[②]这是说伊尹被列为商代五个或九个重臣之首而受到集体祭祀。又如：“〔壬〕戌卜，又岁于伊，廿示又三？”[③]这是说伊尹可伴同太甲以下二十三王一起受祭。这些记载，都清楚说明伊尹在商时地位之高。后世文献说他被汤“举以为己相”[④]，“实左右商王”[⑤]，看来当不为无据。又据《史记·殷本纪》，伊尹姓伊，本名“挚”，则“尹”明显为其官称。伊尹既位在宰辅，是知商代执政可以称尹。

执政以下众官，若未示明具体职务，也可冠以尹名，而称为“尹”“三尹”或“多尹”。如：

甲申卜，争贞：尹致般子？（《前》43.1）

---

① 胡厚宣《战后南北所见甲骨录·明义士旧藏》459，北京来薰阁书店1951年版。

② 郭沫若《殷契粹编》194，科学出版社1965年版。

③ 胡厚宣《战后京津新获甲骨集》4101，上海群联出版社1954年版。

④ 《墨子·尚贤中》。

⑤ 《诗·商颂·长发》。

令尹作大田？（《殷缀》136）

癸亥贞：三尹即于西？（《拾》3.4）

癸亥贞：多尹弜作，受禾？（《京人》2363）

癸亥贞：王令多尹𡆥田于西，受禾？[①]

甲午贞：其令多尹作王（寝）？（《续》6.171）

呼多尹往[illegible]？（《后》上22.5）

“三尹”之“三”，是虚指，意为“多”，“三尹”即“多尹”。古“尹”“君”相通，[②]故“多尹”在卜辞中又写作“多君”：

辛未王卜，曰：余告多君般，卜有祟。（《后》下27.13）

丁酉卜，疑贞：多君曰“……”，王曰“……”，从王？（《后》下13.2）

卜辞还有“西土尹堇”的记载。西土尹，即西方属地诸侯之称，证诸侯亦可称尹。

以上引述说明，尹在商代可作为各类官吏的通称，此正所谓：尊卑高下，不嫌同词。

承继商代的西周，也设有尹官。《尚书·酒诰》有“百僚、庶尹”，《尚书·顾命》有“百尹、御事”，均是其证。铜器如矢令方彝，铭文有“诸君”，亦即“诸尹”，这与文献的“庶尹”“百尹”实为一事，犹如商代的“多尹”。与商代不同的是，西周作为卿士的师保及所封诸侯，未见称尹者。《左传·定公四年》有周公相王室以尹天下的记载。这里的

① 日本京大研究所藏骨，见《书道全集》卷一。

② 《左传·隐公三年》“君氏卒”，《公羊传》《穀梁传》皆作“君氏卒”。《左传·昭公二十年》“棠君尚”，《经典释文》云“君或作尹”。“尹”“君”相通，当始于甲骨文。

“尹”是动词，解作“治理”，与作为名词官称的“尹”殊非一义。有人据此说西周的执政亦可称尹，“周公就是成王的令尹”[①]，这显然是不妥的。

楚国贵族于商初从中原迁来，又先后治理商、周的南土方国，其习俗制度受商、周两代，尤其是商的影响较深。这种影响反映在官制上，就是楚官从中央到地方，亦多称尹。较商、周有所发展者，是楚“尹”之前均有限定性成分，有的标明职事，有的挂以地名，有的目前尚不明其义。这些尹官，除令尹外，较高者有左尹、右尹，稍次而分领中央（或王室）各事者，有环列之尹、王尹、工尹、箴尹、连尹、亚尹、寝尹、莠尹、宫厩尹（亦称中厩尹）、监马尹、芋尹、清尹、陵尹、嚣尹、玉尹、卜尹、乐尹、新䞣（造）尹[②]、集脰尹、𠮷尹、集尹、裁尹[③]、豚尹[④]、郎尹[⑤]。地方县公邑宰亦多称尹，如武城尹、沈尹、方城外之县尹、郊尹、棠君（尹）等。最基层尚有里巷之尹。[⑥]《说文》：“尹，治也。从中、丿，握事者也。”段玉裁注：“中为握，丿为事。”这就是说，

① 唐嘉弘《“莫敖”和“令尹”》，载《教学与科研》1984年第1期。

② 曾侯乙墓简文有“新䞣尹”（参裘锡圭《谈谈随县曾侯乙墓的文字资料》，载《文物》1979年第7期）。传世楚铜戈铭则简称“新造”，省“尹”字。

③ 江陵天星观出土楚简，有“集脰尹”“𠮷辛”，参《考古学报》1982年第1期。“集尹”和“裁尹”见“鄂君启节”铭文。

④《左传·襄公十八年》有“杨豚尹宜”。清人梁履绳《左通补释》十七：“按，《说苑·奉使》：‘楚庄王欲伐晋，使豚尹观焉。’因疑‘豚尹’如《周官》‘豕人’‘羊人’之属。扬其氏，宜其名也。”杨伯峻据梁氏上引文，以豚尹为使者，不同意所谓“豕人”“羊人”之说。杨氏的观点比较准确，参杨伯峻编著《春秋左传注》，中华书局1981年版，第三册第1041页。

⑤ 据《淮南子·人间训》，楚有“郎尹”之官。高诱注曰：“主郎官之尹。”

⑥《左传·昭公二十七年》有“令尹炮之”之语。此“令”，据上下文，实为鄢将师所下达的命令。“尹”者，里巷之尹也。清俞樾《茶香室经说》：“今按，《礼记·杂记》：‘夫若无族矣，则前后家东西家，无有则里尹主之。’郑《注》：‘里尹，闾胥里宰之属。’《王度记》曰：‘百户为里，里一尹，其禄如庶人在官者。’窃谓‘令尹炮之’，即此尹也。国人既不肯爇，鄢将师乃令闾胥里宰之属举火然之。盖国人数多而散，不可得而令。里尹则在官之人，故鄢将师矫子常之命以令之，自无敢不炮者矣。”

尹是掌管某事（或某地）之官。尹既为一个方面的官长，则楚国不称尹之诸官（如莫敖、太宰、司徒等），其实也就是尹。明确了楚国尹官设置之众多，懂得了不称尹之官实亦为尹，我们再来解释“令尹”一词就比较容易了。《说文》曰：“令，发号也。”如此，令尹就是处于发号地位的尹，亦即号令众尹（官）之尹。它迥异于一般的握事者，而是统领全局的握事者。令尹一词所内蕴的这一本质含义，与文献中所反映的令尹的地位与权力完全吻合。《楚策三・苏子谓楚王章》有所谓“自令尹以下，事王者以千数”的记载，《史记・楚世家》说令尹之位在“国冠（官）之上”，《说苑・至公》言令尹为“执一国之柄”者，《吕氏春秋・情欲》说令尹孙叔敖被庄王“尽傅其境内之劳与诸侯之忧”，这些都突出了令尹在楚所处的统领地位和号令百官的巨大权力。

宋代邢昺在注疏《论语・公冶长》“令尹子文”时有云：“令，善也；尹，正也；言用善人正此官也。”这是千百年来关于“令尹”一词最为流行的一种解释。直到今天，这种观点仍在左右着一些人的思想。如杨升南在《名称与中原不同的楚国官制》一文中指出：“令是善的意思，尹即长。‘令尹’即是最好的长官。”[①] 以上解释，笔者甚难苟同。诚然，“令”有时可用作形容词，作“善”“美好”讲，如《左传・闵公元年》的“犹有令名”，《左传・宣公十二年》的“择楚国之令典”，《左传・昭公十三年》的“为之令主”，《左传・昭公十八年》的“郑方有令政”等，这些短语中之“令”字都是如此。但“令”又可用为动词，作“号令”“命令”“措辞”讲，若与官称连用，则转化为动词性修饰词。如“令尹”——号令众尹之尹，“令正”——“主作辞令之正”。[②] 在金文、简书中，“令尹”亦写作“命尹”，[③] 这就清楚地说

① 《文史知识》1984 年第 2 期。

② 《左传・襄公二十六年》：“（郑）子大叔为令正”。杜《注》：“主作辞令之正”。

③ 1979 年于河南淅川下寺二号墓出土的“王子午升鼎”铭文中有“命尹子庚”的记载。“命尹子庚”即令尹子庚。又，在湖北随县（现随州市）曾侯乙墓出土的竹简上，记有楚国的“命尹”（即令尹）。

明，“令（命）尹”之“令”（命），是由动词转化过来的修饰词，而绝非形容词。其次，楚“尹”官官名构成有特定的规律，即“尹”前的限定性成分（地名除外），从语法上看均属动词性修饰词。如箴尹——“主箴规之官”[①]，乐尹——“司乐（之）大夫”[②]，玉尹——“掌玉之官”[③]，芋尹——“殴兽之官”[④]，寝尹——“司王之寝处”[⑤]，莠尹——“治田之官”[⑥]，郎尹——“主郎官之尹”，等等。以上的“主……”“司……”“掌……”“殴……”“治……”，全是由动词转化而来的修饰词。令尹既为诸尹之一，“尹”前之“令”就不可能超出动词性修饰词的常规而为形容词。将令尹解释成“最好的长官”，无论从逻辑或从实际来看，也都是说不通的。“最好的长官”，不仅令尹中可能会有，其他层次的官员中也可能会有。战国时的莫敖子华在同楚威王论及楚国的社稷之臣时，极力称颂了五位大臣，除斗子文和叶公子高外，其他三人（莫敖大心、棼冒勃苏和蒙谷）就非令尹。[⑦]即就楚国的几十位令尹而言，其中固然不乏“最好的”，但形形色色的败类也为数不少，如贪色好财的子元，起兵叛乱的斗椒，杀主篡政的王子围，“侵欲于小国”的子辛，“不知度”而“求无厌”的子旗，贪暴信谗的子常，“贵而主断”的州侯，“娠姬窃国”的春申君，等等。当这些奸邪自恣者一个个占据执政要职的时候，难道还能够把“最好的长官”这种桂冠戴在他们头上吗？！基于以上论述，笔者认为关于楚令尹释名的传统观点是错误的，应当予以订正。

---

① 《吕氏春秋·勿躬》高《注》。

②③ 《左传·定公五年》杜《注》。

④ 《新序·义勇》：“芋尹文者，荆之殴鹿彘者也。”杨伯峻据此言“芋尹为殴兽之官”，参《春秋左传注》第四册第1283页。

⑤ 《左通补释》卷三二。

⑥ 〔日〕竹添光鸿《左氏会笺》（以下简称《会笺》）昭公二十七年《传》笺：“莠尹盖治田之官。农重择种，务在耘耨，以去莠为义，故名莠尹耳。”笔者按：本书以下所引《会笺》，皆为日本井井书屋印行，1903年版。

⑦ 详参《楚策一·威王问于莫敖子华章》。

还有些人认为，“令尹”之官，古已有之，即在春秋战国之时，亦非为楚所独有。这些看法也关涉到了令尹的释名问题，所以笔者不得不一并加以驳辩。

唐嘉弘先生认为：“尹、令尹、伊尹、君的区别，不过是急读、缓读和轻读、重读的不同而已，并无本质的任何差异。”他因此结论道：“伊尹即令尹。”[①]这就是说，令尹一官至迟于商初就已经设立了。唐先生在这里模糊了一个重要概念，即“伊尹”究竟是人称还是官称。唐先生说“令尹”与“伊尹”是不具本质差别的同一个词，这就把作为人称的“伊尹”错误地视同了官称。笔者认为“伊尹”有别于“令尹”，是人称而不是官称，其根据起码有三条。第一，伊尹名挚，是商汤的辅佐，《史记·殷本记》已有明确记述。第二，《逸周书·王会解》载商贵族有“伊、旧、何、父”四姓，这说明“伊尹”之“伊”是姓氏，其词性迥异于“令尹”中用作修饰词之“令”字。第三，“伊”字平声，“支”韵，於夷切，[②]《说文》解为“殷圣人阿衡”；“令”字去声，“劲”韵，力正切，[③]《说文》解为“发号也”。二字音韵和含义如此风马牛不相及，“伊尹”又何能等同于“令尹”？！唐先生首先将人称混同于官称，然后来论证令尹一官始设邈远，这是值得商榷的。实际上，商代并未设“令尹”之官，在殷商甲骨文、金文中根本找不到“令尹”一词。即使执政之“尹”，商时亦只一见，其他商王的辅佐从未发现有称“尹”者，此可证“尹”在商代也并未固化、稳定为宰辅之称，硬要说“令尹”在商代已成为执政之称，恐怕有主观臆断和捕风捉影之嫌。

还有人认为，春秋战国时期的宋国也曾以“令尹”为执政官称。最早提出此说的是战国末期的韩非。他在《韩非子·说林下》中写道：

> 白圭谓宋令尹曰：“君长自知政，公无事矣。今君少主也，而

---

① 参《“莫敖”和“令尹”》。

② 《集韵》，上海古籍出版社 1985 年版，上册第 99 页。

③ 《集韵》下册第 1253 页。

务名，不如令荆贺君之孝也，则君不夺公位而大敬重公，则公常用宋矣。”①

同一事又载于《战国策·宋策》，但“令尹”却记作“大尹”：

谓大尹曰：“君日长矣，自知政，则公无事。公不如令楚贺君之孝，则君不夺太后之事矣，则公常用宋矣。”

这个在宋君年幼时专断国政，并想继续保持这种专断地位的人，其官称到底是“令尹”还是“大尹”，单看以上两处记载是分辨不清的。但如果回视一下此前宋国的设官制度，这个疑窦就易于解决了。

《左传·哀公二十六年》载：

（宋景公晚年）六卿三族降听政，因大尹已达。大尹常不告，而以其欲称君命以令。国人恶之。司城欲去大尹……

这条记载说明，宋国至迟于春秋末期已设有大尹一官。此官至战国犹存，《宋策》所记即其证。韩非之称“令尹”者，是其妄改“大尹”之义，以为“大尹”就是“令尹”。其实宋国从来也无“令尹”之官。

关于“大尹”的地位与职权，杜预据《左传》，提出了“近官有宠者”的说法。高诱据《宋策》，认为是“宋卿”。联系前后史实来看，大尹当是主宫内之官，因接近国君或太后，得宠时不免发展到出纳政命、专断国事的地步。高诱云“宋卿”，所指当如是。但无论如何，“大尹”绝不是上卿（正卿）之官。宋国历来是六卿（右师、左师、司马、司徒、司城、司寇）共政，虽说正卿有时不依位次，但在一般情况下却是

① 缪文远《战国策考辨》：“或（钱穆）据《韩子》之文，谓白圭时宋君即宋王偃，初立年少，故太后、大尹主政用事。可备一说。”（中华书局1984年版，第316页）

右师、左师居“二卿士”之位。

“大尹”既无“令尹”之称，其权位又远不如令尹显赫、稳定，因此绝不能将宋大尹与楚令尹等同视之。左言东据《韩非子·说林下》，又调和《左传》和《宋策》，说什么“春秋宋国有大尹，也称令尹”，其官同楚令尹“性质是一致的”，[①] 这些看法显然全属谬误。

另外，在文献和考古资料中，还有“小令尹”“郐令尹”，以及所谓“关令尹”的记载，以下亦逐一加以辨明，以证其与楚宰辅令尹并非一事。

《史记·樗里子甘茂列传》记楚有“小令尹”一官。所载有关“小令尹”的一段文字，是说秦向寿使楚，为合秦、楚以攻韩、魏，秦将把杜阳封给楚之“小令尹”。《史记索隐》对此释曰：“又封楚之小令尹以杜阳。杜阳亦秦地，今以封楚令尹，是秦、楚合也。”这里，显然视“小令尹”与令尹为一官。查楚令尹从无大、小之分。《史记索隐》之解未知何据，存以待解。[②]

关于“郐令尹”的出处，仅见于1979年在江西靖安县出土的一件名为“郐令尹者荆炉盘”的青铜器。铭文为：

> 雍（雁）君之孙郐（徐）敂（命）尹者（诸）旨（稽）留（荆）择其吉金，自乍（作）卢（炉）盘。

徐在春秋时期已是称王之国，其宰辅也使用“令尹”之名。正如李学勤先生所言：“说明徐人的制度受到楚国的很大影响。”[③]

至于所谓“关令尹”，则为《史记·老子韩非列传》所载：

> 老子修道德，……居周久之。见周之衰，乃遂去。至关，关令

① 左言东《楚国官制考》，载《求索》1982年第1期。

② 参阅《史记·樗里子甘茂列传》有关部分及《史记索隐》。

③ 李学勤《从新出青铜器看长江下游文化的发展》，载《文物》1980年第8期。

尹喜曰："子将隐矣，强为我著书。"于是老子乃著书上、下篇，言道德之意五千余言而去，莫知其所终。

这件事发生在春秋时期。这里的"周"，指东迁洛邑的东周。"关"，指周、秦边界的函谷关。"喜"是人名，文献亦有称"尹喜""关尹""关尹子"者。

对于上引文中的"关令尹喜"四字，如何隔断？不外两种断法。其一，"关令，尹喜"；其二，"关令尹，喜"。第一种断法，"关令"是官称，"尹喜"是人名。第二种断法，"关令尹"为官称，"喜"是人名。但笔者查遍十三经经文和注、疏，以及先秦其他文献，"关令"和"关令尹"之官名均不存在。显然，司马迁无论认为"喜"之官称是"关令尹"或"关令"，都是其自忖、自为之名，虽然他的为难之处是可以理解的。

对于春秋战国时期各诸侯国边关司关之长，《庄子》和《吕氏春秋》等书则记有一个名字，即"关尹"。《庄子·天下》："关尹、老聃乎，古之博大真人哉！"《吕氏春秋·不二》："老聃贵柔，……关尹贵情。"此两处之"关尹"，实为在周界函谷关留止老子"喜"的代称。虽是以官称代人名，但却明示了"喜"的具体官称。《周礼·司关》注可能以此为依据，而将先秦各诸侯国边关之长直称为"关尹"。现录其经文及注如下：

《周礼·司关》："凡四方之宾客敂（叩）关，则为之告。"

郑《注》："谓朝聘者也。叩关，犹谒关人也。"

郑司农说以《国语》曰："周之秩官有之曰：'敌国宾至，关尹以告，行理以节逆之。'"

上述之"关尹"，或是对彼时各国边关司关之长的通称，未必是某国司关关长的实际称谓。但"关尹"这一官称的出现，也足以证明把

“关令尹”“关令”当作彼时司关之长的称谓是错误的。

《左传》中，记有“门尹”之官，司其职者有“门尹般”“门尹得”等人，但此“门尹”是某诸侯国看管国都城门的长官，其职任并不在边关之上。

综上所述，除徐令尹因受楚官制影响而短存一时之外，其余称谓或根本不存在，或拟而比附之。春秋战国近五百年间，以令尹为宰辅固定专名者，唯楚而已。详参本书第二章《春秋战国时期楚令尹序列考辨》和第九章《楚令尹制的特点》。

第二节　楚令尹比拟之称释义

楚令尹在文献中除直接以令尹称名外，还有着为数不少的比拟之称。以下笔者想把这些比拟之称从史籍中一一检索出来，分别稽明其来由始末，并同令尹之义加以比较说明。这样做，将有助于弄清令尹和这些官爵在地位与权力方面的异同，可避免对令尹一官的理解产生歧义。

一、卿士、卿

《左传·哀公十六年》：“（白公）胜谓石乞曰：‘王与二卿士，皆五百人当之，则可矣。’”杜《注》：“二卿士，子西、子期。”按：子西为令尹，子期为司马。①

《左传·成公十六年》：“郤至曰：‘楚有六间，不可失也。其二卿相恶……我必克之。’”按：二卿指令尹子重和司马子反。②

《左传·成公九年》引范文子对晋景公曰：“楚囚（指钟仪），君子也。……名其二卿，尊君也。”按：从本年《传》所记钟仪之言，可知范文子所说的“二卿”，是指令尹公子婴齐和司马公子侧。

①② 参见本书第二章第一节及第三章第一节。

《国语·楚语上》记令尹子木对蔡声子曰："……我为楚卿……"

从上引史料可以看出，不但他国人和楚人可称令尹为"卿"或"卿士"，令尹本人也可以之为自称。

卿士是源起西周的官爵，上引史料中的"卿"不是一般意义上的卿，而是卿士的省称。

《夨令方彝铭》有"王令周公子明保尹三事四方，受（授）卿事寮"的记载。"卿士"，铜器铭文均作"卿事"。明保既被委任为"卿事寮"这一职官群的长官而统辖"三事四方"，其本身必为卿士无疑。这说明卿士之官爵在西周初年即已设立。《诗·小雅·十月之交》次第讽刺了七位祸国殃民的朝廷大臣，而以"皇父卿士"居于首位。《尚书·洪范》称言"卿士惟月"，其位仅低"王省惟岁"的天子一等。《左传·隐公三年》载："郑武公、庄公为平王卿士。"杜《注》："卿士，王卿之执政者。"这些记述，都反映了卿士地位之崇高和权力的至大，周之百官均无法与之相提并论。

在西周担任卿士的大臣，往往同时有两个，如成王时的周公和召公，厉王时的虢公长父和荣夷公[①]，幽王时的虢公鼓和祭公敦[②]。《尚书·君奭序》曰："召公为保，周公为师，相成王为左右。"看来卿士在西周已有了左右之分。入春秋后，周王室仍然沿用这种二头政治，经常设有左、右二卿士。如平王时"郑伯（庄公）为王左卿士"[③]，虢公忌父为右卿士。郑庄公被夺政后，左卿士为周公黑肩所取代。[④]周灵王时，

①② 《吕氏春秋·当染》高《注》："虢、荣，二卿士也"；"虢公、祭公，二卿士也"。

③ 《左传·隐公九年》。《左传·隐公八年》有"虢公忌父始作卿士于周"的记载。郑庄公既为左卿士，虢公忌父则必为右卿士。

④ 《左传·桓公五年》记周伐郑之役，"虢公林父将右军""周公黑肩将左军"，是知虢公为右卿士，周公为左卿士。

又有王叔陈生与伯舆为二卿士。[①]从顾栋高《春秋大事表》卷二十《春秋王迹拾遗表》所罗列的资料来看，春秋时周王室所设置的二卿士还有许多。周朝的卿士不固定于某一官职，师、保及六卿中之执政者皆可获此爵称。如周公以太师、召公以太保、毕公以太史、郑桓公与郑庄公以司徒、王子虎以太宰而均在卿士之位。

楚官令尹、司马，被称为王之“股肱”[②]，于百官中地位最高，权势最重。他们被称为“二卿士”，乃是以周制相比拟之说。除楚而外，春秋时不少国家也深受周的二头政治的影响，如宋国的“右师”“左师”，郑国的“当国”“当政”，齐国的“左、右相”，虽无“二卿士”之名，实际上都是本国的二卿士。作为楚卿士的令尹、司马，同周与他国的卿士相比，就其在本国百官中所处的地位来讲，并无二致。但具体分析起来，却有若干不同之处。其一，令尹与司马的卿士地位是恒定的，而周和宋、郑等国的卿士，则不固定，或不完全固定于某一二官职，具有较大的游移性。其二，作为卿士的令尹、司马，其官爵权位受之于楚王，这是春秋初期楚僭王后，与周室分庭抗礼的缘故；而周与他国的卿士原则上则须由周王加以任命，如齐国的国、高二氏受周王之命为上卿[③]（即卿士），晋国的士会受周王之命“将中军，且为太傅”[④]，皆是其例。其三，周之二卿士可以世袭，楚之二卿士一般不能世袭。其四，也是最重要者，楚的二卿士，其权力的不平衡性，要远比周与他国的二卿士表现得突出。楚卿士令尹，全面掌握国家的军政外交大权，司马虽也是卿士，但权力比令尹小得多，作为最高专职武官，他甚至在军事上也要接受令尹的全面领导[⑤]；周的二卿士之间却不是这样，左卿士对右卿士并非明显处于被领导地位，这从周平王不敢在二卿士之间拉开权力

① 《左传·襄公十年》：“王叔陈生与伯舆争政”。杜《注》：“二子，二卿士。”
② 《左传·哀公六年》楚昭王答周太史语。
③ 详见《左传·僖公十二年》。
④ 详见《左传·宣公十六年》。晋中军主将，又称中军元帅，即执政，于晋为卿士。
⑤ 参本书第五章第一、二、三节。

差距[①]，周灵王时二卿士“王叔陈生与伯舆争政”[②]均可看出。另外，郑国的“当政”有执政之实权，宋国的“左师”有时可为执政上卿，他们与本国“当国”或“右师”的权力差距也不像楚的二卿士那么明显。楚之二卿士权力相差较大说明了什么？说明令尹作为楚的卿士之长，权力更加集中，其实权要大于周的右卿士和宋、郑等国的执政上卿（就其在各自的统治地域而言）。明确了上述诸点，特别是其中的最后一点，我们在阅读文献时就不会把楚卿令尹同周与他国的卿士（包括正卿及其副贰介卿）混为一谈了。

二、宰

《左传·宣公十二年》：“随武子曰：‘……蒍敖为宰，择楚国之令典……能用典矣。’”

蒍敖即令尹孙叔敖，关于这一点，本书在第八章第四节《孙叔敖事迹考论》中已作了分析和论证。晋人呼孙叔敖为“宰”，这并不是说楚执政有此官号，而是采用了一种比拟之称。

宰的本义是宰割[③]，后转借为杀牲烹调者之称。这种宰职人员服务于王室，因接近君主，在商代已有得到君主赏识、信任而被拔升为王室事务总管，甚或商王辅佐者。[④]铜器蔡𣪘有如下铭文：“蔡，昔先王既令女作宰，嗣王家”。这说明至迟到西周初年，“宰”已经成一个固定官称，其主要职责是问治王室“家”事。在文献中，宰又称太宰或冢宰。如《左传·定公四年》：“周公为太宰。”《诗·大雅·云汉》：“疚哉冢宰。”《左传·定公四年》又载：“周公相王室以尹天下。”“相王室”，是

① 详参《左传·隐公三年》。
② 见《左传·襄公十年》及杜《注》。
③ 参《说文通训定声》。
④ 如商汤时的伊尹，始为汤之庖厨，为地道的宰职人员。后“以滋味说汤，至于王道”，得到信任，官至阿衡，佐汤以治天下。

太宰的本职；“尹天下”，说明周公一身二任，既是王室总管又同是周朝的宰辅。因当时执政上卿并无确定的官称，而王室总管有时与执政上卿又同为一人，故作为王室管家官称的“太宰”，又可代为宰辅之称。成书于战国时期的《周礼》一书，以太宰居六卿之首，说其“掌建邦之六典，以佐王治邦国”，仿佛其自西周建立时起就是执政上卿，这是不符合周官实际的，是儒家加入了大量理想化成分而作的系统安排。这种说法同该书内容亦自相矛盾。如此书载“天官冢宰”所统属的官吏，多半都是管理宫内饮食、医疗、保藏及服侍周王和王后之事，这正好反映了当时的太宰主要还是管宫内事务之官，而未能固定为宰辅专称。这从西周中后期宰辅大臣不见领有“太宰”官号而主要由太师担任，也可得到说明。

太宰从问治王室“家”事演化到为王室执掌国政，固定为宰辅之称，从现有资料看，时间已进入了春秋时期。据《左传》和《国语·周语》等书所载，在春秋前期和春秋前中期之交担任周朝太宰之官者，周平王时有宰咺[①]，周桓王时有宰渠伯纠[②]，周襄王时先后有宰孔（即周公忌父，也称宰周公）[③]、太宰文公（《左传》称王子虎）[④]和周公阅（亦

①② 《春秋·隐公元年》：“秋七月，天王（平王）使宰咺来归惠公、仲子之赗。”《春秋·桓公四年》：“夏，天王使宰渠伯纠来聘。”程公说《春秋分记》卷四十一《职官书第一》云：“宰渠伯纠，太宰之卿位；宰咺，虽称名，然亦官禄，亦为卿宰，书名，《春秋》贬之。”按：《春秋》笔法，《周礼》六卿唯太宰书官，以表示与他卿职责相异。因此，凡《经》书“宰”者，皆为太宰。

③ 《春秋·僖公九年》：“夏，公会宰周公、齐侯、宋子、卫侯、郑伯、许男、曹伯于葵丘。”杜《注》：“周公，宰孔也……天子三公。”《会笺》：“盖宰孔，字忌父，周公忌父出（僖）十年及庄十六年。”按：除上述外，周公忌父事迹还见于《左传·僖公九年》和《左传·僖公二十四年》。

④ 《国语·周语上》：“襄王使太宰文公及内史兴赐晋文公命。”韦《注》：“太宰文公，王卿士王子虎也。”按：王子虎事迹见《左传·僖公二十八年》和《左传·僖公二十九年》。

称宰周公）[1]，周顷王和周匡王时有周公阅[2]。周庄、僖、惠三王时期（四十余年）未见太宰一官，可能是史籍漏记或虽有其人而未点明官称。关于入春秋后周室太宰的职责，史籍披露有如下诸端：（一）执掌政柄。《左传·文公十四年》有所谓周公阅与大臣王孙苏“争政”的记载，《史记·十二诸侯年表》特意注明是“公卿争政”，这反映了作为执政上卿的周公阅是不甘将政柄假手他卿的。（二）对外征战任统兵主帅。周襄王十六年（前636年），“狄师伐周”，宰孔率军迎战，“大败”被俘[3]，即为明证。（三）主管外交事务。春秋前期，中原诸侯国先后举行了两次规模宏大、影响深远的诸侯会盟——葵丘之会和践土之盟，周室派出的外交代表均为太宰。在公元前651年夏齐桓公所召集的葵丘之会上，宰孔曾代表周襄王“赐齐侯胙”[4]，以表示周室对霸主的最高礼遇。公元前632年夏晋文公于践土盟会诸侯，以庆贺城濮之捷，太宰文公与内史叔兴代表周襄王“策命晋侯为侯伯”，赐予他相当于霸主身份的“命服”。接着，太宰文公又“盟诸侯于王庭”，缔结了主旨为“皆奖王室”的盟约。[5]另外，太宰还可以周室代表的身份册立诸侯新君[6]、参加其他类型的诸侯及卿大夫会盟[7]，以及担任聘使[8]。太宰一官，既握有上述军政外交大权，则就不再是王室事务总管，而成了“兼摄群职”“总御众官”[9]的执政大臣。

①②《春秋·僖公三十年》：“冬，天王（襄王）使宰周公来聘。”杜《注》：“周公，天子三公兼冢宰者也。”《会笺》：“盖代王子虎为太宰。”按：宰周公，同年《传》称“周公阅”。周公阅事迹还见于文十四年《经》《传》。《春秋左传注》第二册第602页：“周公阅，见僖三十年《经》《传》，盖为太宰久矣。”

③ 详见《左传·僖公二十四年》。

④《左传·僖公九年》。

⑤ 详参《左传·僖公二十八年》及《国语·周语上》。

⑥《左传·僖公十年》：“夏四月，周公忌父，王子党会齐隰朋立晋侯（文公）。”《史记·晋世家》：“四月，周襄王使周公忌父会齐、秦大夫共礼晋惠公。”

⑦ 如周襄王二十一年（前631年）夏，太宰文公参加在翟泉召开的诸侯及卿大夫会盟，参《左传·僖公二十九年》。

⑧ 如周襄王二十二年冬，宰周公（周公阅）聘鲁，参《左传·僖公三十年》。

⑨《周礼注疏》卷一。

周室执政既称太宰，又称卿士，这当如何理解？笔者认为二者既相统一，又有区别。为卿士者，则不必定为太宰；为太宰者，则必是卿士无疑。因卿士有二人，而太宰作为执政上卿，仅为其中之“右”者。另外，太宰是官称，卿士是爵位，二者是一个实体的两个方面。

春秋时期，王室衰微，诸侯日强，僭王乱制之行风靡一时。在这种背景下，作为周室执政称谓的太宰，遂自然被视为时髦的上卿之号，而为各国所通用。如《左传·昭公元年》记赵武对子产言，有“武请于冢宰”一句。“冢宰”指郑当国子皮。郑六卿无“冢宰”之名，赵武如此而言，乃是泛举上卿之官以称之。又如《左传·隐公十一年》：“羽父请杀桓公，将以求太宰。”羽父即鲁大夫公子翚。鲁从无太宰之官，此云“将以求太宰”者，是羽父想杀掉桓公而求为执政上卿。此事亦载于《史记·十二诸侯年表》和《史记·鲁世家》。前曰：“大夫翚请杀桓公，求为相。”后云：“公子挥（翚）谄谓隐公曰：‘百姓便君，君其遂立。吾请为君杀子允（桓公字），君以我为相。’”“相”是战国后期各国执政的通称。司马迁皆以“相”释“太宰”，显见太宰和相一样，都是正卿的泛指，而非鲁所实有之官。另外，史籍还有齐国执政借以“宰”称的记载。如《国语·齐语》：“桓公自莒反于齐，使鲍叔（即鲍叔牙）为宰。”童书业先生以此“宰”为齐国执政的正式官称[①]，这是错误的。《齐语》在谈到桓公初年的设官制度时，其中有一要目是“臣立三宰”。韦《注》：“三宰，三卿也，使掌国政。”笔者理解，“三卿”当为命卿国、高二氏以及国政的具体执掌者（始为鲍叔牙，继为管仲）。三卿均可称“宰”，可见“宰”是齐国卿官的泛称，而非实掌国政的宰辅的专称。《会笺》隐十一年《传》笺：“大国三卿，而各有兼职，故虽不置太宰，亦称总政者为太宰耳。”鲍叔牙被称为“宰”，显然就属这种情形。《左传·庄公九年》载鲍叔牙荐管仲以自代曰：“管夷吾治于高傒，使相可也。”“相”即辅佐之意，这里也未说明当时齐国执政的具体官名。

① 见童书业《春秋左传研究》，上海人民出版社 1980 年版，第 171 页。

《国语·齐语》韦《注》："鲍叔，齐大夫。"《史记·齐世家》："桓公厚礼以（管仲）为大夫，任政。"这两处的"大夫"，实皆为卿[①]，是爵称而不是官名。看来，春秋前期齐国的执政尚未有固定名称。

了解了太宰成为周室执政官称的原委，明确了春秋诸国如郑、鲁、齐等其执政都可泛称为"宰""冢宰"或"太宰"，我们再来理解所谓"艻敖为宰"一语，就豁然开朗了。以"宰"来比称楚之令尹，以"宰"来比称各国执政，乃当时司空见惯的事情。可以说，从"宰"被确定为周室执政的称谓后不久，"宰"或"太宰"就成了彼时士人比说各国执政之官的一个通名。

笔者认为时人称楚令尹为宰、称其他各国执政为宰都是比拟之称。宰不是楚国等国执政的实际官称。还有一条依据，就是楚国等国在春秋时期一般都设有太宰之官。各国的太宰，其官爵或为大夫，或为散位从卿，皆与执政上卿相去甚远。关于楚国太宰的地位，《左传》及他史多有记述。如《左传·成公十年》："晋侯使籴茷如楚，报太宰子商之使也。"《左传·成公十六年》："楚子（共王）登巢车，以望晋军，（令尹）子重使太宰伯州犁侍于王后。"《左传·昭公元年》："楚灵王即位，薳罢为令尹，薳启强为太宰。"《左传·昭公二十一年》："楚（司马）薳越帅师将逆华氏，太宰犯谏曰……"《淮南子·人间训》："太宰子朱侍饭于令尹子国（即公孙宁）。"另外，《左传·襄公十五年》以地位高低为序列出了一干楚中央高官要员，其中有令尹、右尹、大司马、右司马、左司马、莫敖、箴尹、连尹、宫厩尹，但却未见太宰的踪影。这些都说明太宰在楚国地位不高，它不是卿官，而只是大夫。他国太宰的官阶也不甚高。《左传·襄公十一年》："郑人使良霄、太宰石臭如楚，告将服于晋。"良霄非郑之当国、当政，而石臭又为其介，可见郑之太宰位亦不重。《左传·桓公二年》："（华父）督为太宰……已杀孔父而弑

① 《春秋左传注》第二册第908页："春秋时齐国之大夫相当于诸侯之卿，非广义之大夫。"

殇公，召庄公于郑而立之……故遂相宋公。”弑君而始为宰辅，是知宋太宰之位亦低于卿相。春秋各国唯吴之太宰地位重要，这从《左传》和他史所记太宰嚭的事迹可以看出。嚭之被吴重用，该是出于对楚斗争的需要，以及此人颇善奉迎的缘故。

总之，春秋时楚国等国关于太宰一官的设置和称用，似乎有一条共同的规律，即各国太宰皆非执政，但“宰”或“太宰”又可用为各国执政的比拟之称。这种矛盾的现象，乃是社会大变动中意识的变革落后于实践的反映。

战国时期，楚之令尹仍可借称为“太宰”。如《战国策·韩策一》：“郑强……故谓（楚）太宰曰：‘公（指楚太宰）留仪之使者，强请西图仪于秦。’”这是讲说客郑强请求楚太宰扣留张仪的使者，并要求派自己西去秦国打击张仪。冯作民释此“太宰”为“相职”①。从上、下文意来看，冯氏之说不误。但除楚而外，战国时期他国执政已不见再有比称为“太宰”的情况了。

三、大夫

《春秋》称令尹为大夫之例：

《春秋·僖公二十八年》：“楚杀其大夫得臣。”此“大夫得臣”即令尹子玉。

《春秋·襄公五年》：“楚杀其大夫公子壬夫。”此“大夫公子壬夫”即令尹子辛。

《春秋·襄公二十二年》：“楚杀其大夫公子追舒。”此“大夫公子追舒”即令尹子南。

《左传》等称令尹为大夫之例：

《左传·僖公二十八年》：“既败，王使谓之曰：‘大夫若入，其若申、息之老何？”此“大夫”指令尹子玉。

① 冯作民译注《白话战国策》，台湾星光出版社 1979 年版，下册第 814 页。

《左传·成公二年》引“君子”曰：“大夫为政，犹以众克，况明君而善用其众乎？”此“大夫”指在鲁国蜀地盟会诸侯卿大夫的楚军主帅令尹子重。

《左传·成公十六年》载子反死前对子重所遣使者言：“大夫命侧，侧敢不义？”此“大夫”指令尹子重。

《左传·襄公十八年》载康王遣使令子庚出师伐郑言：“大夫图之，其若之何？”此“大夫”指令尹子庚。

《左传·襄公二十七年》：“壬午，宋公兼享晋、楚之大夫，赵孟为客，子木与之言，弗能对；使叔向侍言焉，子木亦不能对也。”此“大夫”指晋执政赵孟及楚令尹子木。

对于死去的令尹，《左传》《国语》等史籍则称“先大夫”：

《左传·成公十六年》：“王使谓子反曰：‘先大夫之覆师徒者，君不在。子无以为过，不穀之罪也。’”此“先大夫”指令尹子玉。

《左传·襄公二十五年》：“楚子（康王）以灭舒鸠赏子木。辞曰：‘先大夫芀子之功也。’以与芀掩。”此“先大夫”指令尹芀子冯，掩乃其子。

《左传·哀公元年》：“子西曰：‘……吾先大夫子常易之，所以败我也。’”此“先大夫子常”即令尹囊瓦。

《国语·楚语上》引左史倚相对司马子期言：“昔先大夫子囊违王之命谥……君子曰：违而道。”此“先大夫子囊”即令尹公子贞。

大夫是官爵等级，而非具体官称。要想对楚令尹称“大夫”“先大夫”的问题作出正确理解，首先需对“大夫”的定义及《春秋》《左传》使用这一概念的规律和特点有所了解。

“大夫”即诸侯的臣属。在一般诸侯国内，国君的臣属实际上又分为“卿”和“大夫”两级爵秩。这样，“大夫”一词就有了广义和狭义两种意涵。广义之“大夫”，即所谓“王臣公，公臣大夫，大夫臣士”[①]

① 《左传·昭公七年》。

之“大夫”，它统摄“卿大夫”而有之；狭义之“大夫”，或专指“卿大夫”中的“大夫”，或专指“卿大夫”中的“卿”。

《春秋》用周制，行王法，它记述贵族士人的官爵等秩，完全依据周代贵族的等级制度，分为王（周天子）、公（王室三公及诸侯国君）、大夫、士四等，而将诸侯之臣属不分高低皆称为“大夫”。如它记述楚国众臣，成公十六年称司马子反为“大夫”（所谓“楚杀其大夫公子侧”），襄公二年称右司马公子申为“大夫”（所谓“楚杀其大夫公子申”），昭公十二年称官职不明但绝非卿官的成熊为“大夫”（所谓“楚杀其大夫成熊”），可见楚之卿士、卿级和大夫级官员，统统被纳入“大夫”范畴。楚令尹、司马和莫敖等在本国为卿官，于周王朝则当曰“大夫”，故《春秋》“用王法以绳之”，皆称之为“大夫”。以大夫言卿，这是春秋笔法的一大特点，不仅对楚如此，对他国亦不例外，限于篇幅，这里就不再一一列举了。

《左传》称用“大夫”，情况比较复杂，有如《春秋》用广义者；也有“因纪事以明建置之实”[①]，而用狭义或专指者。

《左传·襄公元年》：“彭城降晋，晋人以宋五大夫在彭城者归，置诸瓠丘。”据《左传·成公十五年》《左传·成公十八年》，据彭城叛宋的五大夫是左师鱼石、大司寇向为人、少司寇鳞朱、太宰向带、少宰鱼府。这里边只有鱼石和向为人是卿官（宋“六卿”为右师、左师、司马、司徒、司城、司寇），其他三人均为大夫官。因此，所谓“五大夫”之“大夫”，乃是包括卿和大夫在内的广义爵称。

《左传·襄公八年》：“会于邢丘……（晋悼公）使诸侯之大夫听命。季孙宿、齐高厚、宋向戌、卫甯殖、邾大夫会之。”季孙宿等为本国之上卿，故这里的所谓“大夫”，显然也是用广义。像这样以大夫言卿的例子，《左传》中俯拾即是。《左传·襄公十三年》：“楚子疾，告大夫曰……”杜《注》：“大夫谓卿。”《左传·襄公三十年》引“鲁使

① 《春秋分记》卷四十一《职官书第一》。

者”言：“（晋）有赵孟以为大夫。”杨《注》：“赵武实主晋国之政，则大夫犹上卿也。”

以上《左传》之“大夫”，皆用广义而包括卿，楚令尹在《传》文中被书称“大夫”，就是《左传》这种笔法的具体运用。另外，《左传》对当时各国已死的卿大夫皆称“先大夫”，楚令尹过世而称“先大夫”，亦是这种通例的反映。

《左传》称用“大夫”，也多有专用其狭义者。《左传·襄公九年》引子囊语：“其（晋）卿让于善，其大夫不失守，其士竞于教。”《左传·定公六年》：“吴太子终累败楚舟师，获潘子臣、小惟子及大夫七人。”这两处之“大夫”，皆指“卿大夫”之“大夫”。像这种意义的“大夫”，《左传》里还可举出很多。另外，《左传》中还有一种狭义“大夫”，它们专指卿官，不是兼包“卿大夫”而有之的广义爵称。如《左传·成公十八年》：“庆封为大夫，庆佐为司寇。”杨《注》：“齐国之大夫相当于诸侯之卿。”从鲍叔牙和管仲称“大夫”而为齐之正卿来看，杨《注》不误。又如《左传·哀公元年》：“越子（勾践）……使大夫种因吴太宰嚭以行成。”众所周知，大夫文种和上将军范蠡实为越之二卿士。“大夫”在齐、越二国乃卿之专称，这在春秋时期是一种非常特殊的现象。

《左传》中还有许多“大夫”，其前带有限定性成分，如蛮氏的“五大夫”，晋国的“中大夫”“仆大夫”“公族大夫”“上军大夫”“中军大夫”和“县大夫”，秦国之“右大夫”，齐国的“属大夫”，鲁国的“家大夫”等，它们虽均属“卿大夫”之“大夫”范畴，但具体地位或职司十分明确，故可概称为专指大夫。

《左传》中“大夫”的意涵计有上列三种，而楚令尹称大夫仅属其中用广义的一种。《穀梁传》云：“楚无大夫。”[①] 爵秩为卿的楚令尹被书称“大夫”，这皆是《左传》作者以周制相比附的缘故。周制“大夫”

① 《穀梁传·僖公四年》。

合“卿大夫”而言之，其中蕴含着“卿”，故楚令尹也可以此相称。明确了这一点，才算真正把握住了楚令尹称用“大夫”的契机，也才有可能把令尹的“大夫”称谓最终同狭义大夫和专指大夫区别开来。

战国时期，令尹等楚臣仍可以广义之大夫相称。如《楚策一·魏氏恶昭奚恤于楚王章》：“昭子（昭奚恤）曰：‘臣朝夕以事听命，而魏入吾君臣之间，臣大惧……。’王曰：‘寡人知之，大夫何患？’”此“大夫”即指令尹昭奚恤。《楚策一·威王问于莫敖子华章》：“……莫敖子华对曰：‘如华不足知之矣。’王曰：‘不于大夫，无所闻之。’”这里莫敖亦称“大夫”。此章又引莫敖子华语：“昔吴与楚战于柏举，三战入郢。寡君身出，大夫悉属，百姓离散。”是楚众臣亦概称“大夫”。令尹等楚臣被书称“大夫”，此为《战国策》笔法所致。《战国策》对当时各国大臣多有以“大夫”相称者。如《韩策二·公叔将杀几瑟章》有“韩大夫”，《韩策二·齐令周最使郑章》有“齐大夫”，《燕策二·苏代自齐献书于燕王章》有“燕大夫”，《魏策一·魏武侯与诸大夫浮于西河章》有王错、吴起等“诸大夫”，《中山策·中山君飨都士大夫章》有“大夫司马子期”，等等。《战国策》这种以广义大夫概称各国大臣的笔法，显然是《春秋》和《左传》行文格式的余韵流风。

四、国相、相国、相

《左传》称令尹为“国相”：

《左传·宣公十二年》引晋文公曰：“得臣犹在，忧未歇也。困兽犹斗，况国相乎？”此“国相”指令尹子玉。《说苑·尊贤》亦记此语而“国相”改作“相国”。

《战国策》及战国子书称令尹为“相”和“相国”之例：

《东周策·周共太子死章》：“公若欲为太子，因令人谓（楚）相国御展子、啬夫空曰：‘……’相国令之为太子。”此“相国”显为令尹。

《楚策四·楚考烈王无子章》引朱英言：“君相楚二十余年矣，虽名为相国，实楚王也。”此相国即令尹黄歇。

《荀子·尧问》："缯丘之封人见楚相孙叔敖曰：'……相国有此三者而不得罪楚之士民，何也？'"此"相"和"相国"即令尹孙叔敖。

秦汉间史著称令尹为"相"和"相国"之例：

《新序·杂事二》："庄王曰：'善哉！愿相国与诸侯士大夫共定国是。'"此"相国"指令尹孙叔敖。

《说苑·尊贤》："于是齐王忿然，乃更使眄子将。楚悉发四封之内，王自出将，田忌从，相国、上将军为左右司马……"此"相国"实为令尹，姓名无考。

《史记·楚世家》："周王赧使武公谓楚相昭子曰：'……'"此"楚相昭子"指令尹昭雎。[①]

《史记·滑稽列传》引优孟曰："……孙叔敖之为楚相，尽忠为廉以治楚，楚王得以霸。"

《史记·春申君列传》："考烈王元年，以黄歇为相，封为春申君……"

楚令尹称"相"或"相国"，在不同时期的不同文献中如此普遍，这种情况当如何理解？笔者认为要作出正确把握，必先弄清以下几个问题：

（一）相之含义是什么？

（二）相或相国在当时各国被确定为宰辅之称的历程。

（三）相或相国作为宰辅之官，其权力前后有无变化？

以下且分述之。

相，刘师培在《论历代中央官制之变迁》一文中，引仪徵阮氏之释，认为是"辅相之义，与赞襄之襄相同"。[②]在古代（特别是先秦）文献中，相的这种意解，所见甚多。如《左传·襄公十九年》："（郑）司徒孔实相子革、子良之室。"杜《注》："司徒孔与二父相亲，故相

① 参见本书第二章第二节。

② 《国粹学报》1907年第2期。

助其子。"《左传·哀公十七年》引子谷言:"右领差车与左史老皆相令尹、司马以伐陈。"这是说二人辅佐令尹子西和司马子期去攻打陈国。《史记·周本纪》:"成王将崩,惧太子钊之不任,乃命召公、毕公率诸侯以相太子而立之。"这里的"相太子",乃召公、毕公及诸侯共同辅佐太子之意。《尚书·君奭序》曾载周、召二公"相成王为左右",此"相",注家亦解为"辅佐"。[①]作佐助之解的动词"相",在不少情况下也可转为名词而当辅佐者讲。文献记载中所反映的所谓三代或三代以前的"相",就是这种含义。如《通典》据《管子》称"黄帝置六相"[②],《左传·文公十八年》太史克言舜"举十六相",《公羊传·隐公五年》说周初三公为"天子之相",这些"相"皆泛指那些在一定时期辅佐君王的主要人物,而非后世所谓"一人知事者,特为之相"[③]的"相"。《左传·定公元年》载薛宰述其祖仲虺"为汤左相"。因此前数十年齐已设左、右相,这明显是以时语述古制,故《会笺》以为"不可信也"。明清之际的著名学者顾炎武曾得出这样的结论:"三代之时,言相者皆非官名。"此种见解,完全反映了当时的实际情况。

在我国历史上,"相"被正式确定为宰辅之称,是在春秋后期的齐国。《左传·襄公二十五年》:"崔杼立(景公)而相之,庆封为左相。"其时为齐庄公六年,即公元前548年。齐设左、右相后,各国相继效仿,设相之制遂逐步推广开来。与齐不同者,是各国设相多行单轨制而非双轨制[④]。在齐之后,三晋于各国中设相最早。《韩非子·外储说左下》:"解狐荐其仇(按:指鲁之阳虎)于简主以为相。"是赵简子于春秋之末已于赵国置相。《国语·晋语九》:"还自卫,三卿宴于兰台,智襄子戏韩康子而侮段规。智伯国闻之,谏曰:'……今主一宴而耻人之君、相……无乃不可乎?'"韦《注》:"君,康子。相,段规。"是韩

① 见王世舜《尚书译注·君奭序》注。
② 《通典》卷十九《职官一》。《管子·五行》原文是:"黄帝得六相而天地治。"
③ 《日知录》卷二四。
④ 唯战国中后期的秦国采双轨制,设左、右丞相。

于战国之初也已立相。又《史记·魏世家》引“李克曰”：“魏成子为相矣”，“是以知魏成子之为相也”，则魏之设相亦不迟于战国前期。各国中，设相最晚的是秦国。秦的最高官职是大良造。《史记·秦本纪》：“（惠文王）五年，阴晋人犀首（即公孙衍）为大良造。”这说明至迟于公元前333年，秦的最高官称仍未变化。《秦本纪》又载：“（惠文王）十年，张仪相秦。”秦的立相，当自此（前328年）始。武王二年，即公元前309年，秦相更名为“丞相”，分左、右。各国之“相”，又可称为“相国”。“相国”之名出现较迟，它既可与“相”并用，又可单独称用。并用之例，如《东周策·三国隘秦章》：“三国隘秦，周令其相之秦，以秦之轻也，留其行。有人谓相国曰……”《荀子·强国》：“荀卿子说齐相曰：‘……今相国上则得专主，下则得专国。’”此两例中“相国”为第二人称，凡如此使用者，均含有尊称之意。“相国”单独称用，其例更多。如《战国策·东周策》：“昭献在阳翟，周君将令相国往，相国将不欲。”《西周策》：“苏代遂往见韩相国公仲。”《赵策三》引公孙龙言：“君（按：指平原君）为相国者以亲故。”《韩非子·外储说左上》：“郢人有遗燕相国书者。”《吕氏春秋·知度》：“（赵）襄子见（胆胥已）而以为中大夫，相国曰：‘……非晋国之故。’”《吕氏春秋·应言》：“司马喜难墨者师于中山王前以非攻。”《史记·赵世家》载，赵武灵王传国于少子何，“肥义为相国”。《史记·乐毅列传》：“赵惠文王以相国印授乐毅。”除此之外，秦丞相也可称相国。如《史记·秦本纪》：“东周君与诸侯谋秦，秦使相国吕不韦诛之，尽入其国。”樗里疾于武王二至三年（前309至前308年）任右丞相，但《吕氏春秋·无义》却称其为“相国”。可见丞相、相国在当时可以互用，并无严格区别。以上情况表明：在战国中后期，特别是战国后期，“相国”已成了各国执政的通称，成了人们称呼宰辅之官的习惯用语。

《吕氏春秋·举难》云：“相也者，百官之长也。”这反映了自春秋后期至战国之末，“相”或“相国”在各国政府机构中所处的首辅地位。但同样为宰辅之官，随着时间的推移，“相”或“相国”的权力发生了显著的变异。这种变异以各国中央集权制确立的时间迟早为界，可明显划分为前、后两期。各国中央集权制确立以前，“相”或“相国”如春秋时期各国的正卿一样，集文、武二职于一身，既总理内政，又兼掌军事，统兵作战。如韩康子之相段规，公元前453年“首为策作难，反智伯”[①]，于晋阳之战中“杀智伯于师，遂灭智氏”[②]。公元前362年，魏相公叔痤出任“魏将”，“而与韩、赵战浍北”，大胜受赏。[③]秦在设相后，其相（或丞相）时或兼任将职历时更长。如张仪任相第五年，即公元前324年，“为秦将，取陕”。[④]公元前307年，“……（右）丞相甘茂将兵伐宜阳……斩首六万，遂拔宜阳”。[⑤]公元前306年，右丞相樗里疾率军伐蒲未遂，“还击皮氏”。[⑥]公元前275年，“穰侯为相国，将兵攻魏”。[⑦]“相”或“相国”这种集军政大权于一身的状况，并没有永久维系下去。由于战事发展和君主集权的需要，战国中后期各国先后实行了将、相分权的任官制度，这样，“相”或“相国”就变成了名副其实的内阁总理大臣，而其原兼军职则为专职武事的“将”或“将军”所接替。对当时各国所产生的这种将、相分职的事实，历史文献有充分反映。如《齐策一・成侯邹忌为齐相章》：“成侯邹忌为齐相，田忌为将。”《魏策一・公孙衍为魏将章》：“公孙衍为魏将，与其相田繻（或作“需”）不善。”《齐策四・冯谖客孟尝君章》：“于是，梁王虚上位，以故相为上将军，遣使……往聘孟尝君。”《赵策二・苏秦从燕之赵章》引苏秦言：“令天下之将、相，相与会于洹水之上，通质刑白马以盟之。”这里的“天下”，所指主要为山东六国。这说明至战国后期，各国都实行了将、相分权的官僚集权政治，“相”或“相国”的权力明显

① 《国语・晋语九》韦《注》。
② 《国语・晋语九》。
③ 详参《魏策一・魏公叔痤为魏将章》。
④ 《史记・张仪列传》：“仪相秦四岁，立惠王为王。居一岁，为秦将，取陕。”
⑤ 《史记・甘茂列传》。
⑥ 《史记・樗里子列传》。
⑦ 《史记・穰侯列传》。

地减小了。需要指出的是，在山东诸国中，唯楚国情况有所例外。苏秦把楚国也列入实行将、相分职国家的范畴，只是统而言之，并不完全准确。

楚国中央统治机构中权位最高的两个官职，不叫相、将，而称令尹、司马，春秋时是如此，[①]战国时仍是这样（战国中后期司马亦可称柱国）。据史籍所载，战国前期惠王时有令尹公孙宁、司马公孙宽；战国前、中期之交悼王时有令尹吴起（司马史籍缺载）；战国中期宣王时有令尹昭奚恤、司马景舍；战国中、后期之交怀王时有令尹昭鱼、柱国景翠；战国后期考烈王时有令尹春申君和柱国临武君。[②]文献而外，更能说明问题的是考古资料。断限为战国前期的随县曾侯乙墓出土的竹简，所记车马赗赠者中有楚国的“令尹”（姓名不详）。另外，出土于安徽寿县的属于怀王早期的“鄂君启节”，其铭文有“大司马昭阳败晋（魏）师于襄陵之岁”的记载。这些都是战国时期楚二卿士仍称令尹、司马的物证。

楚之最高二官不仅名称不为将、相，其权力也与将、相有别。楚自春秋初期建立国家机器直至公元前223年为秦所灭，从未实行过将、相分职之制度。令尹自始至终兼掌军政，不仅为全国最高行政长官，而且为全国最高军事首长。司马（柱国）虽是全国最高专职武官，但在军

① 详参本书第二章第一节及第三章第一节。

② 关于公孙宁、吴起、昭奚恤、昭鱼、春申君称“令尹”及其任职时间，参本书第二章第二节。公孙宽等人为司马（或柱国），史亦有征。《左传・哀公十六年》：“国宁，……使宁为令尹，宽为司马。”公孙宽战国之初被封鲁阳文君（见《墨子・鲁问》），则他于战国前期惠王时必仍任司马无疑。《楚策一・邯郸之难章》载昭奚恤与景舍在邯郸之难时辩论楚国的应对方略问题。时昭奚恤为令尹，而景舍之职，据《淮南子・道应训》则为“大司马”。《东周策・秦攻宜阳章》引赵累对周君言：“君谓景翠曰：‘公爵为执圭，官为柱国，战而胜，则无加焉矣。’”此年为公元前307年，正昭鱼任令尹之时。《楚策四・天下合纵章》：“天下合纵。赵使魏加见楚春申君曰：‘君有将乎？’曰：‘有矣，仆欲将临武君。’”临武君既被拟定为五国合纵攻秦的楚军主帅，则其官阶当为柱国。

事上却须接受令尹的全面领导。[①]这样，令尹与他国将、相分职以后的“相”或“相国”相比，权力显然要大得多，而司马之军权则比他国之“将”要小。

楚国宰辅的名称为令尹，令尹的权力又大于他国将、相分职以后的“相”或“相国”的权力，在这种情况下，战国及稍后的秦汉时人用“相”或“相国”来称呼楚之宰辅，就只是一种比拟之称。有人可能会提出疑问：各国之相在将、相分职以前，亦兼理军政，它与令尹有何区别？笔者认为，此时之“相”与令尹的权位虽基本相当，但它毕竟不是楚国的官职，它与令尹仍然存在着名称与建置时间上的差异。因此，即使以彼时之“相”来称呼楚宰辅，也仍然是一种比拟之称。其实，“相”或“相国”之于楚宰辅是比拟之称，战国秦汉时人对此亦十分清楚。就以上列称楚宰辅为“相”或“相国”的诸书的作者来说，他们在自己的史著中也同时使用“令尹”这一楚国宰辅的专名。如《楚策一·威王问于莫敖子华章》引莫敖子华言：“故彼廉其爵，贫其身以忧社稷者，令尹子文是也。”《齐策二·昭阳为楚伐魏章》引陈轸言：“令尹贵矣，王非置两令尹也。”《荀子·非相》：“……白公之乱也，令尹子西、司马子期皆死焉。”《新序》卷二：“（庄）王大悦士庆之问，而拜之以为令尹。”《说苑·指武》：“（吴起至楚）居一年，王以为令尹。”《史记·楚世家》：“考烈王以左徒为令尹。”至于《左传》称“令尹”之例，那就更多了。每国的宰辅只能有一个正式称谓。上列史著在述及楚国宰辅时，则同时使用了两个称谓。因“令尹”为真正的楚国宰辅之称，故“相”或“相国”就显然是比作他国制度的拟称了。

“相”“相国”和令尹，都是一国的“百官之长”[②]，这是它们的共性；建置时间长短、名称和权力大小的不同，这又是它们的个性。了解前者，我们就会懂得令尹为何可以被拟称为“相”或“相国”；明确后

① 关于令尹统理军政且在军事上领导司马的问题，本书第五章第二节有详论。

② 《楚策三·苏子谓楚王章》：“自令尹以下，事王者以千数。”可见令尹是处于众官之上的楚国最高官员，亦即“百官之长”。

者，我们才可能把握住令尹和“相”“相国”这两种宰辅的区别。

最后还有一个问题需要弄清，即战国时人以“相”或“相国”来拟称楚之宰辅，究竟起于何时？笔者认为应起自设相制度已经风行天下的战国中期。战国后期，将、相分职的君主专制集权体制已在各国完全确立，“相”或“相国”已凝固为各国执政的共名，故时人用其来称呼楚令尹就更加普遍了。明确了这一点，我们就会懂得，为什么战国中期以前的文献鲜有称楚令尹为“相”或“相国”者，而自战国中期开始，各种著述使用这种比拟之称才逐渐增多，至最后完全普及。《左传》成书于战国前、中期之交，[1]其时“相制”正在扩大其设置范围，以“相”作为各国执政的共称始恰萌生，故偌大一部《左传》，用“相”来拟称楚令尹者唯一次，而且还用的是“国相”，可见当时之人使用这种拟称尚极不习惯。自齐国设相后直到战国前期，则不曾发现有以“相”来比称楚令尹的情况。因那时“相”制仅局限于齐、晋二地，“相”还不具备执政通称的条件。若此时之“相”可作为楚令尹之代称，则宋之右师（或左师，或司城），郑之当国，鲁之司徒，秦之大良造，岂不都可用来比称令尹？！这显然是不符合历史的。

五、将，将军

《吕氏春秋·高义》：“荆人与吴人将战，荆师寡，吴师众，荆将军子囊曰：‘我与吴人战，必败。败王师，辱王名，亏壤土，忠臣不忍为也。’不复于王而遁。至于郊，使人复于王曰：‘臣请死。’王曰：‘将军之遁也，以其为利也。今诚利，将军何死？’”此“将军子囊”即令尹子囊。

《史记·楚世家》：“（成王三十九年）夏，伐宋，宋告急于晋，晋救宋，成王罢归。将军子玉请战……”此“将军子玉”即令尹子玉。

① 杨伯峻先生考证《左传》成书于战国前、中期之交，甚有道理。参《春秋左传注》第一册第 43 页。

《史记·屈原贾生列传》："其后诸侯共击楚，大破之，杀其将唐昧。"《史记·乐毅列传》亦记此事而作"楚相唐眛"。"眛"一作"蔑"。

《史记·楚世家》："十三年，平王卒。将军子常曰：'太子珍少，且其母乃前太子建所当娶也。'欲立令尹子西。"此"将军子常"即令尹囊瓦，子西其时尚非令尹。[①]

战国秦汉间的上列史籍，对楚令尹于战时、平时均有称"将"或"将军"的情况，对此如何理解？欲回答这一问题，亦必首先明了"将"或"将军"在彼时文献中的称用规律。

"将军"之称起自春秋后期的晋国，[②]战国时期随着战争发展的需要和各国政权机构中军、政两权的分离，各国大都先后设立了这类高级武官官称或职号，[③]因权位高低和责任主次的不同，其中又区分为上将军（或大将军）、将军、裨将军等几种称谓。

战国秦汉间史籍对先秦高级武职人员称"将"或"将军"，概略说来，有以下三条规律：

第一，对统兵作战的主帅有此称谓。

> 《史记·魏世家》："（魏惠王）三十年，魏伐赵，赵告急齐。齐宣王用孙子计，救赵击魏。魏遂大兴师，使庞涓将，而令太子申为上将军。"
>
> 《战国策·魏策一》："魏公叔痤为魏将，而与韩、赵战浍北，禽乐祚。"
>
> 《史记·廉颇蔺相如列传》："赵惠文王十六年，廉颇为赵将伐齐，大破之。"
>
> 《史记·白起列传》："（昭王）使五大夫王陵攻赵邯郸……

① 关于子囊、子玉、子常任令尹的时间范围，参本书第二章第一节。

② 详参《日知录》卷二四。

③ 详参齐思和《中国史探研》，中华书局 1981 年版，第 122 页。

（战不利）秦王欲使武安君（白起）代陵将。”

以上统兵者，申为魏太子，公叔痤为魏相，廉颇为赵之最高武官大将军，王陵为秦国官爵较低的五大夫，皆可以任出征之将。这说明此类“将”或“将军”并不是一种什么固定的官职，并不固定属于哪一种爵位和等级，而是对率军打仗的高级武官的通称。

第二，对较高级的专职武官或兼职武事的卿官有此称谓。

《史记·穰侯列传》：“昭王即位，以（魏）冉为将军，卫咸阳。”

《史记·廉颇蔺相如列传》引赵奢妻对赵孝成王言：“始妾事其（赵括）父，时为将。”

《史记·王翦列传》：“秦将李信者，年少壮勇。”“王离，秦之名将也。”

以上四人，魏冉为秦都警备司令；赵奢为将，其上还有大将军廉颇；李信、王离均为秦征讨之将。他们都是专职高级武官而非一国之最高军事首长。

称兼职武事的卿官为“将”或“将军”者，例亦甚多。如：

《左传·昭公二十八年》引阎没、女宽对魏献子言：“岂将军食之而有不足？”杜《注》：“魏子中军帅，故谓之将军。”

《墨子·非攻中》：“昔者晋有六将军，而智伯莫为强焉。”①

《国语·吴语》记吴王夫差黄池之会曰：“十行一嬖大夫……十旌一将军……”韦《注》：“将军，命卿。”

① 晋六卿入则参政，出则各将一军，故可谓将军。

卿官非战时亦有“将军”之称，此当发生在各国统治机构尚未出现文武分职之时。彼时各国之卿兼理军政，故可另有一武职称号。

第三，对各国军政分权后的武官之长有此称谓。

《七国考》卷一《魏官制》引《战国策》：“（魏）迎孟尝君为上将军。”

《史记·廉颇蔺相如列传》：“……愿以十五城请易（和氏）璧。赵王与大将军廉颇诸大臣谋……”

《史记·魏公子列传》：“魏王见公子，相与泣，而以上将军印授公子，公子遂将。”

另外，齐国的田忌，魏国的公孙衍、庞涓，燕国的市被，都曾于一定时期在本国担任过与上列大将军、上将军地位相同的“将”或“将军”。①

这些“上将军”“大将军”“将军”，既非一般将领，亦非战时领兵之帅，而是与“相”等列的一国最高武官。这类“将军”，明显已是官称，而非一般武官职号。

楚令尹之称“将”或“将军”，就是史籍关于先秦“将”或“将军”上述称用原则的具体运用。如《吕氏春秋·高义》对令尹子囊称“将军”，《史记·楚世家》对令尹子玉称“将军”，《史记·屈原贾生列传》对令尹唐昧称“将军”，即因为三人其时皆任统兵之帅。《史记·楚世家》对令尹子常称“将军”，是由于兼职武事的卿官可有此称。至于史籍关于先秦“将”或“将军”的第三条称用原则，于令尹则不适用。因令尹自始至终为军政统理、将相兼职之官，而不是将相分权之后的那种

① “田忌为齐将”，见《战国策·齐策一》；“公孙衍为魏将”，见《战国策·魏策一》；庞涓“为惠王将军”，见《史记·孙子吴起列传》；燕有“将军市被”，见《史记·燕召公世家》。

一国最高军事长官。这就是说，令尹之称“将”或“将军”，只是用其职号，并非用其官称。而且就连这种职号，亦为史家所拟用，并非令尹一官真有此称。

根据史籍关于先秦“将”或“将军”的称用原则，楚令尹以下之官，也有不少被称为“将”或“将军”者。如邲之战时的楚左军统帅令尹子重，《公羊传》称“将军”；召陵之盟前率军抵御来犯齐军的莫敖屈完，鄢陵之战时的楚军统帅司马子反，《史记·楚世家》皆称“将军”；战国楚宣王时的司马景舍，非在战时，《淮南子·道应训》亦称“将军”。由此可以得知：楚令尹可有“将军”之称，但称“将军”者则不必定为令尹。要判断楚之某“将军”是否指代令尹，则必须根据具体情况进行具体分析。

另外，史籍中还有将楚令尹、司马连称为“将相”者。[①] 凡遇此种情况，则其中之“将”均不指令尹而专指司马。实际上，把楚国的司马称为“将”，也只是一种泛称，因为“将”或“将军”的职号和官称在战国时期遍设于各国，但却唯独不设于楚。楚国的最高专职武官从春秋以迄战国前、中期均称“司马”或“大司马”，战国中、后期，则或称“司马”（大司马），或称“柱国”（上柱国）。[②] 其他高级武官有左、右司马等。关于这方面的问题，前人已作过许多分析和考证，早已成为定论，无须赘述。

“将”或“将军”既不是楚官之官称和职号，则楚令尹之称“将军”，显然亦为一种比拟之称。关于战国时人用此职号以称楚令尹的时间，笔者认为也当始于战国中期。因彼时“将”或“将军”的称名已风

---

① 《史记·楚世家》：“二十七年春，吴伐陈，楚昭王救之，军城父。十月，昭王病于军中，有赤云如鸟，夹日而蜚。昭王问周太史，太史曰：‘是害于楚王，然可移于将相。’……。”此事亦记于《左传·哀公六年》，但“将”“相”却书为“令尹”“司马”。笔者考证，此“令尹”为子西，“司马”为子期，见本书第二章。

② 见齐思和《中国史探研》，第122—123页。又见“鄂君启节”铭文及杨宽《战国史》，上海人民出版社1980年版，第205页。

行诸国，成了各国高级武职人员及兼职武事的卿官的共名，这时，只有在这时，楚令尹等官才可能引其以为拟称。

第二章　春秋战国时期楚令尹序列考辨

第一节　春秋时期楚令尹序列考辨

春秋时期楚国令尹的序列，是一个值得重视的问题，厘清这个问题，可以订正一些长期流传的谬说，将真假令尹区分开来，以恢复历史的本来面目。确定当时令尹的人数及任职的时间区间，可为展开楚令尹制研究提供前提，奠定基础。

一、春秋时期楚令尹序列

表 2–1　春秋时期楚令尹序列表

令尹	任职时间	史料依据	备注
斗祁	楚武王五十一年(鲁庄公四年，前 690 年）至楚文王初年	《左传·庄公四年》载，楚武王伐随，“卒于樠木之下。令尹斗祁、莫敖屈重除道梁溠……”	其始任令尹当早于楚武王五十一年。顾栋高《春秋大事表·楚令尹表》以其任令尹止于文王前期，可从。
彭仲爽	楚文王灭申至“县申、息”（约前 687 至前 682 年）前后	《左传·哀公十七年》引子谷曰：“彭仲爽，申俘也，文王以为令尹，实县申、息。”	鲁庄公六年，“楚文王伐申，过邓”，说明是年，即楚文王二年（前 688 年）申尚未灭。
（鲍）保申	楚文王晚期，在彭仲爽之后	《淮南子·说山训》：“文王污膺，鲍申伛背，以成楚国之治。”高《注》：“鲍申，楚相。”	其任职时段，参本节第二部分考辨之（一）。

续表

令尹	任职时间	史料依据	备注
?	楚堵敖（鲁庄公二十年至二十二年，前674至前672年）在位期间，令尹无考	《左传》等先秦史籍及秦汉文献均未见记载。	
子元（王子善）	楚成王元年至八年（鲁庄公二十三年至三十年，前671至前664年）	《左传·庄公二十八年》："楚令尹子元欲蛊文夫人。"庄公三十年："秋，申公斗班杀子元。"	子元为令尹，首见楚成王六年，但其始任此职当在成王初年。
子文（斗穀於菟）	楚成王八年至三十五年（鲁庄公三十年至鲁僖公二十三年，前664至前637年）	《左传·庄公三十年》："秋，……斗穀於菟为令尹。"鲁僖二十三年："秋，楚成得臣帅师伐陈，……子文以为之功，使为令尹。"	后世有子文"三仕""三已"令尹之说，说明他曾几次让令尹位于他人。他人为谁？除子玉外，史载阙如。
子玉（成得臣）	楚成王三十五年至四十一年（鲁僖公二十三年至二十八年，前637至前632年）	《左传》载，僖公二十三年秋，子文"使为令尹"；鲁僖公二十八年夏，子玉兵败城濮，返国途中，"及连谷而死"。	
蒍吕臣（叔伯）	楚成王四十年至楚成王？年（鲁僖公二十八年至鲁僖公？年，前632至前？年）	《左传·僖公二十八年》："蒍吕臣实为令尹。"	《潜夫论·志氏姓》第三十五引"绎按"："蒍、薳……，歌寒对转。"其职不久为子上所取代，而子上为令尹于僖三十三年（前627年）被杀，因子上不可能任职只一年，可见蒍吕臣任令尹时间也不长。

续表

令尹	任职时间	史料依据	备注
子上（斗勃）	楚成王?年至楚成王四十五年（鲁僖公?年至鲁僖公三十三年，?至前627年）	《左传》载，鲁僖公三十三年，“楚令尹子上侵陈蔡”，同年受谮，“王杀子上”。	子上任令尹当在楚成王四十五年（前627年）之前，芳吕臣之后。
成大心（大孙伯）	楚穆王元年至十一年（鲁文公二年至十二年，前625至前615年）	《左传·文公十二年》：“楚令尹大孙伯卒。”	其任职时段，详见本节第二部分考辨之（二）。
成嘉（子孔）	楚穆王十一年至楚庄王元年（鲁文公十二年至十四年，前615至前613年）	《左传》载，鲁文公十二年，“楚令尹大孙伯卒，成嘉为令尹”；鲁文公十四年，公子燮与子仪“……而使贼杀子孔，不克而还”。	《左传》载成嘉止于庄王元年，而此年他被人刺杀未果，说明他任令尹或止于此年，或稍后。
斗般（子扬）	楚庄王二年至三年（鲁文公十五年至十六年，前612至前611年）	《左传·宣公四年》：“及令尹子文卒，斗般为令尹，子越为司马，芳贾为工正，谮子扬（斗般字）而杀之，子越为令尹，己（芳贾）为司马。”	《左传·宣公四年》这段文字，说的是子文死后多年，若敖氏族内部的斗争及与芳氏家族芳贾之间的斗争。同时也说出了“斗般为令尹”的事实。关于斗般任令尹的时段，详见本节第二部分考辨之（四）。
子越（斗椒）	楚庄王三年至九年（鲁文公十六年至鲁宣公四年，前611至前605年）	子越（斗椒）为令尹，见记于《左传·宣公四年》，此年即其叛乱被诛之年。其始任令尹之年，当为其率军灭庸之年，即庄王三年（前611年）。	其任令尹的时段，详见本节第二部分考辨之（三）。

续表

令尹	任职时间	史料依据	备注
沈尹（沈尹茎、沈令尹、虞丘子等）	楚庄王九年至十四年（鲁宣公四年至九年，前605至前600年）。	《说苑·杂言》载，“沈尹名闻天下”，“沈尹……为令尹，而让孙叔敖”。沈尹，又被记载为沈尹茎、虞丘子等名。《韩诗外传》卷七：“虞丘子天下为令尹，让位于孙叔敖。”	其任令尹的时段，详见本节第二部分考辨之（五）。
孙叔敖（苏艾猎、苏敖）	楚庄王十四年至十七年（鲁宣公九年至十二年，前600至前595年）	《左传》载，鲁宣公十一年，“令尹苏艾猎城沂”；鲁宣公十二年，“苏敖为宰”，“令尹孙叔敖弗欲”。	其任令尹之始年当早于“城沂”之年，而与沈尹相接。《左传》著其活动至庄王十七年，而不载其终。实际上其任职时间仍可后延一些。详见本节第二部分考辨之（六）。
子佩	楚庄王晚期，上承孙叔敖，下接令尹子重。	《淮南子·道应训》有“令尹子佩请饮庄王”的记载。	其任令尹的时段，见本节第二部分考辨之（七）。
子重（公子婴齐）	楚共王元年至二十一年（鲁成公元年至鲁襄公三年，前590至前570年）	《左传·成公二年》：“令尹子重为杨桥之役以救齐。”《左传·襄公三年》：“子重病之，遂遇心疾而卒。”	其任令尹当在共王元年，而共王即任时年仅十岁，非令尹辅佐不可，比年间不得有令尹二人。
子辛（公子壬夫）	楚共王二十一年至二十三年（鲁襄公三年至五年，前570至前568年）	《左传·襄公三年》：“楚子辛为令尹。”《左传·襄公五年》：“楚人讨陈叛故，曰：‘由令尹子辛实侵欲焉。’乃杀之。”	
子囊（公子贞）	楚共王二十三年至楚康王元年（鲁襄公五年至十四年，前568至前559年）	《左传·襄公五年》：“楚子囊为令尹。”《左传·襄公十四年》：“楚子囊还自伐吴，卒。”	

续表

令尹	任职时间	史料依据	备注
子庚（公子午、王子午）	楚康王元年至八年（鲁襄公十四年至二十一年，前559至前552年）	《左传·襄公十五年》："楚公子午为令尹。"《左传·襄公二十一年》："夏，楚子庚卒。"令尹子庚之名，还见于考古资料。1978年出土于淅川下寺2号楚墓的升鼎内，有"命尹子庚，殹民之所亟，万年无期，子孙是制"的铭文，表明这些升鼎皆是令尹子庚之器。	其为令尹当在康王元年冬令尹子囊死后。
子南（公子追舒）	楚康王八年至九年（鲁襄公二十一年至二十二年，前552至前551年）	《左传·襄公二十一年》："夏……乃使子南为令尹。"《左传·襄公二十二年》："王遂杀子南于朝。"	《左传·襄公二十二年》："楚观起有宠于令尹子南，未益禄而有马数十乘……王遂杀子南于朝，轘观起于四竟。"
薳子冯（薳子）	楚康王九年至十二年（鲁襄公二十二年至二十五年，前551至前548年）	《左传·襄公二十二年》："……使薳子冯为令尹。"《左传·襄公二十五年》："楚薳子冯卒。"	令尹孙叔敖之子，一说为孙叔敖从子。薳与蒍通，见本表"蒍吕臣"之备注。
屈建（子木）	楚康王十二年至十五年（鲁襄公二十五年至二十八年，前548至前545年）	《左传·襄公二十五年》："楚薳子冯卒，屈建为令尹。"《左传·襄公二十八年》："楚屈建卒。"	
王子围（公子围）	楚郏敖元年至四年（鲁襄公二十九年至鲁昭公元年，前544至前541年）	《左传·襄公二十九年》："楚郏敖即位，王子围为令尹。"《左传·昭公元年》载，王子围杀郏敖，"楚灵王（即王子围）即位"。	

续表

令尹	任职时间	史料依据	备注
薳罢（子荡、荡侯）	楚郏敖四年至楚灵王十二年（鲁昭公元年至十三年，前541至529年）	《左传·昭公元年》：“（十一月）楚灵王即位，薳罢为令尹。”《左传·昭公十三年》：“夏四月，楚师还自徐，吴人败诸豫章，获其五帅。”杨《注》：“即去年《传》之帅师伐徐者：荡侯、潘子、司马督、嚣尹午、陵尹喜。”“夏五月癸亥，（灵）王缢于芋尹申亥氏。”	自楚灵王四年（前537年）子荡伐吴至灵王自杀，七年内楚无令尹出现。其间之令尹当仍为子荡。有力之证据见《左传·昭公十二年》所载：楚灵王十一年（前530年）夏，“使荡侯、潘子、司马督、嚣尹午、陵尹喜帅师围徐以惧吴。”“荡侯”当是子荡。次年此五人即兵败被捕，结局不明。
子晰（皙）（公子黑肱）	楚灵王十二年（鲁昭公十三年，前529年）夏，公子比（子干）为楚王之时	《左传·昭公十三年》：“（夏）公子比为（楚）王，公子黑肱为令尹。……乙卯夜……二子皆自杀。”蔡公（公子弃疾）政变成功，派部下吓杀公子比，公子黑肱。二子任楚王、令尹仅“十余日”（见《楚世家》）。故顾栋高《春秋大事表》未将子晰列入楚令尹序列。	
子旗（斗成然、蔓成然）	楚灵王十二年夏至楚平王元年（鲁昭公十三年至十四年，前529至前528年）	《左传》载，鲁昭公十三年夏，子干、子晰自杀后，“弃疾即位……使子旗为令尹”；鲁昭公十四年，“九月甲午，楚子（平王）杀斗成然”。	《左传·昭公十四年》：“楚令尹子旗有德于王，不知度，与养氏比，而求无厌。王患之。九月甲午，楚子杀斗成然，而灭养氏之族，使斗辛居郧，以无忘旧勋。”

续表

令尹	任职时间	史料依据	备注
阳匄（子瑕）	楚平王元年至十年（鲁昭公十三年至二十三年，前528至前519年）	《左传·昭公十七年》："吴伐楚，阳匄为令尹。"《左传·昭公二十三年》："子瑕卒。"	其活动见于鲁昭公十七年，即楚平王四年。但平王元年九月至平王三年，《左传》不载他令尹事迹，故这期间阳匄当已任令尹。
囊瓦（子常）	楚平王十年至楚昭王十年（鲁昭公二十三年至鲁定公四年，前519至前506年）	《左传·昭公二十三年》："子瑕卒，楚囊瓦为令尹。"《左传·定公四年》："（十一月）子常奔郑。"	
子西（公子申）	楚昭王十一年至楚惠王十年（鲁定公五年至鲁哀公十六年，前505至前479年）	《左传·定公六年》："令尹子西喜曰：'今乃可为也。'"《左传·哀公十六年》："秋七月，（白公）杀子西、子期于朝。"	从《左传》所叙，知子西于楚昭王十一年（前505年）已主谋国事，故其始为令尹当在此年。
叶公子高（沈诸梁）	楚惠王十年至十一年（鲁哀公十六年至十七年，前479至前478年）	《左传·哀公十六年》载，子西、子期于是年被杀后，"沈诸梁（叶公子高）兼二事"。杜《注》："二事，令尹、司马。"《左传·哀公十七年》："（秋），改卜子国（公孙宁）而使为令尹。"	
子国（公孙宁）	楚惠王十一年（鲁哀公十七年，前478年）至战国初期	《左传·哀公十七年》："（秋），改卜子国而使为令尹。"《左传·哀公十八年》："故封子国于析。"	子国于楚惠王十一年秋任令尹，次年受封，当仍在令尹之位。其任此职，当一直延至战国初期。

二、春秋时期楚令尹序列考辨

（一）鲍申是否为文王时期的令尹？若然，他与彭仲爽在令尹序列中的位置如何排定？

鲍申，名申，姓失传。因其官为“保”，故称保申。“鲍”为后世同音误写之字。[①]此人不见于《左传》和一般传世之先秦文献。但在秦汉时期的一些史籍中，他却被介绍为楚文王的重臣或令尹。如刘安《淮南子·说山训》云：“文王污膺，鲍申伛背，以成楚国之治。”高诱注：“鲍申，楚相。”高诱是东汉著名经学家，曾注释过多种先秦、秦汉文献。他言鲍申为楚相，当有可见的先秦文献作为根据。他注《淮南子》和其他书籍虽也出过差错，但正确的成分终归为多。特别是在未能找到史证以断定其注错之时，更不能轻易否定其注释。与《淮南子·说山训》和高诱注相印证的，还有刘向的《说苑·正谏》一文。在《正谏》中，鲍申被写作“保申”，文中明言他为文王之“保”：“先王卜以臣为保，吉。”据该文所载，楚文王曾“畋于云梦”，淫乐忘返，期年不听朝政。经保申谏笞，他乃转变操行，“务治乎荆”。文中虽未明言保申因进谏之功被升为令尹，但中有“王乃变行从保申”一语，似乎已隐约包含了这层意思。该文的主旨在说明文王因保申之谏而奋勉治楚，取得了“令荆广大”的辉煌业绩。这与《淮南子·说山训》所记叙的他和文王“以成楚国之治”，可谓不谋而合。

鲍申与彭仲爽佐相文王谁迟谁早？这也需认真分析。据上表，彭仲爽任令尹当在被楚军俘虏至“县申、息”前后。这相当于文王前、中期。在此期间，至少在彭仲爽任职的若干年内，鲍申自不可能为令尹。他有无可能任职于彭仲爽之前？也不可能。因为当时正值文王早期，楚北进中原的战幕刚刚拉开，国内百事待举，环境并不太平。鲍申若于此

① 《吕氏春秋·直谏》高《注》：“葆，太葆官也。申，名也。《说苑》‘葆’均作‘保’，《淮南子·说山训》作‘鲍’，非也。”

间出任令尹，其任期必不超过彭仲爽上台之时。其时“楚国之治”（如果可以这样表述的话）尚未变成现实，这不符合《淮南子·说山训》说他引来“治世”局面的记载。鉴于上列原因，鲍申任职令尹，应当在彭仲爽之后。高士奇在其《左传纪事本末》中，将《说苑·正谏》中鲍申谏笞文王一事置于文王十年（前680年）以后，也认为鲍申影响楚国的政治，已到了文王晚期。

（二）穆王初期的令尹是潘崇，还是成大心？

穆王初立时谁为令尹？《左传》未作交代。《史记·十二诸侯年表》说以潘崇“为相”。《史记·楚世家》言“使（潘崇）为太师，掌国事”，其说与《史记·十二诸侯年表》实质为一。《春秋大事表》及《春秋左传注》认为此时的令尹是成大心（即大孙伯），[①]这是正确的，但可惜都未讲明其立论的根据。

《左传·文公元年》云：“穆王立，以其为太子之室与潘崇，使为太师，且掌环列之尹。”楚官太师是王的老师、参谋和顾问。从名称上看，它与令尹显然各为一职。“环列之尹”，杜《注》：“宫卫之官，列兵而环王宫。”这相当于汉代职官中的“卫尉”。我们知道，楚令尹除叶公子高在非常时期（白公政变被镇压后）曾暂领过司马一职外，尚未发现其他令尹有兼职现象。潘崇以太师兼领职位较低的“环列之尹”，这说明其官阶不达令尹。穆王十年（前616年），他和成大心一起参加伐麇之战，其名亦列于成大心之后。这是他职位较低的又一明证。成大心为穆王令尹，《左传·文公十二年》有明确记载：“（春）楚令尹大孙伯卒。”成大心死于穆王十一年，他出任令尹必当在此之前。穆王十一年前，楚无令尹见于《左传》。从楚国新王即位常立新令尹的惯例来看，[②]成大心

① 见〔清〕顾栋高《春秋大事表》卷二十三《楚令尹表》；杨伯峻《春秋左传注》第二册，第515页。

② 共王元年子重为令尹，康王元年子庚为令尹，郏敖元年王子围为令尹，平王元年子瑕为令尹，等等，均为其例。

始任是职，应为穆王弑立之年，即公元前 626 年。再者，楚对外征伐，特别是进行灭国战争，令尹常为统兵主帅。[①]《左传》载成大心于穆王四年（前 622 年）曾“帅师灭六”，其非令尹而何往？何况后来的《传》文对他的令尹身份又作了交代。如果这一分析不误，则成大心出任令尹的时间就可上推到穆王之初。潘崇不但穆王初期不为令尹，成大心死后他也未任是职。《左传·文公十二年》云：“楚令尹大孙伯卒，成嘉为令尹。”庄王元年（前 613 年），潘崇与成嘉率军征伐舒蓼，《传》载其名仍在成嘉之下。此后他便销声匿迹，不再见《传》了。由上可知，潘崇从未任过令尹，《史记》之说应予订正。

（三）庄王三至九年的令尹到底是谁？

据《左传·文公十四年》，庄王元年的令尹是成嘉。[②]其后至庄王九年（前 605 年）前，楚无令尹见《传》。史家一般认为，庄王从其当政三年（前 611 年）起开始振奋图强，令尹也作了相应更换。但新令尹是谁，诸家之说不一。据统计大致有以下三说：《梼杌·隐戏》说是士庆，《史记·楚世家》说是伍举，[③]《春秋大事表·楚令尹表》说是子越。结合《左传》的有关记载来看，顾栋高的结论应是正确的。由于他未对其看法提出论证，故有必要作些具体分析。

从《左传》可知，在庄王三至九年（前 611 至前 605 年）间，子越为楚国上层官吏中最为活跃的一员。庄王三年，楚大饥，庸人率群蛮、麇、百濮侵楚国。庄王亲自督师，子越和子贝担任“伐庸”主将，迅速将庸国攻灭。庄王七年（前 607 年），晋合诸侯进攻楚的与国郑，子越又任主将率军往救。作为对外征伐中统兵的主将，子越的地位显然不同

① 《左传·僖公五年》“楚斗穀於菟灭弦”，《左传·僖公二十六年》“楚成得臣……帅师灭夔”，等等，皆是其例。

② 穆王十一年，成嘉继成大心为令尹。年余，穆王死，庄王立。庄王元年，他任楚军攻伐舒蓼的主帅，说明他是以令尹在军。是年，“公子燮求令尹而不得”，派人到前线去暗杀他，结果未能成功。

③ 即所谓“任伍举以政”。

寻常。由于《左传》后来已交代了他在庄王九年以令尹叛乱被杀，且这一阶段楚又无他令尹见《左传》，因此，笔者有理由作出推断：庄王三至九年的令尹就是子越。

杨伯峻先生根据《左传·宣公四年》的有关记载和《史记·楚世家》关于“庄王九年，相若敖氏（此指子越）”的说法，断言“以子越为令尹，即此年（鲁宣四年）事”。[①]也就是说，子越于庄王九年伙同芳贾谮杀斗般后才夺得令尹之位，其任职不过是昙花一现。这种看法笔者甚难苟同。这里不妨也征引一下《左传·宣公四年》的有关记载：

> 及令尹子文卒，斗般为令尹，子越为司马，芳贾为工正，谮子扬（斗般字）而杀之，子越为令尹，己（芳贾）为司马。子越又恶之，乃以若敖氏之族圄伯嬴（芳贾字）于轑阳而杀之，遂处烝野，将攻王。……秋七月戊戌，楚子与若敖氏战于皋浒。……鼓而进之，遂灭若敖氏。

这里告诉我们，前令尹斗般受谮被杀后，子越由司马接任令尹，芳贾由工正迁升司马。至于斗般何时被谮杀，子越何时继任令尹，《传》未加说明，仅只交代了这年（庄王九年）子越以令尹叛乱被杀。所以，不能由此得出结论，认为子越除掉斗般与他以令尹被杀是同一年事。《史记·楚世家》言：“庄王九年，相若敖氏。”这是司马迁对《左传》的上述记载也作了同杨先生一样的错误理解。杨先生一方面相信《史记》之言，认为庄王从九年起才“相若敖氏”，但同时又说在子越之前任令尹的斗般，“盖继成嘉也”，[②]即认为庄王九年以前相楚者也是若敖氏[③]，这岂不是自相矛盾吗？

---

①② 《春秋左传注》第二册第680页。

③ 成嘉任令尹止于庄王元年或稍后，斗般继任之，故斗般任令尹必在庄王九年以前。又，斗般为子文之子，子越为子文之侄，二人为从兄弟，故言以斗般为令尹，也是相若敖氏。

根据《左传》的有关记载，子越谮杀斗般当在庄王九年以前。《左传·宣公二年》云："楚斗椒（即子越）救郑……赵盾曰：'彼宗竞于楚，殆将毙矣。'"赵盾的话意是说：他那个宗族在楚国争权夺利，大概要完蛋了。春秋时晋君臣评论楚国时政的话语很多，但独独在庄王前期论及楚斗氏争权夺利的剧烈，并预料斗氏将因此而灭宗，这难道没有一定的事实作背景吗？不难看出，赵盾之言，其实质所指，就是子越谮杀了同宗兄弟斗般，占取了令尹之位。这件事发生在什么时间？《传》文未曾确指，笔者认为当发生在庄王三年灭庸之前。斗般死后，子越就夺得了令尹的桂冠。

如果上述分析不错的话，所谓庄王三年士庆或伍举为令尹之说，便不辩自明了。

（四）斗般在楚令尹序列中的位置及其任职时间应如何确定？

据《左传·宣公四年》，斗般任令尹在子越之前。斗般上接何人？未作交代。《左传》言"及令尹子文卒，斗般为令尹"，并非说斗般接替子文为令尹，而是说他接任令尹的时间在子文死后。子文死于何年？《左传》及他书缺载。刘文淇《春秋左氏传旧注疏证》推断"或在僖公末（亦即成王末）"，此说或然，但最迟也不会超过穆王时期。子文死前已卸任令尹，继任者为子玉。子玉自杀，芀吕臣继之。其后子上又继之。子上以降为成大心和成嘉，其间并无空缺。因此，斗般为令尹，必在成嘉之后。如前所述，成嘉为令尹的下限在庄王元年或稍后，子越为令尹的上限为庄王三年，斗般处于成嘉和子越之间，则其任期当在庄王二至三年间。"斗般为令尹"，已为《左传》所明言，顾栋高《春秋大事表》却未将他列入楚令尹序列，这不能不说是一大缺陷。杨伯峻由于把子越任令尹的时间紧缩在庄王九年，从而将斗般任令尹的下限后延了六年，这也是需要纠正的。

（五）继子越为令尹者，是孙叔敖，还是沈尹？

庄王九年，令尹子越叛乱被杀。其后至庄王十六年（前598年）

间，《左传》未载楚令尹事迹。其间任令尹者究竟是谁？

顾栋高认为：庄王九年"斗椒（子越）围其（孙叔敖）父伯嬴而杀之，斗椒诛则叔敖自当用，故知即继子越为令尹也。"这种立论缺乏必要的史料依据。翻阅《左传》和其他史籍，在令尹子越被杀后的若干年内，不见有令尹孙叔敖的任何活动，而反映孙叔敖在这一时期过隐居生活的史料却比比皆是。如《通志》卷九十二："庄王九年，蔿贾见孙叔敖于干，既而隐于民间，不仕。"《孟子·告子下》赵《注》："（孙叔敖）隐处于海滨。"《史记·循吏列传》："孙叔敖者，楚之处士也。虞丘相进之于楚庄王以自代也。"处士即古之有才德而隐居不仕的人。顾栋高未能给自己的论据提供史证，而史料又恰恰说明了他的看法的错误。

秦汉时期的一些学者，认为孙叔敖任令尹并非上承子越，在孙叔敖之前还有一任令尹。这一任令尹，或被说成是沈尹、沈尹茎和沈令尹，或被说成是虞丘子。据韩席筹和杨伯峻研究，这几个不同的称谓实指一人，即沈尹。[①] 他们的结论是正确的。

《说苑·杂言》借用孔丘之语，列举大量史实，说明贤者必逢机遇才能发挥才干。所举例子中就有沈尹、孙叔敖遇庄王。《杂言》还特别强调："沈尹名闻天下。"可见"沈尹"非虚构人物，庄王时当真有其人。成书于战国末期的《吕氏春秋》，曾于多处谈到沈尹对庄王的影响。《尊师》载："楚庄王师孙叔敖、沈尹巫。"《当染》云："荆庄王染于孙叔敖、沈尹蒸。"《察传》言："楚庄闻孙叔敖于沈尹筮。"《赞能》说："庄王霸，此沈尹茎之力也。"沈尹之名多不同，作蒸、筮、巫或茎，盖字形相近而异书。关于他曾为庄王之令尹，并让位于孙叔敖的事迹，先秦、秦汉间史籍所载更多。《韩诗外传》卷七："虞丘于天下以为令尹，让于孙叔敖。"此书卷二亦载此事，但虞丘子被换称为"沈令尹"。《说

① 参见韩席筹编注《左传分国集注》，江苏人民出版社 1963 年版，下册第 643 页；《春秋左传注》第二册第 728—729 页。

苑·杂言》:“沈尹……为令尹,而让孙叔敖。”《新序·杂事一》:“于是(虞丘子)辞位而进孙叔敖(为楚相)。”《绎史·列女传》:“于是(虞丘子)避舍使人迎孙叔敖而进之,王以为令尹。”《吕氏春秋·赞能》:“(沈尹蒸说庄王)曰:‘期思之鄙人有孙叔敖者,圣人也,王必用之,臣不若也。’荆王于是使人以王舆迎叔敖,以为令尹。”各书记载此事如此普遍,而又不见他人驳难,则此事当不为无据。若然,继子越为令尹者应是沈尹,而非为沈尹所让贤的孙叔敖。不可否认,各书记沈尹让位事也有差别,如有的说是主动荐贤、让贤,有的说是被迫逊位。但这种不同的记载未能改变一个基本的事实,即沈尹任令尹在孙叔敖之前。在楚令尹序列中,沈尹显然介于子越和孙叔敖之间。

关于沈尹任令尹的时间问题,诸书所载不一。《说苑·至公》载沈尹自谓“臣为令尹十年矣”。《绎史·列女传》作“相楚十数年”。《新序·杂事一》亦作“十数年”。但从庄王九年(前 605 年)令尹子越被杀至庄王十六年(前 598 年)“令尹𫇭艾猎城沂”,其间只有七年。又,《绎史·列女传》云:“(孙叔敖)治楚三年而庄王以霸。”如果此言不误,而以邲之战作为庄王称霸的标志,则沈尹让位给孙叔敖当在庄王十四年。故此,沈尹任令尹的时间,当只有五年。

(六)孙叔敖任令尹的时间区间(前 600—前 595 年)

孙叔敖(𫇭艾猎)任令尹之职,首先见于《左传·宣公十一年》“令尹𫇭艾猎城沂”。此年为庄王十六年,即前 598 年。又据《韩诗外传》卷十:“孙叔敖治楚,三年而楚霸。”楚于邲战胜晋立霸在庄王十七年,即公元前 597 年。如此,孙叔敖任令尹之始年,当在庄王十四年,即公元前 600 年,此年恰为虞丘子(沈尹)逊位之年。邲之战后孙叔敖虽未见于《左传》,但他书关于他的余年之事却多有记载。如《韩非子·喻老》:“楚庄王既胜,狩于河雍,归而赏孙叔敖。孙叔敖请汉间之地,沙石之处。”《淮南子·人间训》:“昔者楚庄王既胜晋于河、雍之间,归而封孙叔敖,辞而不受。病疽将死,谓其子曰:‘吾将死矣,王必封女，女必让肥饶之地而受沙石之间。’”《史记·滑稽列传》则说他死后，庄王“乃召孙叔敖子，封之寝丘四百户”。庄王在位二十三年。以此推断，孙叔敖死于庄王十八年或十九年（前 596 年或前 595 年）的可能性较大。这样算来，孙叔敖任令尹为五年左右。

（七）关于庄王晚期令尹为谁的推断

孙叔敖死后，是谁来接任令尹的？这是一个长期不曾解决的问题。

我们知道，《梼杌·子佩饮王》和《淮南子·道应训》都有“令尹子佩请饮庄王”的记载。这个故事在先秦、两汉流传既久，无人质疑，当应非虚。但这两处都未能讲明“请饮庄王”的具体时间。据前所述，庄王元年以来的令尹是成嘉、斗般、子越、沈尹和孙叔敖。如此，子佩出任令尹则当在孙叔敖之后，即庄王晚期。

（八）驳介子推、芳贾等十人为楚令尹说

《说苑·尊贤》以介子推为楚令尹，把介子推说成是与孔子同世之人，说他依靠“二十五俊士”和“二十五老人”，“行年十五而相荆”，政绩卓著，大得孔子之赞赏。

《尊贤》之说，全属谬误。事实上，介子推是春秋前期晋国贵族。据《左传·僖公二十四年》《史记·晋世家》和他书所载，他是晋文公为公子时的属下。晋献公二十二年（前 655 年），他随文公出逃国外，伴文公度过了十九年流亡生涯。在极度困危之时，他曾“割股肉疗文公饥”。晋惠公十四年（前 637 年），文公返晋得国，赏赐随从臣属，未能赏及于他，他和其母逃居绵上山中，“遂隐而死”。据《晋世家》，他虽然于公元前 637 年同文公流落到楚，“居楚数月”，但当时担任楚国令尹的是子玉得臣，根本未曾发生他代子玉而“相荆”的事情。同年，他随

文公经秦返晋，不久即死，[1]更谈不上什么“相荆”了。至于说他与孔子同世，将他生活的时间后延了一百多年，这更是明显的错误。

唐嘉弘在《“莫敖”和“令尹”》一文中以芀贾为令尹，说：“孙叔敖之父芀贾，既为工正，又作令尹。”

芀贾初见于《左传·僖公二十七年》，时年尚幼，《左传》未著其官称。本书在第三章第一节《春秋时期楚司马序列考述》“芀贾”条中，考证他任工正在庄王二年至三年（前612至前611年），任司马在庄王三年至九年（前611至前605年）。庄王九年他在司马任上被杀（见《左传·宣公四年》），怎能再得令尹之官？

《会笺》襄五年《传》笺以子反、子申为令尹，曰：“楚自孙叔敖后，令尹如子反、子申、子重、子辛，或丧师，或贪赂，皆不得其死。”

说子反为令尹，其根据大概是《左传·成公十二年》有“子反相”之语。通观此文，则知此“相”为相礼之相，而非国相之相。清人范照藜所撰《春秋左传释人》卷十所谓“（成公）十二年晋郤至聘楚，（子反）相礼”，即得此“相”之意。子反在庄、共时期一直官任司马，本书第三章第一节《春秋时期楚司马序列考述》“公子侧”条作有考析，请参阅。至于“子申”，春秋时楚有二人，一为共王时期的“公子申”，一为昭惠时期的“公子申”（即令尹子西）。《会笺》所言“子申”既与子反、子重、子辛同时，且有“贪赂”之名，则必为前“子申”无疑。此“子申”于共王时期先后任申公及右司马（参本书附录一）。《左传·襄公二年》载：“楚公子申为右司马，多受小国之赂，以偪子重、子辛，楚人杀之。”以此知其终生未达令尹之阶。

《春秋纪传·楚列传》以屈到为令尹，曰：“屈建，字子木，令尹屈到之子。”

---

① 《楚辞·九章》：“思久故之亲身兮，因缟素而哭之。”明文公在时，子推已死。刘文琪《春秋左氏传旧注疏证》转引顾炎武言：“之推（即子推）既隐，求之不得，未久而死，乃以田禄其子耳。”

据《国语·楚语上》韦《注》，屈到乃屈建之父；但若以他曾官任令尹，则于史无征。《左传·襄公十五年》载“屈到为莫敖”，此其任莫敖之始。《左传·襄公二十二年》云“屈建为莫敖”，当是屈到死而子继父职，是证莫敖为屈到之最高官衔。

《春秋纪传·楚列传》以屈申为令尹，曰：“楚灵王三年，杀令尹屈申，以其贰于吴也。”

“屈申”之名两次见于《左传》。昭公四年（前538年）楚灵王命屈申率诸侯之军伐吴，“使屈申围朱方，克之，执齐庆封而尽灭其族”；则屈申为克朱方之帅，可见其官职不低。次年，“楚子以屈申为贰于吴，乃杀之”。此时其任何官？《左传》仍不著载。但《左传》在“乃杀之”下，紧连“以屈生为莫敖”之语，明示其生前担任此职。据《春秋世族谱·楚世次图·屈氏》，屈申为襄公二十五年任莫敖的屈荡之子。屈申出任莫敖，当是接替父职。故《世本·楚谱》张澍“按”称：“荡生申，申亦为莫敖，事灵王。”据表2–1，昭公元年至昭公六年（即楚灵王元年至六年）楚之令尹为蒍罢（子荡），则屈申于灵王三年不可能出任此官。

《春秋分记·世谱五·楚公子公族诸氏世谱》列有“公子鲂”，程公说释曰“令尹子鱼”。

《左传·昭公十七年》有“司马子鱼”，名“鲂”。杜《注》：“公子鲂也。”此年《传》记“令尹阳匄”和“司马子鱼”率军御吴，子鱼以先锋战死长岸。是子鱼死时官非令尹。子鱼有无可能此前自令尹贬为司马？看来亦无可能。因平王一年至四年（前528至前525年）的令尹是斗成然和阳匄（子鱼死于平王四年），平王以前数十年楚令尹亦无空缺。程公说所言子鱼曾任令尹，显然无由以据。

吴静安撰《“帝高阳之苗裔兮，朕皇考曰伯庸”解——屈原先世考》一文，认为屈春是楚惠王时的令尹。[①] 其根据是《说苑·臣术》中这样

① 见《南京师院学报（哲学社会科学版）》1983年第1期。

一段记载：

> 楚令尹死，景公遇成公乾曰："令尹将焉归？"成公乾曰："殆于屈春乎？"景公怒曰："国人以为归于我。"成公乾曰："子资少，屈春资多……故曰：'政其归于屈春乎！'"

屈春为何时人？上文未加说明。《说苑·辨物》载："王子建出守于城父，与成公乾遇于畴中……"据《左传》，王子建出守城父在楚平王六至七年（前523至前522年）。屈春既与成公乾同时，则其活跃于政治舞台的时间当在灵、平之时，下限充其量也不会超过昭王前期。惠王在位兼跨春秋和战国两个时代（前488至前432年），即使以其在位初期计算，上据平王之世也有四五十年，其时屈春非死即老，不可能出而执政。另据表2–1，灵王至惠王时期的令尹，从薳罢到子国，顺次相连，计有八人，其间并无空缺，并无屈春位置。纵以《说苑·臣术》本身而言，也不能得出屈春为令尹的结论，因为它只记述了成公乾对楚国新令尹人选的预卜（"政其归于屈春乎！"），但屈春是否真的已就任此职，该文未作出交代。如果曲解文意以建立自己的观点，那就有违实事求是的态度了。

《说苑·政理》以公叔文子为楚令尹，曰："公叔文子为楚令尹，三年，民无敢入朝。公叔子见曰：'严矣。'"

公叔文子，名拔（一作"发"）[①]，谥贞惠文子，省称文子[②]，卫献公之孙，以父公子当（即成子当）之字"公叔"为氏[③]。其事迹见于

① 《礼记·檀弓下》郑《注》："文子，卫献公之孙，名'拔'，或作'发'。"《左通补释》二十："或作'发'者，以《春秋左氏传》作'发'（见《左传·襄公二十九年》），故云或作'发'。"

② 见《礼记·檀弓下》。郑《注》："后不言'贞惠'者，'文'足以兼之。"这说明"文子"乃全谥之省称。

③ 《世本》："卫献公生成子当，当生文子拔。"《通志·氏族略三》："卫献公之公子当，字公叔。"《左通补释》二十："（文子）以父字为氏。"

《左传》襄公二十九年、成公六年、成公十三年，《论语·宪问》及《礼记·檀弓下》。据成公六年及成公十三年《传》，他当死于卫灵公三十二年至三十八年（前 503 至前 497 年）间[①]。诸书皆以其为卫之贤大夫，说他不苟言笑，笃守礼义，富而不骄，恤民忠君，“听卫国之政”而交睦于“四邻”。不闻其有赴楚执政之事。《说苑》说他为政严苛，民众畏而避之，亦有悖于文献记载。看来，《说苑》之说无甚根据，公叔文子非楚之令尹。

《说苑·立节》以申鸣为楚令尹，曰：“楚有士申鸣者……孝闻于楚国……遂入朝，楚王因授之相。居三年，白公为乱，杀司马子期……（申鸣）因以兵围之……遂杀白公。”

上引文不合《左传·哀公十六年》者有三。其一，《左传》载子西之语：“第我死，令尹、司马非胜而谁？”说明白公政变前楚之令尹是子西，而《说苑》则易之以申鸣。其二，《传》云白公率军入郢，“杀子西、子期于朝”，且书明子西、子期为“二卿士”；《说苑》则仅言“杀司马子期”，全然不提子西其人。其三，《传》言白公“奔山而缢”，是自杀，而《说苑》则称其被围杀。《左传》与《说苑》相较，前者较为可信，后者则多荒诞之处。再者，《左传》以近人记近事，当比刘向所据为确。至此乃可作出结论：白公政变前三年的令尹是子西而非申鸣。

三、简短的结论

以上对春秋时期楚令尹序列问题的探讨，大致可归结如下：

（一）潘崇、士庆、伍举、介子推、芳贾、子反、子申、屈到、屈申、公子鲂、屈春、公叔文子、申鸣这十三人皆非楚令尹，应从春秋时期的楚令尹序列中除名。芳艾猎与孙叔敖实为一人，并非为孙叔敖之前的一任令尹。

① 《左传·成公六年》：“公叔文子老矣。”时为卫灵公三十一年（前 504 年），他尚在世。《左传·成公十三年》：“及文子卒……”此年为卫灵公三十八年。这里未明言文子死于是年，但也不能排除这种可能性。

（二）春秋时期的楚令尹，不只见诸《左传》的二十八人，而是三十一人，其余三人为鲍申、沈尹和子佩。他们各自任职的时间是：鲍申，文王晚期；沈尹，庄王九年至十四年，或稍后；子佩，庄王晚期。

（三）《左传》对某些令尹未载明其任职的始年或终年，经分析考证，他们的任职时间现已基本弄清。具体为：令尹彭仲爽，任职于文王前、中期；令尹子元，始职于成王初年；令尹成大心，始职于穆王弑立之年（前 625 年）；令尹成嘉，终职于庄王元年（前 613 年），或稍后；令尹斗般，任职于庄王二年至三年；令尹子越，始职于庄王三年；令尹子重，始职于共王元年（前 590 年）；令尹子庚，始职于康王元年（前 559 年）；令尹薳罢，终职于灵王十二年（前 529 年）；令尹子晰，任职于灵王十二年夏，公子比为楚王之时；令尹阳匄，始职于平王元年（前 528 年）；令尹子西，始职于昭王十一年（前 505 年）。基于以上结论，一个上下基本相衔的、可经推敲的春秋楚令尹序列已建立起来。这个序列为：

> 斗祁，彭仲爽，鲍申，子元，子文，子玉，蔿吕臣，子上，成大心，成嘉，斗般，子越，沈尹，孙叔敖，子佩，子重，子辛，子囊，子庚，子南，薳子冯，屈建，王子围，薳罢，子晰，子旗，阳匄，囊瓦，子西，叶公子高，子国。

限于史料，在春秋楚令尹序列问题上，有些难点尚无法解决。如：斗祁以前，楚是否已置令尹？子文曾“三仕”“三已”令尹，除子玉之外，其余的接任者究竟是谁？这些空白，将有待于新资料的出现来填补。

第二节　战国时期楚令尹序列考辨

一、战国时期楚令尹序列

表 2–2　战国时期楚令尹序列表

令尹	任职时间	史料依据	备注
公孙宁（子国）	楚惠王十一年（前 478 年）至战国初期	《左传·哀公十七年》："改卜子国而使为令尹。"《左传·哀公十八年》："故封子国于析。"	子国于惠王十一年任令尹，次年受封，应仍在令尹之位，其时已接近春秋之尾。观其飞黄腾达之势，入战国时他当仍为令尹。楚惠王在位长达五十七年，子国任令尹当在战国初期。
子春	楚惠王（前 488 至前 432 年）偏晚时段	其事迹见于上博简（八）的《命》和《王居》两篇。《命》篇有载："鄴（叶）公子高之子见于命（令）尹子春，胃（谓）之曰：'先夫（大夫）之風（讽）誁（谏）遺命，亦可（何）以告我？'" 叶公子高在平定白公之乱之次年，即惠王十一年（前 478 年）返回叶县。《左传·哀公十六年》探后言之，说他最后"老于叶"。估计叶公子高老死于叶，已到了惠王中后期。	从令尹子春向叶公子高之子讨教叶公子高（先大夫）为政之道（遗命）来看，其时当在叶公子高去世或去世不久之时。子春任令尹应在楚惠王偏晚时段。

续表

令尹	任职时间	史料依据	备注
子林	楚简王（前431至前408年）初年。简文中的简大王即楚简王	上博简（四）《柬大王泊旱》："命（令）尹子林䎽（问）于大剶（宰）子歨（步）：'为人臣者亦又（有）静（争）虐（乎）？'大剶（宰）畣（答）曰：'君王元君善，夫（大夫）可（何）羕（用）静（争）。'命（令）尹胃（谓）大剶（宰）：'唯！牆（将）为客（各）告。'大剶（宰）记（起）而胃（谓）之：'君皆楚邦之牆（将）军，复（作）色而言于廷，王事可（何），必三军又（有）大事、邦家以軒（杌）轗（陧）、社禝（稷）以迷（危）与（欤）！邦家大滸（旱），痌（因）瘀（资）智于邦。'王若（诺）。"	《史记·楚世家》："简王元年，北伐灭莒。"上博简（四）《柬大王泊旱》篇载，柬大王（即简王）"城于膚（莒）中"，其时当在灭莒当年。又据该篇简文，灭莒不久，楚大旱，楚王又身患肤疾，而令尹子林正于此时出现。他曾向太宰子步询问"为人臣者亦有争乎？"太宰作了回答，并向简王进行了汇报。详参本书第七章第二节"子林"条。
吴起	楚悼王十五年至二十一年（前387年至前381年）	楚悼王十五年，即魏武侯九年，周安王十五年。由于史载吴起在魏时间止于魏武侯九年，故《资治通鉴》在"周安王十五年"下记曰："（吴起奔楚）楚悼王素闻起贤，至则任之为相。"《史记·孙子吴起列传》："及悼王死，宗室大臣作乱而攻吴起，吴起走之王尸而伏之。击起之徒因射刺吴起，并中悼王。"	《资治通鉴》记吴起于前387年奔楚，"至则任之为相"，如此，吴起为楚令尹为时约六年。但《说苑·指武》以吴起入楚后曾任宛守一年，按此说，吴起任令尹约为五年。
？（此令尹姓名阙如）	肃王时期（前380年至前370年）	《史记·孙子吴起列传》："悼王既葬，太子（悼王之子）立，乃使令尹尽诛射吴起而并中王尸者。"	这个任职于肃王时期的令尹到底是谁？他任令尹时长几何？今已无可考稽。

续表

令尹	任职时间	史料依据	备注
州侯（姓名阙佚）	楚宣王（前369至前340年）前期，可能在前369至前355年	《楚策一·江乙为魏使于楚章》记江乙对宣王曰："州侯相楚，贵甚矣而主断，左右（宣王左右）俱曰'无有'，如出一口矣。"	江乙为魏使于楚在前352年，是年已是昭奚恤相楚的第三年，故知"州侯相楚"必在前355年之前。宣王周围的人皆不言州侯之过错，是因为宣王时楚国出现了一种特有的风气："（宣王）好闻人之美而恶闻人之恶。"因这种风气并不存在于其他楚王之时，故知"州侯相楚"不会超出宣王时期。
昭奚恤（昭子、江君）	楚宣王后期，可能在前355至前340年	《资治通鉴》记昭奚恤为相于周显王十六年，即楚宣王十七年（前353年）。而吕祖谦《大事记》记"昭奚恤相楚"始于楚宣王十五年（前355年）。	《楚策一·邯郸之难章》载，宣王十六年（前354年）昭奚恤已主谋国政，由此来看，吕氏之见应当正确。
鄂君子晰	始于楚威王时期（前339年至前329年），具体始于何年未知。止于楚怀王初年（前328年或稍后）	《说苑·善说》引庄辛言："鄂君子晰，亲楚王母弟也。官为令尹，爵为执珪。"但庄辛并未指明他官为令尹的时间。其后怀王时期有鄂君启者，既有鄂君封号，又备受怀王宠爱，启之父当为鄂君子晰。又，宣、怀之间的威王时期，确有令尹，但并未载明其姓名，此令尹很可能就是鄂君子晰。	据《史记·张仪列传》，威王时期张仪以布衣游于楚，"尝从楚相饮"，因"楚相亡璧"受疑，被楚相门下"掠笞数百"。后张仪相秦（始于前328年），乃发檄告楚相曰："始吾从若饮，我不盗而璧，若笞我……"这说明子晰为令尹的下限已到了怀王初年。鄂君子晰与鄂君启当为父子关系，可参阅本节考述。

续表

令尹	任职时间	史料依据	备注
子士	怀王初年至怀王七年(前322年)	包山楚简"简115":"大司马卲(昭)阳败晋(魏)帀(师)于鄴(襄)陵之岁,夏柰之月庚午之日,命(令)尹子士、大(太)帀(师)子佩命蔞陵公邗鼈为鄗(镐)郮(间)貣(贷)郕(越)异之鉌金一百益(镒)二益(镒)四两。"	据该简文记载,令尹子士和太师子佩(缮)命令蔞陵公贷出这笔鉌金,是为了给高郮之地筹集籴种经费。子士始任令尹,当上接鄂君子晰。出贷这一年为怀王六年(前323年),次年楚又有新令尹昭鱼出现,故子士任令尹之终年当与昭鱼始任令尹之年相接,即前322年。
赵献(昭鱼)	楚怀王七年至九年(前322—前320年)	《战国策·魏策一》"张仪欲并相秦魏"章记楚人史厌谓赵献(昭鱼)曰:"公何不以楚佐仪求相之于魏,韩恐亡,必南走楚,仪兼相秦魏,则公亦必并相楚韩也。"据缪文远《战国策考辨》,此事发生在前322年。说明昭鱼此年已为令尹,上接令尹子士。	关于赵献即昭鱼的考证,详参陈直《史记新证》,天津人民出版社1979年版,第100页。昭鱼任令尹,前后共两次。此届之终年当与昭阳任令尹始年相衔,最迟不超过怀王九年(前320年),参见本节考述"赵献"条。
昭阳(昭子)	楚怀王九年至十六年(前320至前313年)其任令尹上、下限均与昭鱼(赵献)相接	《齐策一·靖郭君善齐貌辨章》:"昭阳请以数倍之地易薛。"《吕氏春秋·知士》亦载此事,高《注》:"昭阳,楚相也。"缪文远断此章事发生在前320年,即怀王九年,上接昭鱼。《楚策三·五国伐秦章》载,昭阳前318年仍为令尹。因为此年山东五国联合伐秦,昭阳主其事,参本节关于昭阳事迹的考辨。怀王十六年(前313年)张仪曾来楚,短时间内曾名义上被任为"楚相",但实际主国政者当仍为昭阳。昭阳任令尹的下限当与昭鱼相衔。	同样是《齐策一·靖郭君善齐貌辨章》,姚宏却注曰:"(昭阳),楚将。"楚令尹在先秦及秦汉文献中有"将""相"二比拟之称,故高、姚之《注》,名虽异而其实则同。

续表

令尹	任职时间	史料依据	备注
张仪	楚怀王十六年（前313年），为时两月左右	据《史记·屈原贾生列传》，张仪由秦入楚，说怀王曰："楚诚能绝齐，秦愿献商於之地六百里。"怀王大喜，"乃以相印授张仪"，并遣使"绝约于齐"。张仪"相楚"一事，《史记》中的楚表、《楚世家》、《秦本纪》以及《资治通鉴》等书亦有记，且时间均系怀王十六年。	张仪至楚的目的是为秦欺楚绝齐，目的达到后，旋即返秦，在楚挂名"楚相"的时间很短，约1至3月。因楚令尹制度为单轨制而非双轨制，张仪离楚后，昭阳当仍在宰辅之位。
昭鱼（赵猷）	楚怀王十九年至二十二年（前310至前307年），下与唐眛相衔	《史记·魏世家》："（哀〔襄〕王）九年……魏相田需死……楚相昭鱼谓苏代曰：'田需死，吾恐张仪、犀首、薛公有一人相魏者也。'"魏襄王九年，即楚怀王十九年（前310年）。又据《史记·韩世家》，约在怀王二十二年（前307年），甘茂（秦相）与昭鱼"遇于商於"。裴骃《集解》认为此时的昭鱼是"楚相国"，说明此年昭鱼仍在相位。其任职的下限，当与唐眛相接。	昭鱼这次任令尹的上限，当与昭阳相接，昭鱼以令尹身份与秦相甘茂"遇于商於"，应在第二次"楚围雍氏"之役（前307年）。参裴骃《韩世家》集解及本节考述"昭鱼"（赵猷）条。
唐眛（唐蔑）	楚怀王二十二年至二十八年（前307至前301年）	《史记·乐毅列传》："当是时，齐湣王强，南败楚相唐眛于重丘。"据《吕氏春秋·处方》，此战齐将章子"果杀唐篾"。《史记·楚世家》记此战于怀王二十八年（前301年）。	《吕氏春秋·处方》记此战攻楚的有齐、韩、魏等国。

续表

令尹	任职时间	史料依据	备注
景翠	楚怀王二十八年至三十年（前301至前299年）	据《东周策·秦攻宜阳章》，怀王二十三年（前306年），景翠以上柱国率军往救为秦伐攻之宜阳。怀王二十八年令尹唐昧败死重丘，他当以上柱国迁升令尹。怀王三十年（前299年），怀王受骗被扣于秦，顷襄王立（前298年），令尹之位由子兰接任。	关于怀王二十八年至三十年楚令尹之任，还有昭雎、景缺、慎子等说法，本节考述均以史实予以否定。
子兰	楚顷襄王元年至七年(前298至前292年),或稍后,下衔令尹子椒	《史记·屈原贾生列传》："顷襄王立，以其弟子兰为令尹。"是子兰任令尹始于前298年。《屈原贾生列传》又载："楚人既咎子兰，以劝怀王入秦而不反也。"谭介甫先生指出子兰可能因此而被免除令尹职务。所见有一定道理，但其将子兰免职时间定为顷襄王七年，似无甚确证。子兰任令尹之终年当在顷襄王七年（前292年）之后，而与令尹子椒相接。	
子椒	楚顷襄王(前298至前263年)前中期，上接子兰，下连昭雎	《汉书·古今人表》记有"令尹子椒"，班固以善恶愚智分人为"九等"，他被列于"中下"即第六等。《盐铁论·讼贤》载"文学"曰："夫屈原之沉渊，遭子椒之谮也。"东汉孔融亦云："屈平悼楚，受谮于兰、椒。"	班固是东汉著名史学家，"文学"更与屈原之时比近，可见班固与"文学"所言并非无证虚言。史载子椒既活动于屈原流放前后，则子椒任令尹当在顷襄前中期，处于子兰与昭雎之间，具体时间今已无考。

续表

令尹	任职时间	史料依据	备注
昭雎	楚顷襄王（前298至前263年）中期，最迟不过顷襄王二十一年（前278年），上接子椒，下衔州侯	《史记·楚世家》在顷襄王十八年（前281年）下记曰："楚欲与齐、韩连和伐秦，因欲图周。周王赧使武公谓楚相昭子曰……"史书称某人为"某子"，一般都有特定的规则，即于同一篇文章中先列出其实有名字，而后再简称为"某子"。《楚世家》亦如是。它记怀王十九年（前310年）事，已称昭雎为"昭子"，其后在顷襄王十八年中复用"昭子"之称。考虑到《楚世家》称昭姓大臣为"昭子"者唯有昭雎，故可认为顷襄王十八年下记之"楚相昭子"即昭雎。其任令尹，当上接子椒，下衔州侯。	从《楚世家》的记载中可知，昭雎（昭子）在怀王后期即因谋善功高而蜚声楚廷。顷襄王前期，子兰因劝怀王入秦而遭弹劾，更证明了昭雎的远见卓识，在这种情况下，他不久后官升令尹，乃必然之事。
州侯（姓名缺佚，前州侯之裔）	楚顷襄王（前298至前263年）后期	《荀子·臣道》："……齐之苏秦、楚之州侯、秦之张禄，可谓态臣也。"苏秦为齐湣王相，张禄（即范雎）为秦昭王相。州侯既与二者同列，可知其当为宰辅。《楚策四·庄辛谓楚襄王章》引庄辛言："君王左州侯，右夏侯，辇从鄢陵君与寿陵君，专淫逸侈靡，不顾国政，郢都必危矣。"庄辛所言之时间，即顷襄王二十一年（前278年）。楚俗"尚左"，而处于四政要之首的又为"州侯"，其时官阶当在令尹。 州侯任令尹止于白起拔郢的顷襄王二十一年（前278年）。	此州侯姓名缺佚。顷襄王时的封君州侯，当是宣王时期的令尹州侯的后裔。

续表

令尹	任职时间	史料依据	备注
春申君（黄歇）	楚考烈王元年至二十五年（前262至前238年）	《史记·春申君列传》："考烈王元年，以黄歇为相，封为春申君。"此后，春申君一直任令尹，直至前238年考烈王死。该列传继曰："春申君相二十五年，……考烈王卒……（李）园死士侠刺春申君，斩其头。"	《春申君列传》对其在考烈王时期任"楚相"，有连续不断之记载。参阅本节考述"春申君"条。战国秦汉间史籍多称楚令尹为"楚相"，《春申君列传》"以黄歇为相"亦是其例。但这只是比拟之称，楚宰辅的实际官称仍为"令尹"，《楚世家》记"考烈王以左徒（黄歇）为令尹"，即为明证。
李园	楚幽王元年至十年（前237至前228年）	据《战国纵横家书·秦使辛梧居梁（魏）章》，李园遣使劝止辛梧攻楚，显示此时他已掌楚之军政大权，为令尹。此事又载于《史记》中的《楚世家》和《六国年表》，时系幽王三年。实际上，李园在考烈王死年杀死春申君后，已为令尹。李园任令尹与幽王相始终。《古列女传·孽嬖传》有"公子负刍之徒""袭杀哀王及太后，尽灭李园之家"的记载，哀王即李园妹所生之子。故李园之死在幽王死、哀王立之时，即前228年。	李园杀死春申君黄歇并接替其位，但史籍并未书明其官称。因黄歇为"楚相""令尹"甚明，故李园的实际官称当与之相同。另，《韩非子·存韩》记李斯上韩王书，其中仍称楚宰辅为"荆令尹"，其时已为战国之末。此可证明，在李园当政时期（前238至前228年），其官称仍为令尹。

二、战国时期楚令尹序列考述

战国时期，缺少一部像《左传》那样编年条贯、记事详赡的史著，有关楚令尹的史料十分散乱，且又甚多抵牾之处，因此，要真正弄清这一时期楚国令尹的序列实属困难。尽管如此，出于开展楚令尹专题研究的需要，特别是为了揭示令尹之制的特点，我们还须辨艰析难，将这一时期的楚令尹序列理出个大致轮廓。

公孙宁　字子国。平王之孙，令尹子西之子。[①]其任令尹始于惠王十一年（前 478 年），《左传・哀公十七年》对此有明确交代。次年，他因“败巴师于鄾”，以军功受封析君，其时已接近春秋之尾。观其飞黄腾达之势，入战国时（郭沫若定公元前 475 年为战国之始），他必然仍为令尹。其任令尹的下限，目前尚无法确知，但可以肯定，不会晚至惠王终年（前 432 年）。因为惠王时期的“析君”，在他之后还有墨启。[②]墨启既取代其封号，就表示他已经死去。

子春　昭王之孙。在包山楚简祭祷简册中，墓主邵（昭）佗曾将“邵（昭）王、文坪夜君、郚公子春、司马子音、蔡公子家”列在其祭祷的先祖中，见“简 199”“简 200”。由此有人推知，子春为昭王之孙，为左尹昭佗之曾祖。他在惠王后期由县公迁任令尹，上博简（八）《命》篇 1 号简与《王居》篇 5 号简均记有“令尹子春”之事，即为明证。[③]本书第七章第二节“子春”条记有其官任令尹之事，兹不赘述。

子林　出身王族，因由与保申同。其任宰辅之事迹，上博简（四）《柬大王泊旱》篇有记载。其官任令尹之事，详见本书第七章第二节令尹“子林”条，兹不赘述。

吴起　卫人。始职于鲁，继官于魏，魏武侯时因被大臣王错所谗，

① 《左传・定公六年》：“令尹子西喜曰：‘今乃可为也。’”《左传・哀公十六年》杜《注》：“（宁），子西之子子国也。”

② 见何浩《战国时期楚封君制初探》，载《历史研究》1984 年第 5 期。

③ 参阅黄浩波《试说令尹子春即郚公子春》，载《楚学论丛》第二辑，湖北人民出版社 2012 年版。

惧祸奔楚。关于吴起入楚的具体时间及担任令尹的始年，先秦、秦汉间史籍不曾明确记载。《韩非子·和氏》说吴起任令尹主持变法，“悼王行之期年而薨矣，吴起枝解于楚”。不少学者将这里的“期年”理解为一年，又根据《史记》和《说苑》关于吴起入楚之当年或次年被任为令尹的说法[①]，将吴起始任令尹的时间定为悼王死前一年或两年，即公元前382年或公元前383年[②]。这种看法大可商榷。试想，吴起变法前，楚国“大臣太重，封君太众”[③]，国贫而兵弱。难道只经过一两年的整顿，就能改变其老弱腐朽的面貌，使之走向强盛？“南平百越，北并陈、蔡，却三晋，西伐秦”[④]，这不是一般性的胜利，非经过较长时间的社会变革以奠定雄厚的国力基础，其军事实力绝不会强大到如此地步。李悝的变法，商鞅的变法，大刀阔斧地进行了十数年，才使魏、秦两国逐步转弱为强，才带来魏、秦两国在对外征战中的节节胜利，吴起即使再高明，怎可能在一两年内让楚国无敌于天下？据此则知，那种认为吴起任令尹始于公元前382年或公元前383年的观点，显然无法立足。有的学者，如杨宽先生，也看到了上述观点的不合理性，但却把“期年”理解为十年，从而把吴起任令尹的上限推到了公元前390年左右。他指出：“这里的‘期年’，应该是十年。据《吕氏春秋·观表》，吴起‘去魏入荆，而西河毕入秦’。魏武侯七年秦已侵魏的阴晋，九年魏伐秦又失败，十年便在河东的安邑王垣筑城，以防秦东侵。吴起离魏入楚，疑在魏武侯六年即楚悼王十二年（按：即公元前390年）前后。”[⑤]考察史实，笔者认为杨先生的上述看法甚难成立。不可否认，吴起离魏入楚，对河西逐步沦为秦疆有所影响，但秦最后据有河西已到了公元前4世纪30年

① 《史记·孙子吴起列传》：“楚悼王素闻起贤，至则相楚。”《说苑·指武》：“（吴起入楚），居一年，王以为令尹。”

② 见刘泽华等编著《中国古代史》上海人民出版社1979年版，上册第143页注②；钱宗范等《春秋战国史话》，北京出版社1992年版，第131页；等等。

③ 《韩非子·和氏》。

④ 《史记·孙子吴起列传》。

⑤ 《战国史》第179页。

代，而在整个公元前4世纪80年代，河西仍然全由魏国控制。杨先生力图用秦的东侵和魏的防守，来反证吴起奔楚执政较早，可惜所引用的关键例证却经不起认真推敲。据《史记·六国年表》，魏武侯七年即公元前389年，确有“秦侵阴晋”一事。杨先生征引这条史料，是想表明此时吴起已经离魏，故秦人敢来侵犯。但杨先生未能注意到《史记·魏世家》中还有另一条史料：“（魏武侯）九年……使吴起伐齐，至灵丘。”这则史料清楚说明，武侯七年吴起并未离去。不仅如此，据林剑鸣引《吴子·励士》考证，武侯七年“秦侵阴晋”，魏方出面组织反击者正是吴起，此战以秦军惨败而告结束。[①] 由于史载吴起在魏活动止于武侯九年即公元前387年，故司马光编《资治通鉴》，也将吴起奔楚任令尹记于此年。[②] 在发现新的史料以前，当依照《资治通鉴》之说，将吴起任令尹的上限确定于魏武侯九年即楚悼王十五年。楚悼王二十一年即公元前381年吴起被杀，故吴起在楚任令尹前后计约六年。《说苑·指武》以吴起入楚后曾任宛守一年，即或如此，吴起任令尹的时间亦不下五年。

吴起死后，即有新令尹接任其职。《史记·孙子吴起列传》对此记曰：“悼王既葬，太子立，乃使令尹尽诛射吴起而并中王尸者。”这个任职于肃王时期的令尹到底是谁，今已无可考稽。

州侯　姓名阙佚。楚宣王（前369至前340年前期）的封君和令尹。根据楚国封君一般都为王子王孙或熊姓支脉[③] 来看，他亦当出身王族。他任令尹一事，出自公元前352年“为魏使于楚”的江乙之口。《楚策一》载其对楚宣王曰：“州侯相楚，贵甚矣而主断，左右俱曰‘无有’，如出一口矣。”[④] 其时楚令尹为昭奚恤（详见后文），故州侯任令尹

① 林剑鸣《秦史稿》，上海人民出版社1981年版，第166—167页、第171页。

② 《资治通鉴》在“周安王十五年”下记曰：“（吴起奔楚）楚悼王素闻起贤，至则任之为相。”

③ 参何浩《战国时期楚封君制初探》。

④ 据缪文远考证，江乙为魏使访楚在楚宣王十八年，即公元前352年，参《战国策考辨》第133页。

必在此前。州侯为令尹早于昭奚恤而又不出宣王时期，理由何在？这从《战国策·楚策一》中可以找到答案。据此策所记，楚宣王“好闻人之美而恶闻人之恶”[①]，故在他统治时期，楚国出现了一种特有风气，“不蔽人之善，不言人之恶”[②]。正是在这种习俗之下，贵傲专断的州侯，其“恶”行才可能少闻于外。如果把州侯任令尹定于宣王以前的他王时期，则《楚策一》的以上记述就无法使人理解了。

昭奚恤 楚宣王（前369—前340年）后期的封君和令尹，又称昭子、江君[③]，出身于战国时期楚王室三大族姓之一的昭氏家族[④]。《楚策一·荆宣王问群臣章》载江乙言：“（楚国）地方五千里，带甲百万，而专属之昭奚恤。”昭奚恤职兼文武、统理军政，其身份当为宰辅，故《列女传·辩通》乃直称其为“令尹”。缪文远据黄式三《周季编略》，系《楚策》上章于周显王十七年[⑤]，即楚宣王十八年（前352年），但这并非昭奚恤任令尹的始年和终年。《资治通鉴》记“楚昭奚恤为相”于周显王十六年即楚宣王十七年（前353年），吕祖谦《大事记》则载“昭奚恤为相”始于宣王十五年（前355年）。从宣王十六年（前354年）昭奚恤已主谋国议、与王及司马共商对外战略之事来看[⑥]，吕氏之见当属正确。楚宣王在位计三十年（前369—前340年），如此，昭奚恤宰制楚国，则应在宣王后期。

一种观点认为：宣王后期的令尹除昭奚恤外，还有子发其人。如唐杨倞注《荀子·强国》曰：“子发，楚令尹。”《强国》所记为子发灭蔡

① 《楚策一·江乙欲恶昭奚恤于楚章》。
② 《楚策一·江乙为魏使于楚章》。
③ 称“昭子”，见《楚策一·魏氏恶昭奚恤于楚王章》；称“江君”，见《战国纵横家书》第二十七章。
④ 王逸《〈离骚〉序》：“三闾之职，掌王族三姓，曰昭、屈、景。”
⑤ 见《战国策考辨》第133页。
⑥ 详参《楚策一·邯郸之难昭奚恤谓楚王章》。

辞赏事，时在楚宣王二十七年（前 343 年）。[①]《淮南子·道应训》和《通典·职官二》亦记此事，但均书明子发为“大司马”。《新序·杂事一》引昭奚恤言，也称其为“司马”，并指出其职任是理师旅以当强敌，提桴鼓以动百万之师。看来杨倞之注无甚根据，子发之官应是司马。威王时期，他的命运一直不佳。开始他仍任司马，故高诱注《淮南子》曰：“子发，楚威王将。”但不久他就由司马贬为“上蔡令”，其后甚至到了“盘罪威王而出奔”[②]的地步。在这种情况下，令尹的宝座距他就更加遥远了。

子晰　封于鄂，称鄂君。《说苑·善说》引庄辛言：“鄂君子晰，亲楚王母弟也。官为令尹，爵为执珪。”但庄辛未能指明子晰官任令尹的具体时间，故后人对此提出了种种猜断。其一，认为子晰即春秋时楚康王弟，其任令尹在灵王死年（前 529 年）；[③]其二，以“晰”“启”字义相通，而视子晰与鄂君启为同一人，认为他任令尹在怀王时期[④]；其三，以说出他出身、官称的庄辛为顷襄王时人，断其为顷襄王时的令尹[⑤]；等等。分析具体史实，笔者认为以上三种看法似均欠妥。第一，春秋时楚国的“子晰”即公子黑肱，此人于郏敖时期任宫厩尹，灵王时期亡命于晋，[⑥]灵王死年回国参加公子弃疾所发动的政变，只当了十几天令尹即被吓自杀，[⑦]他不可能如《善说》所载，曾以令尹身份在鄂地江中闲情“泛舟”。再说，“执珪”为战国时楚官爵称，春秋时不见于楚。[⑧]说

① 见何浩《陈、蔡亡国绝祀考》，载《湖北大学学报（哲学社会科学版）》1989 年第 6 期。

② 《淮南子·人间训》。

③ 见卢元骏注译《说苑今注今译》，台湾商务印书馆 1979 年版，第 367 页。

④⑤ 《战国史》第 549 页。杨宽先生的观点是矛盾的。他认为子晰是“楚顷襄王时封君”，同时又说他与“楚怀王时封君”鄂君启“可能是一人”。故此处乃将其矛盾之说化解为两种观点。

⑥ 参《左传·昭公元年》。

⑦ 见《左传·昭公十三年》及本书第三章第一节“公子弃疾”条。

⑧ 《史记·伍子胥列传》载，得伍胥者爵执珪，这实际是司马迁以战国时楚爵称比附春秋时事，如同他称春秋时的令尹为“相”一样。

黑肱“爵为执珪”，亦不合当时实际。更重要者，楚之建立封君制不在灵王时期，而在晚于灵王数十年的惠王时期[①]，故名为公子黑肱的“子晰”，虽有着“王弟”及令尹身份，但不会领有封君头衔，不可能是庄辛之口所道出的“鄂君子晰”。第二，说“子晰”即怀王时的鄂君启，也很难成立。据包山楚简“简 115”所载，就在大工尹昭睢向“鄂君启之府”颁发“鄂君启节”的怀王六年，楚国已有令尹子士。子士以后，怀王时期的令尹还有昭鱼、昭阳、昭鱼（重出执政）、唐昧、景翠，其间并未中断（详述见下文）。这说明鄂君启根本未任令尹。由“鄂君启节”铭文可知，鄂君启不具出将入相之任何表征，倒像一个醉心于逐末聚财的大商人。第三，“子晰”更不可能生活于顷襄之时，这从《善说》记庄辛对襄成君之通篇讲话中可以看出。襄成君受封之日，傲慢之至，对前来拜贺的庄辛冷落异常。为改变其骄矜的态度，庄辛乃采取对比的方法，向他讲述了鄂君子晰如何亲近越人船民的事迹。显然，庄辛是在追述往事，也就是说，由他口中讲出的“子晰”，其生活时代要比顷襄之时早。另据《楚策四·庄辛谓楚襄王章》，庄辛于公元前 278 年楚迁陈郢后也成了封君，以此知他在规劝襄成君时尚不具封君身份，其时肯定在顷襄王二十一年白起拔郢之前。顷襄王二十一年（前 278 年）前，楚令尹相继为子兰、子椒、昭睢、州侯（详下），怎能将“子晰”插入其间？鉴于以上所述，鄂君子晰既不是春秋时人，其活动下限又早于怀王六年（前 323 年，此年以后楚令尹皆有确指之人），那么他究竟执政于何时？从他和鄂君启皆为“鄂君”而启又备受王室优宠来看，启当得益于他的令尹兼封君的尊荣和权势，换句话说，启很可能是其子。如果这一分析不误，则子晰任令尹当在宣、怀之间的威王时期，只是先秦及秦汉文献对这一时期楚令尹为谁没有明确记载。据《史记·张仪列传》，楚威王时张仪以布衣游说于楚，“尝从楚相饮”，因“楚相亡璧”受疑，

① 《左传·哀公十八年》载令尹子国因“败巴师于鄾”而被封于析，此年为惠王十二年，这是楚确立封君制之始年。

被楚相门下“掠笞数百”[①]。这里的“楚相”，笔者认为即“子晰”。《张仪列传》又载：“张仪既相秦，为文檄告楚相曰：‘始吾从若饮，我不盗而璧，若笞我。若善守汝国，我顾且盗而城。’”据《史记·秦本纪》，“张仪相秦”在秦惠文君十年（前328年），即楚怀王元年。这说明“子晰”为令尹的下限已到了怀王立年。

关于威王时期的令尹，顾祖禹《读史方舆纪要》卷一〇一“广州”条下还记有高固其人，其文曰：“相传南海人高固为楚威王相时，有五羊衔谷萃于楚亭，遂增筑南武城。”高壮达曾撰文[②]，通过论据确凿的考辨，否定有“楚亭”的存在，并指出南武城非建于先秦而建于西汉。如此，所谓“高固为楚威王相”的说法就失去了依凭。再者，“五羊衔谷萃于楚亭”一事，明属虚无缥缈的神话传说，用这种传说来断限历史人物所活动的时间，又怎能令人折服？无怪乎就连顾祖禹本人也未敢肯定而采用“相传……”的笔法了。

关于威王时期的令尹，还有“昭厘”之说。《渚宫旧事》卷三引《吕氏春秋·去宥》：“荆威王学书于沈尹华，令尹昭厘恶之。”查业经考订的今本《吕氏春秋》，其《去宥》所记，在“昭厘”之前无“令尹”二字。《渚宫旧事》为唐人余知古所著，余氏加“令尹”二字，或当时所见本有之，而实际当为衍文。

子士　1986年出土的包山楚简“简115”载：

> 大司马卲（昭）阳败晋（魏）帀（师）于郪（襄）陵之岁，夏宗之月庚午之日，命（令）尹子士、大（太）帀（师）子佩命蒹陵公邘鼈为鄗（镐）郿（间）貣（贷）戉阝（越）异之銤金一百

① 《史记·张仪列传》未载明此事发生的时间。据《史记·苏秦列传》，张仪于秦惠文君五年（前333年，即楚威王七年）“入秦”，是知张仪以布衣游楚在楚威王七年以前。

② 高壮达《楚亭·南武城与公师隅——试论广州早期城建史的疑案》，载《岭南文史》1985年第1期。

益（镒）二益（镒）四两。

贷金，就是由中央级官员（包括令尹）出面，将国家所持有的黄金，以镒为单位借贷给地方政府或私人，借方按一定的借期还本付息。借贷双方若发生纠纷，需通过一定的法律程序解决。在包山楚简《文书·贷金》中，记录了多笔这样的出借事件，由令尹子士和太师子佩出面借贷的这笔贷金，数额超过百镒，为所见借额中最高者。

这笔借贷事件，发生在“大司马邵（昭）阳败晋（魏）帀（师）于鄦（襄）陵之岁”，即楚怀王六年（前 323 年）。说明此年楚国的令尹为子士。次年（前 322 年）楚令尹已为赵献（昭鱼），而怀王初年的令尹又为鄂君子晰。所以子士任令尹的时间当在怀王初期，不超过五年。子士任令尹，仅见于考古资料，而文献缺载。

赵献（昭鱼） 与昭奚恤同族。《魏策一·张仪欲并相秦魏章》载：“张仪欲并相秦魏，故谓魏王曰：‘仪请以秦攻三川，王以其间约南阳，韩氏亡。’史厌谓赵献曰：‘公何不以楚佐仪求相之于魏，韩恐亡，必南走楚。仪兼相秦、魏，则公亦必并相楚、韩也。’”

笔者认为，这段文字中的“赵献”当为“昭鱼”。因“献”之繁体为“獻”，其形颇类“魰”（即渔，通鱼）字，容易混淆。赵、昭二字音同可以通假。陈直先生在《史记新证》一书中，也曾以其他论据，说明《战国策》中之“昭獻”本应作“昭魰”，考论精良。[①] 此章事发生于何时？缪文远《战国策考辨》断在公元前 322 年张仪相魏前夕，[②] 其说有理。以此章观之，昭鱼于该年即楚怀王七年已任令尹，否则史厌不可能为其出谋划策，请其助仪相魏，逼韩结楚，以达到“并相楚、韩”的目的。“并相楚、韩”，可谓一语而道破天机！其任令尹的始年应即子士为令尹之终年。昭鱼执政非止一轮，其此次任职的下限，当与昭阳相接，

① 陈直《史记新证》，天津人民出版社 1979 年版，第 100 页。
② 见《战国策考辨》第 220 页。

最迟不超过楚怀王九年（前 320 年）。

昭阳　一称“昭子”[①]。与昭奚恤同族。《齐策一·靖郭君善齐貌辨章》：“昭阳请以数倍之地易薛。”姚宏《注》：“昭阳，楚将。”《吕氏春秋·知士》亦载此事，而高诱却云：“昭阳，楚相也。”因楚令尹在先秦、秦汉文献中有“相”“将”二称，故姚、高之《注》，名虽异而其实则同。令尹为楚之最高外交代表，决策并处理外交大事乃其本职。昭阳既有权代表楚国提出与邻国（当时楚之淮北地与齐之薛邑毗邻）交换土地，其官阶必为宰辅。缪文远《战国策考辨》引诸书考证，断此章事在公元前 320 年，即楚怀王九年。[②]其说可信。昭阳任令尹上接昭鱼，即公元前 320 年（怀王九年）。《史记·楚世家》记怀王六年昭阳败魏伐齐事，引陈轸所谓“今君（昭阳）已为令尹”之言，从而把昭阳任令尹的上限提到了公元前 323 年，这显然是错误的。且不说子士是年已是令尹，即参证以其他史实，此说亦不能成立。“鄂君启节”铭文有“大司马昭阳败晋（魏）师于襄陵之岁”的记载，所记即怀王六年昭阳败魏事。这一力证，无容辩驳地说明了昭阳此年官任大司马而非令尹。另外，《史记·楚世家》记此事，几乎全文袭用《齐策二·昭阳为楚伐魏章》，但《齐策》该章并无“今君已为令尹”之语，仅书其官为“柱国”。柱国之官仅次令尹，而与大司马同级（一说柱国即大司马），这也印证了上引“鄂君启节”铭文是可靠的。关于昭阳任令尹的下限，史无明确记载。《楚策三·五国伐秦章》记有这样一件史事：公元前 318 年，三晋与楚、燕合纵攻秦，魏先出战而“折兵之半”。魏想与秦媾和，却不敢擅自行动，就派惠施到盟主的楚国去请示昭阳。昭阳一开始拒绝了惠施的要求，将其打发回国。后担心这样做可能激怒魏国，促魏倒向秦的一边，于是又“令人谒和于魏”。他国重臣到楚国商计大事，不找别人而专谒昭阳，这说明昭阳于怀王十一年（前 318 年）仍是楚国军政外

① 见《楚策三·五国伐秦章》及《韩策二·襄陵之役章》。

② 见《战国策考辨》第 80 页。

交的主持者，继续领有宰辅之衔。《楚策一·五国约以伐齐章》中，写了昭阳劝楚王以地欺韩一事，有人释昭阳曰“宰相”。[①] 黄少荃先生力证五国相约伐齐战国时唯只一次，即公元前 284 年燕、秦与三晋联兵攻齐之战。[②] 其说甚确。昭阳这时有无可能仍任令尹？回答是否定的。因至迟于怀王十九年（前 310 年），昭阳之职已为昭鱼所代（详见下文），昭鱼之后又有数人接任。公元前 284 年距昭阳始职令尹已有三四十年，其时昭阳非死即老，怎能再出辅政？因此，昭阳任令尹的下限只能与二次出山的昭鱼相衔，决不会迟至公元前 284 年，即顷襄王十五年。

张仪　魏人，秦相。他常行连横外交，以“散六国之纵”，而把斗争的重点放在弱楚上。公元前 313 年，为破坏楚、齐联盟，他佯卸相职，由秦至楚，说怀王曰：“秦甚憎齐，齐与楚纵亲，楚诚能绝齐，秦愿献商於之地六百里。”怀王听后大喜，“乃以相印授张仪”，并遣使“绝约于齐”。[③] 楚置令尹为单轨制而非双轨制[④]，张仪相楚后，原令尹（或昭阳，或昭鱼）即行免职。怀王为使张仪尽快兑现诺言，不久即派人至秦索地。如此，张仪之任令尹，估计只在一月至数月之间，其年为怀王十六年（前 313 年）。张仪返秦后食言，怀王大怒，出兵讨伐，遂有丹阳、蓝田之败，楚之国力从此大为削弱。

昭鱼　《史记·魏世家》载：“（哀王，按：“哀”应为“襄”）九年……魏相田需死，楚害张仪、犀首、薛公。楚相昭鱼谓苏代曰：‘田需死，吾恐张仪、犀首、薛公有一人相魏者也。’……（代）遂北见梁王，以此告之。太子果相魏。”这里明确告诉我们：魏襄王九年即楚怀王十九年（前 310 年），昭鱼身官令尹。至于他何时重出执政以替代昭阳，不可确知，但最早不超过怀王十六年（前 313 年）（参本表“昭阳”条）。据《史记·张仪列传》，张仪在公元前 311 年秦惠王死后，因与其

① 《白话战国策》中册第 385 页。
② 转引自《战国策考辨》第 132 页。
③ 《史记·张仪列传》。
④ 《齐策二·昭阳为楚伐魏章》引陈轸对昭阳曰：“令尹贵矣，王非置两令尹也。”

不和的武王即位而失势奔魏；又据《齐策一·靖郭君善齐貌辨章》，薛公田婴[①]其人，并不为宣王所喜爱，他当时也有可能被魏引聘为相；再观《张仪列传》“犀首”项下，可知犀首其时也在魏国。昭鱼认为：张仪相，必右秦而左魏；犀首相，必右韩而左魏；薛公相，必右齐而左魏，[②]皆于楚不利。在这种情况下，作为一国宰辅的昭鱼，从维护楚国的实际利益出发，设法干预魏相人选的确定，又有何不好理解？应该说，此种事当时极有可能发生。昭鱼若对此无动于衷，那才真的会使人感到奇怪！至于游说魏王者到底是不是苏代，太子自相好处何在，楚国对犀首的态度前后为何出现矛盾，等等，这些全属枝节，都不能否认当时昭鱼曾以令尹身份对魏的立相进行干涉这一本质问题。可以证明昭鱼再次相楚的史料还有一条，即《史记·韩世家》所记“楚围雍氏”时，“甘茂与昭鱼遇于商於”。战国时楚围韩之雍氏前后计有三次，均发生于怀王后期。第一次在怀王十七年（前312年）[③]，第二次在怀王二十二年（前307年）[④]，第三次在怀王二十九年（前300年）[⑤]。《韩世家》把“甘茂与昭鱼遇于商於”之时的雍氏之役系于韩襄王十二年（前300年），这是错误的。因甘茂于秦昭王元年（前306年）已出逃至齐，其后再未返秦，他不可能在昭王七年作为秦的外交代表与楚方举行会谈。然则《韩世家》所记，是否为怀王十七年的雍氏之役？回答也是否定的。

① 《史记索隐》：“（薛公）田文也。”按：“薛公”于田文、田婴皆可称之。田婴称“薛公”，见《史记·孟尝君列传》。时田婴为齐相，又是薛邑封君，故《魏世家》所言“薛公”，应指田婴。田文只是在其父死后才袭用此称，其时已到了齐湣王时期（约前300年—前284年）。

② 《史记·魏世家》“（哀王）九年”条下。此言虽出苏代之口，但它却道出了昭鱼的心声。

③ 见《战国纵横家书·苏秦谓陈轸章》、《史记·田敬仲完世家》、《史记·秦本纪》、《东周策·楚攻雍氏章》等。

④ 见《史记·甘茂列传》等。

⑤ 见《西周策·雍氏之役章》、《韩策二·韩咎立为君而未定章》吴师道《补正》（即《战国策校注补正》）。

因公元前 312 年，甘茂刚入秦，秦取汉中时他仅为魏章之副手，[①] 其身份与过去曾任令尹、该年可能仍为令尹的昭鱼全不相当，不处于与昭鱼对等的谈判地位。正确的结论只有一个：《韩世家》所记只可能是第二次雍氏之役。关于这次战役，《史记·甘茂列传》及《韩策二》中《楚围雍氏五月章》和《楚围雍氏韩令冷向章》等也有记载，其大致情节与《韩世家》同，[②]《甘茂列传》还特别点出了时间在“昭王新立”亦即武王过世的公元前 307 年；所相异者：《甘茂列传》与《韩策》均言楚解雍氏之围，全因秦之相救，而《韩世家》却引公孙昧言，说韩将被秦出卖，韩惧而结楚，楚始撤围。公孙昧的这种说法，显然不足为信。第二次楚围雍氏时，甘茂任右丞相，位居秦官第一。[③] 从参与会谈的双方代表地位应相当等外交礼数推断，昭鱼其时亦当为宰辅；《韩世家》裴骃《集解》也持同样的看法，以为昭鱼是“楚相国”。怀王二十二年（前 307 年），昭鱼应仍在令尹之位，其任职下限，当与唐昧相接。

唐昧 当以楚之唐地为氏。出身无考。《史记·乐毅列传》载：“当是时，齐湣王强，南败楚相唐昧于重丘。”据《吕氏春秋·处方》，此战为齐、韩、魏联兵“攻荆”，“荆令唐蔑将而拒之”。双方“浃泚水而军”，“军相当”，相峙六月。后齐将章子以计大败楚军，“果杀唐蔑”。按：唐蔑即唐昧。此战发生于何时？《楚世家》记于怀王二十八年，《韩世家》记于襄王十一年，《魏世家》记于哀（襄）王十八年，此皆一年，即公元前 301 年。唐昧既死，是其为令尹终于此年。其任令尹之职的上限，当为昭鱼任令尹之终年。一些史籍称此战中的唐昧为“将军”。

---

① 据《史记·甘茂列传》，甘茂因张仪、樗里子而求见秦惠王。“王见而悦之，使将而佐魏章略定汉中地。”

② 《韩策》记为“楚围雍氏……甘茂与昭献遇于境”。此“境”即秦地商於与楚接界之边境地区，“昭献”即《史记·韩世家》之“昭鱼”。陈直先生力证二者为一人，而应以《史记》“昭鱼”为是，其说甚确，参《史记新证》，第 100 页。

③ 甘茂于公元前 308 年至公元前 307 年为秦之右丞相。右丞相于百官中位次第一，马非百先生在《秦集史》（中华书局 1982 年版）下册《丞相表》中，作有令人折服的考证。

笔者在第一章第二节中已经讲过，令尹于战时、非战时均可有“将军”称谓，故此称亦不为误。

景翠　出身于战国时期楚王室三大族姓之一的景氏家族。据《东周策·秦攻宜阳章》，怀王二十二年（前 307 年）韩之宜阳为秦所围，景翠曾以执珪之爵、柱国之官率军往救，由此可见他在怀王后期权位之重。怀王二十八年（前 301 年）唐眛战死重丘，景翠当以次迁升令尹，其原有军职可能由景缺接任。怀王二十九年（前 300 年）“齐、秦约攻楚”[①]，景缺率军阻止来犯之秦军，兵败被杀，将士死者二万。为解除楚国的危困局面，景翠受命“以六城赂齐”[②]，且以“太子为质于齐以求平”[③]。制定或执行外交方略，是令尹的职分所在。景翠在关键时刻被派去执行如此重要的外交使命，这是他身系一国安危、具有宰辅身份的最好说明。其任令尹之终年，当为怀王三十年（前 299 年）。此年怀王被骗入秦，太子横即位为顷襄王，令尹之位由子兰接任。

关于怀王时期的令尹，古今异说最多，其中有不少以假冒真者，需要一一作出辩驳。

1. 屈匄（盖）。《史记·楚世家》载：“（怀王）十七年春，与秦战丹阳，秦大败我军，斩甲士八万，虏我大将军屈匄、裨将军逢侯丑等七十余人，遂取汉中之郡。”谭介甫先生据此认为：“屈匄当时实任令尹。”[④]谭先生有一个观点：令尹职兼文武，因此，凡在重大战役中担任楚军主将者，就必为令尹无疑。根据这一认识，他把怀王六年胜魏于襄陵的柱国昭阳，说成是“兼任将相全权的人”。[⑤]这种看法可能是错误的。笔者在第一章第二节对楚令尹比拟之称的释义中已作过考证，认为战国时期楚国未设“将军”一官，史籍对楚臣称“将军”，只是比照他

① 《楚策二·齐秦约攻楚章》。缪文远《战国策考辨》引诸家说，断此章事在公元前 300 年，即楚怀王二十九年，可信。

② 《楚策二·齐秦约攻楚章》：“齐、秦约攻楚，楚令景翠以六城赂齐，太子为质。”

③ 《史记·楚世家》。结合《楚策二》相关记载可知，此亦为景翠所为。

④⑤ 谭介甫《屈赋新编》，中华书局 1978 年版，上集第 70 页。

国制度的一种拟称。又指出：战国秦汉文献称先秦人为“将军”有三条规律，其首要一条就是对统兵出战者均有此称；军中若设副将，则主将就称“大将军”或“上将军”，以示二者地位高低和责任主次之别，并非只有令尹率军出战才称“将军”。所以不能仅从屈匄被冠以“大将军”之称，就断言他一定官任令尹。那么屈匄在楚究竟领何官衔？这从他被俘后所任秦官可以寻见答案。《秦策二・甘茂约秦魏而攻楚章》有载：“甘茂约秦、魏而攻楚。楚之相秦者屈盖为楚和于秦，秦启关而听楚使。”不少学者都指出“屈盖即屈匄”，① 笔者认为是有道理的，因彼时当不得有另一楚之同姓名者在秦为高官。关于《秦策二》的这段记述，马非百先生在《秦集史・丞相表》中作了如下诠释：“案：甘茂以秦昭襄王元年出之魏，此言‘甘茂约秦、魏而攻楚，楚之相秦者屈匄’云云，则必为武王时事无疑。考《秦本纪》‘武王三年，樗里疾相韩，其秋，使甘茂伐宜阳’，可知甘茂乃补樗里疾之缺，而屈匄则代甘茂为左丞相。”② 战胜国优容战败国降将的政策，一般为保有其原任官爵。屈匄被俘后既出任位在秦官第二的左丞相，则可知他在楚原官大司马或上柱国，而非为“国冠之上”的令尹。至于当时令尹为谁，笔者认为昭阳的可能性为大。

2. 景鲤。《秦策三・楚王死太子在齐质章》引苏秦言，涉及景鲤其人。姚宏本注：“景，姓；鲤，名。楚怀王相也。”结合《战国策》所记史实来看，景鲤为怀王后期名臣，多从事外事活动，其官位似始终未至宰辅。据《韩策一・韩公仲相齐楚之交善章》，怀王十六年（前 313 年），景鲤奉使入秦，曾因完成外交任务出色，受到怀王“益其列”的嘉奖。③ 这是景鲤事迹见于史籍之最早者。令尹为楚官之冠。景鲤既升迁，说明他此前并非令尹。升迁后官任何职？策文未予交代，看来亦未

① 参《战国策考辨》第 47 页引“林氏《纪年》”（即林春溥《战国纪年》），“金氏《补释》”（即金正炜《战国策补释》）。

② 马非百《秦集史・丞相表》，中华书局 1982 年版，第 859 页。

③ 此章事在公元前 313 年，考见《战国策考辨》第 267 页。

达人臣之极。《楚策二·楚襄王为太子之时章》，记载顷襄王初立时某次“朝群臣”，大臣相继入见，首入者为上柱国子良，次入者为昭常，三入者才是景鲤。这是景鲤事迹见于史籍之最晚者，可见其官职不仅低于令尹，而且低于上柱国。

3. 昭雎。《楚宝》卷第十一以昭雎为怀王后期的“楚相”。笔者认为，这只是分析和推测，根据不足。据“鄂君启节”铭文，昭雎于怀王六年官大工尹，其时他应该还比较年轻。怀王后期，他常以谋臣的身份出现，其突出事迹《楚世家》记有两件。其一，公元前 299 年，怀王在秦昭王的威吓下，前往秦国武关参加会盟，他坚决谏止王行，主张发兵抗秦，怀王未纳其言，结果被扣，冤死于秦。其二，怀王被扣的消息传到楚国后，楚廷一片混乱，他力排众议，主张迎归在齐为人质的太子横。横归立为顷襄王，从而使秦要挟和敲诈楚国的计谋破产。《楚世家》载述上列史实，并未著其官称。如果仅以他谋略超群、在关键时刻起有重大作用即断其为令尹，似过于轻率。楚国历史上有不少此类大臣，如芳贾、伍参、沈尹戌、屈原等[①]，均不为令尹。怀王末年的令尹实为唐昧、景翠，昭雎出任是职，已到了顷襄时期（详见下文）。

4. 景缺。《楚世家》载：“（怀王）二十九年，秦复攻楚，大破楚，楚军死者二万，杀我将军景缺。”谭介甫先生据此断景缺为令尹。[②]景缺其人见于史籍唯此一次，而“将军”又是出战将兵者的通称，从中看不出其人原来的官爵等秩，怎能凭此而定景缺的实际官称？前已考定，怀王二十九年（前 300 年）的令尹为原柱国景翠，景缺其时补缺柱国的可

① 芳贾于城濮战前曾预言子玉出战必败，批评子文用人不当，其言不久即得到印证。庄王三年，他又定伐庸威众之策，使楚国灭庸，平定了内乱。伍参于邲之战前夕预言晋军必败，力主与晋决战，他设法说服庄王，纠正了令尹孙叔敖不战而退的错误方针，使楚国取得了胜晋夺霸的业绩。沈尹戌从“囊瓦城郢”，预言楚必危亡。吴入郢之战爆发后，他又献毁舟淮汭、塞吴归路、与子常前后夹击之计，惜子常妒功害能，不恤国难，而终有亡郢覆国之败。屈原在怀王应邀赴武关与秦会盟时，同昭雎一样，也曾劝止王行。

② 见《屈赋新编》上集第 170 页。

能性较大。

5. 慎子。《渚宫旧事》卷三引《楚策》:"太子(横)既归即位，是为襄王。齐使车五十乘来求东地，王患之，以告令尹慎子。"查今本《楚策》此节文字，在"慎子"之前并无"令尹"二字。余知古所见唐本《战国策》或且如《渚宫旧事》所引，实际当为衍文。据《楚策二·楚襄王为太子之时章》，太子横归立之年，慎子乃是其"傅"。

鉴于上述论证，屈匄等五人应从怀王时期的楚令尹序列中除名。

子兰 《史记·屈原贾生列传》载:"……顷襄王立，以其弟子兰为令尹。"子兰任令尹始于公元前298年。因屈原《离骚》多有吟"兰""椒""揭车""江离"之句[①]，一些学者据而认为:楚国历史上并无"子兰""子椒"其人，二者是司马迁和班固从《离骚》"兰""椒"等物的寓意中杜撰出来的。如此，子兰为令尹之说当然就无法成立了。这种看法最早起自南宋的朱熹，他在《楚辞辩证》中指出:"(屈子于)'兰芷不芳'之后，乃更叹其代为恶物。……而揭车、江离亦以次而书罪焉。盖其所感，益以深矣。初非以为实有其人，而以椒、兰为名字者也。而史迁作《屈原传》，乃有令尹子兰之说，班氏《古今人表》，又有令尹子椒之名，既因此章之语而失之，使此词首尾横断，意思不活。王逸因之，……流误千载，遂无一人觉其非者，甚可叹也。使其果然，则又当有子车、子离……之俦，盖不知其几人矣。"王逸注《楚辞》，以《离骚》中的"兰""椒"实指"子兰""子椒"其人，这明显是错误的。因《离骚》通篇皆是以香草喻君子，以杂卉喻小人，托物而陈词，比兴以达意，不应于"兰""椒"破例而实指其人，以乖全篇之体例。朱熹驳正王说之谬，可谓颇具见识，但在勘误纠谬的同时，却否定子兰、子椒为历史人物，这就走向极端了。马、班均为汉人，距战国后期不远，特别是司马迁，其生活的时代不仅距怀、襄之时很近，而且一向景仰身

① 例有:"余既滋兰之九畹兮，又树蕙之百亩""兰芷变而不芳兮，荃蕙化而为茅""余以兰为可恃兮，羌无实而容长""椒专佞以慢慆兮，椴又欲充夫佩帏""览椒兰其若兹兮，又况揭车与江离"等。

遭放逐、赋有《离骚》的屈原，将他树为学习的榜样。在这种背景下，难道他对与屈子有关的重大事件，对打击、陷害屈子的元凶，会一无所知吗？再者，司马迁写史向以求实著称，怎么可以设想，他在记述深刻影响于怀、襄二朝政治的关键人物时，会毫无依凭，而仅将辞赋的寓意据为信史？为论证司马迁记载之误，朱熹的应和者又提出了另一理由："秦汉间诸书，遍考之，皆无子兰其人。"[①] 此实不值一驳。《盐铁论·讼贤》载"文学"曰："夫屈原之沉渊，遭子椒之谮也。"著名经学家孔融亦云："屈平悼楚，受谮于椒、兰"。[②] 孔融生活于后汉，"文学"更与司马迁之时比近，可见司马迁所记并非孤证，子兰、子椒是无可怀疑的楚国佞臣。《屈原贾生列传》又载："楚人既咎子兰，以劝怀王入秦而不反也。"谭介甫先生指出子兰可能因此而被免除令尹职务，接任者为子椒。[③] 所见或是，但他将此事时间定为顷襄七年，似嫌过于拘泥。

子椒　一说"怀王少弟"[④]，或然。《汉书·古今人表》有"令尹子椒"。班固以善恶愚智分人为"九等"，他被列于"中下"即第六等。班固既对他有如此明确的品评结论，则以其为令尹必有所据。顷襄初期的令尹是子兰，中期的令尹为昭睢（详见下文）。史载子椒活动于屈原流放前后（见上引"文学"与孔融之言），而屈原又死于顷襄中期，则子椒任令尹必在子兰与昭睢之间，具体时间今已无法考出。

昭睢　与昭奚恤同族。《楚世家》在顷襄王十八年下记曰："楚欲与齐、韩连和伐秦，因欲图周。周王赧使武公谓楚相昭子曰：'……'"战国时期，楚昭姓大臣称"昭子"者，有昭奚恤、昭阳、昭睢等人，此"昭子"是谁？古今向无定论。笔者认为：此"昭子"不可能是昭奚恤，因奚恤的时代距此较远；亦不可能是昭阳，理由前已述及。分析有关情况，此"昭子"当是昭睢。首先，昭睢于怀王后期即因谋善功高而蜚声

① 姜亮夫《楚辞学论文集》，上海古籍出版社 1984 年版，第 51 页。
② 转引自游国恩《离骚纂义》，中华书局 1982 年版，第 436 页引"徐文靖曰"。
③④ 见《屈赋新编》上集第 183 页。宋按：关于子椒为"怀王少弟"，姜亮夫在《楚辞学论文集》中也持此说（见其书第 51 页）。

楚廷，成为当时楚国外交方略的重要决策人。顷襄王前期，子兰因劝怀王入秦一事受到弹劾，而在这个问题上被证明卓具远见的昭雎，其声望必然较前更高。在这种情况下，他不久后官升令尹，也就不令人感到奇怪了。其次，史书称某人为“某子”，一般都有特定的规则。这就是于同一篇文章先列出其实有名字，而后再简称其为“某子”。[①]《楚世家》中的情况亦不例外。它记怀王十九年事，已称昭雎为“昭子”（所谓“怀王大怒，悔不用昭子之言”），其后又在顷襄王十八年事中复用“昭子”之称，这个“昭子”断不会凌空而降，它与此前的“昭子”当是一人，亦为昭雎的换称。考虑到《楚世家》称昭姓大臣为“昭子”者唯有昭雎，而昭雎于顷襄王时期出任令尹又有较大可能性，笔者有理由作出结论：见记于顷襄王十八年的“楚相昭子”就是昭雎。昭雎任令尹当上接子椒，其下限同州侯相衔，最迟不超过顷襄王二十一年（前278年）。

州侯　姓名缺佚。顷襄王时的封君，当是宣王前期的令尹州侯的后裔。[②]《楚策四·庄辛谓楚襄王章》引庄辛言：“君王左州侯，右夏侯，辇从鄢陵君与寿陵君，专淫逸侈靡，不顾国政，郢都必危矣。”从该章所记“五月”而“秦果举鄢、郢”来看，庄辛说这番话的时间在公元前278年，即顷襄王二十一年。州侯被列于四幸臣之首，而成为祸国的罪魁，其权位一定不低。关于他的具体职分，《荀子·臣道》稍有透露：“……齐之苏秦、楚之州侯、秦之张禄、可谓态臣也。”苏秦为齐湣王之相，张禄（即范雎）为秦昭王之相，州侯既同二者相提并论，可知其官阶当在宰辅。所谓“态臣”，即故作态以媚君之人。《臣道》还指出，此

① 如《楚策一·魏氏恶昭奚恤于楚王章》：“魏氏恶昭奚恤于楚王，楚王告昭子。昭子曰：‘臣朝夕以事听命，而魏入吾君臣之间，臣大惧’。……王曰：‘寡人知之，大夫何患？’”再如《楚策三·五国伐秦章》“五国伐秦，魏欲和，使惠施之楚。楚将入之秦而使行和。杜赫谓昭阳曰：‘凡为伐秦者楚也。今施以魏来，而公入之秦，是明楚之伐而信魏之和也。公不如无听惠施，而阴使人以请听秦。’昭子曰：‘善。’”此皆是先列出某人姓名，而后再简称“某子”。

② 详参何浩《战国时期楚封君制初探》。

类态臣，“内不足使一民，外不足使距难，百姓不亲，诸侯不信”。这是在痛斥州侯败坏内政和外交，但从中可清楚地看到他重权在握处于执政地位。州侯之任令尹，当止于白起拔郢的顷襄王二十一年；其任职上限，应即昭雎为令尹的终年。

《说苑·善说》记有庄辛谏襄成君一事，黄式三《周季编略》卷八断其时在顷襄王十九年，且得出结论说，此年之令尹为“襄成君”。这显然是误解。囚《善说》并无襄成君为令尹的记载，它只记述了庄辛以令尹子晰亲近越人船民的故事来规劝襄成君，以喻导其去掉贵傲之气。黄氏未细观文意，故出现了这种张冠李戴的错误。

春申君　姓黄名歇。出身于楚之王族。[①] 考烈王时期的令尹，《楚世家》记“考烈王以左徒（黄歇）为令尹”，即为明证。对于其任令尹一事，《史记·春申君列传》有连续不断的记载，“考烈王元年，以黄歇为相，封春申君”“春申君为楚相四年，秦破赵之长平军四十余万”“春申君相楚八年，为楚北伐灭鲁”“春申君相十四年，秦庄襄王立，以吕不韦为相”“春申君相二十二年，诸侯……乃相与合从，西伐秦，而楚王为从长，春申君用事”“春申君相二十五年……考烈王卒……（李）园死士侠刺春申君，斩其头”。这些记载说明：考烈王在位时期，春申君一直担任令尹，具体时间在公元前 262 年至公元前 238 年。

李园　赵人。[②] 春申君舍人。考烈王死后，李园谋杀春申君而取代其令尹之职。李园任令尹，《战国纵横家书》“秦使辛梧据梁（魏）”章有明确记载。据该章所记：“秦使辛梧据梁，合秦、梁而攻楚，李园忧之。”为缓和楚所面临的严重危机，李园派人向担任秦魏联军统帅的秦将辛梧进行游说，采取正反两面说法，劝辛梧以个人安危为念，“少案（按）之，毋庸出兵”。他指出，不出兵，“秦未得志于楚，必重梁，

① 《史记·游侠列传》：“近世延陵、孟尝、春申、平原、信陵之徒，皆因王者亲属，藉于有土卿相之富厚，招天下贤者，显名诸侯……”司马迁将春申君与延陵君等四人并列，统归为“王者亲属”，可证春申君亦系某楚王之后裔。

② 《楚策四·考烈王无子章》。

梁未得志于楚，必重秦，是将军两重”。若出兵，楚败而降秦，“秦馀（与）楚为上交”，则“将军必逐于梁，恐诛于秦”（以楚恨之而或为秦所不容）。辛梧权衡利弊，果拖延出兵达六月之久，使楚国所遭受的攻击大为减轻。这件事又载于《楚世家》和《六国年表》，时系幽王三年，即公元前 235 年。李园在危亡关头，身系一国之重，筹谋安国之策，引导楚国渡越了难关，他所具有的权力说明他非令尹莫属。当然，李园始任令尹并非此年，而应在幽王元年。《古列女传·孽嬖传》有“公子负刍之徒”“袭杀哀王及太后，尽灭李园之家”的记载。李园之死当在此时。据《楚世家》，幽王立十年而死，“同母弟犹代立，是为哀王，哀王立二月，哀王庶兄负刍之徒袭杀哀王而立负刍为王”。可见，李园之死年即幽王十年。如此，李园之任令尹乃与幽王相始终，时在公元前 237 年至公元前 228 年。

以上所排出的战国时期楚令尹序列是很不完整的，约计有以下几段时间的令尹目前尚无法考出：声王时期（前 407 年—前 402 年）、悼王前期（前 401 年—前 388 年）、白起拔郢后的顷襄时期（前 277 年—前 263 年）及负刍王时期（前 227 年—前 223 年）。填补这些空缺以建立起一个规整的战国之时的楚令尹序列，将有待于日后考古资料的新发现。

第三章 春秋战国时期楚司马序列及大事考述

考述春秋战国时期楚司马任职的时序，以及他们的任职经历，对开展司马与令尹关系的研究，对了解令尹制某些特点生成的缘由，都是十分必要的。

第一节 春秋时期楚司马序列考述

春秋时期楚国司马的序列，《左传》《国语》诸书虽然有所提示，但在不少地方仍然含混不清，或多存缺环。古今史家对此序列的论述亦不乏错误之处。以下，笔者想从分析史料、辨正诸说入手，对这一时期楚国的司马依次作一考述。

斗子良 若敖之孙，伯比之子。[①] 这是见于《左传》的楚国首任司马。不过，《左传》不是正面记载，而是以追述的笔法将他任司马一事补记于鲁宣公四年（前 605 年）："初，楚司马子良生子越椒。"子良是令尹子文之弟。[②] 子文任令尹长达 28 年（前 664 至前 637 年），则子良为司马亦当在这一时期。子文任令尹的前期，有职掌相当于司马的莫敖

①② 《春秋分记·世谱七·世谱叙篇考异下》："伯比生三子，曰於菟、曰子良、曰得臣。"

屈完负责军事，[①] 后期有司马为成得臣（详下），故子良任司马当在子文任职的中期。这段时间，亦恰值成王在位（前 671 至前 626 年）之中期。

成得臣 字子玉。若敖之孙，伯比之子。[②] 其任司马，《左传》未明确记载。从僖公二十三年《传》知，他在继子文为令尹前，曾任统兵主帅“伐陈”，“取焦、夷”，是成王中期偏后唯一见于《左传》的楚国武官，可见其地位不低。根据“楚国第”[③] 的举官原则，楚令尹一般拔自公族居高位者。如此，成得臣任令尹前官阶当至司马。李梧冈《春秋纪传·楚列传·成得臣》言“成得臣，……楚之公族也，为司马”，也指出了这一点。其任司马的时间，在鲁僖公二十三年即成王三十五年（前 637 年）前，上接斗子良。

斗宜申 字子西。斗廉之孙。[④] 僖公二十六年《传》云：“冬，楚令尹子玉、司马子西帅师伐宋，围缗。”这年秋天，他随成得臣率师灭夔，《左传》未著二人官称，杜《注》认为他此时已官居司马。其实，宜申任司马当早此三年，即在成得臣继任令尹之年——成王三十五年。因这三年中楚无司马见于《左传》。其任司马的下限，据文公十年《传》，在成王四十五年（前 627 年）城濮败后。此战他以左军将而丧申、息之师，因被贬为商公。有人将楚始置司马的时间确定在《左传》言他为司马之年，即成王三十八年（前 634 年），[⑤] 这显然有违史实。

斗克 字子仪，又称子仪父。申公斗班之子。[⑥]《国语·楚语上》

① 春秋初期楚之莫敖，其职掌大体相当于后来的司马，参见桓公十一年、桓公十二年、庄公四年《传》及杨伯峻《春秋左传注》第一册第 130 页。屈完事迹，见于僖公四年《经》《传》及《史记·楚世家》，但二书均不著官称。屈氏家族世掌莫敖。屈完“将兵”和签盟的权能，颇类其前的莫敖屈瑕和屈重，故可推知召陵之盟前后他职为莫敖。

② 见《春秋分记·世谱五》。

③ 《左传·哀公十六年》。

④ 《春秋分记·世谱五》引《世族谱》。

⑤ 杨升南《名称与中原不同的楚国官制》，载《文史知识》1984 年第 2 期。

⑥ 见《春秋世族谱》。

云："昔庄王方弱，申公子仪父为师。"韦《注》："仪父……大司马斗克也。"韦昭的这种说法，目前尚无证据质疑之。斗克原为申县县公，《左传》称"申公子仪"。成王三十七年（前635年）戍商密为秦囚获，成王四十五年（前627年）秦败崤底后被放归"求成"。在斗克努力下，秦楚关系暂时得以缓和。他任大司马，当始于是年。次年穆王弑父自立，背离其父的联秦政策，[①]故穆王四年（前622年）出现"秦人入鄀"事件，秦楚关系遂又破裂。秦楚二国和而转仇，联结秦楚之好的斗克，自然不会受到信用。《左传·文公十四年》言其"成而不得志"，所指当即如是。"不得志"三字语义含糊，既可能指其被解除了司马职务，又可能指其原职未变而实权已被架空。穆王时期无司马见于《左传》，故斗克保留司马空名的可能性较大。庄王元年，他任年少的庄王之"师"，显见已被免除了司马之职。这是因为，楚之令尹、司马一般不兼职。[②]

斗椒 字子越，司马子良之子[③]。宣公四年《传》言："及令尹子文卒，斗般为令尹，子越为司马，芀贾为工正。谮子扬（斗般字）而杀之，子越为令尹，己（芀贾）为司马。"由此可知，斗椒为司马在斗般任令尹之时。笔者考证，斗般任令尹当在庄王二至三年，[④]斗椒之为司马，时与此合。

芀贾 字伯嬴。芀吕臣之子。[⑤]上引《左传·宣公四年》已载：其任司马始于斗椒为令尹之年。《左传·宣公四年》又说斗椒于是年因叛

① 《左传·成公十三年》引晋吕相《绝秦书》："（楚）成王殒命，（秦）穆公是以不克逞志于我。"说成王死后，秦穆公因此不能在晋国得逞，可见经斗克斡旋，成王已开始执行联秦制晋政策。《绎史·诅楚文》所载"昔我先君穆公与楚成王实劉力同心，两邦若一"，亦可为证。穆王弑立后背离这一政策，故使秦国达不到胜晋复仇之目的。

② 《春秋分记·职官书四》："哀十六年《传》，白公胜杀子西、子期，'沈诸梁兼二事，国宁。'谓时杀令尹、司马，沈诸梁兼之，犹摄耳，旋命宁为令尹，宽为司马。则兼二事，明非常法。"

③ 见《左传·宣公四年》。

④ 见本书第二章第一节。

⑤ 见《春秋世族谱》。

乱被杀，且斗椒叛乱前夕已将芳贾杀死，故知芳贾任司马亦止于是年。这就是说：芳贾任司马与斗椒为令尹的时间段相吻合。笔者考证，斗椒任令尹当在庄王三年至九年，[①]故芳贾任司马亦在此时段。

公子侧 字子反。穆王之子。[②]《左传》载子反活动始于宣公十二年（前597年），但直到成公十六年（前575年）才示明其司马身份。成公十六年《传》云："楚子（共王）救郑。司马将中军，令尹将左，右尹子辛将右。"楚之令尹、司马称"二卿士"或"二卿"。是年《传》借晋人之口，指出楚"二卿相恶"。从子重（时为令尹）与子反有仇隙，鄢陵败后逼迫子反自杀来看，子反显然是"二卿"之一——司马。故《传》言"司马将中军"之"司马"必是子反无疑。子反任司马的时间，下限为共王十六年（前575年），成公十六年《传》对此已有明确交代，但上限则一直是个难解之谜。《公羊传》认为他于庄王二十年（前594年）围宋时已是司马。如《公羊传》宣公十五年下云："（庄王）使司马子反乘堙而窥宋城"。证之以《左传·宣公十五年》,《公羊传》之说不无道理。据该年《传》，子反是此次楚军围宋之主帅。他有权单独与宋媾和，并说服庄王撤宋之围。就连在军的左尹子重亦不得不受其节制。[③]笔者考证，当时楚国的令尹是孙叔敖（因事或因病未参与此役）[④]，左尹又位居楚官第三，这样，子反时为司马就自不待言了。不过，从《左传》记载来看，子反任司马的上限似乎还可向前推移。宣公十二年《传》记邲之战时楚之将帅曰："沈尹将中军，子重将左，子反将右。"时孙叔敖以令尹兼统大军，故不在三军之数。[⑤]中军将沈尹是让位于孙叔敖之前令尹，左军将子重为左尹，唯右军将子反身份不明。子反其时

①④ 见本书第二章第一节。

② 《春秋分记·世谱五·楚公子公族诸氏世谱》。

③ 子重参加宣公十四至十五年围宋之役，《左传》补记于成公七年："楚围宋之役，师还，子重请取于申、吕以为赏田。"因此役子重不为统兵主帅，故知其受制于子反。

⑤ 《七国考订补》下："是时孙叔敖为令尹秉政，不在三军之数。"（上海古籍出版社1987年版，第593页）

究竟任何职？童书业先生曾怀疑他为司马。[①] 分析上引《传》文，笔者认为童先生的怀疑很有道理。试看，此战楚之令尹、前令尹，乃至左尹均为将兵之人，而主管军事、位高左尹的司马，岂能不为一军之帅？司马为一军之帅，只能是右军之帅。如此，则司马与子反实乃一人。从两年后围宋时（楚围宋始于鲁宣公十四年）子反以司马主兵观之，亦可逆推邲之战时他已出任司马。另外，《说苑·尊贤》记“楚庄王用孙叔敖、司马子反、将军子重征陈，服郑，败强晋”亦为邲之战时子反已官居司马提供了佐证。“征陈”“服郑”，均较邲之战“败强晋”为早，由此观之，子反于邲之战前，即庄王十七年（前 597 年）前已担任了司马。

《左传·宣公十二年》载，庄王于邲之战后率军伐萧，“萧溃”前夕，楚方有申叔展、司马卯参与了搭救萧国贵族还无社之事。范照藜、竹添光鸿、杨伯峻等学者据此认为：当时楚国的司马是司马卯。[②] 笔者以为这种看法很难成立。其一，要想证明司马卯时为司马，必须首先论证子反其时未官司马。但上述学者对这一关键问题却避而不谈。其二，伐萧踵接邲之战，楚参战之军即战邲之军（或其中之一部）。卯若官任司马，邲战时应见其大名。但《左传》记参加此战的楚方将帅人等共二十二人，且三军之帅名列前端，却唯独不见他在内。这不能不使人感到诧异！邲之战后，此人在伐萧之役中露面，但他并非以主兵将帅的身份登场，而是充当了一名敌国显贵的保护人。这种所作所为，与声名赫赫的楚司马地位显然极不相称！至此不难看出，司马卯的官任并非司马，“卯”前之“司马”应是其氏。

公子何忌　襄公三年《传》载：“楚司马公子何忌侵陈，陈叛故也。”何忌之名仅此一见。鲁襄公三年即共王二十一年（前 570 年），上距子反之死五年。何忌始任司马，可能上接子反，因在此期间楚无司马见于《左传》。何忌任司马之下限，《左传》也未明载。襄公四年《传》

---

① 见《春秋左传研究》第 176 页。

② 见《春秋左传释人》卷十，《会笺》宣公十二年《传》笺，《春秋左传注》第二册第 749 页。

云："楚师为陈叛故，犹在繁阳。"杜《注》："前年（即前一年，襄公三年）何忌之师侵陈，今犹未还。"说明何忌于共王二十二年仍为司马。襄公十二年《传》记有司马子庚聘秦一事，子庚何时出任司马，《左传》也缺载。这样，何忌为司马之下限很可能是子庚接任司马之年，至迟也不会超过鲁襄公十二年（即共王三十年，前561年）。

公子午 字子庚。庄王之子。[①] 襄公十二年《传》云："秦嬴归于楚，楚司马子庚聘于秦，为夫人宁，礼也。"是年为共王三十年。子庚始任司马当在此前，很可能为公子何忌卸任司马之年。襄公十五年《传》载："楚公子午为令尹。"前令尹子囊死于康王元年（前559年）冬，康王二年（前558年）开春，康王即公布了以令尹子庚为首的一批主要政府官员名单。故鲁襄公十五年即康王二年，可视为子庚任司马之下限。

薳子冯 "薳"与"蒍"通。[②]孙叔敖之子。[③]襄公十五年《传》云："薳子冯为大司马。"襄公二十二年《传》载："……使薳子冯为令尹、公子齮为司马。"故薳子冯任司马在康王二年至九年（前558至前551年）。

公子齮 据上引《左传》文，公子齮于鲁襄公二十二年，即康王九年（前551年）继薳子冯之后而为司马。鲁襄公二十五年，即康王十二年（前548年），其职为蒍掩所代。

蒍掩 薳子冯之子。[④] 襄公二十五年《传》云："楚蒍掩为司马。"襄公三十年《传》云："楚公子围杀大司马蒍掩而取其室。"故其任司马的时间为康王十二年至郏敖二年（前548至前543年）。

从郏敖二年（前543年）大司马蒍掩被杀，至灵王十二年（前529年）公子比为王前夕，计有十四年楚无司马见于《左传》。是楚于此

① 《左传·襄公十二年》杜《注》："子庚，庄王子午也。"

② 《潜夫论·志氏姓》第三十五引"绎按"："蒍、薳……歌寒对转。"即二字可互通。

③ 《春秋释例·世族谱》："薳子冯，叔敖子。"一说叔敖从子，见《世本》。

④ 见《左传·襄公二十五年》杜《注》。

间未设司马，或是设而史籍缺载，目前尚无法确知。昭公十二年《传》云："楚子狩于州来，……使荡侯、潘子、司马督、嚣尹午、陵尹喜帅师围徐以惧吴。"此年为灵王十一年（前530年）。有人据此认为司马督为灵王时之司马。[①]笔者认为，这又是犯了见"司马"即指之为官称的毛病。"《左氏》叙次，俱以官爵为先后。"[②]时薳罢（荡侯）为令尹，[③]而司马督又列于潘子之后，可见其并非位居楚官第二之司马。同司马卯一样，"督"前之"司马"应是其氏。杜预注荡侯等五人曰："五子，楚大夫"，亦未言督为司马。这一时期楚到底设没设司马，当缺以待考。

公子弃疾　康王幼子，灵王弟。灵王时为蔡公，一度兼领陈县。握有方城外重兵。据昭公十三年《经》《传》载，灵王十二年（前529年）四月，他和由国外潜回蔡地的二兄公子比、公子黑肱，乘灵王出征在外，国内空虚之机，率领陈、蔡、不羹、许、叶之军攻入郢都，夺取政权。事成之初，他假以名位让人，立"公子比为王，公子黑肱为令尹"，己为"司马"。未久，即谋杀二兄，自立为王，即楚平王。《楚世家》言："子比为王十余日。"弃疾之任司马，当亦如是。

公子鲂　字子鱼。昭公十七年《传》载："吴伐楚，阳匄为令尹。卜战，不吉。司马子鱼曰：'我得上流，何故不吉？且楚故，司马令龟，我请改卜。'令曰：'鲂（子鱼自称）也，以其属死之，楚师继之，尚大克之。'吉。战于长岸，子鱼先死，楚师继之，大败吴师，获其乘舟馀皇。"由此知子鱼任司马之下限为平王四年（前525年）。《通志·氏族略四》郑樵按认为，司马是子鱼之氏，而非其官称，从而否定了子鱼的司马身份。这明显是不解于上段《传》文。所谓"且楚故，司马令龟，我请改卜"，即是说："依照楚国惯例，由司马在占卜前报告占卜的

① 见顾栋高《春秋大事表》卷十《官制》。

② 《会笺》昭公二十二年《传》笺。

③ 《左传·昭公元年》："楚灵王即位，以薳罢为令尹。"罢字子荡。《左传·昭公六年》："令尹子荡帅师伐吴。"自此年至灵王死（鲁昭公十三年夏），楚无令尹见于《传》，罢（即子荡，荡侯）当仍为令尹。

事情，我请求重新占卜。”子鱼既以司马身份请求再卜，其职非司马而何？其始任司马之年，当为平王元年（前528年），因平王一年至三年，楚无司马见于《左传》，短短三年间，当不会有另一司马出现。

薳越 芳掩之弟。[①]据昭公二十三年《传》载，是年十月，吴派兵将归居母家的楚平王前夫人——蔡郹阳封人之女迎至吴国，“楚司马薳越追之，不及”，乃惧罪“缢于薳澨”。由此可知，薳越任司马终于平王十年（前519年）。早此两年，薳越即已见于《左传》：“（昭公二十一年冬）楚薳越帅师将逆华氏。”这说明他于平王八年（前521年）已在楚国对外军事行动中担任统帅。司马领兵征战乃楚之常例，且《左传》于两年后又交代了其司马身份，故知“帅师将逆华氏”之时，薳越已官司马。实际上，薳越始任司马，当还要较此为早。鲁昭公十七年司马子鱼战死长岸，其后四年楚无司马见于《左传》。故薳越任司马之上限，很可能即为子鱼之死年，即平王四年（前525年）。

自平王十年（前519年）薳越死后，至昭王十年（前506年）吴入郢前，整整十三年楚无司马见于《左传》。是楚于此间未设司马，还是设而史籍缺载？分析《左传》文，可知为前者而非后者。平王在位最后三年未有司马见于《左传》，还可理解为时间较短，《左传》可能漏记。但昭王即位十年，仍不见司马踪迹，就不能轻易用“漏记”来解释了。特别是“楚自昭王即位，无岁不有吴师”[②]，在此期间，楚令尹、左尹、左右司马，甚至身非武职的莠尹、王尹、工尹，无不投身战事，将兵击吴。楚如果置司马而又不见其从戎，此于情理实难说通。楚于此间不置司马的原因，限于史料，很难全窥底里。但有一点是比较清楚的，即昭王即位时年不过七岁，[③]令尹子常贪贿专权，不欲以军权分人。不置司马，他已与其他上层人物矛盾重重，如与王兄子西不和，与左司马沈尹

① 见《春秋世族谱》引“或云”。

② 《左传·定公四年》。

③ 昭王名壬，为秦女所生。平王于七年春以秦女为夫人，即使昭王生于是年，至平王死时（平王十三年）亦只七岁。

戌意见分歧，恃权诛杀左尹郤宛与中厩尹阳令终；若置司马而分其军权，岂不更加有碍于他的专断？这样来看问题，我们对当时楚无司马这一特殊现象就比较容易理解了。

昭王十年吴入郢之战爆发后，楚是否置有司马？几乎所有的学者都回答说有，且一致认为是原左司马沈尹戌。[①] 他们的理由有两点：其一，《左传·定公四年》曾几次对沈尹戌贯以“司马”之称；其二，《战国策·楚策一》所言“断脰决腹”之莫敖大心，其事与定公四年《传》之沈尹戌合，而“莫敖为司马之官”，“大心疑亦是戌之字”，故知沈尹戌为司马。[②] 笔者认为，这两点理由都经不起认真推敲。为了说明问题，这里需首先将定公四年《传》之有关记载详引如下：

> 冬，蔡侯、吴子、唐侯伐楚，舍舟于淮汭，自豫章与楚夹汉。左司马戌谓子常曰：“子沿汉而与之上下，我悉方城外以毁其舟，还塞大隧、直辕、冥厄。子济汉而伐之，我自后击之，必大败之。”既谋而行。……史皇谓子常：“楚人恶子而好司马。若司马毁吴舟于淮，塞城口而入，是独克吴也。子必速战，不然不免。”乃济汉而陈，自小别至于大别。三战，子常知不可，欲奔……
>
> 十一月庚午，二师陈于柏举。……（夫槩王）以其属五千先击子常之卒。子常之卒奔，楚师乱，吴师大败之。子常奔郑……
>
> 己卯，楚子取其妹季芈畀我以出……
>
> 庚辰，吴入郢……
>
> 左司马戌及息而还，败吴师于雍澨，伤。初，司马臣阖庐，故耻为禽焉。谓其臣曰：“谁能免吾首？”吴句卑曰：“臣贱，可

① 东汉赵晔《吴越春秋·阖闾内传》：“伍胥、孙武、白嚭亦妻子常、司马城（戌）之妻，以辱楚臣。”晋杜预注定公五年《传》“叶公诸梁”曰：“司马沈尹戌之子。”宋程公说《春秋分记》卷十四：“沈尹戌——庄王曾孙，司马。”清范照藜《春秋左传释人》卷十：“沈尹戌——庄王曾孙，为司马。”《会笺》定公四年《传》笺：“司马戌毁舟淮汭。”另外，清梁履绳、沈钦韩等亦持此说。

② 梁履绳《左通补释》二十六，沈钦韩《春秋左传补注》一。

乎？”司马曰；“我实失子，可哉！”三战皆伤，曰：“吾不可用也已。”句卑布裳，刭而裹之，藏其身而以其首免。

上引《左传》文在记述沈尹戌的官称时，出现了“左司马”与“司马”交织并用的现象。仔细分析《传》文，通观《左传》笔法，笔者认为沈尹戌的职任并非司马，而仍是左司马。请看：在记有沈尹戌活动的两段《传》文中，作者于每段文字的前边总是率先标明其为“左司马”，而后才称其为“司马”。这说明“司马”乃是“左司马”的省称。其次，吴、楚沿小别至大别一线接战前，《左传》已对沈尹戌贯以“司马”之称，但吴入郢后，《传》文又有“左司马戌及息而还”之语，复称其为“左司马”，这再次表明入郢前之“司马”并非其官称，戌的真正职任是左司马。事实上，左司马有时省称“司马”，乃是《左传》通例，并非偶然现象。例如，哀公四年《传》载：“左司马眅……致蔡于负函，致方城之外于缯关……为一昔之期，袭梁及霍。单浮余围蛮氏，蛮氏溃。蛮子赤奔晋阴地。司马起丰、析与狄戎，以临上雒……”这段文字记载眅之官称，上用“左司马”，下称“司马”，其实皆指一人。故《春秋分记·楚世本第三》云：“司马即眅。”因其时楚之司马为子期（详后），楚又无同时置二司马（指大司马）之例，所以，“左司马眅”之或称“司马”，明显是省称。再如，晋不置卿官“大司马”或“司马”，但于中军置大夫官“中军司马”[①]，《左传》有时亦不称“中军司马”而省称“司马”[②]。因此，那种不作任何具体分析，见“司马”即指其为某人官称的作法，显然是容易出错的。关于以沈尹戌为司马的第二点理由，同样难以成立。第一，说沈尹戌字大心，无任何文献资料可征。第二，据上引《传》文，沈尹戌在同令尹子常商定前后夹击吴军的谋策后，就出城口率军向淮汭进发了，他根本不曾参加柏举之战，如何会在

① 见襄公三年、襄公十六年、定公六年《传》。
② 见僖公二十八年、襄公十八年、成公十八年《传》。

此战中“断脰决腹”？《左传》记载他于雍澨败吴师受伤而牺牲，是在昭王出逃和吴入郢以后。如果他在柏举之战中已经牺牲，又何能“及息而还”，于雍澨复死一次？再看牺牲方式，“断脰”则有之，“决腹”则无，且“断脰”也是伤死后属下“刭取其首”[①]，并非其本人剖腹刎颈。这些情况说明：如果柏举之战中楚将确有“断脰决腹”者，也当是另一人（或即莫敖大心），而非沈尹戌。第三，说莫敖等同于司马，也不合楚官实际。据前已知，在楚国未设司马的春秋前期，莫敖的职掌比近司马。后楚既设司马，又置左、右尹及左、右司马，莫敖的地位就渐次下降，以至排列在楚官第七了。[②]另就职掌看，春秋中后期之莫敖，主掌朝聘外交，率军征战的权能已明显减少。所以，不能将春秋后期的莫敖与春秋前期的莫敖混为一谈，不能以此来论证沈尹戌官为司马。

总之，昭王十年（前 506 年）以前，楚未置司马。沈尹戌自昭王元年（前 515 年）出任左司马，[③]至昭王十年战死，其官职始终未变，故应将其从楚司马序列中除名。

公子结 字子期。平王之子，昭王庶兄。[④]据哀公六年《传》载，云神将降祸于昭王，昭王向周太史寻问脱难之法，周太史言：王若祭之（云神），其祸“可移于令尹、司马”。此“司马”是谁？周太史未能点出，但是年《传》之另一则记述却有所透露：“（昭王死前）命公子申为王，不可；则命公子结，亦不可；则命公子启，五辞而后许。”子西以令尹列在首位，那么紧列其下的子期无疑就是司马了。此前，子期曾多次率军征伐。如昭王十二年（前 504 年），“子期以陵师败于繁阳”（为吴师所败）；昭王二十年（前 497 年），“楚公子结……帅师灭顿”。这说明子期之出任司马非在昭王死年（即昭王二十七年，前 489 年），而

---

① 《左传·定公四年》杜《注》。

② 见《左传·襄公十五年》。

③ 《左传·昭公二十七年》：“左司马沈尹戌帅都君子与王马之属以济师。”〔清〕李凤雏《春秋纪传·楚列传·沈尹戌》因云：“昭王新立，以沈尹戌为左司马。”此前戌之官为沈尹。

④ 见《左传·定公四年》杜《注》。

是更早。笔者考证，子西始任令尹当在昭王复国之年（即昭王十一年，前505年）[①]。子期于昭王危难之际，曾“诈为王以免王”[②]，后又与子西力战定乱，立下巨大功勋，故于昭王复国之年与子西同时被任为楚之“二卿士”。至此，似可作出结论：子期是昭王时期仅有的一位司马。惠王即位，他仍旧担任是职。证据有三点。其一，惠王二年，令尹子西将召王孙胜（即白公胜）回国，叶公子高对此极力表示反对，称：“余爱子（子西）与司马，故不敢不言。”[③]韦《注》：“司马，子西之弟子期。”其二，惠王四年，他曾担任对外征讨的统兵主帅。哀公十年《传》载：“冬，楚子期伐陈。”可证。其三，据哀公十六年《传》载，白公胜起事前，欲寻觅一大力士以劫杀“王与二卿士”，杜《注》：“二卿士，子西、子期。”此年秋，白公率军入郢，子期与子西果被杀，这说明杜《注》正确无误。子期自昭王复国出任司马到惠王十年为白公所杀，官任司马达二十六年（前505至前479年）。

沈诸梁 即叶公子高。沈尹戌之子。[④]据哀公十六年《传》载，白公政变被平息后，楚由“沈诸梁兼二事”。杜《注》：“二事，令尹、司马。”但这里只点出了他官兼司马，却未讲明他出任司马的具体时间。《左传》的这一遗漏，幸有他史可作补苴。《史记·楚世家》云：“（白公发难）月余，会叶公来救楚。”另据《吕氏春秋·分职》：“九日，叶公入……十有九日而白公死。”这就是说，这次未遂的政变只存在了一个月零十天（九日至十九日，恰为一旬）。因白公起事在“秋七月”（见哀公十六年《传》），故其失败当已时交九月。沈诸梁之出兼司马，很有可能亦在此时。关于沈诸梁任司马的下限，据《左传》，当在鲁哀公十七

① 参见本书第二章第一节。

② 《春秋左传释人》卷十。

③ 《国语·楚语下》。《楚语下》记载了令尹子西与叶公子高在王孙胜返国前夕的一场辩论，但未注明时间。《史记·伍子胥列传》云：“白公归楚三年而吴诛子胥。”子胥死在公元前484年，则胜之归楚为公元前487年，即惠王二年。子西与子高辩论其可否返国，亦在是年。

④ 见《春秋分记·世谱七》。

年他与惠王“枚卜令尹”之后，其时应不出鲁哀公十七年秋季。[①] 因为枚卜子国为令尹，意味着叶公子高在卸任令尹的同时也辞去了司马之职。关于这一点，上一年《左传》所记之“国宁，（沈诸梁）使宁（子国名）为令尹，宽为司马，而老于叶”，实已预先作了交代。有人从上引《左传》文得出结论，认为沈诸梁出兼“二事”和卸任“二事”同在一年，[②] 这显然是谬误的。因为上述记载是探后言之，并非说让贤归老即发生在当年。征之以哀公十六年与哀公十七年《传》，沈诸梁兼任司马非只有数月，而是自惠王十年秋至十一年秋，为时一年左右（前 479 至前 478 年）。

公孙宽　字文子。又称鲁阳文子或鲁阳文君。平王之孙，子期之子。[③] 据上已知，“宽为司马”，始于惠王十一年秋沈诸梁卸任“二事”之时。关于他任司马的年限，《左传》无载，但《国语》中却存有线索。《国语·楚语下》云：“惠王以梁与鲁阳文子，文子辞，曰：‘梁险而在境……惧子孙之以梁之险，而乏臣之祀也。’……与之鲁阳。”这段文字记述了文子受封鲁阳而成为封君的经过，从中显示了他的所谓“不忘子孙，施及楚国”的仁德。这件事发生于何时？《国语》未能指出。我们知道。哀公十九年《传》曾言及他与公子庆“追越师”，不果而还，未提到受封之事。是年为公元前 476 年。如此，他的受封就只能在战国初年了。楚于春秋之末始行封君制，分封的原则是名显位高而有功于国。[④] 宽的被封当亦不例外。他既于国有功，又于受封时因考虑周全而受到惠王的极力称扬，其时他必然仍官司马。无论其任司马的下限止于何时，

① 《左传·哀公十七年》将“枚卜令尹”一事，放在“秋七月己卯，楚公孙朝帅师灭陈”之后，“冬十月，晋复伐卫”之前，说明此事发生在秋季。

② 见杨宽《春秋时代楚国县制的性质》，载《中国史研究》1981 年第 4 期。该文认为公孙宽“于鲁哀十六年为司马”，换言之，即认为沈诸梁“兼二事”终于是年。

③ 《左传·哀公十六年》杜《注》。

④ 这一原则是从楚国第一个封君——子国受封的原委而得出的。子国身为令尹，惠王十二年（前 477 年）因“败巴师于鄾”而被封于析，事见《左传·哀公十八年》。

他为此官已兼跨春秋、战国两个时代，据此即可断言：他是春秋时期楚国的最后一任司马。其任司马的时间区间为惠王十一年（前 478 年）至战国前期的惠王 ? 年。

通过考述，大致已弄清了以下几个方面的问题：（一）楚始置司马当在成王中期。（二）成得臣、斗克为司马而《左传》缺载，他们实际上分别任此职于成王三十五年（前 637 年）前，成王四十五年至穆王十二年（前 627 至前 614 年）。（三）司马卯、司马督、沈尹戌不为司马，应从这一时期的楚司马序列中除名。（四）平王十年至昭王十年（前 519 至前 506 年）间楚未置司马。（五）不少司马，《左传》未载明其任职的上下限，通过分析、考证，现已基本搞清，具体为：斗宜申，当始职于成王三十五年（前 637 年）；斗椒，当任职于庄王一至三年（前 613 至前 611 年）；芀贾，当任职于庄王三年至九年（前 611 至前 605 年）；公子侧，当始职于庄王十七年（前 597 年）前；公子何忌，任职当上承公子侧，下接公子午；公子午，任职当上承公子何忌；公子弃疾，任职于灵王十二年（前 529 年）夏五月，仅十余日；公子鲂，当始职于平王元年（前 528 年）；薳越，当始职于平王四年（前 525 年）；公子结，任职于昭王十一年至惠王十年（前 505 至前 479 年）；沈诸梁，任职于惠王十年（前 479 年）秋至十一年（前 478 年）秋；公孙宽，始职于惠王十一年（前 478 年）秋，其任职下限已进入战国时期。这五个方面的问题，都是春秋时期楚司马序列赖以建立的关节之处。本文之所以能建立起上述楚司马序列，在很大程度上就是以这些问题的解决作为前提的。当然，由于史料缺佚，这个序列中仍存在一些缺环，如成王四十年至四十五年（斗宜申和斗克间）、庄王九年至十六年（芀贾与公子侧间）、郏敖二年至灵王十二年（芀掩与公子弃疾间），楚到底置未置司马？若置有司马，其人分别为谁？目前均无法得知。

第二节　战国时期楚司马（柱国）序列述略

战国时期有关楚司马（柱国）的史料比较散乱，缺环较多。要列出一个条贯有序的司马（柱国）序列委实不易。所幸，这一时期的一些考古资料，对此多少有所涉及，弥补了文献记载中的一些缺失。

这里，对“柱国”一官，首先予以简要说明。《战国策·齐策三》：“安邑者，魏之柱国也；晋阳者，赵之柱国也；鄢郢者，楚之柱国也。”高诱注：“柱国，都也。”因为“都”是“国”的支柱，因此曰“柱国”。引申而言，柱国乃保卫国都之官，战时可任军中主帅。其地位相当于春秋战国时楚国的“司马”或“大司马”。

以下，对已知战国时期的司马（柱国）依次予以记述。

公孙宽　字文子。平王之孙，司马子期之子。他在白公之乱被平定之次年（前478年），即沈诸梁卸任“二事”时，被任为司马。其时已近春秋之尾。据《墨子·鲁问》，战国初年他被封为鲁阳文君，是继析君子国之后，入战国后受封的第一个封君，其时他仍任司马无疑。其任职之终年不详。

司马上　战国前期（惠王、简王时）人，名上。曾侯乙去世时，曾赠马为曾侯乙助丧，见于曾侯乙墓遣册。

悼子音　肃王时期的司马。包山楚墓2号墓随葬竹简《遣册》中，记载了墓主悼尨（佗）的直系先祖的名字及官称。子音是悼佗的祖父，肃王时官任司马。其任职的始年及终年不详。悼佗死于怀王十三年（前316年）。

景舍（子发）　宣王时司马。他曾参加过多次对外征战。其一，御齐之战。《淮南子·道应训》：“齐兴兵伐楚，子发将师以当之，兵三却。”后利用“神偷”，三次偷取齐主将帷帐、睡枕和头簪，将齐军吓退。其二，攻秦之战。《列女传·母仪》：“子发攻秦绝粮，使人请于王，因归问其母。”其三，救赵伐魏之战。《战国策·楚策一》“邯郸之难”章记战前令尹昭奚恤与司马景舍辩论楚国的应对之策，景舍之策胜。缪文远《战国策考辨》系此战于宣王十七年，即前353年。其四，攻蔡灭蔡之战。《淮南子·道应训》：“子发攻蔡，逾之。宣王郊迎，列田百顷，而封之执圭。子发辞不受。”《新序·杂事一》引昭奚恤言，称其为“司马”，并指出其职能是“理师旅以当强敌，提桴鼓以动百万之师”。《荀子·强国》记子发灭蔡辞赏事，包山楚简记此事于宣王二十七年，即公元前343年。

司马徒 战国中后期人，名徒。楚怀王时曾负责登记“庚”的名籍。见于包山楚简“简8”。

昭阳（昭子） 据《史记·楚世家》，“（怀王）六年，楚使柱国昭阳将兵伐魏，得八邑。又移兵攻齐”，后被齐使陈轸劝退。“鄂君启节”铭文和包山楚简“简115”也记有此事，二者所记皆可释为：大司马昭阳败晋（魏）师于襄陵之岁。楚有以大事记年之俗。二者所记与《楚世家》所记为同一年的同一件事，均发生在怀王六年，即公元前323年。由此可知，柱国与司马（大司马）为同职级官员，可以互代。昭阳任大司马应早于怀王六年，终职为怀王九年其升任令尹之岁，即前320年。详参本书第二章第二节。

悼滑 《战国策》作“卓滑”“淖滑”。《韩非子》作“邵滑”。《史记》作“昭滑”“召滑”。简文作“悼滑”“恕愲”。其任司马约在前317至前305年之间（属怀王中晚期）。包山2号墓（左尹悼龙墓）简文《遣册》中有如下记载：“大司马恕愲以逘（将）楚邦之帀（师）徒以救郙之岁嘼层之月己卯之日。”此事发生在怀王十三年（前316年）。李学勤先生认为“郙”就是巴国。据《史记·秦本纪》，秦灭巴恰在此年。这说明大司马悼滑此年参加了援巴抗秦之战，亦表明其任大司马上接昭阳。

2010年，考古工作者在纪南城东北约20千米处，即今湖北沙洋县后港镇严仓村，发掘出一座大型楚墓——严仓古墓，经考证，此墓的墓主即大司马悼滑。像这样墓主身份与史书记载完全相吻合的情况，实为少见。这为研究此人的生平提供了难得的双证。

先秦一些文献记载显示，悼滑在楚怀王时期是一个比较活跃的人物。他参与的主要活动有怀王十五年（前 314 年）伐齐救燕之战和怀王二十三年（前 306 年）的灭越之战。

伐齐救燕一事，见记于《战国策·赵策三》："齐破燕，赵欲存之。乐毅谓赵王曰：'今无约而攻齐，齐必仇赵。不如请以河东易燕地于齐。赵有河北，齐有河东，燕、赵必不争矣。是二国亲也。以河东之地强齐，以燕、赵辅之，天下憎之，必皆事王以伐齐，是因天下以破齐也。'王曰：'善。'乃以河东易齐，楚、魏憎之，令淖滑、惠施之赵，请伐齐而存燕。"这是一个换地之计，以达到天下共愤齐而联合击齐的目的。结果，"楚许魏六城，而与之伐齐而存燕。"但在张仪的唆使下，魏最终反水，"伐齐之事遂败"。

灭越之事，见记于《韩非子》卷十。文中说，楚王派悼滑出使越国，经过五年时间（前 311 年至前 306 年），越即为楚所灭。据文意推测，应是悼滑在越国使用了什么计谋，加剧了越国内乱，削弱了越之国力，致使越国迅速败亡。悼滑是楚灭越之功劳最大者，故灭越之年（前 306 年）他当仍为楚之大司马。灭越后，楚"南塞厉门而郡江东"，[①] 将楚之疆域已扩展到了东海之滨。

屈匄　怀王为张仪所诈，未得"商於之地六百里"，大怒而发兵攻秦。《史记·楚世家》对此记曰："（怀王）十七年春，与秦战丹阳，秦大败我军，斩甲士八万，虏我大将军屈匄，裨将军逢侯丑等七十余人，遂取汉中之郡。"这里，对屈匄挂以"大将军"称号，显然为拟称。据《秦策二·甘茂约秦魏而攻楚章》，屈匄至秦后被任为"相"。当时秦右相为甘茂，则屈匄必为左相无疑。[②] 由此可推知屈匄在楚的职任也为楚官第二。怀王十七年（前 312 年）前后，楚已有大司马悼滑，则屈匄彼

① 《史记·甘茂列传》。

② 马非百《秦集史·丞相表》按："考《秦本纪》'武王三年，樗里疾相韩。其秋，使甘茂伐宜阳'，可知甘茂乃补樗里疾（右丞相）之缺，而屈匄则代甘茂为左丞相。"

时在楚的职衔当为“柱国”或“上柱国”。

景翠 六国合纵攻秦之盟瓦解后，在秦的接连反攻下，魏、韩被迫与秦连横。楚受张仪之骗后则与齐合纵，纵横两大阵营逐渐形成。此时楚集结到北部和西北部边境的军队有三大部分。[①] 负责北部边境的是柱国景翠，战线拉得很长，即《史记·越王勾践世家》所谓的“景翠之军北聚鲁、齐、南阳”。但《越王勾践世家》将此事记在楚威王时期是错误的。[②] 楚怀王十七年（前312年），当齐、宋在东线战场攻魏煮枣之时，景翠开始围攻韩国的雍氏。《竹书纪年》记该年云：“楚景翠围雍氏。秦助韩先败楚屈匄。”又云：“齐、宋围煮枣。”《史记·六国年表》记，韩宣惠王二十一年，“秦助我攻楚，围景座（翠）”。《史记·秦本纪》记秦惠文王更元十三年，“楚围雍氏”。《战国纵横家书》第二十二章记曰：“齐、宋攻魏，楚围雍氏，秦败屈匄。”《史记·田世家》：“（湣王）十二年（为齐宣王八年之误），攻魏。楚围雍氏，秦败屈匄。”各书皆指出“楚围雍氏”，时间皆在前312年，说明此役景翠军职之重。秦、韩之军在丹阳败楚后，加强对景翠军的进攻和反包围，景翠明显处于不利之境，败退而归。

楚怀王二十二年（秦武王四年，前307年），秦相甘茂受命进攻韩之大城宜阳。当宜阳被围，情势十分危急之时，东周君周赧王接受臣下赵累的建议，派使者去游说驻军于宜阳附近的楚军统帅景翠，向其陈明助韩攻秦的利害。《东周策·秦攻宜阳章》记其说辞曰：“公爵为执圭，官为柱国，战而胜，则无加焉矣；不胜，则死。不如背秦援宜阳。公进兵，秦恐公之乘其弊也，必以宝事公；公仲（韩相）慕公之为己乘秦也，亦必尽其宝。”景翠为其所动。“秦拔宜阳，景翠果进兵。秦惧，遽效煮枣；韩氏果亦效重宝。景翠得城于秦，受宝于韩，而德东周。”

景翠为柱国之上限不明，下限则为其升任令尹之年，即怀王二十八

① 见罗运环《楚国八百年》，武汉大学出版社1992年版，第371页。

② 参杨宽《战国史》第393页及上注。

年（前301年）楚败重丘后，他接任唐昧之职。

景缺　怀王二十八年（前301年）唐昧战死重丘，柱国景翠接任令尹，其原职当由景缺接任。《史记·楚世家》载："（怀王）二十九年，秦复攻楚，大破楚，楚军死者二万，杀我将景缺。"景缺任柱国前后不足两年。

昭翦　战国中后期楚司马，名翦。《史记·周本纪》和《东周策·周共太子死章》，均称其为司马翦。

《周本纪》载："西周武公之共太子死，有五庶子，毋適（嫡）立。司马翦谓楚王曰：'不如以地资公子咎，为请太子。'左成曰：'不可，周不听，是公之知困而交疏于周也。不如请周君孰欲立以微告翦，翦请令楚贺之以地。'果立公子咎为太子。"从这段记载中，可见其有影响楚王决策以决定小国策立太子的大权。

关于这件事发生的时间，有慎靓王六年（前315年）及周赧王七年（前308年）等说。缪文远《战国策考辨》则云："诸家系年多属臆测，此章确年不可考。"[①]但此事既发生在周慎靓王和周赧王期间，故司马翦任楚司马的时间，则可宽泛地定在战国中后期，即怀、襄时期。

淖齿　楚顷襄王十五年（前284年），燕上将军乐毅率燕、秦等国军攻齐，克临淄，焚宫室、宗庙，齐湣王出逃。楚将（其时当职比柱国）淖齿受命率军救齐，至营丘，被齐湣王封为国相。鉴于齐湣王昏而无知，淖齿乃"杀齐湣王"，事详见《战国策·齐策六》。未久，淖齿又为齐王孙贾所杀，其原计划通过在齐的战争而收回为宋所取的淮北之地，未能如愿。

景阳　楚顷襄王二十六年（前273年）攻魏救燕。《战国策·燕策三》载："齐、韩、魏共攻燕，燕使太子请救于楚。楚王使景阳将而救之。暮舍，使左、右司马各营壁地，已，稙表。"景阳既命左、右司马"营壁地"，则其为司马甚明。临战时，景阳改变作战计划，"……遂不

① 详参《战国策考辨》第15—16页。

救燕，而攻魏雍丘，取之以与宋。三国惧，乃罢兵。……楚师乃还。”楚考烈王六年（前257年）救赵。《楚世家》载：“（考烈王）六年，秦围邯郸，赵告急于楚，楚遣将军景阳救赵。七年，至新中，秦兵去。”据《淮南子·汜论训》，景阳嗜酒好色，但能“威服诸侯”，“功名不灭”。

临武君 姓名缺佚。《楚策四·天下合纵章》载：“天下合纵。赵使魏加见春申君曰：‘君有将乎？’曰：‘有矣，仆欲将临武君。’”这里的“天下合纵”，据缪文远考证，指的是公元前241年山东诸国所结成的最后一次抗秦联盟。[①]此次山东诸国合纵抗秦，联军的统帅实际是春申君。不管临武君最后是否任楚军主将，他居大司马之位、为“令尹之偏”，是毫无疑议的。

项燕 楚灭国前与秦决战的唯一大将，即大司马。楚王负刍三年（前225年），秦将李信、蒙武受命攻楚。时楚将项燕率军与之周旋。《史记·白起王翦列传》载：“李信攻平舆，蒙恬（应为蒙武）攻寝，大破荆军。信又攻鄢、郢，破之，于是引兵而西，与蒙恬（蒙武）会城父（应为父城）。荆人因随之，三日三夜不顿舍，大破李信军，入两壁，杀七都尉，秦军走。”

楚王负刍四年（前224年），《秦始皇本纪》载：“（始皇）二十三年（前224年），秦王复召王翦，强起之，使将击荆。取陈以南至平舆，虏荆王（负刍）。……荆将项燕立昌平君为荆王，反秦于淮南。二十四年（前223年），王翦、蒙武攻荆，破荆军，昌平君死，项燕遂自杀。”《史记·陈涉世家》记曰：“项燕为楚将，数有功，爱士卒。楚人怜之，或以为死，或以为亡。”

本节附记：关于楚顷襄王初年司马（柱国）为谁之存疑

据《楚策二·楚襄王为太子之时章》，楚怀王三十年（前299年），怀王仍被扣于秦。其时质于齐的楚太子横，以允应献“楚东地”五百里

① 参《战国策考辨》第160—161页。

于齐为条件，被齐放归，立为顷襄王。未久，齐派使者前来索地，顷襄王在其傅慎子的指点下，召集大臣商议应对办法。文中记述来议诸大臣入场之顺序为："上柱国子良入见"；"子良出，昭常入见"；"昭常出，景鲤入见"。商议的结果是："乃遣子良北献地于齐。遣子良之明日，立昭常为大司马，使守东地。又遣景鲤西索救于秦。"最后，齐伐楚东地，秦大军来救，楚乃胜。

缪文远《战国策考辨》案曰："此章记楚太子返国后，慎子教之同时采用相异之主张以应付齐国要挟。慎子曰：'臣请效其说，而王且见其诚然也。'效其说，亦即试说，并非事实。"缪又引黄少荃之言以证己说："……怀王见拘于秦，秦、楚百世深仇，楚岂因齐索东地便乞救于秦？秦志在乱楚，亦未必救之。此策盖好事者为之。"①

《楚世家》亦记此事，但与《楚策》所载大不同："齐湣王谓其相曰：'不若留（楚）太子以求楚之淮北（楚东地）。'相曰：'不可。郢中立王，是吾抱空质而行不义于天下也。'齐王卒用其相计而归楚太子。太子横至，立为王，是为顷襄王。乃告于秦曰：'赖社稷神灵，国有王矣。'"

综上所述，可证《楚策二·楚襄王为太子之时章》所记谬误。但事虽谬误，文中所记子良为"上柱国"，昭常为"大司马"，是否也全不可信？笔者以为此应在两可之间。不可断然予以否定。只待新史料特别是考古资料的出现来判其真伪了。

① 见缪文远《战国策考辨》，第 145 页。

第四章　楚令尹选拔的范围、条件与方式

第一节　选拔范围

目前可以考见的楚令尹，共 49 人。[①] 为确知楚令尹的选拔范围，这里先以表格形式对他们的出身加以说明。

表 4–1　楚令尹出身籍贯表

令尹	出身	出典或缘由
斗祁	王子	《春秋分记·世谱五》："若敖生四子，曰廉，曰缗，曰祁，曰伯比。"
彭仲爽	申俘	《左传·哀公十七年》："子谷曰：'彭仲爽，申俘也，文王以为令尹，实县申、息。'"
保申	楚人 王族	楚太子及楚王的师、保、傅均为楚人。如穆王太师潘崇，庄王师斗克、傅王子燮，共王傅士亹，太子建师伍奢、少师费无极等皆为楚人。保申当也不例外。又据《左传·宣公十二年》："其（楚）君之举也，内姓选于亲，外姓选于旧。"杨伯峻《注》："内姓谓同姓，亲谓支系之近亲者。"令尹为楚官之冠，故可推知保申必为同姓亲者，即出身王族。下表凡言"其出身王族的因由与保申同"者，皆因其属于"内姓选于亲"的范畴。
子元（王子善）	王子	《国语·楚语上》韦《注》："武王子，文王弟，王子善也。"

① 见本书第二章。

续表

令尹	出身	出典或缘由
子文（斗穀於菟）	王孙	《左传·宣公四年》："若敖娶于䢵，生斗伯比……（伯比）淫于䢵子之女，生子文焉。"
子玉（成得臣）	王孙	《春秋分记·世谱七·世谱叙篇考异下》："（斗）伯比生三子，曰於菟，曰子良，曰得臣。"
苏吕臣（叔伯）	王孙	《新唐书·宰相世系表》："楚蚡冒生王子苏章，字无钧，生苏叔伯吕臣。"《通志·氏族略》："苏章食邑于苏，故以命氏。"
子上（斗勃）	王族（若敖氏之裔）	《春秋分记·世谱五》和《春秋世族谱》均以其为若敖氏之裔而置之于斗氏世系不明者行列。
成大心（大孙伯）	王族（若敖氏之裔）	《左传·文公十一年》杨《注》："成大心，成得臣（子玉）之子。"《春秋分记·世谱七·世谱叙篇考异下》："得臣之后为成氏，生二子，曰大心，曰嘉。"
成嘉（子孔）	王族（若敖氏之裔）	《左传·文公十二年》杜《注》："若敖曾孙子孔。"《春秋分记·世谱七》所记当本依于此。
斗般（子扬）	王族（若敖氏之裔）	《左传·宣公四年》："及令尹子文卒，斗般为令尹。"《汉书·序传》记子文事曰："楚人谓虎班，其子以为号。"故杜《注》云："般，子文之子。"按：班与般通。《左传·庄公二十八年》及《左传·庄公三十年》有一斗班，则为另一人。
斗椒（子越、子越椒）	王族（若敖氏之裔）	《左传·宣公四年》："司马子良生子越椒。"杜《注》："子文，子良兄。"因子文、子良皆伯比子，故斗椒乃伯比之孙，令尹子文从子。
沈尹（虞丘子）	楚人王族	《吕氏春秋·尊师》高《注》："沈尹者，沈县之大夫。"故知其为楚人。虞丘其氏，名阙佚。其出身王族的因由，与保申同。

续表

令尹	出身	出典或缘由
孙叔敖（𫇭艾猎、𫇭敖）	王族（𫇭氏之裔）	《吕氏春秋·情欲》高《注》："孙叔敖，楚令尹，𫇭贾之子。"《新唐书·宰相世系表》："叔敖，𫇭章之曾孙，𫇭吕臣之孙，本出𫇭氏。"
子佩	王族	其出身王族的因由，与保申同。
子重（公子婴齐）	王子	《左传·襄公二十六年》称子重和子辛为"二穆"。杜《注》："楚子重、子辛皆出穆王，故曰'二穆'也。"
子辛（公子壬夫）	王子	同上。
子囊（公子贞）	王子	《左传·成公十五年》杜《注》："子囊，庄王子公子贞。"
子庚（公子午）	王子	《左传·襄公十二年》杜《注》："子庚，庄王子午也。"
子南（公子追舒）	王子	《左传·襄公十五年》杜《注》："追舒，庄王子南。"
薳子冯（薳子）	王族（薳氏之裔）	《春秋释列·世族谱》："薳子冯，叔敖子。"一说"叔敖从子"，见《世本》。《潜夫论·志氏姓》第三十五引"绎按"："𫇭，薳……歌寒对转。"故二字可互通。
屈建（子木）	王族（屈氏之裔）	《离骚》王逸《注》："（楚武王）生子瑕，受屈为客卿，因以为氏。"《春秋分记·世谱五》："瑕生边，边生朱，朱生荡，荡生二子曰'到'、曰'申'，到生建。"按：此"荡"指宣十二年之屈荡。

续表

令尹	出身	出典或缘由
王子围（公子围）	王子	《左传·昭公元年》引伍举言："共王之子围为长。"按：伍举说此话时，王子围之兄康王已死。
薳罢（子荡）	王族（薳氏之裔）	《春秋分记·世谱七》《增订春秋世族源流图考》均将其列入公族薳氏系未详者行列。
子晰（公子黑肱）	王子	《左传·昭公十三年》："共王无冢適，有宠子五人，无適立焉。……使五人斋，而长入拜。康王跨之，灵王肘加焉，子干、子晰皆远之，平王弱，抱而入，再拜，皆压纽。"是子晰为共王五子之一。
子旗（斗成然）	王族（若敖氏之裔）	《左传·昭公十三年》杜《注》："（斗）韦龟，令尹子文玄孙"；"成然，韦龟子"。
阳匄（子瑕）	王族（阳氏之裔）	《世本》："穆王生王子扬，扬生尹，尹生令尹匄。"
子常（囊瓦）	王族（囊氏之裔）	《国语·楚语下》韦《注》："子常，子囊之孙囊瓦也。"《左传·昭公二十三年》杜《注》同。
子西（公子申）	王子	《左传·昭公二十六年》："楚平王卒，令尹子常欲立子西，曰：'子西长而好善……'"服虔《注》："子西，平王之长庶宜申。"
叶公子高（沈诸梁）	王族（沈氏之裔）	《左传·昭公十九年》杜《注》："（沈尹）戌，庄王曾孙。"《春秋世族谱》："沈氏，出庄王。"《左传·定公五年》杜《注》："诸梁，司马沈尹戌之子，叶公子高也。"按：沈尹戌官左司马，杜以为"司马"，误。参本书第三章第一节。
公孙宁（子国）	王孙	《左传·哀公十六年》杜《注》："（公孙宁）子西之子子国也。"子西为平王长庶子，见上。

续表

令尹	出身	出典或缘由
子春	王孙	在包山楚简卜筮祭祷简册中，墓主邵（昭）佗曾将“邵（昭）王、文坪夜君子良、郚公子春、司马子音、蔡公子家”并列在祭祷名单中，见199—200号简。由此知上列5人，依次为邵（昭）佗五世先祖，而子春则为邵（昭）王孙。详考见何浩《文坪夜君的身份与昭氏的世系》，载《江汉考古》1992年第3期。上博简（八）《命》篇1号简与《王居》篇5号简，均有“令尹子春”。有学者考证此“令尹子春”与“郚公子春”实为同一人，生活在惠王偏晚时段。参黄浩波《试说令尹子春即郚公子春》，载《楚学论丛》第二辑，湖北人民出版社，2012年版。
子林	王族	上博简（四）《柬大王泊旱》：“命（令）尹子林䎽（问）于大剌（宰）子止（步）：‘为人臣者亦又（有）静（争）虐（乎）？’大剌（宰）෦（答）曰：‘……邦家大旱（旱），痼（因）瘶（资）智于邦。’”按：简大王即楚简王。令尹子林与太宰子步的对话，即发生在简王初年楚国遭受大旱之时。子林出身王族的因由与保申同。
吴起	客卿	《史记·孙子吴起列传》：“吴起者，卫人也。”
州侯	王族	按：州侯为楚宣王时的封君。根据楚国封君一般为王子王孙或熊氏支脉来看，他亦当出身王族。另，其为王族的因由，亦同保申。
昭奚恤（昭子）	王族（楚昭王之裔）	《庄子·庚桑楚》：“是三者虽异，公（王）族也。昭、景也，著戴也。甲氏也，著封也。”姜亮夫《〈史记·屈原列传〉疏证》：“昭为楚昭王轸之后，受姓于昭，世系相承，不为别宗，故曰‘著戴’，‘戴’者，戴其首也……有承始之义。”邓名世《古今姓氏书辨证》亦云：“……楚昭王熊轸有复楚之大功，子孙繁衍，以谥为氏。”
子晰（鄂君）	王子	《说苑·善说》引庄辛言：“鄂君子晰，亲楚王母弟也。官为令尹，爵为执珪。”按：这里的“楚王”指威王。威王与子晰皆宣王子。
子士	王族	包山楚简“简115”：“大司马邵（昭）阳败晋（魏）帀（师）于鄴（襄）陵之岁，夏栾之月庚午之日，命（令）尹子士、大（太）帀（师）子佩命䢵陵公邘䰠为鄗（镐）郿（间）貣（贷）郕（越）异之鈇金一百益（镒）二益（镒）四两”。其为王族的原因与保申同。

续表

令尹	出身	出典或缘由
昭鱼	王族（楚昭王之裔）	见上引《庄子·庚桑楚》及《古今姓氏书辨证》。昭鱼曾前后两任令尹，见前文。
昭阳（昭子）	王族（楚昭王之裔）	见上引《庄子·庚桑楚》及《古今姓氏书辨证》。
张仪	客卿	《史记·张仪列传》："张仪者，魏人也。"
唐昧	楚人，王族	按：唐为楚地，昧当以地为氏。其为王族的原因与保申同。
景翠	王族	王逸《离骚序》："三闾之职，掌王族三姓，曰昭、屈、景。"《元和姓纂》："景，芈姓。"
子兰	王子	《史记·屈原贾生列传》："时秦昭王与楚婚，欲与怀王会。……怀王稚子子兰劝王行。"
子椒	王子	谭介甫《屈赋新编》："（子椒）怀王少弟。"即威王子，考见该书第182至183页。
昭雎	王族（楚昭王之裔）	见上引《庄子·庚桑楚》及《古今姓氏书辨证》。
州侯	王族	按：此州侯为顷襄王时的封君。两个州侯相距七十多年，称号完全相同，此州侯当是前一州侯的后代。楚封君可世袭，此为一证。
春申君（黄歇）	王族	《史记·游侠列传》："近世延陵、孟尝、春申、平原、信陵之徒，皆因王者亲属，藉于有土卿相之富厚，招天下贤者，显名诸侯……"《史记·春申君列传》："黄歇者，楚人也。"按：春申君以外四人，皆王子王孙。司马迁既以春申君为楚人，并将其与四人并列，统归为"王者亲属"，可证春申君亦系某楚王之后裔。
李园	客卿	《楚策四·考烈王无子章》："赵人李园持其女弟，欲进之楚王……"

以上49人，45人皆出身王族。这45个具有王族血统的人，又可分为四种类型：(一)王子王孙18人。其中王子13人。若敖子1人：斗祁；武王子1人：子元；穆王子2人：子重、子辛；庄王子3人：子囊、子庚、子南；共王子2人：王子围(公子围)、子晰(公子黑肱)；平王子1人：子西；宣王子1人：鄂君子晰；怀王子1人：子兰；威王子1人：子椒。王孙5人。若敖孙2人：子文(斗穀於菟)、子玉(成得臣)；蚡冒孙1人：蒍吕臣；平王孙1人：子国(公孙宁)；昭王孙1人：子春。(二)王族支脉诸大族18人。若敖氏家族6人：斗勃、斗般、斗椒、斗成然、成大心、成嘉；薳(蒍)氏家族3人：孙叔敖、薳子冯、薳罢(子荡)；屈氏家族1人：屈建(子木)；阳氏家族1人：阳匄；囊氏家族1人：囊瓦(子常)；沈氏家族1人：沈诸梁(叶公子高)；昭氏家族4人：昭奚恤、昭鱼(赵献)、昭阳、昭雎；景氏家族1人：景翠。(三)出身王族而不明其家族支脉者7人：保申(鲍申)、子佩、子林、(前)州侯、子士、(后)州侯、春申君黄歇。(四)籍贯属楚、出身不详但理应为王族者2人：沈尹(虞丘子)、唐昧。据《路史·后纪八》，楚王族支脉甚多，计有单姓72氏，复姓82氏。即依《潜夫论·志氏姓》，亦有44氏。沈尹等2人既能官达"执一国之柄"的令尹，则必符合楚选官"内姓选于亲"① 的原则，故笔者认为沈尹、唐昧亦当出身于王族。如此，楚令尹具有王族血统者计45人。这种主要由王族包揽大权、以绝大比例按血统授官的制度，给令尹制蒙上了一层浓厚的宗法血缘色彩。需要说明的是，即使在王族内部选择令尹，也因亲疏不同而存在着差异。从表面看，王子王孙18人，其他王族成员27人，好像后者较前者为多，但实际上王子王孙任令尹的比例要远高于王族其他成员。这是因为，这18个王子王孙仅系于王室大宗一家，而其他27人，则来自十多个王族支脉。一个家族若以千百人计，整个春

① 《左传·宣公十二年》载晋随武子言："其(楚)君之举也，内姓选于亲，外姓选于旧。举不失法，赏不失劳。"

秋战国时期，王子王孙多不过数千，而十多个王族支脉所繁衍的成员，少说也有数万人。这就是说，王子王孙中产生令尹的比例，要远高于王族其他支脉中产生令尹的比例。在王族血统内部选任令尹，又进一步贯彻了讲亲疏原则，表明楚对王族血统的分类已到了何等缜密的程度！在宗法制盛行的楚国，这种选任令尹的原则，既有利也有弊。它的利，是能够起到以宗法血缘为纽带巩固政治统治的作用；它的弊，就是在血亲举官制已被任贤制逐步取代的战国时期，有碍于从更广阔的空间去挑选宰辅，从而给楚国的令尹制度带来了保守落后的因子。

第二节　选拔条件

自春秋以迄战国，楚王族成员数达万千，而其中得任令尹者顶多不过几十人。毋庸置疑，这里边显然存在着一个沙里淘金式的选择问题。楚选任令尹究竟有何标准?《韩策二·史疾为韩使楚章》曾概略地记为四字，“廉洁胜任”。“廉洁”是楚任官置吏的普遍要求，“胜任”对令尹而言，则意味着须能总政、领军和负责外交工作。考虑到宰辅一职需要有相当的仕宦经验，以及尽可能避免因选拔而产生的统治阶级的内部矛盾，楚选任令尹还有一条成法，即在注重才德的同时，也常常照顾到入选者原来的官序，优先于高官要员中作出择取，或第次以进，或据情而定。

以上所说，只是选任令尹的总原则。在实际选拔过程中，情况则要复杂得多。以下结合具体史实，从两个方面予以说明。

一、对入选者才德的规定

其一，应具有恤民思想。

从春秋前期开始，楚国统治者就已经懂得了“民为邦本，本固邦宁”的道理，认为统治者欲安定其国，必须具有恤民思想，实行恤民政治。如令尹子文曾说："夫从政者，以庇民也。"[①] 庄王亦言："无德以及远方，莫如惠恤其民，而善用之。"[②] 他们如此重视恤民问题，强调恤民的重要性，实际上就是把恤民规定为一切官吏特别是作为百官之长的令尹的入选条件和任官准则。有史料说明，这一选拔令尹的规定是得到了执行的。如《左传·襄公二十七年》载晋叔向评论楚薳罢曰："承君命，不忘敏。……敏以事君，必能养民，政其焉往？！"果如其言，此后不久，子荡即被任以令尹之官。孙叔敖埋两头蛇的故事亦很典型。据《新序·杂事一》，孙叔敖幼时一次外出游玩，见到一条两头蛇，当时流行着一种迷信观点，说是看见两头蛇的人一定要死。在预感大难将临之际，孙叔敖想到的首先不是自己，而是担心他人又碰上此类蛇会丢掉性命，于是他就鼓足勇气将蛇打死，并迅速将其掩埋。《新序》的作者刘向讲完这个故事，又给它加了一个精彩的、合乎逻辑的结尾："及长，为楚令尹，未治而国人信其仁也。"孙叔敖出任宰辅，尚未开始工作，民众（按：此指"国人"和庶民，而不包括奴隶）就对他投了信任的一票，这说明了什么？说明他那怜恤他人的思想品德和突出事迹，已为他赢得了极大的声望，使他成了民众心理上的英雄和顶礼膜拜的对象。有鉴于此，庄王出于恤民的考虑而任其为令尹[③]，也就无甚奇怪，实属自然了。

还有些令尹，不论其当政前和当政后有何背景及功业，如果为政不以民事为重，甚或虐国残民，则往往要受到严厉追究。如令尹蒍吕臣，因"奉己而已，不在民矣"[④]，未久其职即被子上所代。令尹子南宠近小人，"贪而多马"[⑤]，结果为康王所杀。令尹子旗虽对平王之立建有勋

① 《国语·楚语下》。

② 《左传·成公二年》。

③ 据《说苑·至公》，庄王正是从"国可使治，而士民可使附"的考虑出发，才任孙叔敖为令尹的。

④ 《左传·僖公二十八年》。

⑤ 《左传·襄公二十二年》杜《注》。

劳，但上任后“不知度，与养氏比，而求无厌”[①]，年余亦伏法受诛。贪利求私、虐害民众者受到惩处，这就从另一角度说明了恤民为令尹所应具之德操，反映了恤民与否是楚取舍令尹的一个关键条件。

其二，须掌握治世理国的礼制要则。

《左传·隐公十一年》：“礼，经国家、定社稷……者也。”《左传·庄公二十三年》：“夫礼，所以整民也。”《左传·僖公十一年》：“礼，国之干也。”《左传·成公十二年》：“政以礼成，民以是息。”楚于春秋前期已经基本上华夏化了，因此，以上《左传》所强调的礼的重要性，不仅适合于中原各诸侯国，而且也适合于楚国。也就是说，礼对楚国，同样是立国的根本、治世的工具和为政的原则。正因为如此，楚在选任令尹时，也常常把是否深明礼制作为重要的考虑因素。

《说苑·建本》载：“楚恭王多宠子而世子之位不定，屈建曰：‘……楚多宠子而嫡位无主，乱自是生矣。夫世子者，国之基也，而百姓之望也。国既无基，又使百姓失望，绝其本矣。本绝则挠乱，犹兔走也。’恭王闻之，立康王为太子。”这是说屈建深明乎王位继统之礼，并在这个问题上给共王以有力的影响，使之及时作出立康王为太子的决定，从而避免了一场可能产生的内乱。另据《国语·楚语上》，屈建之父屈到，生前喜爱吃“芰”（菱角），临死嘱告族人说，“祭我必以芰”。《周礼·天官·笾人》：“加笾之实，菱、芡、栗、脯……为王及后、世子，共其内羞。”以此可知，屈到以大夫而求祭以芰，乃是僭用天子之礼。屈建着眼于“夫子（指其父）不以其私欲而干国之典”，在家祭时违父遗嘱，命令将“芰”撤除。[②]他的这种“公”而无私、坚决维护国法的作法，保卫了“上下有序”的等级名分制度。这件事同其谏共王早立太子一样，都为他树立了崇礼尚义的形象；康王时期他从莫敖被擢升

① 《左传·昭公十四年》。

② 《国语·楚语上》未载明屈建祭父令去“芰”的时间。笔者认为最迟应在其父死后一周年时。襄公二十二年屈建继为莫敖，其父应死于是年。“屈建为令尹”在襄公二十五年，故知屈建违父遗命，坚持祭礼原则之时，尚未任令尹之官。

为令尹，显然与此有着直接的因果关系。

在守礼笃义方面表现比较突出的，还有平王之长庶子子西。据《左传·昭公二十六年》，是年楚平王死，令尹子常欲立子西为王。子西以平王生前已立夫人嬴氏之子壬为“適（嫡）嗣”，坚决拒绝了子常的请求。他大义凛然地指出：“赂吾以天下，吾滋不从也，楚国何为？！”并以“必杀令尹”相威逼，迫使子常立壬为昭王。立君以嫡不以长，这是当时遍行各国的一条根本性的礼制原则。子西能抛开私欲，身体力行地实践这一原则，这在楚国历史上是甚为罕见的。尽管后来昭王以其为令尹有着多方面的原因，但他在关键时刻所表现的让国的高义，无疑是其中一个极其重要的因素。

如果某人被任为令尹而身乏“礼”之素养，则其举拔者就有可能因不坚持原则而遭到批判。如令尹子文让位于子玉，蒍贾就当面斥其“举以败国”。他指出：“子玉刚而无礼，不可以治民，过三百乘，其不能以入矣。”[①] 蒍贾认为不懂礼就不能理政治军，这恰恰证明了明礼和用礼是楚选任令尹的重要准则。

其三，应具有识大察乱的本领。

此可以子囊和沈诸梁（叶公子高）的事例予以说明。共王十五年（前576年）夏天，正当晋、楚第一次弭兵之盟签订三周年之际，楚廷内部就要不要毁约“北师”的问题展开了一场辩论。子囊从取信于诸侯的大局出发，反对兴兵北进。他郑重指出：“新与晋盟而背之，无乃不可乎？”[②] 但共王却站在主战派司马子反一边，否决了子囊的意见。不久楚败鄢陵，给共王以很大震动，使他从实践中认识了子囊所具有的通观全局、料事如神的政治才能。可以说，这一认识构成了后来共王任子囊为令尹的基础因素。昭、惠时期曾长期担任叶县县公的沈诸梁，也以有深邃的政治洞察力而著称。惠王二年（前487

① 《左传·僖公二十七年》。
② 《左传·成公十五年》。

年），令尹子西欲将流亡于吴的王孙胜（太子建之子）召回楚国，封于白地，任以为巢大夫。沈诸梁由他平日对胜的了解，认为胜徒具“信”“仁”“智”“勇”“衷”“淑”六德之表而无有其实，且其父又“为戮于楚”，断言其返国必将为乱，因力阻子西之召，但子西拒而不听。[①]其后胜归楚果兴政变，诸梁之言全部应验。因诸梁具有先见之明，特别是在“戡乱”中立了大功，惠王十年，他被授以“二卿士”之职，成了楚国历史上官兼令尹、司马的唯一人物。

其四，应具有致富强国之术。

经济是为政之本，故楚要求令尹的入选者应具有致富强国之术。孙叔敖之被选任令尹，主要就是由于具备了这方面的条件。如《淮南子·人间训》云：“孙叔敖决期思之水而灌雩娄之野，庄王知其可以为令尹也。”《说苑·至公》载虞丘子荐孙叔敖以自代，也强调了同一理由，说他一旦为政，“则国可理，民可使富也”。孙叔敖任令尹后，果真显现了这方面的才能。他在被灭的原六、蓼的土地上，组织民力兴建了一个较大的水利工程——芍陂，广溉农田，使这里成为楚国东部一处较大的粮仓。他还十分关心手工业生产和商业的发展，鼓励民众进山采回手工业原料，注意市场货币流通情况，又设法安定社会秩序，使当时的楚国出现了“商、农、工、贾不败其业”[②]的兴旺景象。由于他的经营，楚国最终实现了“国富兵强”[③]“国霸诸侯”[④]的夙愿。

其五，行法任官应具有尚公精神。

据《说苑·至公》，虞丘子曾向庄王陈述自己不堪令尹之任的因由，其中一条就是不能奉公行法。他自责道：“臣闻奉公行法，可以得荣……臣为令尹十年矣，国不加治，狱讼不息……臣之罪当稽于理。”《列女传》借用樊姬之口，还指出了虞丘子不副相职的另一罪状：“今

① 详参《国语·楚语下》。
② 《左传·宣公十二年》。
③ 《昭明文选》卷五六《杨荆州诔》。
④ 《吕氏春秋·察传》。

虞丘子相楚十余年，所荐非子弟则族昆弟，未闻进贤退不肖，是蔽君而塞贤路。”虞丘子本人是否真有上述问题，这里姑且不论，但这些记载反映了楚令尹行法任官应具有尚公精神却是事实。关于这一点，《说苑·至公》所记子文执法不“私”的一则故事，更能说明问题。此故事大意是说，子文的一个族人犯法当刑，但廷理却因他是令尹的本家而将其放归。子文闻知端底，找来廷理，痛斥其阿谀媚上的行为，迫使其重新将罪人逮捕，并依法动用了刑戮。子文这种大义刑亲的举动，受到了国人的极力称扬，他们说：“若令尹之公也，吾党何忧乎？”并相与作歌曰：“子文之族，犯国法程，廷理释之，子文不听，恤顾怨萌，方正公平。”从悖法徇私就得辞职下台，执法不阿而大受舆论称颂，可以清楚地看出，是否有尚公精神，乃是楚择选令尹的又一准则。

其六，应具有相当的军事才干。

春秋战国时期，战争乃楚国政治生活之中心内容，而主宰军事、出将戎众又是令尹一官的根本要务，故此，楚选任令尹向来注重军事才能，常将这一条件作为决定人选的主导因素。

《左传·僖公二十三年》载：“秋，楚成得臣帅师伐陈，讨其贰于宋也。遂取焦、夷，城顿而还。子文以为之功，使为令尹。”像这样因作战有功、显现突出的军事才能而被任为令尹者，在楚国历史上例不胜举。如子重于庄王时期，同令尹孙叔敖、司马子反等“征陈，服郑，败强晋”①，继又参加围宋之役，屡立战功，表现了良好的军事素养和相当的指挥才能，故庄王死前托以国事，共王即位授之宰辅。子西于昭王十年（前 506 年）吴军破郢后，与子期汇集兵众，力战定楚，建立了匡危扶倾的不世之功，因于昭王复国之年（前 505 年）被任为令尹。怀王六年（前 323 年），大司马昭阳“将兵而攻魏，破之于襄陵，得八邑”②，不久即取代了令尹昭鱼之职。③

① 《说苑·尊贤》

② 《史记·楚世家》。

③ 参本书第二章第二节。

吴起被任为令尹的事例更加典型。《史记·孙子吴起列传》载："起之为将，与士卒最下者同衣食。卧不设席，行不骑乘，亲裹赢粮，与士卒分劳苦。"由于他"廉平尽能得士心"，故"士卒乐死"。在仕魏的27年中，他率军"与诸侯大战七十六，全胜六十四，余则均解"[①]，对魏国在战国前期称霸中原作出了重大贡献。公元前387年，他因受大臣王错排挤，离魏奔楚。[②]本传又云："楚悼王素闻起贤，至则相楚。"[③]这里所说的"贤"，主要即指其"善用兵"，即具有杰出的事军才能。吴起任令尹后，制定了以"要在强兵"为目标的社会改革方案，在悼王的支持下，开展了大刀阔斧的变法运动，大大强化了楚之国力与军力，使楚一时成为战国七雄之首。这一事实，充分证实了令尹具有军事才干的极端重要性。

其七，应具有一定的外交才能。

制定外交方略，参与高层次的外事活动，为令尹的重要职责之一。因此，楚选任令尹也往往把有无外交才能列为必要的考虑条件。

怀王后期的重臣昭睢即以精于外交谋略而著称。在当时"横成则秦帝，纵成则楚王"[④]的生死外交博弈中，昭睢始终以清醒的头脑坚持联齐抗秦的合纵外交路线。他在这方面的突出事迹，《史记·楚世家》记有三件。第一，怀王二十六年（前303年），在秦、齐皆欲合楚，楚臣争论莫定、怀王犹豫不决之时，他以洗刷国耻为理由，力谏怀王"善齐"而敌秦，结果为怀王受纳；第二，怀王三十年（前299年），当怀王在秦昭王的威吓下，将往秦地武关参加会盟之际，他坚决劝止王行，主张发兵抗秦，怀王未听其言，终至被扣冤死于秦；第三，怀王被扣的消息传回楚国，楚廷一片混乱，他力排众议，主张迎归在齐作人质的太子横。横归立为顷襄王，从而使秦要挟和敲诈楚国的计谋宣告破产。顷

① 《吴子》卷上《图国第一》。
② 参考本书第二章第二节"吴起"条。
③ 《史记·孙子吴起列传》。
④ 《战国策·秦策四》。

襄前期，子兰劝怀王入秦事为人诟病，被迫卸任令尹，昭雎的威望则以此大增，并终在顷襄中期取代子椒而为宰辅。[①] 考察昭雎官升令尹的原因，正确的结论只有一个，即其具有世所罕匹的外交才能。

参加外事活动需娴于外交辞令，薳罢被选任为令尹，此即为重要因素。

据《左传·襄公二十七年》，是秋，薳罢至晋参加盟会，平公设享礼招待他。宴罢退席之时，薳罢赋了《既醉》（见《诗·大雅》）一诗。诗曰："既醉以酒，既饱以德。君子万年，介尔景福。"他以"既醉""既饱"谢享礼，"万年""景福"颂晋君，甚得其时。晋叔向有感于他的才思之敏捷、言谈之机智，由微而知著，预言他日后必将"知政"。不出所料，他于灵王元年果被任为令尹。

以上七条，是楚对令尹人选者才德标准的总的要求。但楚之最高统治者自己也很清楚，要找寻如此完美无缺的人实际上是很难办到的。因此，他们在选任令尹时，往往只注意其中的一个或几个主要方面，看准了，就及时作出任命决定。由于多数楚王坚持任人唯贤的方针而慎择辅佐，故"楚令尹大率非凡庸"[②]，一般都能恪守其职，报效国君，其中之佼佼者，对楚之强盛与发展甚至可说是作出了决定性的贡献。

二、官爵地位对入选令尹所起的重要作用

楚在王族范围选择有才德者担任令尹，往往把眼光集中到地位较高的官员身上。笔者作了个统计，在已知为楚人的45个令尹中，任令尹前其身份是这样的：1人为处士，25人官位无考，19人可确知官位。这就是说，身份已明者几乎全有仕宦经历。为了明确处于何种官位才有可能被任为令尹，以及官位高低对入选令尹的影响，笔者专列一表，对已确知官位的十九人的原任官职作一介绍。

① 参本书第二章第二节"昭雎"条。
② 《会笺》庄公二十八年《传》笺。

表 4–2　楚令尹原任官职表

令尹	迁自何官	依据
子玉	司马	见本书第三章第一节“成得臣”条。
子越	司马	同上文，“斗椒”条。
子庚	司马	同上文，“公子午”条。
薳子冯	大司马	同上文，“薳子冯”条。
昭阳	大司马	“鄂君启节”铭文：“大司马昭阳败晋（魏）师于襄陵之岁”。依《楚世家》，此“岁”为怀王六年（前 323 年）。
子椒	司马	《新序·节士》：“（秦）使张仪之楚，货楚贵臣上官大夫、靳尚之属，上及令尹子兰、司马子椒。”按：张仪至楚之年，子兰、子椒为何官不明。此言“令尹”“司马”，当是二人在顷襄初期的官称。
景翠	柱国	《东周策·秦攻宜阳章》引赵累对周君言：“君谓景翠曰：‘公爵为执圭，官为柱国，战而胜，则无加焉……’”
屈建	莫敖	《左传·襄公二十二年》：“屈建为莫敖。”
春申君	左徒	《史记·楚世家》：“考烈王以左徒为令尹，封以吴，号春申君。”
鲍申	师保	《吕氏春秋·直谏》：“葆申曰：‘先王卜以臣为保，吉。’”按：鲍、葆同音可通假。
子重	左尹	《左传·宣公十一年》：“楚左尹子重侵宋。”
子辛	右尹	《左传·成公十六年》：“司马将中军，令尹将左，右尹子辛将右。”

续表

令尹	迁自何官	依据
子国	右司马	《左传·哀公十八年》："初，右司马子国之卜也，观瞻曰：'如志。'"《会笺》："卜，指去年改卜子国而使为令尹。子国本为右司马，卜以为令尹。杜（预）云'卜为右司马'，误矣。"
子上	"右军将"	《左传·僖公二十八年》："子玉以若敖之六卒将中军，……子西将左，子上将右。"按："右军将"不是官称，但此职一般唯卿级官员才能担任，以此知子上之官位不低。
子南	箴尹	《左传·襄公十五年》："公子追舒（即子南）为箴尹。"
子晰	宫厩尹	《左传·昭公元年》："宫厩尹子皙出奔郑。"
子旗	郊尹	《左传·昭公十三年》："（灵王）又夺成然（即子旗）邑，而使为郊尹"。
虞丘子	县尹	诸书亦称"沈尹"。《吕氏春秋·尊师》高《注》："沈县大夫，其名多不同。"
沈诸梁	县公	《左传·哀公四年》："左司马眅、申公寿馀、叶公诸梁致蔡于负函，致方城外于缯关。"按：申公、叶公，即申县、叶县之县公。

上列19人中，有位在卿士的司马或柱国7人，有莫敖、左徒、师保、左右尹、右司马、军将等卿级官员[①]7人，有中央大夫级重要尹官2人[②]，有县尹、县公各1人，及郊尹1人。这些数字表明，卿级官员是楚选任令尹的主要对象，官爵越高，被选任的可能性越大。

楚在王族范围内选任令尹，既注重才德，又注重官位，那么这二

① 楚卿级官员除令尹、司马、莫敖外，当还有师保、左右尹、左右司马等，其确切人数不详。晋卿多至十二，宋卿多至十，即郑亦常备六卿，故楚卿数额当不在少。

② 《左传·襄公十五年》开列了一张楚中央重要职官表，在卿级官员外，大夫级中央尹官只列了二官，这就是箴尹和宫厩尹。

者是同时并重，抑或有主有从？才德与官位比较，才德是处于主导地位的。上列19个令尹，有将近三分之二原官低于司马，若主要依官序而非以才德决定入选者，他们便不可能跨进宰辅门坎。诚然，19个令尹中，有7人原任司马或柱国。他们之入选为令尹，多少带有依次递进的成分；但由于楚选任司马、柱国，其标准也是“廉洁胜任”[①]，他们进入这一官阶已经历过一道筛选，所以楚任他们为令尹，实质上也是用贤（个别人如斗椒除外）。更能说明问题的是，楚不仅有任功大才高的低官位者（如叶公子高）为令尹的情况，即是没有官位的王族成员，只要确有宰辅之才，也可破格予以提拔。孙叔敖以“处士”[②]出任令尹，就是绝好的说明。楚任令尹不搞世袭，而是在王子王孙及若干王裔大家族中选贤举能，这种举任制虽然带有浓厚的宗法血缘色彩，但较之官传子孙的世官制，无疑是一个进步。

楚以任贤为原则选任令尹还能在一定程度上突破国别及宗法的界限，大胆举用有才能的异邦人。春秋时的彭仲爽，战国时的吴起，他们或为战俘，或为逃臣，而终相楚国，即为突出例证。可惜这一作法并未得到认真坚持和推广，楚因此受益有时，得利有限。

以上讲的是通常情况下楚选任令尹的原则和条件。除此之外，楚圈定令尹还存在着一些特例。为了解楚举任令尹的全貌，笔者认为有必要将这些特例逐个作一介绍。

特例之一，辈分高而势所必任者。

《史记·楚世家》载：“郏敖三年（按：实为元年），以其季父康王弟公子围为令尹。”[③]郏敖以幼年继位，依楚之成例，需由叔父辈辅国掌权。[④]郏敖有四个叔叔，公子围行年最长。尽管公子围是一个世所公认

① 《韩策二·史疾为韩使楚章》引史疾对楚王言：“今王之国有柱国、令尹、司马、典令，其任官置吏，必曰廉洁胜任。”

② 《史记·循吏列传》：“孙叔敖者，楚之处士也，虞丘相进之于楚庄王以自代也。”

③ 《左传·襄公二十九年》：“楚郏敖即位，王子围为令尹。”

④ 子元相成王，子重相共王，皆是其例，参《左传》所载庄公二十八年、成公二年事。

的图谋不轨者，其篡立之心虽路人亦知，但当时的形势仍然把他推上了宰辅的宝座。任令尹后，他时时处处以王者自居，不久即绞杀郏敖，代立为灵王。①

特例之二，兄弟瓜分政权，以长幼排序而受任者。

据《左传·昭公十三年》，此年四月，灵王之三兄弟联合政变成功，结果是"公子比为王，公子黑肱为令尹……公子弃疾为司马"。这种安排并非以才能为序，而是按长幼分权。公子黑肱年列第二，故被定为令尹而掌二等大权。

特例之三，有恩而无德者。

据《左传·昭公十三年》，嗜利贪财的斗成然，以公子弃疾有"当璧之命"（谓依天命当立为国君），遂投机相从，积极参与了由弃疾所发动的政变活动。他不仅佐弃疾率军打回郢都，而且设计吓杀子干与子晰，为弃疾夺权扫清了最后障碍。弃疾立为平王，为报答其佐立之恩，乃授以令尹之职。未久，他贪性大发，"与养氏比，而求无厌"，平王忍无可忍，只得将其除掉。

特例之四，任嬖宠。

顷襄中期有州侯其人，荀况称他是"巧敏佞说，善取宠于上"的"态臣"②。顷襄任其为令尹，可以说就是受了他谄谀奉迎的结果。执政后，他本性不改，整日不离王之左右，专导王以"淫逸侈靡"，使王"不顾国政"，终于造成了郢都沦丧、国破东迁的悲剧。③

特例之五，觊觎令尹之位，以阴谋除掉前令尹，国君因种种原因予以认可者。

司马斗椒与工正贾合谋谗杀令尹斗般，又有若敖氏之族雄厚的政治、军事实力作后盾，造成以次递进之势，致使庄王不得不任其为令尹。令尹春申君舍人李园，设计杀害春申君，因其妹为幼主幽王之母而

① 关于公子围的行径及篡位经过，参本书第五章第四节。

② 参《荀子·臣道》。

③ 详《楚策四·庄辛谓楚王章》。

被任为宰辅，[1]亦属此类情形。

特例之六，为贪得土地，而以“令尹”作为赏“功”之酬。

怀王为得到张仪所允诺归还的“商於之地方六百里”，而赐之以“相玺”，即为其例。

以特例进入宰辅圈的上述诸人，大都是楚令尹中之不肖者，楚国因他们的当政而遭受了种种灾祸。铁的事实表明，楚选任令尹一旦偏离了正常轨道，就必然会产生不良的后果。

第三节　选拔方式

楚选任令尹的方式有两种：一为楚王直接任命，一为他人荐举而由楚王所钦定。

楚王直接作出任命，这是楚选任令尹最常见、最主要的一种方式。关于这一点，文献中有充分的反映。如《左传·哀公十七年》引子谷语：“彭仲爽，申俘也，文王以为令尹。”《左传·襄公二十一年》载，“楚子（康王）使薳子冯为令尹”，子冯推病，“乃以子南为令尹”。《左传·襄公二十二年》：“冬……王遂杀子南于朝……复使薳子冯为令尹。”《左传·昭公十三年》：“弃疾（平王）即位……使子旗为令尹。”《说苑·指武》载，吴起至楚，“居一年，（悼）王以为令尹”。《史记·楚世家》载“怀王大悦，乃置相玺于张仪”及“考烈王以左徒（黄歇）为令尹”。《史记·屈原贾生列传》：“顷襄王立，以其弟子兰为令尹。”另外，文献中凡有“某某为令尹”而未能指明主使之人者，亦可看成由楚王所任命。如《左传·襄公二十九年》载“楚郏敖即位，王子围为令尹”，《史记·楚世家》云“郏敖三年（实为元年），以其季父康王弟公子围为令尹”，即可为证。

关于第二种选拔方式，据目前可见的史料，其荐举人全为决意让贤

① 参《楚策四·楚考烈王无子章》，以及本书第二章第二节“李园”条。

的前令尹。在这种方式下，荐举人对决定新令尹人选所起的作用是存有差别的。

据《说苑·至公》，令尹虞丘子向庄王推荐孙叔敖以自代，“庄王从之”。这说明虞丘子只起了引荐作用，决定大权则操于王手。

《左传·哀公十六年》：“沈诸梁兼二事，国宁，乃使宁为令尹，使宽为司马。”杜《注》：“二事，令尹、司马。”仅看这条记载，仿佛令尹沈诸梁可单独决定其继任者人选。然事实却并非如此。《左传·哀公十七年》对子国的受任过程作了补充交代：“王与叶公枚卜子良为令尹”，因子良“过于其志”，“他日，改卜子国而使为令尹”。可见，子国出任令尹，是由惠王和沈诸梁通过“枚卜”形式而共同作出的决定。也就是说，作为荐举人的沈诸梁，不仅有引荐之权，而且有某种程度的决定之权。

《左传·僖公二十三年》有子玉伐陈立功，子文“使为令尹”的记载。这同沈诸梁“使宁为令尹”有区别否？参看有关史实，笔者认为是有所区别的。据僖公二十三年、二十七年《传》，子文以子玉接替己职，曾遭到蒍吕臣和蒍贾父子的坚决反对。蒍吕臣以此质问道：“子若国何？！”蒍贾更尖锐地指出这是“举以败国”！但子文或答曰“吾以靖国也”，或根本不予理睬。从子文我行我素、拒不改变初衷，可以看出他对子玉的人选起了基本的决定作用。

在子玉出任令尹的问题上，《传》文未提到成王的态度。但蒍贾在批评子文时用了一个“举”字，这说明子文还是就此事向成王作了请示，而成王对此未持疑义。

第五章　楚令尹的巨大权力及所受王权的严密制约

第一节　楚令尹的内政管理权

在文献记载中，称某人将任令尹为“将知政”①，既任令尹为“持国政”“为政”②，前令尹让贤为“传政”③。这些表示权能职事的措辞，均突出一个“政”字，这说明掌治内政，是令尹的根本要务。

令尹所理之内政包括哪些方面？综合各种史料，可知有如下数端：

一、佐助国君制定理国的方针和政策

这主要表现在以下几个方面

其一，佐助楚君创建崭新的国家政治体制：废分封，立县制。

《左传·哀公十七年》引“子谷曰”：

> “彭仲爽，申俘也，文王以为令尹，实县申、息。”

这是说令尹彭仲爽提出了变灭国为县的划时代举措，经文王允准后他具体负责了申、息二县的筹建工作。

---

① 《左传·襄公二十七年》引叔向言：“子荡（按：楚薳罢字）将知政矣。”

② 《说苑·至公》载虞丘子对庄王言：“臣言孙叔敖果可使持国政。”《左传·襄公三十年》：“（鲁）穆叔问（薳罢）王子围（时任令尹）之为政何如？”

③ 《左传·僖公二十七年》载蒍贾言：“子（按：指令尹子文）之传政于子玉……”

我们知道，我国自古及今，先后存在过逐次演进的三种国家政治体制：分封制、以郡县制为基础的专制主义中央集权制，以及近代以来的共和制。每一次由旧变新的国家政治体制的出现，都是一次历史性的巨大进步。县制的创立，就是中国古代由宗法分封制过渡到专制主义中央集权制的发端。楚国由此开始走上了灭国为县，扬弃分封制的道路。一个强大的以楚王为核心的君主集权政体开始建立并逐步巩固起来。这是在古老的中国大地上首次出现的具有新型政体的国家。可以说，这是具有创新传统的楚人意义最为重大的一次创新，它比任何有关楚国的治国方针的推行都要重要得多。县制的创立和推广，为春秋战国时期楚国的强大奠定了基础。

其二，提出并推行具有全局性的富国强兵方略，吴起变法就是最突出的例证。

针对当时楚国“大臣太重、封君太众”“上逼主而下虐民”的“贫国弱兵”[①]的状况，吴起经悼王批准，制定并推行了一系列具体政策：“使封君之子孙三世而收爵禄”[②]“废公族疏远者”[③]“令贵人往实广虚之地”[④]“绝灭百吏之禄秩，损不急之枝官”[⑤]等。收回封君、支裔疏远的公族和其他一些贵族的特殊的经济权益以为国有，精兵简政以节约开支，这是为了“富国”。用上述办法获得的财政收入，被用来“抚养战斗之士”以“砥砺甲兵”[⑥]，目的在“强兵”。这些方针政策的推行，将楚国迅速引向强盛。短短几年中，楚国就取得了“南平百越、北并陈蔡，却三晋、西伐秦”[⑦]的可观战果，使悼王成了当时天下的霸主。

其三，实行“恤民”等政策。

《左传·成公二年》：

楚令尹子重为阳桥之役以救齐。将起师，子重曰：“君弱，群

---

①②④⑤ 《韩非子·和氏》。

③⑦ 《史记·孙子吴起列传》。

⑥ 《淮南子·道应训》。

臣不如先大夫，师众而后可。《诗》曰：‘济济多士，文王以宁。’夫文王犹用众，况吾侪乎？且先君庄王属之曰：‘无德以及远方，莫如惠恤其民而善用之。’”乃大户，已责，逮鳏，救乏，赦罪，悉师，王卒尽行。

这是说令尹子重遵循庄王的教导，于大军北上征讨前，在全国范围内实行抚民政策。如此厚施于民，正如《会笺》所言，是为了“使民致其死力，倾国而来”[①]，以保障这次战争的最终胜利。

令尹实行抚民政策者，绝非子重一人，斗穀於菟的事迹则更为典型。他曾宣称“夫从政者，以庇民也”[②]，号召贵族、官吏都以庇民为务，把庇民作为治国安邦的重要手段。他率先从自身做起，毁家纾难以庇民，菲薄衣食以恤民，减损爵禄以庇民，为楚国的抚民政策创立了一个良好的开端。

有的令尹还实行了变人才外流为人才内归的政策。春秋时期，唯楚英才最多，但某些国君所实行的暴虐的株连政策，使不少人才流亡他国，助敌害楚，给楚国带来了很大的灾难。令尹子木当政时期，在蔡声子的开导下，充分认识到这一问题的严重性，以“倍其室”“而复之”（即加倍偿还其财富并复其官位）的代价，设法将流亡晋国的伍举召回，事见《国语·楚语上》。屈建所实行的这一优厚的招抚政策，在楚国历史上第一次改变了“楚材晋用”的状况，其影响是巨大而深远的。伍举作为杰出的谋臣，主要供职于楚灵王时期。他对灵王为政之弊端曾多有匡正[③]，为改善当时的社会政治状况起到了应有的作用。

概而言之，楚令尹有权决策治国方略。至于他们在这方面的建树多少，治绩大小，那就因人异时异而有所不同了。

① 《会笺》成公二年《传》笺。
② 《国语·楚语上》。
③ 详参《左传·昭公四年》、《国语·楚语上》等。

二、关心、指导社会生产，推动经济的发展

经济是为政之本。“孙叔敖决期思之水而灌雩娄之野，庄王知其可以为令尹也。”[①]从楚庄王把善治生业作为选择令尹的先决条件，可知组织生产、发展经济，乃令尹为政之重心所在。

楚令尹如何抓富国裕民的事业，透过孙叔敖的事迹，可使人一目了然。

孙叔敖十分关心农业生产。他上任后参与修订了当时楚国的历法，“敬授民时”[②]以指导农业生产，使农民能够做到不误农时，这对保障农业生产的发展，无疑起有一定的积极作用。更重要者，是他在农田水利建设方面的贡献。任职期间，他发动组织劳力，“宣导川谷，陂障源泉”[③]，“作塘以溉田，农获其利”[④]。其中最著名者，是在新灭的六、蓼旧国的土地上，兴建了一座周长四十多里，广溉农田的水利工程——芍陂。[⑤]这一水利工程的建成，使楚国东境出现了一座大粮仓，为楚庄王霸业的建立提供了一定的物质基础。

对手工业生产的发展，孙叔敖也相当重视。山林是手工业生产的原料基地。孙叔敖“秋冬劝民山采，春夏以水”[⑥]，使竹木等大批资源从山区被源源不断地调运出来，满足了社会的需要，“民皆乐其生”[⑦]。

孙叔敖还比较注意商业贸易的动态。据《史记·循吏列传》所载，楚庄王“以为币轻”，因而在郢都进行了一次以大币更换小币的货币改革。但实践证明，这种大币不便于民间日常进行的小额零售贸易，故百姓皆感“不便”，纷纷罢业去市，造成了郢都社会秩序的极端混乱。孙叔敖从“市令”（管理郢都市场的官员）的报告中得知了事情的原委，很快向庄王作了反映，建议庄王下令取消大币，复用小币。庄王准其所

① 《淮南子·人间训》。
②③ 见《绎史·孙叔敖碑》。
④ 《七国考·楚食货渠附》。
⑤ 详参刘玉堂、袁纯富《楚国水利研究》，湖北教育出版社 2017 年版，第 226 页。
⑥⑦ 《史记·循吏列传》。

请，“令下三日而市复如故”。

庄王时期战争连年不休，但由于孙叔敖高度重视社会经济的发展，善于理财治国，所以彼时楚国“民不罢劳”“农、商、工、贾不败其业”[①]。面对这种业绩，就连作为楚国对手的晋人，也不得不赞扬他为政有方。[②]

像孙叔敖一样注意国计民生者，还有春秋时期的令尹子西。他“理百姓，实仓廪，使民各得其所”[③]，使吴入郢以后的楚国逐步振兴起来。

当然，不是所有的令尹都能像孙叔敖和子西这样注重生产事业。但孙叔敖和子西的事例透露了一个信息：致力于社会经济的发展，乃令尹内政要务的关键所在。

三、荐选官吏，整饬吏治

楚国重要官吏的选任权，主要操纵于国君之手。但令尹出于经邦治国的需要，对一些高级官吏的选定，也有荐举乃至决定之权。

《说苑·至公》载：

> 楚令尹虞丘子复于庄王曰：“……臣为令尹十年矣[④]，国不加治，狱讼不息，处士不升，淫祸不讨。久践高位，妨群贤之路，尸禄素餐，贪欲无厌。臣之罪，当稽于理。臣窃选国俊下里之士曰孙叔敖，秀赢多能，其性无欲。君举而授之政，则国可使治而士民可使附。”……庄王从之。……以孙叔敖为令尹。

同一件事，还记于《韩诗外传》卷七：

---

① 《左传·宣公十二年》。
② 《左传·宣公十二年》引随武子言：“（孙叔敖）政有经矣。”
③ 《新序·杂事一》。
④ 虞丘子任令尹为五年左右，非十年也。考见本书第二章第一节。

虞丘于天下（以）为令尹，让于孙叔敖，则遇楚庄王也。

虞丘让贤的故事说明了什么？它说明令尹可以荐人以自代，可以在这一全国最高官职人选的确定上，给国君以决定性的影响。

个别令尹甚至有权直接决定下届令尹的人选：

楚成得臣帅师伐陈，讨其贰于宋也。遂取焦、夷，城顿而还。子文以为之功，使为令尹。[1]

子文选定子玉为接班人，遭到了芳吕臣、芳贾父子的坚决反对。芳吕臣曾当面质问子文："子若国何？"[2] 芳贾更是少年气盛，抨击子玉"刚而无礼"，批评子文之举是"举以败国"。[3] 但子文听而不闻，依然我行我素，坚持把令尹之位传给子玉。

白公政变失败后身兼"二事"的沈诸梁，在决定下任令尹和司马人选的问题上，其权力之大，颇类令尹子文：

沈诸梁兼二事，国宁，乃使宁（公孙宁）为令尹，宽（公孙宽）为司马。[4]

和子文任子玉不同者，是沈诸梁的这次让贤多了一道"枚卜"的手续：

王与叶公（沈诸梁）枚卜子良以为令尹。沈尹朱曰："吉。过于其志。"叶公曰："王子（昭王子）而相国，过将何为！"他日，

①② 《左传·僖公二十三年》。

③ 顺见僖公二十三年、二十七年《传》。

④ 《左传·哀公十六年》。

改卜子国而使为令尹。[①]

“枚卜”只是一种形式，即使卜定了某人，令尹也可提出种种理由，请求国君予以更换。由此更可看到令尹荐选官吏权力的巨大。

令尹既可荐选“二卿士”，圈定其他要员就更不待言了。

《史记·楚世家》：“惠王二年，(令尹)子西召故平王太子建之子胜于吴，以为巢大夫，号曰白公。”《史记·春申君列传》载春申君相楚八年，“以荀卿为兰陵令”。这些都说明令尹有权任命县公之官。上述令尹子木召回伍举而复其原职，也证明令尹有起用其他要员之权。

令尹不仅有荐官任官之权，而且有罢黜或杀戮官吏以整顿吏治之权。

《楚史梼杌·樊姬》载樊姬对庄王曰：

今沈令尹相楚数年矣，未尝进贤而退不肖，又焉得为忠贤乎？

沈令尹即虞丘子。[②]《楚史梼杌》与《列女传》皆以虞丘子为樊姬所短，被迫逊位，其说与《说苑·至公》有异。这里且不谈虞丘子让位是主动还是被迫，《楚史梼杌》云令尹有权“进贤”和“退不肖”，当为事实。

《绎史·列女传》载：

(江)乙为郢大夫，有入王宫盗者，令尹以罪江乙，请于王而绌(黜)之。

昭奚恤以江乙治郢失职，罪而罢黜其官，此为令尹有权“退不肖”提供了佐证。

① 《左传·哀公十七年》。

② 考见本书第二章第一节。

《史记·循吏列传》有孙叔敖为令尹而“吏无奸邪”之说。这种良好政风的形成，相信也是经历了一番清污去贪的斗争。

更能说明问题的是吴起变法。吴起根据“使私不害公，谗不蔽忠，言不取苟合，行不取苟容，行义不顾毁誉”[①]的原则，提拔和奖励那些廉正、直言和不畏强暴的好官，打击并清除那些奸私、媚谗、欺上压下的坏官，真正做到了“罢无能，废无用，损不急之官”[②]，又严禁私门请托的歪风，从而使吏治为之一清，为新法的推行铺平了道路。

令尹整饬吏治的最高手段是实行杀戮。

《左传·襄公二年》：

> 楚公子申为右司马，多受小国之赂，以偪子重、子辛。楚人杀之……

右司马公子申索贿小国以富己，甚至发展到“逼夺”[③]令尹、右尹权位的地步，故罪不容诛。所谓“楚人杀之”，实为令尹子重等弹劾而杀之也。

令尹所握有的上述任免官吏和整饬吏治的权力，为施政治国提供了组织保障。孙叔敖被荐上任，治楚三年，而“庄王卒以霸”[④]；公孙宁就职未久，即“败巴师于鄾”[⑤]；吴起整肃吏治，使楚名显诸侯。这些都是说明问题的绝好例证。至于某些被荐选的官吏，贪暴不堪其任，有违于楚王或谏选者的初衷，那是另外一回事情——此种事例，何时亦难以全免。

①② 《秦策三·蔡泽见逐于赵章》。

③ 《左传·襄公二年》杜《注》。

④ 《新序·杂事一》。

⑤ 《左传·哀公十八年》。

四、统理司法刑狱，稳定社会治安

楚国设有专门管理司法刑狱之官，称为“廷理”或“司败”。但由于司法和刑狱为治国之要具，关系十分重大，所以令尹常将这方面的工作置于自己的严控之下。

《说苑·至公》载：

楚令尹子文之族有干法者，廷理拘之，闻其为令尹之族也，而释之。子文召廷理而责之……廷理惧，遂刑其族人。

这说明令尹对廷理的执法情况有权进行监督。正是靠了这种日常督察的办法，令尹才有可能将全国的司法大权统驭在自己手中。

侦破冤案也属令尹注意的范畴。《楚策一·郢人有狱三年不决者章》有载：郢都某人因牵连刑事案件，被逮捕关押三年，法官仍未断明案情，但令尹昭奚恤经过暗察，已确认此人蒙冤，“不当服罪”。此人之终得昭雪，不言而自明。

司法权受制于令尹的另一重要表现，是令尹可撇开廷理，直接惩处案犯。据《说苑·至公》所载，前令尹虞丘子的一个族人犯了国法，“孙叔敖执而戮之”。这种“奉国法而不党”的执法精神，被时人称誉为“公平”。

吴起变法时“明法而审令”的作法，更是令尹严明法制的典型例证。

令尹全面宰制司法刑狱，为的是稳定社会秩序，引来“治世”局面，以维护统治阶级的既得利益。《史记·循吏列传》说孙叔敖为政时期“世俗盛美”“盗贼不起”，看来主要不是因为什么“施教导民”，而是他认真施行司法权力的结果。令尹加强法制管理有何社会效应，于此可见一斑。

五、参与谋立新君，稳定政治局势

首先需要说明，令尹身负的这种政务仅产生于特定时期。因为楚国有严格的君统法，即嫡长子王位继承制，在正常情况下，王位的递嬗均依制度进行，令尹无权干预。所谓特定时期，即前王猝死未定嗣君，国家处于非常之时。这样的事情，在楚国历史上只发生过一次，时在公元前489年楚昭王病死城父之后。

事情的经过是这样的：是年秋七月，昭王率军救陈，病于军中，死前，"命公子申（令尹子西）为王，不可；则命公子结（司马子期），亦不可；则命公子启（子闾），五辞而后许"。昭王死后，子闾欲让王位于昭王之子，乃"与子西、子期谋"，迎越女之子章而立之，是为惠王。[①]

令尹子西与子期、子闾合谋改立新君，目的在维护既定的君统法：立君以嫡不以庶，无嫡立庶，庶众以长。在昭王生前未定子嗣的情况下，他们决定迎立昭王庶子章，这种作法，符合楚国的传统制度，顺乎人心，对稳定当时的政局，无疑起了重要作用。

楚平王死时，也曾发生过令尹试图谋立新君之事，即令尹子常欲立平王长庶子子西为王，而废掉既定嫡嗣——被扶正为王后的秦女之子壬。最后由于子西的坚决抵制，并声言"必杀令尹"，"令尹惧，乃立昭王（壬）"。[②]子常是楚令尹中的败类，他当政时期改制乱政之事多有发生，其欲立子西为王，即属此类。他的这种废嫡立庶的乱制行为，显然不属理政治国之举，故不应与令尹谋立新君以安定国家者视为同类。

第二节　楚令尹巨大的军权

《吕氏春秋·情欲》曰："（楚庄王）尽傅其境内之劳与诸侯之忧于（令尹）孙叔敖。"《史记·楚世家》言："郏敖三年，以其季父康王弟公

① 详见《左传·哀公六年》。
② 《左传·昭公二十六年》。

子围为令尹，主兵事。”这说明，楚令尹除总理内政而为全国最高行政长官外，还兼主对外征战事宜，拥有巨大的军权。但是，楚令尹的军权究竟有多大？其军事地位与主职武事的司马相比，到底孰高孰低？这些问题，由于史籍未曾作过系统而明晰的记述，故长期以来人们对之缺乏全面与正确的认识，有的甚至作出了歧义的理解。解决这方面的问题，有助于了解令尹在楚国政权结构中的权力、地位与作用，有助于了解楚令尹制的特点。

分析与研究诸史所载，楚令尹巨大的军权大致包括四个方面。

一、制定争霸、争强方略

自春秋而战国，楚对外争霸、争强长达四百余年，而不同时期、不同特点的争斗方略的制定重任，主要落在了令尹身上，这里略举数例予以说明。

令尹子文在任期间（前 664 年至前 637 年），前有齐桓称雄诸侯，后有宋襄图霸中原。子文从楚与齐、宋力量对比的不同情况出发，佐助成王制定了策略相异的争霸方针。

对齐国，鉴于它当时已霸有天下，诸侯风从，力量与影响皆已超过楚国，子文摒弃了与之强打硬拼的意图，采取了量力而行、见机而动的应对方略。量力而行，就是尽力避开正面冲突，甚至不惜同齐签订带有屈辱性的盟约（召陵之盟），以使国家免遭破败，而为日后的争霸蓄积实力。见机而动，就是乘齐有事他方，无暇南顾或霸业渐衰之时，出兵攻打以至灭亡其盟友，逐次翦除其羽翼。如成王十三年至十五年（前 659 年至前 657 年），趁齐桓“存邢救卫”、兵疲力尽之机，三次出兵伐郑；成王十七年（前 655 年），趁郑逃离首止之盟、齐桓同盟内部产生裂痕之时出兵灭弦；成王二十三年至二十四年（前 649 年至前 648 年），趁齐桓霸业渐衰时出兵伐黄灭黄；成王二十七年（前 645 年），趁齐桓志虑昏蔽、气数将尽之时出兵伐徐，败徐于娄林；等等，都是这一方针的具体运用。经过十余年的机智斗争，楚达到了保存实力、弱敌强己、稳步前进的目的。至齐桓之末，楚已后来居上，将取齐霸而代之了。[①]

对宋国，鉴于其国小力弱，且宋襄又暴虐自傲，子文采取了争取与国、分化瓦解、一举而败之的方针。成王三十一年（前641年）冬，楚与齐、鲁、陈、蔡、郑“盟于齐”。这一做法，不但更加坚定了陈、蔡、郑等属国对自己的服从，而且也与齐、鲁取得了遏制宋霸的默契，宋开始受到孤立。成王三十三年（前639年），楚成王又带领属国之君与宋襄会盟于盂地而将其逮捕。宋襄缧绁为辱，威风丧尽，楚则收到了立威攘霸之功。[②]在此基础上，楚于次年发兵与宋战于泓，大败宋军，由此在中原树起了霸旗。[③]

活跃于共王时期的令尹子重，犹如子文之于成王，也是共王的得力谋臣。共王初期，由于巫臣奔晋，撮合晋、吴以制楚，楚开始陷于北、东两面受敌的不利境地。为摆脱这一被动局面，子重协助共王制定了一项占领或破坏晋、吴通道，以隔绝其联系的战略方针。其时晋、吴联系的要冲为莒地和彭城，故楚亦将其军事干扰的矛头指向了这里。[④]

《左传·成公九年》载：“冬十一月，楚子重自陈伐莒。”是时晋正兴兵侵伐楚的与国郑，楚对此置之不顾，却长驱东向，越淮、泗而远抵沂上，可见子重对隔绝晋、吴通道一事的关切程度。从戊申到庚申，短短十二天，楚军连克渠丘、莒、郓三都，使莒国遭到毁灭性打击。莒于是年正月曾参加晋在蒲地召开的盟会，成为晋的与国。经过这次扫荡，莒乃畏楚而“不与晋盟”[⑤]，子重的战略初告成功。

丢掉了莒地，晋、吴仍有彭城相通。彭城“当南北之冲”[⑥]，素有“夷庚”（车马往来的平坦大道）之称。因其地属宋，宋又为晋之中坚盟友，故楚始终不得染指。共王十五年（前576年），宋国上层统治集团

---

①②③ 关于子文制定与齐、宋争霸方略，以及在斗争中实践这一方略的情况，详参本书第八章第二节。

④ 是时可为晋、吴往来通道之地者有四处，即郯、莒、彭城和偪阳。郯及偪阳或畏楚，或与楚，不为晋、吴通路，故晋、吴通道只剩下莒和彭城两处。关于这方面问题的论述，详参童书业《春秋左传研究》第79—80页。

⑤⑥ 《会笺》成公九年《传》笺。

发生内讧（详见《左传·成公十五年》），左师鱼石、大司寇向为人、少司寇鳞朱、太宰向带、少宰鱼府叛宋逃楚，这就给楚国谋取彭城打开了现实之路。共王十八年（前573年）夏六月，楚出兵攻占彭城，将宋鱼石等五人安置其中，并留下兵车三百乘为之戍守。这种用宋人占宋地、“塞夷庚”而“惧吴晋”[①]的策略，可谓子重的精心之作。所以，当宋国兴兵来围时，子重又于是冬十一月，率军“救彭城，伐宋”[②]，表现了捍卫其战略方针的坚定性。但由于此年晋悼已经即位，晋“君明臣忠”[③]，诸侯纷归，吴又从东线侵伐不已，楚势益弱于晋、吴，这就给楚守彭城带来了极大的困难。共王十九年（前572年），晋合诸侯“围宋彭城”[④]，“彭城降晋”[⑤]。是年莒亦投靠晋国，这样晋、吴通道复又畅通。子重战略的告败，全由当时的总形势所决定，并非因这一战略本身有什么谬误。

当政于昭王时期的令尹子西，在设法将楚国从吴入郢的灾难中引向康复后，也制定了一条对外经略的方针。《左传·哀公四年》载：“夏，楚人既克夷虎，乃谋北方。”《会笺》：“子西谋之也。”由子西所制订的图谋北方的计划，据哀公四年《传》文所述，就是派遣左司马眅、申公寿馀和叶公诸梁等筹集兵众，攻灭蛮氏（国境东起今河南汝州，西至今陕西商州）。子西之所以选择此时兴兵北方，是因为晋国内正经历“范、中行之难”[⑥]，“畏楚殊甚”[⑦]，楚可乘此肆行己愿。这次军事行动，楚叱咤而成军，疾如风雨，“先诈其民以围蛮”，又“与晋合诈以俘蛮”，[⑧]迅速灭掉了蛮氏。蛮氏的被灭，开拓了楚国的西北疆域，自此楚、晋界汝为邻，这就有力地制止了晋疆的继续南延。

战国时期，令尹谋划军事方略，以昭阳较为典型。

---

①② 《左传·成公十八年》。
③⑤ 《左传·襄公九年》。
④ 《春秋·襄公元年》。
⑥ 《左传·成公十八年》杜《注》。
⑦ 杨树达《读左传》，载《积微居读书记》，上海古籍出版社2013年版，第77页。
⑧ 《会笺》成公十八年《传》笺。

《战国策·齐策一》有“昭阳请以数倍之地易薛”的记载，说的是昭阳代表楚国，想用较多的土地同齐封君田婴交换薛邑，事在楚怀王九年[①]，即公元前320年。

昭阳之欲得薛邑，有着深刻的战略意图。

楚自战国前期“广地至泗上”[②]后，其东北境已达齐之薛邑与鲁之武城南一线。兼并泗上，控制鲁、宋，已纳入楚的下一步扩张计划。怎样才能达到这一目的？最佳方案莫过于率先占领薛邑。因为薛之东北紧靠鲁、倪，西北与滕接壤，西南与宋交错，南界楚之淮北地。占领此地，就等于在淮、泗间安上了一座可以四面出击的堡垒，而后对泗上十二诸侯“左萦而右拂之”[③]就较为方便了。但薛邑归齐所有，使楚面临着一个强大敌人，楚的北进意愿因此长久不能实现。公元前320年齐威王死，与继位者宣王不和的齐相田婴被废逐于薛，薛远离齐之本土而插立鲁南，田婴势处孤立。昭阳相准时机，使出了“易薛”计谋，妄图把楚兼泗上的战略化为现实。老谋深算的田婴未能上当，反用拒绝“易薛”的行动博得了宣王的信任，重新担任了齐相。田婴刚返回齐都，昭阳就发兵攻薛，齐宣王“疾兴兵救亡”[④]，薛未被攻下。昭阳软硬两手虽均告败，但其“易薛”之谋却为战国时期楚令尹有权谋划争强方略提供了佐证。[⑤]

二、督管各项战备工作

战备工作，也属令尹军事职掌的范畴。在这方面，令尹所督管的主要事项有：

1. 督建军事城堡。

① 考见缪文远《战国策考辨》第80页。

②③ 《史记·楚世家》。

④ 《战国策·齐策三》。

⑤ 本段叙述，所据为：何浩《昭阳“易薛”与楚齐争夺泗上的战略》，载《江汉论坛》1986年第12期。

关于令尹在军事要地直接或间接督建城池之事，史籍不乏记载。如《左传·宣公十一年》有“令尹蔿艾猎城沂”；《左传·昭公元年》有“楚（令尹）公子围使公子黑肱、伯州犁城犫、栎、郏，郑人惧”；《左传·昭公十九年》有“令尹子瑕城郏”[①]；等等。这些新筑的军事城堡，均在北边一带。如沂在楚息县西北，属今河南正阳县[②]，正值楚北上征战的咽喉之地；犫、郏本郑邑，时已属楚，犫在今河南鲁山县东南，郏在今三门峡市西北之郏县旧治[③]；栎在今河南新蔡县北[④]。令尹把军事城堡选建在这些地方，显然是出于进攻或防御的考虑。孙叔敖于沂地筑城之次年，楚即在北方开展大规模战争（伐郑、战邲）。十分清楚，沂城在当时为楚国重要的军事集结地，前方所需要的大批兵源粮草当主要从这里调出。子瑕在郏地筑城之时，楚国的国势远逊于庄王时期。其时平王昏聩信谗，国力不振，“城郏”纯粹是为了防御。正如鲁叔孙昭子所评论的：“楚不在诸侯矣，其仅自完也，以持其世而已。”令尹围派遣公子黑肱、伯州犁于犫、栎、郏三地筑城，其意仍在图谋北方，《左传》言“郑人惧”，已明确透露了这一信息。以上三次筑城事件，《左传》记叙最详的是第一次。《传》文曰：“令尹蔿艾猎城沂，使封人虑事，以授司徒。量工命日，分财用，平板榦，称畚筑，程土物，议远迩，略基趾，具糇粮，度有司。事三旬而成，不愆于素。”这段记载告诉人们，孙叔敖督筑沂城，究竟作了哪些工作。第一，他对整个工程事先已有一番周密筹划，甚至能精确地估算出完工时间，这样他在督修时就能做到心中有数。第二，指导主管官吏封人（造都邑之封域者）估计工程工需，草定筑城计划。第三，选择筑城所需要的各类办事官员，即所谓“度有司”。《左氏传说五》对此解释道：“审度有司，各称其材。谓如材有余者，可以领大事。至若无材之人，却能谨信者，则可使之监视。有

① 楚于郏敖四年（前 541 年）开始在郏地筑城，因故未竣工，参《左传·昭公元年》，故令尹子瑕又筑之。

② 参《会笺》宣公十一年《传》笺。

③④ 参杨伯峻《春秋左传注》第四册第 1223 页。

便利轻捷者，可以供往来。”[①] 由孙叔敖“城沂”之例可以看出：令尹对修筑军事城堡甚为关注，他们参与其事，主要是作规划安排和组织领导，而非陷于繁杂的具体事务。

2. 辖制兵赋。

楚国的兵赋虽由司马经管，但司马理治兵赋之权最终需受制于令尹。请看《左传·襄公二十五年》的一段记载：

> 楚蔿掩为司马，子木使庀赋，数甲兵。甲午，蔿掩书土田，度山林，鸠薮泽，辨京陵，表淳卤，数疆潦，规偃猪，町原防，牧隰皋，井衍沃。量入修赋，赋车，籍马，赋车兵、徒兵、甲楯之数。既成，以授子木，礼也。

这段文字，从三个方面揭示了令尹辖制兵赋的情况。其一，可授权司马治理兵赋，并确定此次治赋的具体内容——清点全国各类战器可能达到的数量。其二，制颁新的兵赋政策——“量入修赋”，以为征赋的原则。上引文从“甲午”到“甲楯之数”，说的就是蔿掩在实际工作中草拟这一政策的情形。由于“修赋”必以“量入”为前提，故蔿掩治赋的首要步骤是“书土田”，即调查登记九种土地，以量定不同土地的不同收入。在此基础上，才可根据九土收入之多寡，计算出它们各自应上缴的车马器械之数。这一政策之所以称得上“新”，是因为它是首次公布，它的特点在于只承认土地（和由此产生的收入）的差别。自此以后，全国所有土地，不论其为庶人占有还是为贵族占有，统统都得交赋了。其三，蔿掩完成了子木所交给他的任务（即把调查统计的各种有关资料，特别是九种土地所应上缴的兵赋数编成簿籍），还须履行最后一道程序——向子木作出汇报。《左传》作者赞此为“礼也”，就是称许蔿掩上下有分，甚得为下之体。这再次显示了司马治赋是受制于令尹的。

① 转引自《左通补释》十。

《汉书·刑法志》说："赋以足兵"。令尹辖制兵赋，这就抓住了战备工作的前提和基础。

3. 负责战前整训练兵。

楚军在开展对外战争前，一般都要进行战前练兵（史称"治兵"）或其他形式的整训。这方面的工作，也主要由令尹来抓。关于令尹"治兵"之事，史载甚多。如《左传·僖公二十七年》："楚子将围宋，使子文治兵于睽……子玉复治兵于蒍。"《左传·襄公三年》："三年春，楚子重伐吴，为简之师。"《左传·襄公十八年》："子庚帅师治兵于汾。"所谓"为简之师"，是说子重组成了一支经过"选练"[①]的大军，这亦属战前练兵，但意义却更进一层。《左传·僖公二十七年》记述了令尹子玉和前令尹子文的"治兵"之法："（子文）终朝而毕，不戮一人。……（子玉）终日而毕，鞭七人，贯三人耳。"子文的"不戮一人"，是为了衬托子玉治兵之严，以显见其让贤得人。军法：以矢贯耳为联。《说文》引《司马法》："小罪联，中罪刖，大罪刭。"子玉治兵"贯三人耳"，即用此法。较战前练兵作用更大的，是平日开展对军队的大规模整训。这方面作得比较突出的，要数庄王的令尹孙叔敖。《左传·宣公十二年》引随武子语：

> 蒍敖为宰，择楚国之令典。军行，右辕，左追蓐，前茅虑无，中权，后劲。百官象物而动，军政不戒而备，能用典矣。

这是说孙叔敖"酌古以施于今"[②]，择用好的军法典宪来指导对军队的整顿和训练。从随武子之言中，可以看出孙叔敖整军的具体内容有

---

① 《左传·襄公三年》杜《注》："简，选练。"

② 《会笺》宣公十二年《传》笺。

三项。其一，把楚之三军，分为右、左、前、中、后五部，[①]使各处其方位，以为大军行止之阵。其二，明确各部在军中之任务。“右辕”，是说右军从将军之辕所向而进退。“左追蓐”，是讲左军的任务。“追蓐”，吴闿生《文史甄微》疑为“当时之方言”，古今对此均无确解。“前茅虑无”，是说前军的职责。“茅”，即用为前导的“茅旌”的省称。[②]因“茅”之本意为“昧而使明”[③]，故“茅旌”就是示明情况的旌旗。此言楚之前军，职在探道，若遇变异，则举不同颜色或装饰的旌旗以告后军。后世《兵法》所谓“见沟坑揭黄，衢路揭白，水涧揭黑，林木揭青，野火揭赤”[④]，实大类于此。前军的另一职责是“虑无”，即谋虑不意之事以告后军，使能预防不测，此较有形而告又有所深进。“中权”，杜《注》：“中军制谋。”“后劲”，杜《注》：“后以精兵为殿。”以上为五分三军后各部职责训明于平常者。其三，令军中百官，各建标明其地位与职司的旌旗，使他们各依其旌旗的指示而行动，做到不渎职，不侵冒，此即所谓“百官象物而动”。经过整训，五部修列成阵，任务分明，将吏各行其职，动而有矩，真正做到了“寓军政于常职”[⑤]。

三、出战任统兵主帅，并拥有广泛的实际权力

在楚国所开展的对外战争中，不论是灭国战争还是一般或较大规模的战争、大规模的战争、由楚国所领导的若干国对一国的战争，以及其他军种的战争，只要令尹在军，一般都由其担任主帅。

《左传·文公五年》：“六人叛楚即东夷。秋，楚（令尹）成大

① 《会笺》宣公十二年《传》笺：“左、右，与下‘前茅’‘中权’‘后劲’对言，则亦为左、右军，非车左右。盖楚分其军为五部，而各有所任也。知罃曰：‘吾三分四军，以逆来者。’四可分而为三，楚虽三军，岂不可分而为五乎？”

② 参沈钦韩《春秋左传补注》。

③ 刘文淇《春秋左氏传旧注疏证》宣公十二年疏证。

④ 杜佑《通典》引《李卫公兵法》。

⑤ 《会笺》宣公十二年《传》笺。

心、仲归帅师灭六。”

《春秋·襄公二十五年》：“楚（令尹）屈建帅师灭舒鸠。”

《史记·春申君列传》：“春申君相楚八年，为楚北伐灭鲁。”

此皆令尹为灭国主帅之证。

《春秋·昭公六年》：“楚（令尹）薳罢帅师伐吴。”

《春秋·哀公十三年》：“楚（令尹）公子申帅师伐陈。”

《左传·哀公十八年》：“巴人伐楚，围鄾。……三月，楚（令尹）公孙宁……败巴师于鄾。”

此皆令尹在一般或较大规模的战争中担任主帅之证。

《左传·成公二年》：“……楚令尹子重为阳桥之役以救齐。……悉师，王卒尽行。”杨《注》：“国家军士尽起……楚王护卫军亦全部出动。”①

《史记·乐毅列传》：“齐湣王强，南败楚相唐眛（按：一作“蔑”）于重丘。”②

此皆令尹在大规模战争中担任主帅之证。在春秋时期著名的大战役——城濮之战和邲之战中，楚方出任主帅的亦为令尹，以下将详细论及。

令尹担任国际联军统帅，战国末期的春申君可为其例。《史记·春申君列传》载：

① 杨伯峻《春秋左传注》第三册第 807 页。

② 据《吕氏春秋·处方》，此战为齐、韩、魏联合攻楚，“荆（楚）令唐蔑将而拒之”，双方夹沘水对阵，“军相当，六月而不战”。后齐将章子采取夜袭战法，终斩唐眛于沘水之上。

> 春申君相二十二年，诸侯患秦攻伐无已时，乃相与合从，西伐秦，而楚王为从长，春申君用事。至函谷关，秦出兵攻，诸侯兵皆败走。楚考烈王以咎春申君，春申君以此益疏。

据《史记·秦本纪》，这年参加合纵攻秦的有“韩、魏、赵、卫、楚”五国之军。考烈王名为纵长，实未从戎，而由春申君代为统帅。所谓“春申君用事”，即指此而言。从“诸侯兵皆败走”而考烈王独咎春申君”，更可证明此点。[①]

另据《左传·昭公二十七年》，吴因楚平王新丧而遣军伐楚，包围潜邑，“令尹子常以舟师及沙汭而还”。这说明令尹还可出任水军之帅。

有一种错误观点，认为楚国唯有将中军者才可任三军主帅。[②]也就是说，令尹出征若不任中军主将，便不可能做全军统帅。这种看法显然与史实有所不符。从史籍来看，凡令尹在军，一般均任全军主帅，不论其将中军、将左军、将右军或不具体将某军，情况都是这样。

令尹将中军而为三军统帅，《左传·僖公二十八年》载有其例。是年《传》云：“子玉以若敖之六卒将中军。”子玉虽为中军主将，但却能左右三军的行动。例如，当子玉撤离宋围，率军北上击晋，与晋军相遇时，晋文公采取了狡猾的“退三舍避之”的策略，欲造成“君退臣犯”的舆论，以陷楚于不利境地。当时，“楚众欲止”，但“子玉不可”，楚三军只好服从命令，进追至城濮。晋、楚决战开始不久，楚连丧左、右二师。子玉见势不妙，“收其卒而止”，指挥中军和左、右军的残兵败将

① 《史记·赵世家》说赵将“庞煖将赵、楚、魏、燕之锐师，攻秦蕞”，不拔，这是讲庞煖为此次合纵攻秦的先锋官，非言其替代春申君当了联军主帅。

② 杨伯峻《春秋左传注》第二册第728页引他说：“孙叔敖既为令尹，当将中军，则沈尹即孙叔敖。”此说之意，即认为令尹出战，当将中军为统帅。杨伯峻在注成公十六年《传》“司马（子反）将中军”一语时亦说：“司马为主管军政之官，此所以子反将中军为统帅欤？”这里更明确指出楚国唯有将中军者才能为三军统帅。马非百先生说得更绝对：“古代分军队为右、左、中，而以中军为发号施令之所，由主帅自将。”（《秦集史》上册第185页）其所指无疑也包括楚国。

迅速退出战场。子玉既可决定三军的进退，其全军统帅的地位乃不容置疑。

令尹将左军而为三军统帅，见于襄公十八年《经》《传》。是年楚康王遣军伐郑，司马蒍子冯将中军，右尹公子罢戎将右军，令尹子庚将左军。但此年《经》却云："楚公子午（子庚）帅师伐郑。"据是年《传》文，战前子庚曾负责三军的练兵工作（即所谓"子庚帅师治兵于汾"），这也与他所担任的最高军职相吻合。

令尹将右军而为全军统帅，《左传·襄公二十五年》有例证：

> 舒鸠人卒叛楚，令尹子木伐之，及离城，吴人救之。子木遽以右师先，子彊、息桓、子捷、子骈、子盂帅左师以退，吴人居其间七日。

所谓"舒鸠人卒叛楚，令尹子木伐之"，实已揭明子木的全军统帅地位。下边又说他将"右师"先行进抵舒鸠，可见子木乃一身而二任焉：既为全军统帅，又兼右军主将。

令尹出征而不具体将某军，亦任三军主帅，邲之战中的孙叔敖即为明证。《左传·宣公十二年》载："楚子北师次于郔。沈尹将中军，子重将左，子反将右。"沈尹即让位于孙叔敖的前令尹虞丘子。[①] 十分明显，孙叔敖已被排除于三军主将之外。虽则如此，孙叔敖却同城濮之战中"将中军"的令尹子玉一样，有左右三军行动的权力。证据之一是，当晋军为救郑渡河而来时，庄王的宠臣伍参主张迎击。但由于"令尹孙叔敖弗欲"，大军只好遵其命令，"南辕反旆"。《会笺》对此评论道："楚军政专制于孙叔，人莫敢参。令尹'不欲'，则竟'南辕'。"其后伍参变换策略，先行说服庄王，孙叔敖才不得不遵从王命，"改乘辕而北之"。证据之二是，当晋、楚决战已无法避免时，孙叔敖根据"先人有

① 参见本书第二章第一节。

夺人之心”（即“抢在敌人的前边可以夺去敌人的斗志”）的军事原则，下令全军道：“进之！宁我薄人，无人薄我。”又引用《诗经》中“元戎十乘，以先启行”的警句，号召将士率先对晋军发起攻击。在其指挥下，楚三军“车驰卒奔”，掩杀而前，迅速摧垮了晋军。基于以上两项事实，清人梁履绳早已点明：“时孙叔敖为令尹……不在三军之数，是统三军者。”[①] 这一看法，正与笔者所要得出的结论相一致。

令尹出征而任全军统帅，通过以上论述已看得十分清楚。那么，令尹和司马同时在军，情况是否也是如此？回答是肯定的。

战国时期的资料比较零碎，这里且以《左传》所载史例予以说明。

令尹、司马同出征战，见于《左传》者计十二次。列出令尹、司马名序的，有如下四次：

> 成王三十八年（前634年）秋，“楚成得臣（令尹子玉）、斗宜申（司马子西）帅师灭夔”（《左传·僖公二十六年》）。
>
> 成王三十八年冬，“楚令尹子玉、司马子西帅师伐宋，围缗”（《左传·僖公二十六年》）。
>
> 惠王十一年（前478年），“右领差车与左史老皆相令尹、司马以伐陈”（《左传·哀公十七年》引“子谷曰”）[②]。杜《注》：“言此二人皆尝辅相子西、子期伐陈。”
>
> 惠王九年（前480年）夏，“楚子西、子期伐吴，及桐汭”（《左传·哀公十五年》）。[③]

这四次出战，《左传》均列令尹于司马之上，显见前者为主帅而后者为副。

① 《左通补释》二十。

② 《春秋》记惠王七年“楚公子申帅师伐陈”，因此，哀公十七年《传》补叙的“伐陈”事当在此年。

③ 时子西为令尹，子期任司马。

另外八次征战，包括一般或较大规模的战争四次，大规模的战争三次，以及由楚国所领导的国际联军伐吴之战一次。以下分而述之。

一般或较大规模的战争：

其一，成王三十九年（前633年）冬，令尹子玉、司马子西佐成王“围宋”（《左传·僖公二十七年》）。[①]次年春，“楚子入居于申，使子玉去宋”（《左传·僖公二十八年》）。孔颖达《正义》曰：“由此而言，楚子初来围宋，必亲至宋围，使子玉主兵（按：着重号为笔者所加）。明年见晋之盛，身始去之，独留子玉于宋耳。”《左传》在“使子玉去宋”下，又言“子玉怒，从晋师”，说的是子玉经成王允准，率围宋大军，北上击晋。可见，孔氏断言成王“使子玉主兵”围宋，实属正确无误。子玉既“主兵”为统帅，子西受其节制就自不待言了。

其二，康王五年（前555年）冬，令尹子庚“帅师伐郑”（《春秋·襄公十八年》），司马蒍子冯将中军，前已有述。此役，令尹将左军为三军统帅，而司马仅为一军之将。

其三，平王四年（前525年），令尹阳匄、司马子鱼率军与吴军战于长岸。《左传·昭公十七年》记此战曰：

> 吴伐楚，阳匄为令尹。卜战，不吉。司马子鱼曰：“我得上流，何故不吉？……我请改卜。”令曰：“鲂也，以其属死之，楚师继之，尚大克之。”吉。战于长岸，子鱼先死，楚师继之，大败吴师，获其乘舟余皇。

从这段记述可以看出此战的打法是：司马率其私卒冲锋于前，令尹统帅大军继于其后。统大军者与先锋官之军职孰高孰低，可谓不言而自明。

① 僖公二十七年《传》仅言“楚子及诸侯围宋”，未点明子玉、子西是否在军。我们知道，参加城濮之战的楚军，即此前围宋之军。子玉、子西既出现于城濮，就可证明他们是来自围宋前线。

其四，昭王二十七年（前 489 年）吴伐陈，令尹子西、司马子期佐昭王“救陈”，“攻大冥”。[①] 哀公六年《传》载述此役，未言谁为统帅，谁为副帅，但记言、叙事排列名序，都将子西置于子期之上。[②] 由此推知，此战当亦是令尹统军而司马为辅。

大规模的战争：

春秋时期由令尹、司马率军参加的三次大规模战争，即晋楚城濮之战、邲之战和鄢陵之战。前两次大战，楚方皆以令尹统军，而司马仅任一军之将——城濮之战“子西将左”（《左传・僖公二十八年》），邲之战“子反将右”（《左传・宣公十二年》）。共王十六年（前 575 年）的鄢陵之战，情况则有所变化。此战是“司马（子反）将中军”为统帅，“令尹（子重）将左”任一军之将。说子反于是役为统帅，证据有两点。第一，楚晋双方激战一日，晚间歇战时，“子反命军吏察夷伤，补乘卒，缮甲兵，展车马，鸡鸣而食，唯命是听”。可见子反对全军是处于号令地位的。第二，共王因子反一人醉酒而下令退军，此恰恰证明子反身系全军之重，并非只统帅部分人马。共王之所以撇开令尹，将统帅之权授予司马，主要原因在于此战为子反竭力倡导并促成。[③] 战前子反与共王军政观点切合，共王对这个主战派十分欣赏。至于子重，早在庄王时期他就曾以左尹“将左”（《左传・宣公十一年》），这次让其重领旧部，此为共王所作的一种便宜安排，并不意味着他的权力和地位已降于司马之下。鄢陵之战中，子反虽驾驭三军，但对上司子重却不敢以领导者自居。临战之时，“子重使太宰伯州犁侍于王后”，以备顾问，这说明子重在一定程度上也在做着统摄战争全局的工作。对这种实际上是分领主帅权力的做法，子反未曾表示怨意——起码从文献记载中看不出任何

① 子西、子期时分别任令尹、司马，考见本书第二章第一节及第三章第一节。

② 是年《传》记昭王死前让王位之顺次曰：“命公子申为王，不可；则命公子结，亦不可；则命公子启，五辞而后许。”杨《注》：“申，子西”；“结，子期”；“启，子闾”。《传》又载子闾于昭王死后，“与子西、子期谋，潜师闭涂，逆越女之子章而，立之而后还”。此二处，子西之名皆列子期之前。

③ 详见《左传・成公十五年》。

迹象。战后子重追究失败责任，迫令子反自杀，子反对言："大夫（指子重）命侧（子反字），侧敢不义？"遂伏剑而死。这清楚证明了令尹、司马之间上下尊卑关系的恒定性，说明此战子反军权大于子重，只是一种暂时现象。杨伯峻先生说："司马为主管军政之官，此所以子反将中军为统帅欤？"① 这一推测基本上不能成立。在楚国历史上，司马出战任中军主将，并非必为三军统帅。康王五年楚伐郑，令尹子庚将左军为统军，司马蒍子冯仅领中军，即是其例。即以共王时期而言，鄢陵之战前，楚对外用兵多由令尹（子重）统领，鄢陵之战后仍是如此（史料详后），怎么能说司马因主职武事就包揽了"将中军为统帅"的大权？从春秋到战国，楚"二卿士"同时出征而司马任主帅，严格讲唯鄢陵一次，此乃楚国历史上的一个特例。

楚国领导的国际联军伐吴之战：

平王十年（前519年），楚司马薳越率七国之军与吴军战于鸡父，令尹阳匄以疾从戎，病死军中。这是一次令尹虽不任统帅，但又确证"二卿士"同时在军而令尹当为统帅的饶有趣味的战例。

请看《左传·昭公二十三年》的一段记载：

> 吴人伐州来，楚薳越帅师及诸侯之师奔命救州来。……子瑕卒，楚师熸。吴公子光曰："……楚令尹死，其师熸。帅贱，多宠，政令不一。七国同役而不同心，帅贱而不能整，无大威命，楚可败也……"……战于鸡父，……楚师大奔。

杜预在解释薳越为帅之缘由时说："令尹以疾从戎，故薳越摄其事。"这实际是讲，令尹若不患重病，司马便无资格代行帅权。未久阳匄病死，薳越以司马统兵而被吴人讥为"帅贱"。"帅贱"对楚方有何不利，从吴公子光的分析中可以看到三点。其一，所谓"楚令尹死，其师

① 《春秋左传注》第二册第880页。

熸”[1]，直接证明大战而主帅地位较低有违楚之常例，不利于振发全军将士的斗志。其二，是役楚军中多王之宠人。主帅地位较低，威严压不住宠吏，军内政令便得不到统一。其三，“七国同役而不同心”，这正需要地位显赫、威望至高的令尹来加以控驭。以司马为统帅则降低了主帅的规格，不易达到整齐步调、战胜对手的目的。此役吴胜楚败的原因诚然很多，但吴公子光所强调的“帅贱”，无疑是楚方大败的关键。在楚国所领导的当时的国际大战中，必以令尹而不可用司马作统帅，鸡父之战提供了不可辩驳的明证。

以上十二次战例表明，“二卿士”同出征战一般都由令尹担任统帅，司马仅任副帅或一军之将，由司马作主帅的情况极为罕见。令尹之军权大于司马，这不能不说是一个重要的衡量方面。

令尹统兵于外，有何具体权力？除上述已指出的可左右全军的行动外，其他还有多方面的表现。

第一，有权谋决作战方略。

《左传·庄公四年》：

（楚武王伐随）卒于樠木之下。令尹斗祁、莫敖屈重除道梁溠，营军临随。随人惧，行成。……（楚军）济汉而后发丧。

令尹斗祁和莫敖屈重在武王死后，为了稳定军心，达到既定的战略目标，采取秘不发丧、开道架桥、建筑营垒的应变策略，佯示敌人以久战之态，终于迫使随人乞和签约，不战而降。

《左传·僖公二十八年》：

夏四月戊辰，晋侯、宋公、齐国归父崔夭、秦小子慭次于城

① 熸，时人以火灭为熸，详参杨伯峻《春秋左传注》第四册第1445页。杜《注》：“军之重主丧亡，故其军人无复气势。”

濮。楚师背酅而舍，晋侯患之。

酅即丘陵险阻。“背酅而舍”，即楚军受命凭险而军。这是说令尹子玉在战争实践中运用了兵家所谓“置之死地而后生”的作战原则。“晋侯患之”，可知这一战法已对敌方造成了威胁。

前引《左传·襄公二十五年》所述楚军以“右师”和“左师”前后夹击吴军的战法，也是令尹（子木）决策作战方针以败溃敌人的范例。

第二，有权决定和战。

康王十一年（前549年）冬，令尹子木建议止攻已告不叛、“且请受盟”的舒鸠，康王纳谏退兵，即属这方面的例证。[1]

第三，有权以武力逼取“贡”品。

《左传·成公二年》：

楚侵及阳桥，孟孙请往赂之。以执斫、执针、织纴，皆百人，公衡为质，以请盟。楚人许平。

获得专业技工，较之逼取财贿于楚更为有利。因此，当鲁国用三百木工、缝工、织工贿赂令尹子重，请求同攻鲁的楚军订盟时，子重就同意媾和了。子重此举，是大国凭借武力逼迫小国纳“贡”的典型的敲诈行为。

第四，有权威逼战败国签署屈辱盟约。

《左传·僖公二十年》：

冬，楚斗穀於菟帅师伐随，取成而还。

所谓“取成”，即迫随签订服楚盟约。随自此附属于楚，至吴入郢，

① 详见《左传·襄公二十四年》。

楚几亡国而守盟不渝。[①]

最后，令尹还可仗恃军威，召集并主持诸侯国会盟。

《春秋·成公二年》：

冬，楚师、郑师侵卫。十有一月，公会楚公子婴齐（子重）于蜀。丙申，公及楚人、秦人、宋人、陈人、卫人、郑人、齐人、曹人、邾人、薛人、鄫人盟于蜀。

十二国盟蜀，是令尹子重倾全国兵力北上救齐，兵攻鲁国时在蜀地所召开的一次规模盛大的诸侯国会盟。楚自立国以来，主盟中原未有超越此会者。由楚庄王所创建的霸业，至此发展到极盛时期。

令尹出战将兵拥有如此广泛的权力，可显见其军权之重。

四、率军出战次数多于主职武事的司马

人们可能会产生这样一种观点，以为司马主职武事，在楚国对外战争中，其出战次数理应最多。但事实却并不如此。以下笔者且以《左传》为例，来作一对比统计。

春秋时期楚有令尹而无司马参与的战例[②]：

1. 武王五十一年（前690年）春，令尹斗祁、莫敖屈重佐武王“伐随”（《左传·庄公四年》）。

2. 成王六年（前666年）秋，“子元以车六百乘伐郑”（《左传·庄公二十八年》）。

3. 成王十七年（前655年）秋，“斗穀於菟灭弦”（《左传·僖公五年》）。

---

① 《左传·定公四年》载随人答吴人语：“以随之僻小，楚实存之，世有盟誓，至于今未改。”此“盟誓”当始订于令尹子文伐随“取成”之年。

② 以下率军出战者（两人以上以第一人为准）均为令尹，参本书第二章第一节。

4. 成王三十二年（前 640 年）冬，令尹子文率军伐随，“取成而还”（《左传·僖公二十年》）。

5. 成王三十七年（前 635 年）秋，秦、晋伐鄀，“秦师囚申公子仪、息公子边以归。楚令尹子玉追秦师，弗及，遂围陈，纳顿子于顿”（《左传·僖公二十五年》）。

6. 成王四十五年（前 627 年）冬，“楚令尹子上侵陈、蔡，陈、蔡成，遂伐郑。……晋阳处父侵蔡，楚子上救之，与晋师夹泜而军”（《左传·僖公三十三年》）。

7. 穆王四年（前 622 年），“六人叛楚即东夷。秋，楚成大心帅师灭六”（《左传·文公五年》）。

8. 穆王十年（前 616 年）春，“楚子伐麇。成大心败麇师于防渚”（《左传·文公十一年》）。

9. 穆王十一年（前 615 年），“群舒叛楚，夏，子孔（即成嘉）执舒子平及宗子，遂围巢”（《左传·文公十二年》）。

10. 庄王元年（前 613 年），“楚庄王立，子孔、潘崇将袭群舒，使公子燮及子仪守，而伐舒蓼”（《左传·文公十四年》）。

11. 庄王三年（前 611 年），“子越自石溪、子贝自仞以伐庸。秦人、巴人从楚师，……遂灭庸”（《左传·文公十六年》）。

12. 庄王七年（前 607 年）夏，晋赵盾“及诸侯之师侵郑”，“楚斗椒（即子越）救郑”（《左传·宣公二年》）。

13. 共王二年（前 589 年）冬，“楚令尹子重为阳桥之役以救齐”（《左传·成公二年》）。

14. 共王六年（前 585 年）秋，“楚子重伐郑，郑从晋故也”（《左传·成公六年》）。

15. 共王七年（前 584 年）秋，“楚子重伐郑，师于氾”（《左传·成公七年》）。

16. 共王七年，“吴始伐楚、伐巢、伐徐，子重奔命”（《左传·成公七年》）。杨《注》：“此事当在今年，在马陵之会以前。”[①]

17. 共王七年八月，晋与诸侯“同盟于马陵”。“马陵之会，吴入州来，子重自郑奔命。”事见《左传·成公七年》[②]。

18. 共王九年（前582年）秋，“楚子重侵陈以救郑”（《左传·成公九年》）。

19. 共王九年冬，“楚公子婴齐帅师伐莒”（《春秋·成公九年》）。

20. 共王十七年（前574年）夏，晋会诸侯“伐郑”（《春秋·成公十七年》），“楚子重救郑，师于首止。诸侯还”（《左传·成公十七年》）。

21. 共王十八年（前573年），“七月，宋老佐、华喜围彭城”，“冬十一月，楚子重救彭城，伐宋”（《左传·成公十八年》）。

22. 共王二十一年（前570年），“楚公子婴齐帅师伐吴”（《春秋·襄公三年》）。

23. 共王二十三年（前568年）冬，“楚公子贞帅师伐陈”（《春秋·襄公五年》）。

24. 共王二十五年（前566年）冬，“楚公子贞帅师围陈”（《春秋·襄公七年》）。

25. 共王二十六年（前565年）冬，“楚公子贞帅师伐郑”（《春秋·襄公八年》）。

26. 共王二十八年（前563年）夏，“楚公子贞、郑公孙辄帅师伐宋”（《春秋·襄公十年》）。

27. 共王二十八年冬，“楚公子贞帅师救郑”（《春秋·襄公十年》）。

28. 共王三十年（前561年）冬，“楚公子贞帅师侵宋”（《春

① 《春秋左传注》第二册第835页。

② 《左传·成公七年》有“子重、子反于是乎一岁七奔命”之语。由于未写明二人各自或共同出征的次数，故省略不计。

秋·襄公十二年》)。

29. 康王元年(前 559 年)秋,“楚公子贞帅师伐吴”(《春秋·襄公十四年》)。

30. 康王十一年(前 549 年)冬,令尹薳子冯佐康王往讨叛楚投吴的舒鸠,舒鸠人“告无”,“且请受盟”,楚军“乃还”。详见《左传·襄公二十四年》。

31. 康王十二年(前 548 年)秋,“楚屈建帅师灭舒鸠”(《春秋·襄公二十五年》)。

32. 灵王五年(前 536 年)秋,“令尹子荡(即薳罢)帅师伐吴”(《左传·昭公六年》)。

33. 昭王元年(前 515 年)春,吴遣军包围楚之潜邑,“令尹子常以舟师及沙汭而还”(《左传·昭公二十七年》)。

34. 昭王八年(前 508 年)秋,“楚囊瓦(即子常)伐吴,师于豫章”,为吴军所败。事详《左传·定公二年》。

35. 昭王十年(前 506 年)冬,令尹子常率军与吴军战于柏举,败而逃郑,事详《左传·定公四年》。

36. 昭王二十二年(前 494 年),令尹子西佐昭王率军围蔡,楚军于距蔡都一里处构筑堡垒,子西预料需九昼夜竣工,事详《左传·哀公元年》。

37. 惠王七年(前 482 年)秋,“楚公子申(子西)帅师伐陈”(《春秋·哀公十三年》)。

38. 惠王十二年(前 477 年),“巴人伐楚,围鄾。……三月,楚公孙宁(令尹子国)、吴由于、薳固败巴师于鄾,故封子国于析”(《左传·哀公十八年》)。

春秋时期楚有司马而无令尹参与的战例[①]：

1. 成王三十五年（前637年）秋，“楚成得臣帅师伐陈，讨其贰于宋也。遂取焦、夷，城顿而还”（《左传·僖公二十三年》）。

2. 庄王六年（前608年），晋赵盾率军“以伐郑也”，“楚蒍贾救郑，遇于北林囚晋解扬”（《左传·宣公元年》）。

3. 庄王十六年（前598年），司马子反佐庄王率军“讨陈夏氏”，灭陈、县陈。此事补记于《左传·成公二年》。

4. 庄王十九年（前595年）秋九月至二十年（前594年）夏五月，司马子反佐庄王率军围宋，为主帅。事详《左传·宣公十四年》《左传·宣公十五年》。

5. 共王四年（前587年）冬，晋伐楚之与国郑，“楚子反救郑”（《左传·成公四年》）。

6. 共王二十一年（前570年）秋，“司马公子何忌侵陈，陈叛故也”（《左传·襄公三年》）。

7. 共王三十一年（前560年）秋，“吴侵楚，养由基奔命，子庚（时任司马）以师继之。……战于庸浦，大败吴师”（《左传·襄公十三年》）。

8. 平王九年（前520年）春，楚司马薳越率军至宋，逼宋放华亥等叛宋者八人入楚。事详《左传·昭公二十二年》。[②]

9. 平王十年（前519年）冬，吴公子光率军伐楚，迎楚平王前夫人、太子建之母至吴，“楚司马薳越追之，不及”，乃惧罪自缢。事详《左传·昭公二十三年》。

① 以下楚方率军出战者（两人以上以第一人为准，个别例外者加以注明）均为司马，参本书第三章第一节。

② 《左传·昭公二十二年》：“楚薳越使告于宋。”《会笺》：“帅师来告也。”从上年《传》“楚薳越帅师将逆华氏”，和当年《传》后文“楚耻无功而疾战”，知薳越于平王九年春确已率军至宋，否则宋不可能将叛己者放出国境，使之奔楚。

10. 昭王十二年（前 504 年）夏，“子期又以陵师（陆军）败于繁扬”（《左传·定公六年》）。[①]

11. 昭王二十年（前 496 年）二月，“楚公子结、陈公孙佗人帅师灭顿，以顿子牂归”（《春秋·定公十四年》）。

12. 惠王四年（前 485 年）冬，“楚公子结帅师伐陈，吴救陈”（《春秋·哀公十年》）。

13. 惠王十三年（前 476 年），“越人侵楚。……夏，楚公子庆（非令尹）、公孙宽（司马）追越师，至冥，不及，乃还”（《左传·哀公十九年》）。

《左传》所载楚令尹单独率军出征的有 38 次，而司马率军仅 13 次。若将前述“二卿士”同出征战的 12 次计算在内，则令尹参战 50 次，司马参战仅 25 次，令尹出征恰好多于司马一倍。这一比例，也是令尹军权重于司马之铁证。

综上所述，可以看到楚令尹宰制军事是全面的，而不是片面的；是具体的，而不是抽象的。这种全面、具体地宰制军事的状况，决定了令尹在全国的最高军职地位。即使专职武事的司马，在军事上也不得不受其节制。王夫之在《读通鉴论·汉文帝》中说：“古之将相合一者，列国之事尔，楚之令尹，楚之帅也。”此确为剔肤之论，点睛之言。王氏在这里所说的“帅”，不单纯是指战场上带兵之帅，它的实质意涵为总统军事，是讲令尹为楚国最高军事首长。有人认为：“战国时之令尹，则恒以文人充任，而以上柱国将兵。”[②] 或换以另一种提法：“令尹是上卿的宰相，司马是最高军事首长。”[③] 这种观点明显是错误的。这是用君主独裁制下将相分职的情况来比附楚令尹、司马的职权和地位。战国

① 昭王十一年（前 505 年）子西、子期曾率军与吴军作战，事载《左传·定公五年》。因其时楚未复国，没有证据可证明二人已被任为令尹、司马，故舍而不录。

② 齐思和《战国宰相表·序》，已收入其《中国史探研》一书。

③ 《白话战国策》下册第 861 页注释。

中期以后华夏诸国的宰相，只理政，不领军。令尹则是军政统理，将相兼职，令尹的权限比宰相要大得多。至于司马，它在军事上既受制于令尹，那就不可能是楚之最高军事首长，而只是令尹领导下的全国最高专职武官，令尹并没有因司马的存在而失去其最高军事首长的地位。战国中期以后，随着君主独裁制的加强，春秋以来各国兼理军政的宰辅之官，逐渐演化成文武分职的相、将，但楚国在这方面的变化并不显著。诚然，战国中后期楚司马（或柱国）出战的次数渐较令尹为多[①]，这表明楚国在某种程度上也开始出现了将相分职的倾向，但这种倾向并未从量变发展到质变。如战国中期的令尹昭奚恤，仍然是“带甲百万”的最高军事统帅[②]；战国中后期的令尹昭阳，曾是山东诸国第一次合纵抗秦的领导者[③]；战国后期的令尹春申君，曾参加过邯郸解围之战、灭鲁之战，山东诸国最后一次合纵攻秦之战等多次大的战役，每战均任统兵主帅[④]；战国末期的令尹李园仍然兼主军事，曾于幽王三年（前 235 年）主谋拆散秦魏联盟，推迟了敌方进攻的时间，使楚国遭受的攻击大为减轻，引导楚国渡越了难关[⑤]。这些事实表明：战国时期的令尹并非为文职宰相，依旧主政领军，其最高军事首长的地位并未被司马（或柱国）所取代。

第三节　楚令尹的外交权

外交是推行政治、军事战略的手段，是处理复杂多变的列国关系的工具。令尹既兼理军政，其主管外交乃必然之事。

令尹主管外交，主要是谋划或执行外交方略，及参加必要的外事活

① 详参本书第九章。
② 详参《楚策一·荆宣王问于群臣章》。
③ 详参本书第五章第三节。
④ 详参《史记·春申君列传》。
⑤ 详参《战国纵横家书·秦使辛梧据梁（魏）章》。

动。细分之，则有如下诸端：

一、执行既定的外交政策

春秋时期楚国的外交政策，择其大要，有亲秦、联齐、友越几项。尽管现存的春秋外交史料匮乏，但楚令尹执行上述政策的情况仍可概略窥见。

亲秦。春秋前、中期列国政治棋盘上的主要对手是楚与晋。公元前627年晋、秦崤之战结怨，此后楚、秦为战晋计，就逐步结成政治盟友，双方外交亲善，历时百余年之久。这期间，楚方出面执行亲秦外交政策的就是作为宰辅之官的令尹。

庄王三年（前611年），"庸人帅群蛮以叛楚"令尹子越执行庄王的联秦、巴灭庸的外交方略，与子贝率军分两路突入庸境，"秦人、巴人从楚师"，"遂灭庸"。[①] 此战是春秋时期楚秦两国第一次重大的联合军事行动，战争的胜利不仅使楚得以平息内乱，扩大版图，而且使楚秦的盟邦关系更加坚固。借助这次胜利的势头，楚庄王继又兴兵北方，终于取得了问鼎周室、邲战胜晋、霸有中原的辉煌业绩。

共王后期"楚弱于晋"，为加强同晋争夺中原的力量，共王二十九年（前562年），"楚（令尹）子囊乞旅于秦"，秦派"右大夫詹帅师从楚子"，伐宋，争郑。[②] 因晋与所属诸侯军力强大，郑终被迫服。次年冬天，"楚子囊、秦庶长无地伐宋，师于杨梁，以报晋之取郑也"[③]，这再次显示了令尹子囊执行联秦制晋政策的坚定性。

公元前523年春，楚平王娶秦女嬴氏为夫人。是夏，"令尹子瑕聘于秦，拜夫人也"[④]。令尹亲任拜谢之使，以感谢秦国嫁女于楚王的厚意，这固然是出于当时有关外交礼仪的规定，但子瑕此行的主要目的，

---

① 详参《左传・文公十六年》。此年子越已任令尹，考见本书第二章第一节。
② 详参《左传・襄公十一年》。
③ 《左传・襄公十二年》。
④ 《左传・昭公十九年》。

却不在履行礼节形式，而在通过这种婚姻礼节的往来，强化楚同秦的政治同盟关系。

联齐。齐桓公称霸中原时期，楚齐曾为宿敌。城濮之战后，楚晋矛盾上升为列国间的主要矛盾，楚齐矛盾遂退居次要地位。另一方面，晋国长期为中原盟长，在一定程度上也损害了大国齐的利益，故晋齐于春秋中叶亦不断发生摩擦，甚至发展到兵戎相见的地步。在这种背景下，楚国的联齐制晋外交就应运而生了。共王二年（前 589 年），晋与诸侯联兵攻齐，大败齐军于鞌地。当时共王年幼，令尹子重专擅军政外交。为利用矛盾，制晋夺霸，他倾全国兵力，发起杨桥之役“以救齐”。此役子重召集十二诸侯国之代表会盟于鲁国蜀地，耀武扬威，为齐撑腰，晋畏楚势之众，“避楚”不战，楚的联齐制晋政策收到了明显的效果。[①]

友越。自共王时起，东邻吴国勃然兴起，晋用巫臣计联吴制楚，楚开始陷入北、东两面受敌的不利境地。为改变这一被动局面，楚因吴越世为仇敌，遂采取结越扰吴之外交方针，从而给吴国加添了“黄雀”之忧。平王十一年（前 518 年），“楚子为舟师以略吴疆”“越大夫胥犴劳王于豫章之汭，越公子仓归王乘舟。仓及寿梦帅师从王，王及圉阳而还”[②]。昭王十年（前 506 年），“吴伐楚入郢，越乃伐吴救楚”[③]，迫吴退军自保。这些事例都证明了楚的友越外交的明智性。楚令尹执行友越外交政策，有史可征者就是子西。公元前 489 年昭王救陈，病死城父，令尹子西鉴于昭王生前未立嗣子，经与司马子期等商议，乃“逆越女之子章立之”[④]，是为楚惠王。子西置昭王诸子于不顾，专立越姬之子，这明显是着眼于联越抗吴之大局。这一外交策略，对巩固楚越联盟，强化“螳螂食蝉，黄雀在后”的政治格局，显然大有助益。

战国时期楚国的外交政策，最主要者为结交山东诸国，合纵抗秦。

① 详参《左传・成公二年》。
② 《左传・昭公二十四年》。
③ 《史记・吴太伯世家》。
④ 《左传・哀公六年》。

令尹执行这一政策的，亦有数例。

怀王十一年（前 318 年），“楚、赵、魏、韩、燕同伐秦，攻函谷关。秦人出兵逆之，五国之师皆败走”[①]。据《楚世家》，这次合纵抗秦，“楚怀王为纵长”。实际上，具体负责纵约国事务的是令尹昭阳，怀王只是挂了个“纵长”空名。关于这一点，《楚策三·五国伐秦章》有所反映。据此章所载，五国伐秦，魏先出战而“折兵之半”。魏想同秦讲和，却不敢擅自行动，而派惠施到身为盟主的楚国去请示令尹昭阳。昭阳始听杜赫之谏，拒绝了惠施的要求，将其打发回国。后担心这样做将激怒魏国，可能会把魏国推向秦国一边，于是又听杜赫之谏，“因令人谒和于魏”。尽管此章某些记述暴露了昭阳既敌秦（杜赫所谓“凡为伐秦者楚也”）又想与秦议和（所谓“吾将使人因魏而和”）的矛盾态度，但历史毕竟将他推上了纵约国大管家的地位，使他成了战国时期楚国第一次合纵抗秦外交的执行者。

怀王十九年（前 310 年），张仪被免除秦相而至魏。时“魏相田需死”，令尹昭鱼担心张仪可能继任其职，造成“右秦而左魏”的不利后果，因请苏代至魏陈说利害，襄王被其说服，遂打消起任张仪之念，改以太子为相[②]。昭鱼之举，破除了秦的连横阴谋，坚持了楚的合纵外交。

顷襄王十八年（前 281 年），“楚欲与齐、韩连和伐秦，因欲图周”。周赧王派武公进说“楚相昭子”（按：此“昭子”为昭雎），向昭子分析了“图周”对楚的不利之处，“于是楚计辍不行”。事见《史记·楚世家》。这虽然是一次未付诸实践的军事预谋，但由此不难看出楚令尹坚持合纵伐秦政策的连贯性。

考烈王五年（前 258 年），秦于长平破赵后进兵包围赵都，“邯郸告急于楚，楚使春申君将兵往救之”[③]。其时，魏公子信陵君无忌亦率大

① 《资治通鉴·周纪三》。
② 详见《史记·魏世家》。
③ 《史记·春申君列传》。

军赶到，赵、楚、魏合兵内外夹攻秦军，秦军大败而归。这是战国时期楚令尹投身合纵抗秦斗争真正夺取胜利的仅有的一次。

考烈王二十二年（前241年），楚与赵、韩、燕联兵攻秦，“春申君用事”而兵败函关①。战国时期楚令尹执行合纵抗秦外交政策至此告终。

二、有权代表国家作出对外缔结重要盟约的决定

《左传·成公十一年》载：

> 宋华元善于令尹子重，又善于栾武子。……冬，华元如楚，遂如晋，合晋、楚之成。

从华元欲促成楚晋友好必须到楚国去同令尹子重商谈可知，令尹是楚国对外谈判和订盟的决策人。《传》云“合晋、楚之成”，是指经过华元斡旋，楚晋双方同意订盟友好，其中当然包括经分头会商而初步达成的盟约条款。

会盟的大原则一经确定，楚晋双方遂各派代表，于次年夏五月在宋都西门外签订了由战争转向和平的友好盟约。盟约的具体内容是：

> 凡晋、楚无相加戎，好恶同之，同恤灾危，备救凶患。若有害楚，则晋伐之；在晋，楚亦如之。交贽往来，道路无壅；谋其不协，而讨不庭。有渝此盟，明神殛之，俾队（坠）其师，无克胙国。②

简言之，就是彼此不相加兵，信使往来，互相救难，共同论伐不听

① 参本书第八章第六节。

② 《左传·成公十三年》杨《注》：“此‘不庭’，指背叛晋楚之诸侯。”

命的第三国。这次盟会，就是春秋时期著名的第一次弭兵之盟，又称第一次宋之盟或西门之盟。子重有权决定对外缔结如此重要之盟约，这清楚地反映了楚令尹外交权力之重。

第一次宋之盟只维持了三年，就为好战的司马子反和共王所破坏，楚晋之间在一段时间内又陷入战争与不和。最后，由于晋国统治集团内部斗争日趋激烈，楚国东顾之忧（吴患）愈益加重，身遭灾祸的中小国家更是疲于应付，结束战争，走向和平几乎成了当时各国的一致要求。于是，经宋执政向戌约合，公元前546年，楚晋双方再次聚会于宋，达成了第二次弭兵之盟。

同上次一样，这次与晋订盟，楚方的决策者仍是令尹，故向戌欲成和楚晋，也必须到楚国去征得令尹子木的同意。关于这一点，《左传·襄公二十七年》写道：

> 宋向戌善于赵文子（晋执政），又善于令尹子木，欲弭诸侯之兵以为名。如晋，告赵孟。……晋人许之。如楚，楚亦许之。

与上次不同的是，这次会盟的规模相当大，除楚、晋两国外，还包括双方的盟国在内。同年《传》对此记曰：

> ……（向戌）如齐，齐人难之。陈文子曰："晋、楚许之，我焉得已？且人曰'弭兵'，而我弗许，则固携吾民矣！将焉用之？"齐人许之。告于秦，秦亦许之。皆告于小国，为会于宋。

关于此次订盟盟辞产生的过程，据同年《传》所述，是先由令尹子木拿出主旨，次由晋执政赵文子提出修订意见，然后再由子木差人报经康王批准。最后敲定的盟约的主要内容是：与会各国结盟停战，楚、晋共为盟主；原属楚或晋的陈、蔡、郑、许、宋、鲁、曹、卫，此后要对楚晋同样朝贡；秦、齐两大国分别与楚、晋联盟，不向楚、晋朝贡；

邾、滕二国因系齐、宋之属国，故不参加盟约。

此次盟会与上次不同者还有一点，即楚晋双方执政均亲莅盟场，担任本国盟使，令尹子木还争先歃血，取得了主持盟会的盟长之权。由于此盟订立于宋都蒙门之外，故又称其为第二次宋之盟或蒙门之盟。赖有此盟的签订，中原地区在以后的几十年中，未再发生过较大规模的战争。

通观两次宋之盟，可以得出这样一个结论：楚令尹有权代表国家，同他国缔结重要盟约，并亲自草定盟辞的主旨。公元前656年，令尹子文在楚齐签订召陵之盟时所具有的外交权力，与此相类[①]，只是盟约的性质不同罢了。

三、有权代表国家放归拘楚之他国使臣

共王二十九年（前562年）九月，晋与诸侯联兵攻伐楚的与国郑，郑简公遣正使良霄、副使石臭至楚，“告将服于晋”，结果为楚所拘。[②]两年后，良、石为脱身归国，由石臭设计进说令尹子囊。石臭指出，郑派使者至楚，其用意就是让楚国加以扣留，这样，郑就可以获得坚定从晋的口实。因之，他请求子囊放归良霄（当然也包括他本人），以除却郑死心投晋的借辞。他于陈言时所说的“使归而废其使”，就是这个意思。他进而向子囊分析：良霄为人刚愎，足以凌逼郑国君臣，楚若拘而不释，正好“以除其（郑）偪”，使郑国内和睦，继续敌楚服晋。反之，若将良霄放回，良霄必以任使被扣而怨恨郑之君臣，如此，郑国内就会出现分裂不和、互相牵掣的局面，影响其事晋的坚定性。总之，石臭的进言可概括为一句话：从策略上考虑，放回良霄强于止其不归。[③]子囊听后深觉有理，乃将良霄、石臭开释遣归。《左传・襄公十三年》谓

---

① 参阅本书第八章第二节关于“楚国中原霸业的最早缔造者”的论述。

② 详参《左传・襄公十一年》。

③ 详参《左传・襄公十三年》。

“楚人归之”，此“楚人”实即令尹子囊。此后良霄果为郑患[①]，石臭之言全部应验。

令尹有权放归拘楚之他国使臣，还有阳匄力促平王开释吴臣蹶由一例。

灵王四年（前 537 年）冬十月，灵王带领诸侯和东夷的军队攻打吴国。吴王夷末之弟蹶由奉命来楚营犒劳军队，但至即被执，并很快被带回楚国[②]，在楚国关押了十五年之久。平王六年（前 523），“令尹子瑕言蹶由于楚子，曰：‘彼何罪？谚所谓“室于怒市于色”者，楚之谓矣。舍前忿可也。’乃归蹶由。”[③] 灵王因怒吴王而迁怒其弟，阳匄将此喻为“在家里生气而到大街上去给人看脸色”。他说服平王纠正灵王的错误而放回蹶由，这就在外交上为楚国解除了所行不义的被动舆论。

四、奉使出国，完成多种外交使命

奉使出国，联络国际关系，以推进政治、军事斗争的开展，这是令尹主管外交的重要表现方面。

据史籍所载，由令尹所担任的外交使节，计有下列几种：

1. 会使。由令尹所出任的会使，又可分为出席盟会的会议之使和与他国特约相会之使两种。共王二年（前 589 年）令尹子重出席十二国蜀之盟，康王十四年（前 546 年）令尹子木出席第二次宋之盟，二者所任均属盟会会使的性质。关于特约会使，《史记・张仪列传》“（张仪）与齐、楚之相会齧桑”，《史记・韩世家》“甘茂与昭鱼遇于商於”[④] 等，皆

---

① 详参《左传・襄公三十年》。

② 《左传・昭公五年》：“吴子使其弟蹶由犒师，楚人执之，……以蹶由归。”

③ 《左传・昭公十九年》。

④ 《周本纪》“赧王八年”之后云：“楚围雍氏”，此年为公元前 307 年。甘茂于公元前 309 年至公元前 307 年在秦国任丞相（先左而后右），除开这段时间，他不可能代表秦国与楚令尹昭鱼进行外交谈判。《周本纪》云赧王八年“楚围雍氏”，这刚好为甘茂任秦相之时。《史记》“集解”及“正义”或认为此事发生在赧王三年（前 312 年），或以为在赧王十五年（前 300 年），皆为明显之错。

为其例。据《韩世家》载，韩襄王五年（前 307 年），楚发兵围攻韩之雍氏，秦“阳言与韩”，实乃欲趁韩、楚相争而取渔人之利。令尹昭鱼摸准了秦的意向，特约秦相甘茂会于商於，表面上说他此次来秦是“欲得秦官之印玺”[①]，实际上是与秦密订盟约，使秦“阴善楚”而不为韩用。韩闻知此情，听公孙昧言，“以国合于齐、楚”，“于是楚解雍氏之围”。昭鱼的纵横捭阖之术，起到了破坏韩秦关系、最终降服韩国的作用，达到了既定的外交目的。

2. 聘使。《礼记・曲礼》：“诸侯使大夫问于诸侯曰聘。”故聘使一般为修好通问之使节。楚国担任聘使者不必定为令尹；令尹亲任聘使，自当有非同寻常之缘由。如《左传・昭公元年》：“元年春，楚公子围聘郑。”据是年《传》知，在第二次宋之盟签订若干年后，楚国决定于虢地召开一次诸侯会盟，拟用重温宋之盟的形式，来巩固自己的霸主地位。因虢为郑地，故会前令尹围须先行聘礼于郑，以表示对这个东道国在礼节上的尊重。前举阳匄聘秦“拜夫人”之例，着眼点也在政治方面，而不是单纯为了履行通婚礼仪。

3. 婚使。婚使之职务，细分之有婚聘之使、纳币之使、迎亲之使、送女之使、致女之使、来媵之使六种。楚令尹所担任的婚使，见于史籍的仅为迎亲之使。如《左传・昭公五年》载：“（灵王）以屈生为莫敖，使与令尹子荡如晋逆女。”“逆女”者，迎娶也。这是说楚国派出以令尹为首的高级官吏迎迓晋平公之女，以为楚灵王夫人。春秋时期，凡一国君主娶他国君主之亲属为妇，都要派卿或上卿出境迎纳。如隐公二年《传》“纪裂繻来（鲁）逆女”，桓公三年《经》“鲁子翚如齐逆女”，昭公三年《传》“晋韩起如齐逆女”等，皆是“卿为君逆”[②]。以卿或上卿出任为国君迎亲之使，彼时被认为合于礼俗，故杜预注“鲁公子翚如齐

① 《史记・韩世家》：“甘茂与昭鱼遇于商於，言其收玺。”《索隐》引“刘氏云”：“诈言昭鱼来秦，欲得秦官之印玺。”

② 见《左传・隐公二年》。因鲁公子翚、晋韩宣子和纪裂繻，均为本国之卿或上卿，所以他们出任为国君迎亲之使，皆属“卿为君逆”。

逆女”曰：“礼，君有故，则使卿逆。”楚王完婚而令尹担任婚（迎亲）使，就是由当时诸侯国间这种通婚礼仪所决定的。婚姻是政治的媒介。以令尹出任婚使，对维系楚国和女方之国的友好邦交有着重要意义。如子荡于第二次宋之盟签订九年后至晋“逆女”，引来晋上卿韩起“如楚送女”。两国执政以婚使交互往来，就在最高规格上进一步巩固了双方的政治盟约。

4. 吊使。春秋战国时，一国君主丧亡，他国必须遣使礼吊，而吊使的规格，则因时势的变异而有所不同。春秋初期实行的是所谓“先王之制”，即“诸侯之丧，士吊，大夫送葬”。春秋中期，则是“君薨，大夫吊，卿共葬事”，较“先王之制”升高了一级。春秋晚期，以至战国之时，此规则又有所变更，君或夫人薨，卿吊为常事。楚令尹担任吊使，应始自春秋晚期。但见于史籍者，唯只《史记·楚世家》一例：“（考烈王）十二年，秦昭王卒，楚王使春申君吊祠于秦。”考烈王十二年即公元前 251 年，时秦并六国大势已定，秦楚关系日趋紧张。楚于这种情势下仍然派出最高规格的吊丧之使，这是出于外交舆论和保持同秦的国交两个方面的考虑。吊使若不为令尹而换作他人，不仅国际舆论会谴责楚的非礼，而且秦国将为之激怒，秦楚关系将进一步恶化。一旦出现这些情况，楚国的处境无疑比较被动。从这种角度来看楚令尹担任吊使的意义，就知其作用之重大了。

令尹担任各种专使，既是贯彻执行楚国外交方针政策的需要，也是为了履行当时国与国间关于某些必须共同遵守的外交礼仪的规定。这些外事活动，进一步突出了令尹作为楚国最高外交负责官员的形象。

第四节　楚令尹权力的不平衡性

以上所述楚令尹在内政、军事和外交方面的权力，是从令尹的一般权力范围来说的，是说令尹在可能的条件下所理应具备的权力。但在实际上，每个令尹在其当政时期由于具体情况的不同，其各自所实有的权力并不是规整划一的，而是呈现了明显的不平衡性。这种不平衡性，主要表现为某些令尹的权力较一般令尹为大。其中权力之至大者，楚王或对之言听计从；奸佞者甚至达到了权压主上、专权篡国的地步。

楚令尹权力出现不平衡现象，通常是有规律可循的。以下分四种情况加以说明。

第一种情况：佐助国君成就霸业或任职于其他非常时期的令尹，其权力要比一般令尹为大。

在楚国抗齐败宋、首霸中原的成王时期，以及打败晋国、夺取中原霸权的庄王时期，佐助二王成就霸业的著名令尹是子文和孙叔敖。这两位宰辅，处身于战事连绵、国交复杂、内政纷繁的年代，其身负的军政要务之重，自非一般令尹所能比拟。再加上他们以出众的才德、卓著的功业获得了成、庄的极度信赖，因而被赋予了多数令尹所不可比拟的权力。

先看孙叔敖。据《吕氏春秋·情欲》，他曾被庄王“尽傅”予“境内之劳与诸侯之忧”。此处的“境内之劳”，指的是总理内政；所谓“诸侯之忧”，则包括负责争霸事宜和主管外交两个方面。《情欲》篇的记载——特别是其中的“尽傅”二字——清楚说明：孙叔敖为楚令尹，具有主宰一切的巨大权力。证之本节前文所列叙的有关史实，可知《情欲》所言绝非夸大之辞。例如，在内政方面，孙叔敖不仅负责制定理国的方针和政策，而且全面抓经济发展、社会治安、整顿吏治等各项政务，从而使楚国出现大治局面，庄王霸业因此而有了坚实基础。在外部事务方面，孙叔敖入则运筹帷幄，与庄王谋划争霸方略；出则担任三军统帅，决定作战的战略和战术。史载他“勤于其职”“日夜不息”，[①] 这恰好反映了他日理万机、政繁权重的实情。诚然，统管军政外交是令尹的本职，但像孙叔敖这样被国君放手委以各项重任，对各项工作管得如

① 转引自《春秋纪传》卷四十四《楚列传·孙叔敖》。

此全面彻底的令尹，在楚国历史上是为数不多的。孙叔敖为令尹权力之大，还表现于他对庄王具有影响和左右的能力。《吕氏春秋·尊师》所谓“楚庄王师孙叔敖”，“（庄王）未有不尊师者也”，就具体地说明了这一问题。正因为如此，他才能“说义以听，方术信行”[①]，布政行权，其势如高屋建瓴。

关于令尹子文，其在任时权力之重，本书在第八章第二节中有较多介绍，这里不再赘述。需要补充的是，令尹子文由于忠而贤能，威望至高，成王处处对其言听计从，这样，在子文和成王之间，就形成了一种罕见的臣能而君随的局面。关于这方面的事例，起码可以举出三条。其一，当子文审廷理背法一事[②]被成王知道后，“成王不及履而至子文之室”，自责其用人不当，说：“寡人幼小，置（廷）理失其人，以违夫子之意”，并迅速纠正错误，“黜廷理而尊子文”，事见《说苑·至公》。其二，子文廉洁奉“公”，刻苦贫身，以至于到了“朝不及夕”的程度。成王知悉后设法为其增禄，可他逃而不受，成王拗他不过，只好作罢，事见《国语·楚语下》。其三，令尹一般由楚王任免，但子文却以子玉伐陈有功，“使为令尹”，成王对此未持疑义，事见《左传·僖公二十三年》。这三件事足以说明子文对成王实际是处于居高临下的地位。以此为事例来理解子文的权力之大，一切问题就豁然开朗了。

昭王复国后的十余年间和悼王图强时期，是楚国创建霸业以外的两段非常时期。在这两段时期先后出任令尹的子西（公子申）和吴起，也由于当时的形势非同寻常，以及他们本人所具有的突出的经国之才，而拥有相当大的权力。

子西为平王之子，昭王庶兄。远在平、昭之际和昭王初年，他就以让国的高义和敢于直谏的品格闻名遐迩。在昭王十年至十一年（前506—前505年）因吴入郢而掀起的楚国复国之战中，他和子期力战败

① 《吕氏春秋·赞能》。
② 详参本书第八章第二节《略论令尹子文》之第一部分。

吴，再生楚国，因功被任为令尹，并被赋予收拾残局、振兴楚国之权。上任不久，他把国都由郢迁鄀，颁行了除旧布新的建国纲领[①]，表现了敢作敢为、大刀阔斧的施政作风。另外，如同令尹子文和孙叔敖一样，他也有着影响和左右国君的能力。这方面的典型事例可以举出两则。其一，据《左传·定公五年》和《国语·楚语下》，昭王因逃难奔随时蓝尹亹“不与王舟”以渡成臼，复国后意欲杀之。子西以前令尹子常挟私愤乱杀无辜，招致楚国败亡的历史教训，力谏昭王注意前车之鉴。昭王为之猛醒，乃下令“使复其（亹）位”，“以无忘前败”。子西拨乱反正先自王始，起到了以上正下、清廉政风的作用。其二，据《史记·楚世家》《史记·孔子世家》，昭王二十七年（前489年），孔子南游至楚，昭王“将以书社地七百里”[②]相封。子西征引文王、武王以百里“王天下”之史例，警戒昭王说：“今孔丘得据土壤，贤弟子为佐，非楚之福也。”昭王乃止。尽管后世儒家攻击子西“沮书社之封”为“不智”[③]，但笔者认为，子西的这种做法，对避免楚国可能出现分裂局面，以防患于未然，则未为不可。子西在以上两桩大事上匡正昭王之错，明显地表现了他的权威之重。经历了吴入郢劫难的楚国，山河破碎，百废待举。子西作为令尹，如果身无重威，权力平平，是无法尽快将楚国引向康复道路的。昭王晚年，楚国之所以能南克夷虎，北图中原[④]，恢复昔日奋进征伐的元气，这与子西所实行的集权政治是分不开的。

悼王图强之时（战国初、中期之交）担任令尹的吴起，是楚国历史上发动并进行了一场重大社会变革的杰出人物。他施政用权的特点，主要是制定全面的社会改革方案，并督令各项改革措施的贯彻执行。他的改革方案的要点，本书在第八章第五节《略论吴起变法》中已作了介

① 《左传·定公六年》：“（令尹子西）于是乎迁郢于鄀，而改纪其政，以定楚国。”

② 《荀子·仲尼》杨仲《注》：“书社，谓以社之户口书于版图。”由此可知，书社为户口在册的基层地方组织。

③ 《论语类考》卷第九陈士元按：“（子西）乃卒沮书社之封……得为智乎？”

④ 《左传·哀公四年》：“夏，楚人既南克夷虎，乃谋北方。”杜《注》：“夷虎，蛮夷叛楚者。”其在南方无疑。

绍。其时楚国老大保守，政治腐败，吴起要将改革的具体条款化为现实，确为一件不易之事。例如，把封君世袭制限定在三代，这将受到封君和渴望得到封君地位的人们的反对；整顿官制，淘汰冗员，削减官吏俸禄，这将引起失位与失利者的敌视和不满；将贵族迁徙到边荒地区，“贵人皆甚苦之”[①]，其愤怨情绪更难止遏；废除人情政治，实行法治主义，触及的社会面则更广，工作的难度也更大。面对这些情况，不难想象，吴起当时如果没有悼王所赋予的至权重威，他的改革事业定将一筹莫展。吴起之所以在较短时间内取得了改革的成效，秘诀只有一个：凭权用势，并且把手中的权势发挥到极致。他的气魄和胆略，他的严厉法规和铁血手腕，他的雷厉风行的作风，在楚国数十位令尹中，很少能找到相匹敌者。还需指出，吴起除了握有主持变法之权，其军权也很突出。随着变法的胜利，在国富兵强[②]的基础上，他制定了对外用兵的方略，发动了一系列征讨战争，取得了“南平百越，北并陈、蔡，却三晋，西伐秦”[③]的巨大胜利。如果不是因其被旧贵族射杀而招致变法夭折，战国中期以后的楚国，必将雄强天下，盛而不衰。

第二种情况：由世官“二卿士”、实力最为强盛的家族中产生的令尹，其权力要比一般令尹为大。

楚国世家大族世官“二卿士”的现象，在春秋和战国时期都曾经出现过。其中专权最甚者，莫过于若敖氏家族。

若敖是入春秋后楚国的首任国君，其后代衍分为斗氏和成氏两大支脉。所谓“若敖氏”，系指斗、成二氏的全部成员。早在武王时期，若

① 《吕氏春秋·贵卒》。
② 关于吴起变法取得国富兵强的成果，见记于《秦策三·蔡泽见逐于赵章》。该篇引“蔡泽曰”：“（吴起）正乱，批患，折难，广地，殖谷，富国，足家，强主。威盖海内，功章（彰）万里之外。”
③ 《史记·孙子吴起列传》。

敖氏即屡出谋臣战将[①]。成、穆时期及庄王时期，这个家族可以说达到了飞黄腾达的顶峰。楚八任令尹有七位出其门下[②]，六任司马亦被其占去五位[③]。一个家族在六十余年间几乎囊括了“二卿士”之职，这在楚国是空前绝后的。

若敖氏一因是楚君之裔，二因于春秋时期较其他世族问世为早，三因世居要职而显赫不已，这就使它得以在春秋前期和春秋前、中期之交，发展成为楚国最大的一个家族。从政治上看，不仅“二卿士”之职几乎全部为其占有，而且从中央到地方的其他军政要员亦多出其门下。这样，若敖氏就自然成了楚国贵族统治的核心力量。从经济上看，该家族蓄积甚富，早在成王初期，子文即能“毁家纾难”。随着政治权势的增长，其后几十年中其所积累的财富无疑更为丰盈。从军事上看，若敖氏拥有一支强大的族兵，城濮战前，这支族兵的编制已达“六卒”（计一百八十辆战车）之多。政治权力是实力的反映。若敖氏的上述雄厚实力，为它长期左右楚国的政局奠定了基础。这种情况，极易造成若敖氏之为政者专断国政的局面，令尹斗椒之专权叛乱，就是明显的例证。斗椒原任司马。庄王三年（前611年），他假人之手谗杀令尹斗般[④]，夺得令尹之位后，不久又与由工正升任司马的蒍贾发生摩擦。晋人所谓“彼宗竞于楚”[⑤]，所讥评的就是以斗椒为代表的若敖氏在楚国上层统治集团争权夺利的丑行。斗椒想除掉蒍贾独揽国政，但蒍贾的后边站着蒍氏家族。斗椒欲达其目的，就亮出了自己的王牌：强大的若敖氏族兵。《左传·宣公四年》对此记曰：“……己（蒍贾）为司马。子越（斗

① 斗伯比主谋国议（《左传·桓公六年》《左传·桓公八年》《左传·桓公十三年》），斗祁为令尹主持军、政（《左传·庄公四年》），斗丹败随于速杞（《左传·桓公八年》），斗廉败郧于蒲骚《左传·桓公十一年》、败邓于鄾《左传·桓公九年》等，皆是其例。

② 详参本书第二章第一节。

③ 详参本书第三章第一节。

④ 此事载《左传·宣公四年》。笔者考证此事发生在庄王三年，参本书第二章第一节。

⑤ 《左传·宣公二年》。

椒字）又恶之，乃以若敖氏之族圄伯嬴（苏贾字）于轑阳而杀之。”可能是斗椒围杀司马遭到了庄王的谴责[①]，权欲恣甚的斗椒，遂又调动若敖氏兵马向庄王发起进攻。因为事起仓促，庄王猝不及防，提出“以三王之子（文、成、穆之子孙）为质”作为妥协条件，请其罢兵，但斗椒意图篡弑，拒不答应。于是就爆发了若敖氏与庄王的军队（即所谓“王师”）在皋浒[②]所进行的一场决战。战争开始后，若敖氏来势凶猛，庄王几中斗椒之箭，险情迭起，“王师”一度畏惧而退。但经庄王设计振奋士气，“王师”终于反败为胜，“遂灭若敖氏”。[③]

斗椒携若敖氏叛乱虽然以失败告终，但它却反映了令尹仗恃族势而专权跋扈的实情。斗椒竟敢以武力向王权发起挑战，这在楚国历史上确属绝无仅有。楚令尹之权势究竟能膨胀到何种程度，斗椒之事例乃最好的说明。

第三种情况：佐相幼主的令尹，特别是其中具有叔父身份者，其权力要比一般令尹为大。

这中间又可分为两种类型。其一为令尹本人忠于社稷，在主幼不能理国期间代行国政，有如周公之辅相成王。其二为令尹秉性暴淫奸佞，利用国君年幼，专权自恣，猖狂莫禁，甚至到了杀主篡国的地步。

关于第一种类型，可以子重作为例证。子重于共王元年（前590年）出任令尹时，共王还是一个年仅十一岁[④]的幼童。这样，子重在共王初期就自然成了主宰楚国全局的人物。关于这一点，可以从三方面得到说明。首先，子重有筹决重要政策之权。如共王二年所实行的“大

① 日本学者安倍道子在《关于春秋时代的楚王权》（载湖北省楚史研究会等编《楚史研究专辑》，1982年版，第244—263页）一文中，分析庄王为对付日益增长的若敖氏的权力，便同芳氏家族结合成统一战线。这种分析似缺乏事实根据，但庄王因斗椒专杀大臣恼怒则有可能。

② 顾栋高谓皋浒在湖北枝江，参《春秋大事表·舆图》。

③ 详参《左传·宣公四年》。

④ 据《左传·襄公十三年》，共王生十岁而庄王死，则共王元年共王年仅十一。

户，已责，逮鳏，救乏，赦罪”的恤民政策，即由子重所决策。[①] 诚然，制定政策为令尹之本职，但一般令尹制定政策须经国君批准，而子重所制定的政策则无须经过验审，年幼的共王仅听成事而已。其次，子重有决定对外开战和调兵遣将的权力。在楚国，对外用兵的大权严格掌握在国君手中，这从令尹子玉要打城濮之战，不经成王批准便不得成行即可看出。但共王初年楚国开展对外战争，则不是由国君而是由子重作出决定。《左传·成公二年》所谓“楚令尹子重为阳桥之役以救齐”，就是明证。关于这次伐鲁救齐之战的背景，据宣公十八年和成公元年《传》，大致是这样的：庄王二十三年（前 591 年），鲁宣公遣使至楚要求结好，由于此年庄王与宣公相继去世，鲁、楚两国未能实现邦交亲善。次年鲁成公即位，一改先君与楚友好的外交路线，转而同楚之大敌晋国结盟，并随同晋国攻打楚的与国齐。与此同时，昔日服楚的卫国，也叛楚投晋，跟随晋国去打齐国。基于这些情况，子重从稳定中原形势、保住庄王霸业的大局考虑，决定对鲁、卫用兵。从《左传·成公二年》还可以看出，子重不仅有着决定出战与否的权力，而且还可以直接调遣兵众。鉴于这次作战的对手不单是鲁、卫，很可能还有强晋，子重决定遣发全国所有军队一起出征。他说：“君弱（共王年仅十二），群臣不如先大夫，师众而后可。”于是“王卒尽行”。楚国的兵调之权，亦由国君握持，子重有此权力，可见其权拟主上。[②] 最后，在外交上，子重有召集诸侯会盟的权力。共王二年（前 589 年）冬，当楚军进至鲁国阳桥，迫降鲁国后，子重即在阳桥附近的蜀地，召集了有鲁、卫、宋、陈、齐、秦、郑、曹、邾、薛、鄫等十余国国君或卿大夫参加的重要会盟，这是楚国有史以来主盟诸侯之最盛者。我们知道，楚令尹决策并参加对外会盟，通常须受命于楚王。子重这次约盟，是乘着胜利的威势临时作出的决定，他无须也不可能去请求幼主的准可。上述子重的诸种行动说明了

① 详参《左传·成公二年》。
② 详论参本书第五章第二节。

一个问题：他于共王初期是处于代行王政的地位。仅从这点来看，他与周公之佐相成王确实别无二致。当然，就才资和功劳而言，他则远远逊色于周公。尽管他为楚国的社稷征战一生，最后也死于伐吴之战[①]，但他毕竟是一个多有过错的大臣。他曾“请取于申、吕以为赏田”[②]，又与子反假公济私，杀戮逃晋的申公巫臣的族属[③]，都成为了他生命史中为政以私的污斑。

关于第二种类型，成王初期的子元，郏敖时期的王子围，昭王初期的子常，均是其例。他们在君权失控时期之专权妄为，肆逞己欲，其主要表现有三个方面。

第一，专杀大臣。如王子围出任令尹后，“杀大司马𫇭掩而取其宝”[④]。《会笺》对此评曰：“𫇭掩有经纶之才而为民望，（襄）二十五年《传》可见。围将有大事，故先除之，以翦王之羽翼。”其后，令尹围又“使公子黑肱、伯州犁城犨、栎、郏”，郑人因此畏惧楚将北侵，唯有子产看出了事情的真谛，说：“不害。令尹将行大事，而先除二子也。祸不及郑，何患焉？”[⑤]未久，伯州犁果被杀戮，公子黑肱出逃郑国，幸免一死。令尹子常在任时，肆杀大臣的暴行也很严重。昭王元年（前515年），他听信费无极的谗言，遣令右领鄢将师逼杀正直温和、深受国人爱戴的右尹郤宛。接着，又“尽灭郤氏之族党，杀阳令终（中厩尹）与其弟完及佗，与晋陈（楚大夫）及其子弟”[⑥]。子常屠灭被誉为“楚之良”[⑦]的郤、阳、晋三族，目的也在为其独揽大政扫清道路。对子常和王子围这类越超法律约束而杀戮大臣的暴行，史家特砭之为“专杀”[⑧]。所谓“专杀”，就是专权妄杀，此与楚令尹有权依法刑戮罪人有

---

① 详参《左传·襄公三年》。
②③ 《左传·成公七年》。
④ 《左传·襄公三十年》。
⑤ 《左传·昭公元年》。
⑥ 《左传·昭公二十七年》。
⑦ 《左传·定公三年》。
⑧ 《会笺》昭公二十七年《传》笺。

着本质区别。

第二，暴掠财贿。《左传·庄公三十年》："楚公子元归自伐郑而处王宫"。其"处王宫"的目的，除为蛊淫文夫人（即息妫），也是为了乘机劫掠宫中财物，这从子文上任后有"毁家纾难"之举，即可看出。令尹围杀大司马蒍掩而"取其室"，这"室"，是指"一切财产"[①]，包括田地与奴隶。这也是明显地劫掠行为。令尹子常的贪贿行径更为典型。他"蓄聚不厌""积货滋多"，贪婪之状，"如饿豺狼焉"。政风上行下效，污吏加紧搜刮，致使当时之楚国出现了"四境盈垒，道殣相望"[②]的惨景。子常不仅在国内大肆掠夺，而且还无视起码的外交礼数，公然向来楚访问的小国之君勒索宝物。他欲得蔡昭侯身着之"佩"[③]"裘"及唐成公之"肃爽马"[④]，均"三年止之"[⑤]于楚，直至全部达到目的，才肯罢休。子常以贪暴而生唐、蔡之怒，其结果，"失与国，速大敌"[⑥]，"卒召报怨之师，至于国破君亡"[⑦]。

第三，弑主篡国。此篡弑者就是素以强霸著称的王子围。[⑧]王子围从郏敖元年（前544年）出任令尹起，就根本不把年少怯懦的郏敖放在眼里。其主要表现是身为令尹而处处以国君的态势出现。例如，"蒲宫"乃"楚君离宫"，他却常居其中。[⑨]又如，按当时的礼仪，"国君行，有二执戈者在前也"[⑩]，而他于郏敖四年参加虢之会时也用此仪——以

① 杨伯峻等《春秋左传词典》，中华书局1985年版，第456页。
② 《国语·楚语下》。
③ 杜《注》："佩，玉也。"
④ 定四年《传》孔《疏》引贾逵《注》："马融曰：'肃爽，雁也，其羽如练，高首而修颈，马似之。'"
⑤ 详见《左传·定公三年》。
⑥ 《会笺》定公四年《经》笺。
⑦ 《春秋左传释人》卷十。
⑧ 王子围的强霸见记于《左传·昭公元年》。此年《传》引叔向对赵孟言："王（郏敖弱，令尹强。"
⑨ 事载《左传·昭公元年》。此年《传》孔《疏》引服虔语："蒲宫，楚君离宫。"
⑩ 《左传·昭公元年》杜《注》及《国语·鲁语下》。

“二人执戈先焉”[①]。再如，旌旗本用以标识各人之等级地位，而他却僭拟楚王之旌——“为王旌以田”[②]。除了拟用楚君之施设、仪式，平时他还时时显露出国君的神态。《左传·襄公三十一年》有载：“卫侯在楚，北宫文子见令尹围之威仪，言于卫侯曰：‘令尹似君矣！’”孔《疏》释“似君”云：“言令尹威仪已是国君之容矣。”更有甚者，在虢之会宴飨晋执政赵孟时，他还公然将自己比称为君主。此会有宾主赋诗这一仪程，他所赋之诗，为《诗·大雅·大明》之首章。杜《注》：“首章言文王明明照于下，故能赫赫盛于上。”这明显是借誉周文“以自光大”。故宴会结束后赵孟对叔向说：“令尹自以为王矣。”[③]令尹围的上述言行，已明白无误地将自己的篡政野心公之于众。当时各国的卿大夫也都看清了他即将采取什么行动。鲁穆叔所谓“楚令尹将有大事”[④]，郑行人子羽所谓“松柏（指令尹围）之下，其草（指郏敖）不殖”[⑤]，均说明了这一问题。郏敖四年（前541年）冬郏敖患病，令尹围感到成就“大事”的时机已经来临。十一月四日，他借口“入问王疾”[⑥]，以冠缨将郏敖绞杀在病榻之上[⑦]，从而最终实现了篡政夺国的夙愿。

弑君篡国，这是令尹以叔父相弱主，专权自恣达于顶点的表现。这一事件可以说明：只有在楚君年幼、君权失控时期，楚令尹的专权妄为才可能达到河决鱼烂、不可复止的程度。

① 参《左传·昭公元年》杜《注》及《国语·鲁语下》。
② 《左传·昭公七年》。
③ 《左传·昭公元年》。
④ 《左传·襄公三十年》。
⑤ 《左传·襄公二十九年》。
⑥ 《左传·昭公元年》。
⑦ 《左传·昭公元年》仅说“缢而弑之”，未讲用何物所弑。用冠缨所弑，见记于《韩非子·和氏》。其篇云：“（王子围）因入问病，以其冠缨绞王而杀之，遂自立也。”另外，《楚策四·客说春申君章》及《韩诗外传·谢春申君书》载孙卿引《春秋》或《春秋之志》，也有相同记载。

第四种情况：有封君身份的令尹，其权力要比一般令尹为大。

黄歇以其令尹的身份和职权，成了楚国的大封君，而大封君所具有的雄厚实力，又为强化其令尹的地位与权力提供了基础。令尹和大封君二者的结合，使黄歇获得了强大的力量。执政二十余年，他的煊赫的权势可以说已达到了令人瞠目的程度，详参本书第八章第六节《略论春申君黄歇》。

又据《楚策一・江乙为魏使于楚章》："州侯相楚，贵甚矣而主断。"州侯是楚宣王时的令尹和封君。他的事例再次说明：令尹为封君，权势显赫，贵莫能攀，容易走上专断国政的道路。战国时期，有人曾经提出过"贵为列侯者，不令在相位"[①]的主张。这反映了具有封君身份的宰辅易于专权自恣，并非楚国一国的问题，而是带有相当的普遍性了。

第五节　楚令尹权力所受的严密制约

在"事王者以千数"[②]的楚国众多官员中，令尹是处于百官之上的"执一国之柄"[③]的至尊人物。他不仅掌握着全面的内政权，而且还握有强大的军权和广泛的外交权。其地位之高，权力之大，在同时期的各国宰辅之官中是少见的。还有一些令尹，他们或由于国君信赖、形势需要，或由于族势强大、实力雄厚，或由于幼主当国、乾纲失控，其权力往往逾越令尹的本职范围，表现得超常至大。此类令尹，若自身忠贤则不必论说，若自身奸邪淫暴，则往往专权自恣，虐国残民，甚至发展到弑主篡权的地步。鉴于上述情况，为了把令尹的大权控制在一定的范围之内，防止令尹渎职枉法，专权害国，并进而将其权力引向忠君为国的

① 《赵策一・张孟谈既固赵宗章》。
② 《楚策三・苏子谓楚王章》。
③ 《说苑・至公》。

道路，楚国自建立令尹制后，就逐步确立了一套制约令尹权力的制度。其制约之法，可分为国君制约、大臣制约和国人制约三个方面。这些制约一般都产生了强化王权的显著效果。

一、国君对令尹权力的制约

楚王对令尹权力的制约，其手段有四：

其一，是紧操任免之权。

楚国的令尹，除极少数外，一般都由楚王任命。如《左传·哀公十七年》引“子谷曰”：“彭仲爽，申俘也，文王以为令尹”；《左传·襄公二十一年》：“楚子（康王）使薳子冯为令尹”，子冯推病，“乃使子南为令尹”；《左传·襄公二十二年》：“冬，……王遂杀子南于朝，……复使薳子冯为令尹”；《左传·昭公十三年》：“弃疾（平王）即位，……使子旗为令尹”；《说苑·指武》：吴起至楚，“居一年，(悼）王以为令尹”；《史记·屈原贾生列传》：“（怀王）长子顷襄王立，以其弟子兰为令尹”；《史记·楚世家》：“考烈王以左徒（黄歇）为令尹”；等等。楚王选任令尹，一般是在王族范围内实行“亲疏参用”[①]的原则。所谓“亲疏参用”，就是在王族内部举贤任能，而不单纯从血统上看与楚王的亲密程度。由于实行这一原则，在春秋战国的数十位令尹中，出身于一般王族的成员，其数量要比王子王孙为多。不少血缘近王、恃亲专暴的王子王孙被排斥于令尹的人选之外，而代之以王族中的较贤明者，这就使令尹中的桀傲不驯者为之减少，易于被王控驭的人数相应增多。对于在任之令尹，楚王亦并非官其终身，而是根据其表现以决定去留。如接任子玉的令尹芳吕臣，因“奉己而已，不在民矣”[②]，未久即为子上所代。顷襄元年（前298年）上任的令尹子兰，因劝怀王入秦事为人弹劾，其后亦为他人所代。楚王对令尹的这种慎重

① 《绎史》卷六十九。

② 见《左传·僖公二十八年》。据《春秋大事表·楚令尹表》，芳吕臣任令尹仅只一年。其原因当即晋文公所分析的不能奉公为民。

选择、据情革职的作法，对避免不肖者谋取令尹之位，束缚令尹的枉法专权行为，在相当程度上起了重要作用，可以说是把住了制约令尹权力的第一道关口。

其二，是在可能导致令尹渎职枉法、专权祸国的各个重要关口，紧把权力不放。

先看内政方面。

令尹虽有权谋划经国方略，制定各项政策，但由于这是关系到国家兴亡盛衰的大事，楚王一般都要直接干预，以定臧否。如庄王曾因“未得所以为国是”[①]而问于孙叔敖，意思是想让孙叔敖制定出一套正确的理国方案。当孙叔敖讲清了如何才能达到目的之后，庄王乃授命曰：“愿相国与诸侯士大夫（按：“侯士”二字当衍）共定国是。”[②]令尹吴起变法图强，制定各项改革措施，也得到了悼王的全面认可和大力支持。这从悼王在世时变法得以顺利开展，悼王死后吴起立遭杀戮，致使变法夭折，即可看出。此二例可以说明：令尹制定治国的方针和政策，需受命于楚王，其推行过程，楚王也始终予以密切的关注。

据前已知，令尹有任命官吏之权，但关于高官要员的确定，令尹则不得超越楚王而独行其事。《左传·哀公十六年》有这么一条记载：“沈诸梁（即叶公子高）兼二事，国宁，乃使宁（字子国）为令尹。”单看此处，仿佛沈诸梁不经由楚王即可把令尹之位让于他人。然事实却并非如此。《左传·哀公十七年》对子国的受任过程作了补充交代，“王与叶公枚卜子良为令尹”，因子良“过于其志”，“他日，改卜子国而使为令尹”。可见，子国的出任令尹，是由惠王和沈诸梁通过“枚卜”形式而共同作出的决定。虞丘子让令尹位于孙叔敖，情况亦概同于此。《说苑·至公》载：“楚令尹虞丘子复于庄王曰：‘……臣窃选国俊下里之士孙叔敖，秀羸多能，其性无欲。君举而授之政，则国可使治而士民可使附。’……庄王从之。”从“庄王从之”可知，决定令尹人选这类大事，

①② 详参《新序·杂事二》。

不经楚王批准，是断乎不可的。

令尹的司法权，在重大问题上也需受制于楚王。令尹有权依法杀戮大臣，但为防止“专杀”（专权妄杀）、误杀，令尹行施此权必先请示楚王而后可。关于这一点，申公巫臣之族被杀的过程就是最好的说明。《新序·杂事一》载：“令尹（子重）将徙其（巫臣）之族，言之于王，曰：‘申公巫臣谏先王以无近夏姬，今身废使命，乃与夏姬逃之晋，是欺先王也。请徙其族。’王曰：‘申公巫臣为先王谋则忠，为自身谋则不忠，是厚于先王而自薄也。何罪先王？’遂不徙。”据章炳麟考证：“徙”即“杀”也，“徙其族者，即杀其族也。”[①]由《左传·成公二年》的有关记载来看，此事当发生在共王二年。[②]这是说令尹子重请求以不忠和叛逃之罪诛灭巫臣的族人而未得批准。但《左传·成公七年》却云：“子重、子反杀巫臣之族子阎、子荡及清尹弗忌及襄老之子黑要。”子阎、子荡与弗忌，据杜《注》，皆“巫臣之族”。杨伯峻先生曾分析指出：“此事当发生在楚共王即位二年以后”，笔者认为甚有道理。[③]子重开始要求诛杀而楚王不准，其后巫臣之族终被杀戮，这显然是子重通过进一步努力而说服了楚王。“制杀生之威之谓王”[④]，楚王之不肯将此权假手令尹，其真谛也可能就在于此。

当然，令尹之内政权受制于楚王，绝不仅限于上述三个方面，而是表现得相当广泛。《楚策一·荆宣王问群臣章》引江乙语“今王之地方五千里……而专属之（令尹）昭奚恤”，以及《魏氏恶昭奚恤于楚王章》引昭奚恤语“臣朝夕以事听命”，都反映了昭奚恤管辖楚国的内政权（当然也包括其他权力）受之于王，故最终需“听命”于楚王的事

① 详见《章太炎全集》（二），上海人民出版社 1982 年版，第 442 页。

② 《左传·成公二年》有“子反请锢巫臣”而共王未准的记载，共王所讲理由与回答子重的请杀一样。鲁成二年即共王二年。疑此年子重、子反皆因同一事请命于王，但二人主张略异。

③ 既然共王于即位之次年未批准杀巫臣之族（见上注），则巫臣之族的被杀就必然在共王二年以后。

④ 见《秦策三·范雎至秦章》。

实。昭奚恤是如此，楚国的其他令尹当亦不例外。

次看军事方面。

楚王制约令尹的军权，主要表现在两个问题上。

第一，控制兵调之权。用以说明这个问题的例子可以说俯拾皆是：

《史记·楚世家》："（成王三十九年）夏，伐宋，宋告急于晋，晋救宋，成王罢归。将军（实为令尹）子玉请战，成王曰：'重耳亡居外久，卒得反国，天之所开，不可当。'子玉固请，乃少与之少师而去。"

《左传·昭公十三年》："令尹子旗请伐吴，（平）王弗许。"

《左传·襄公十八年》："郑子孔欲去诸大夫，将叛晋而起楚师以去之。使告（令尹）子庚，子庚弗许。"楚康王听闻后，遣使责让，子庚乃"帅师治兵于汾"，出师"伐郑"。

《左传·襄公九年》："秦景公使士雃乞师于楚，将以伐晋，楚子（共王）许之。（令尹）子囊曰：'不可。……晋不可敌……'王曰：'吾既许之矣，虽不及晋，必将出师。'秋，楚子师于武城，以为秦援。"

另据《楚策一·邯郸之难章》，公元前353年魏围赵都邯郸，令尹昭奚恤主张"不如无救赵"，宣王否决其意见，"使（大司马）景舍起兵救赵"。

上述几例证明：楚国的兵调权严格控制于楚王之手。令尹若欲对外用兵，必先经由楚王允可，楚王不批准，令尹则不得擅自采取行动。另一方面，令尹若因种种原因按兵不出，即使理由完全正确，一旦楚王决心发兵，令尹亦必须无条件服从。

另外，从蓄谋篡政夺权的斗椒发动武装叛乱只能汇集若敖氏之族，也可清楚看到楚兵调之权不操于令尹之手而仅为王所控驭。令尹若握有兵调之权，则楚国的王位早就为斗氏所据了。斗椒叛王的失败，说明楚王控制兵调之权有多么重要。把住了这一大权，楚王就掌握了制止令尹专权自恣的一大关键。

楚王的兵调之权有何信物作为标识？由于先秦文献多毁于秦火，且彼时文献记事均较简单，目前已不可得知。春秋战国时他国国君亦把有兵调之权，其标识就是掌握调兵的“龙节”“虎节”“玉节”“瑞节”以及“虎符”等信物。据《吕览》，战国时期楚国有“将军之节”。《说略》云：“但可合符者，皆谓之节。”由此可知，彼时楚王命将出师，也一定持有如同他国“节”“符”一类的信物。尽管其质地、式样、大小及具体名称不详，但它毕竟是楚王具有兵调大权的象征。

第二，控制命将（帅）之权。可以说明这个问题的突出例征，见记于《左传·哀公十八年》：

> 巴人伐楚，围鄾。初，右司马子国之卜（按：指王与叶公枚卜子国为令尹）也，观瞻曰：“如志。”故命之。及巴师至，将卜帅，（惠）王曰：“宁如志，何卜焉？”使帅师而行。请承，王曰：“寝尹、工尹，勤先君者也。”

楚人以卜帅请命于王，“请承”[①]，又裁决于王，说明楚国决定出征的主帅和辅佐者，必先请示于王而后定。惠王以右司马子国刚刚任为令尹，已经符合神意，又以寝尹吴由于、工尹薳固曾有功于昭王，乃任命他们为这次军事行动的正副统帅。

除此之外，楚王任命出征将帅的例子还有许多。如成王十六年（前656年），齐桓公率八国军队伐楚至陉山，“楚（成）王使屈完将兵扞齐，齐师退次召陵”[②]；昭王十年（前506年），阖闾率吴军攻楚，“楚使子常以兵迎之”[③]；怀王二十八年（前301年），“齐令章子将而与韩、魏

① 杜《注》：“承，佐也。”杨伯峻《注》：“请承，请王任命辅佐者。”
② 《史记·齐太公世家》。
③ 《史记·楚世家》。

攻荆，荆使唐蔑将而应之”[①]；等等。这三例中，后二例虽未点出命将者就是楚王，但因子常、唐昧均为令尹，能任命他们为将者，自必为楚王无疑。

楚王在决定出征将帅时，也有一时拿不准主意而征求大臣意见的情况。如惠王十一年（前478年）秋，楚将伐陈，“楚子问帅于太师子谷与叶公诸梁”。但当二人各自提名并申明理由后，最终的决断权仍握在楚王手中。所谓“王卜之，武城尹（公孙朝）吉”，就使“公孙朝帅师灭陈”，就是明证。[②]

将帅是军队的魂灵。谁掌握了将帅，谁就在相当程度上掌握了军队的归属。从这个意义上来看，楚王掌握命将之权，就是把住了制止令尹专权自恣的又一大关键。

当然，楚王控扼令尹的军权，决不仅仅表现于以上两点，而是通过授予军权，从总体上、根本上实行制约。关于这一点，《楚策一·荆宣王问群臣章》有所反映。据该章记述，楚宣王曾向群臣询问中原诸国惧怕令尹昭奚恤的原因，江乙出而作答。他首先征引了一则所谓“狐假虎威”的寓言，继而步入正题：“今王之地方五千里，带甲百万，而专属之昭奚恤；故北方之畏奚恤也，实畏王之甲兵也，犹百兽之畏虎也。”江乙的比喻虽有贬低昭奚恤之意，但它却形象地说明了令尹的巨大军权实质上是从属和依附于王权的。他史亦载此事而挈出了纲领：“故人臣而见畏者，是见君之威也，君不用，则威亡也。”[③]这就更清楚地点明了令尹的军权最终需受制于楚王的道理。

再看外交方面。

楚王对令尹外交权的制约，首先表现在外交方略的制定上。

据《楚策一·五国约以伐齐章》载，楚顷襄王十五年（前284年），

---

① 《吕氏春秋·处方》。

② 详参《左传·哀公十七年》。

③ 《新序·杂事二》。

燕、韩、魏、秦、赵“约以伐齐”，楚令尹昭雎[①]担心五国胜齐后，秦将与四国南向图楚，造成楚之孤败，乃向顷襄王提出了一项破坏五国约盟的外交方略。其核心内容是：根据韩国“好利而恶难”且“可营”又“可惧”的特点，以软硬兼施的手段将其拉出五国同盟，以达到拆散五国联盟的目的。顷襄王听后曰“善”，乃派大公事赴韩去执行此项计划。此项计划后因种种原因未能实现，但此事证明了令尹的外交方略只有得到楚王允准，才可付诸实施。

令尹所提出的外交方略，楚王若不同意，则有权予以否决。如据《楚策一·邯郸之难章》载，楚宣王十七年（前353年）魏围赵之邯郸，令尹昭奚恤主张“无救赵，而以强魏”，他的理由是：“魏强，其割赵必深矣；赵不能听，则必坚守”，这样就可以达到“两弊”（即使魏、赵两国俱伤）之目的。大司马景舍不同意昭奚恤的见解，提出了一项“少出兵，以为赵援”的外交策略。他认为：“赵恃楚劲，必与魏战；魏怒于赵之劲，而见楚救之不足畏也，必不释赵”，这样才能收到“赵、魏相弊”而使魏败北的效果。楚宣王权衡二策之利弊，否决了令尹的建议，而“使景舍起兵救赵”。未久，魏军攻破邯郸而被齐军战败于桂陵，楚乘机“取睢、濊之间”，获取了可观的实际利益。

再者，楚王对令尹的对外缔约结盟权，也握有最后拍板定案的制约力。

如楚康王十四年（前546年），楚、晋等十四国在宋都召开弭兵之会。会前，令尹子木带来了和康王共同拟定的与晋订盟的主旨约文“晋、楚之从交相见”[②]。当晋国执政赵文子申明缘由，提出将大国齐、秦排除在外的补充建议后，令尹子木对能否将这一附款写进盟约不敢自

① 《楚策一·五国约以伐齐章》所载之令尹为昭阳，这全无可能，因昭阳是怀王初期的令尹，至此已有三四十年，其后又有几位令尹接任。《史记·楚世家》载顷襄王中期的令尹是“昭子”，此“昭子”当是在怀王末年已甚有名气的昭雎，参本书第二章第二节“昭雎”条。

② 《左传·襄公二十七年》。

作主张，乃即刻“使驲谒诸王”[①]，以请康王定夺。待康王同意晋国建议，下达了“释齐、秦，他国请相见”[②]的指示后，子木才最后与晋人达成盟约。《会笺》襄公二十七年《传》笺对此评论道：“必谒诸王，想见楚子乾纲独揽，子木事主恪恭。晋则赵孟直自主之矣。”在这里，楚令尹的外交权受王制约而较晋执政权为小，表现得十分明显。

另外，像任命政府高官，决定出征将帅一样，楚国重要外交使节的派遣权也在王而不在令尹。

如《左传·僖公二十一年》：“（冬），楚人使宜申来（鲁）献（宋）捷。”《公羊传》释曰：“楚人使宜申来献捷，此楚子（成王）也。其称人何？贬。曷为贬？为执宋公贬。”《春秋·文公九年》：“冬，楚子（穆王）使椒来聘。”[③]《新序·善谋》：“楚灵王即位，欲为霸会诸侯，使椒举如晋求诸侯。”令尹自己，也常常被楚王派为外交使者。如《左传·昭公五年》：“（灵王）以屈生为莫敖，使与令尹子荡如晋逆女。”《楚策二·齐秦约攻楚章》：“齐、秦约攻楚，楚令景翠以六城赂齐。”[④]《史记·楚世家》：“（考烈王）十二年，秦昭王卒，楚王使春申君吊祠于秦。”外交使节是楚王意志的代表者，其受王遣派既通乎情理又合于章法。若令尹专代此权，则王权对外交事务的控制就必然得不到真正的保障。

最后，关于释放拘楚的外国使节问题，令尹也必先请示楚王，获准方可遣归。

《左传·昭公十九年》载：“令尹子瑕言蹶由于楚子曰：‘彼何罪？谚所谓“室于怒，市于色”者，楚之谓也。舍前之忿可也。’乃归蹶由。”蹶由是吴王夷末之弟，楚灵王四年（前537年）冬十月，楚国攻

①② 《左传·襄公二十七年》。

③ 杨伯峻《春秋左传注》第二册第571页：“椒是其人之名，不书氏，杜《注》以为‘史略文’。”

④ 景翠在公元前301年垂沙之战前一直担任柱国（司马）。楚令尹唐眛战死垂沙，景翠当以柱国进阶令尹。前300年他受命“以六城赂齐”，所负任务之重亦可显见其当为宰辅之官。

打吴国，他作为吴使来楚方“犒师”而遭拘留，在楚国关押了近十五年。即使对这样无由被扣押的人员，令尹子瑕也不敢擅自放归，而必须首先征得楚王（平王）的同意。

外交是政治和军事斗争的工具。这一工具运用得好不好，直接关系到楚国的根本利益，楚王之所以在诸多方面制约令尹的外交权力，其主要着眼点就在这里。

其三，是杀戮灭族。

这是楚王制约令尹权力的终极手段。其实施原则有如下几项：

丧师辱国者杀。令尹权力至大，其所负责任亦重。当政期间，失职之尤者，莫过于在军事征战中丧师辱国。出现这种情况，令尹一般都会被国君逼杀，能幸免逃生者为数极少。如成王四十年（前632年）夏四月，晋、楚战于城濮，令尹子玉因“刚而无礼”，指挥失误，致使楚方遭到三军丧二的惨重失败。子玉率军返国途中，成王遣使令其自杀，王使曰：“大夫若入，其若申、息之老何？”子玉遂自杀于连谷。[①] 关于这一事件，《春秋》径直记为“楚杀其大夫得臣”。方苞对此释曰：“称国以杀者，以国法杀之也”[②]，由此可见楚军法之严。

成王四十五年，另一位令尹斗勃，也由于一次军事事端而遭到杀戮。《左传·僖公三十三年》载：这年冬天，晋阳处父率军侵伐楚的与国蔡，令尹斗勃奉命往救，“与晋师夹泜而军”。阳处父耍了一个诡计，提出由晋、楚之一方，撤军后退，待另方渡河后开战。他预计楚方绝不会渡河而遭“半渡”之击，因想趁楚方“退舍”，借机宣扬其败遁，自己则可以携胜名而归。斗勃果然上当中计，下令“退舍”；晋则不战而

① 详参《左传·僖公二十八年》。据《左传·文公十年》追叙，奉命令子玉自杀的使者出发后，成王又再次遣使令子玉“勿死”。成王出尔反尔，并不意味着败军之将没有可杀之罪，而是成王突然记起了范巫矞似关于成王与子玉、子西“皆将强死”的预言，担心子玉被杀后，自己也将应验矞似之言。为使已身逃脱不寿而终的结局，他才作出了更改前命的决定。但后命尚未传到，子玉已奉前使之命自杀身死。

② 见〔清〕方苞《春秋直解》卷五。

归，还使斗勃背上了避敌逃遁的罪名。太子商臣以此谗攻斗勃，说他给楚国带来了耻辱。成王不察实情，遂下令将其杀死。[①]斗勃之死，显为冤杀。但这次事件毕竟透露了一个信息：楚王对在军事上给国家招来重大不良影响的令尹，所持之态度是格杀勿论。昭王十年（前506年），令尹子常与来攻的吴军战于柏举，丧师"奔郑"[②]，也反映了楚王关于败将必诛的原则对令尹的威慑作用。

贪得无厌者杀。这里可举出两个例子，一是外贪之令尹子辛，二是内贪之令尹子旗。子辛于共王二十一年（前570年）春接替子重为令尹，上任后贪性大发，"侵欲于小国"[③]，勒索无厌。小国陈被逼无奈，于同年七月叛楚投晋，给楚国的国际声誉造成极坏的影响。为了维护楚国的国际地位，也为了除掉陈人叛离楚国的口实以加紧制服陈国，共王于陈叛后二年下令将子辛杀死。《春秋》对此记曰"楚杀其大夫公子壬夫"[④]，可见也是依国法杀之。共王据国法除掉子辛，这是对的；但由于在陈叛之日未能使用刑戮，陈叛后又连年派兵侵陈，直至陈人申明叛楚是"由令尹子辛实侵欲焉"[⑤]，才着手惩办罪人，故《左传》的作者将共王的杀戮讥为"不刑"。"不刑"者，为用刑失其节而违其时也，并不是说共王错杀了大臣。子旗即斗成然，为斗韦龟之子。因食邑于蔓，又称蔓成然。韦龟以蔡公弃疾（共王幼子）"有当璧之命，故使成然事之"[⑥]。在弃疾所发动的政变中，子旗是立有大功的。其一，他率领族人佐弃疾以"陈、蔡、不羹、许、叶之师"攻入郢都，使在外征战的灵

---

① 详参《左传·僖公三十三年》。《七国考》引《淮南子》："楚发兵相战而将遁者诛，若不及诛而死，乃为桐棺三寸，加斧锁其上，以徇于国。"董说称之为"将遁之法"。太子商臣谮诬斗勃，当援此法而为据。

② 《左传·定公四年》。

③ 《左传·襄公三年》。

④ 参阅《左传·襄公五年》。壬夫是名，子辛是字。

⑤ 参阅《左传·襄公五年》。

⑥ 《左传·昭公十三年》杜《注》。关于弃疾"有当璧之命"，韦龟使成然事之，是年《传》有详细记载。

王归路断绝，死于山野；其二，他受弃疾之命，吓杀子干、子晰，为弃疾篡位扫除了最后障碍。[①] 弃疾即位为平王，他因有“佐立之德”[②]，被任为令尹。上任后，他居功骄奢，“不知度，与养氏比，而求无厌”，平王忍无可忍，年余而将其杀死。[③] 像子旗这样于平王有大恩的功臣，一旦贪得无厌，仍然不免于被杀。由此可知楚王是绝不允许令尹恃权极欲、奢利祸国的。

私人势力过大者杀。康王八年至九年（前552—前551）担任令尹的子南，利用职权，肆意发展私人势力。比较突出的例子是，他有一个宠爱的仆从观起，“未益禄而有马数十乘”[④]。《荀子·强国》云：“大功已立，士大夫益爵，官人益秩，庶人益禄。”观起“未益禄”，则其身份仅为“庶人之在官者”。据《孟子·万章下》，庶人在官者禄同下士，“禄足以代耕也”。此等人如若有马，亦只配有“木车单马”[⑤]。观起有马“数十乘”（一乘四马），此乃“士庶同于卿”[⑥]，这与其身份地位是极不相称的。李梧冈在《春秋纪传》卷四十五中指出，这是观起“恃宠纳贿，招权所致”，杜预注襄公二十二年《传》更点明是子南“令富也”，看来都触及了问题的本质。子南之一仆，既富贵如此，他的众多的仆从所据有的财富之多，所形成的势焰之大，就可想而知了。家臣的富大猖獗，可反映其主子的专断无道。史载“子南之为政也专”[⑦]，明显就是基于他庞大的私人势力。为了制止令尹权势的膨胀，改变“国多宠而王弱”[⑧] 的局面，康王乃采取了果断的行动——“杀子南于朝，镮

① 《左传·昭公十三年》：“（弃疾）使蔓成然走告子干、子晳曰：‘（灵）王至矣，国人杀君司马（弃疾）将来矣……’……二子皆自杀。”《会笺》：“成然从弃疾，故伪自弃疾侧遁来者，言之以迫恐之（指子干、子晰）也。”

② 《左传·昭公十三年》。

③ 详见《左传·昭公十四年》。

④ 《左传·襄公二十二年》。

⑤ 《尚书·大传》。

⑥ 惠栋《春秋左传补注》四：“未益禄而有马，士庶同于卿。”

⑦ 《春秋纪传》卷四十五。

⑧ 《左传·襄公二十一年》。

观起于四竟”[1]。自此以后，楚国的政局就进入了一个相对稳定的时期。

叛乱篡权者族灭。此叛乱篡权者就是出身于若敖氏家族的斗椒。若敖氏即楚君若敖之后裔，分为斗、成两大支脉。自子文佐政以来，若敖氏由于长期据有“二卿士”之职[2]，大大地充实了自己的经济、政治和军事实力，发展成为春秋前期楚国最大的一个家族。凭借着强大的族势，斗椒出任令尹后肆杀大臣，专权自恣，并很快发展到武装夺权的地步。庄王九年（前605年），他调发若敖之卒，在皋浒（今属湖北枝江）同庄王进行了一场决战。由于他突然发动攻击，庄王准备不足，战争开始后“王师”一度畏惧而退。但经庄王设计振奋士气，“王师”终于反败为胜，“遂灭若敖氏”[3]。在楚国历史上，令尹对国君发动武装叛乱唯此一例，这是淫暴奸邪的令尹肆逞己欲、权势膨胀到顶点的表现。为杜绝后患，儆敕来者，庄王使用了剿灭若敖氏全族的手段。在楚王为制约令尹权力所采取的各种措施中，这种手段要算是最为严厉的了。

其四，是赏劳劝功。

控制把关、杀戮严惩是楚王制约令尹的必要手段；对立有勋劳的令尹实行奖赏，也是楚王控驭令尹的一种措施——相较于前者，甚至可说是一种积极的措施。自春秋至战国，楚王对令尹赏劳劝功之事例多不胜举。如《左传·昭公十四年》载：“楚令尹子旗（按：即斗成然）有德于（平）王，不知度，与养氏比，而求无厌。……楚子杀斗成然，而灭养氏之族，使斗辛居郧，以勿忘旧勋。”罪人之子，反任以为郧公，这是为了报答令尹子文强大楚国、使成王成为中原霸主之功。《韩非子·喻老》：“楚庄王既胜，狩于河雍，归而赏孙叔敖。孙叔敖请汉间之地，沙石之处……九世而祀不绝。”这是为了酬谢令尹孙叔敖佐助庄

① 《左传·襄公二十二年》。

② 自子文出任令尹，至庄王九年灭若敖氏，六十年间楚国的八任令尹中有七人出自若敖氏，六任司马中亦有五人出于该族。参本书第二章第一节及第三章第一节。

③ 详参《左传·宣公四年》。

王成就霸业之劳。《左传·襄公二十五年》："楚子（康王）以灭舒鸠赏（令尹）子木。辞曰：'先大夫蔿子之功也。'以与蔿掩。"前令尹薳子冯曾提出"须其（舒鸠）叛而伐之"的正确的灭国方略。以灭舒鸠之赏转赐其子蔿掩，就是为了表彰薳子冯在灭舒鸠一事上所作出的贡献。《说苑·至公》："（庄王）赐虞丘子采地三百，号曰国老。"这是为了感念虞丘子让令尹位于孙叔敖的忠贤德操。《楚策一·楚威王问于莫敖子华章》："叶公子高，食田六百畛。"这是为了答谢沈诸梁平定白公政变，且以"二卿士"之职引来楚国康复局面之功。《左传·襄公十八年》："巴人伐楚，围鄾。……三月，楚公孙宁、吴由于、薳固败巴师于鄾。故封子国于析。"这是为了报答令尹子国在抗击巴军来侵的战斗中所立下的军功。《史记·春申君列传》："考烈王元年，以黄歇为相，封春申君，赐淮北地十二县。"这是为了报答黄歇在考烈王为太子时的脱难之恩及佐立之功。上述奖赏，所赏有政功、军功、事功、恩功及德操功几种。这些奖赏多半赐予令尹本人，也有令尹死后而施及其后代的。由于令尹的地位和权力为百官之冠，已无官爵和俸禄可加，所以楚王对之赏功一般为赐以食田或封邑。若所赏者为其后代，乃有官爵之封。这种赏劳劝功的做法，可以激发令尹的奋进之心，促使令尹竭思虑忠，报效君王，达到君、相协力强大楚国之目的。一般人容易看到楚王对渎职枉法的令尹严惩杀戮的一面，而很少注意楚王对令尹实行计功奖赏的另一面。事实上，有惩有赏，赏惩结合，才是楚王制约令尹的要法大则。惩以示儆，赏以劝功，只有这样，才能有效地达到楚王对令尹实行控制之目的。

二、大臣与国人对令尹权力的制约

楚国大臣对令尹权力的制约，依据现有史料，主要表现在对令尹的内政权和军权的监督和约束上。

据《左传·僖公二十三年》和《左传·僖公二十七年》，令尹子文以子玉伐陈有功而举以代己，且声明他这样做是为了"靖国"。大臣蔿吕臣和其子芳贾以平日对子玉的观察和了解，认为子玉不堪此任，因而对子文的做法提出了严厉批评。芳吕臣质问子文道：“子若国何？”这是指斥子文对楚国的前途和利益采取了不负责任的态度。芳贾之言更加切中要害，指出：“子玉刚而无礼，不可以治民，过三百乘，其不能以入矣。”即认为子玉全然不具备出将入相之才。基于这种认识，他讥讽子文的所谓“靖国”，是“靖诸内而败诸外”，抨击子文不是“举以靖国”，而是“举以败国”。这些尖刻辛辣的批评，发散出一股贵族民主政治的气息，说明楚国大臣对令尹的任官之权可以实行监督，并可造成严厉的约束气氛。与此雷同之事惠王二年（前 487 年）也发生过一次。是年，令尹子西决定召回逃居吴国的王孙胜，并任其为白公。叶公子高对这一做法表示坚决反对，并因此同子西展开了一场十分激烈的辩论。[①]尽管上述两次制约均未达到使令尹收回成命之目的，但大臣对令尹的任官权可以进行严厉的监督，则由此得到了鲜明的反映。

令尹如果滥用内政权，所行悖法，在不少情况下也会遭到大臣的抵制。如令尹子常在平王死后，决定废掉太子壬而改立平王长庶子子西。他称：“太子壬弱，其母非適（嫡）也，王子建实聘之。子西长而好善，立长则顺，建善则治。王顺国治，可不务乎？”他的这些论调，遭到了子西的严厉驳斥。子西指出了三个问题：第一，公开宣扬先君以子妇为妇，这是败坏国君名声的乱国行为；第二，太子壬是平王生前所立的“適（嫡）嗣”，废掉他就是明目张胆地破坏楚国传统的王位继承法；第三，太子壬是秦国的外孙，拥立他有助于加固楚、秦友好关系，使楚国在对外战争中能够获得一方强大的援助力量。子西言之据理，正气凛然，给悖法献媚的子常造成了极大的压力。最后，子西又以“必杀令尹”相威逼，子常恐惧万端，乃放弃初衷而改立昭王。[②]子常是楚国令尹中少有的败类。他利用昭王初立年幼、大权失控之机，专权妄为，

① 详参《国语·楚语下》。

② 以上史实，详参《左传·昭公二十六年》。

听信谗人费无极之言，派遣右领鄢将师，先后冤杀了左尹郤宛、中厩尹阳令终及大夫晋陈三族之人，使楚国出现了神怒民怨的局势。为制止子常的宠谗、信谗和“专杀”行为，大臣沈尹戌从分析民情时势出发，向子常提出了严正警告。他指出：“夫无忌（极），楚之谗人也，民莫不知。……今又杀三不辜，以兴大谤，几及子矣。……吴新有君，疆埸日骇，楚国若有大事，子其危哉！”他向子常摆明了两条道路：或“爱谗以自危”，或“除谗以自安”，望其尽速作出选择。子常权衡客观形势，虑及个人前途，不得不选走后一条道路。《左传》对此记曰：“九月己未，子常杀费无极与鄢将师，尽灭其族，以说于国。谤言乃止。”[①]

有的令尹因私人势力过大，在客观上对王权造成了危害，大臣也有出面而行干预者。如令尹薳子冯有宠仆八人，“皆无禄而多马”。子冯的前任令尹子南，即因为仆从多马、私家势力过大而被康王所杀，子冯上任后仍昏不知戒，这就埋下了与王权矛盾的祸根。大臣申叔豫视此甚为忧虑，郑重提醒子冯注意“子南得罪，观起车裂”的前车之鉴，子冯为之猛醒，乃立辞八人，从而缓和了与康王潜在的紧张关系。[②]通过善言说劝亦可达到制约令尹权势的目的，这是最为明显的一例。

楚国大臣对令尹军权的制约，在军事方略的谋划方面和决定对敌和战的问题上，都有反映。关于前者，宣王十七年（前 353 年）魏围赵，大司马景舍在和令尹昭奚恤辩论要不要救赵的问题时，否定了令尹的军事方略，代之以他所提出的、得到宣王赞许的新方略，即为其例。此事前已详言，毋庸赘述。关于后者，《左传·宣公十二年》载有一例，这就是邲之战前夕令尹孙叔敖采取不与晋战的行动，由于伍参的干预而得到纠正。事情的简单经过是这样的：是年春楚军服郑后，在要不要与渡河救郑的晋军进行决战的问题上，楚军内部存在着两种对立的意见。庄王的嬖宠伍参主张迎击晋军，但“令尹孙叔敖弗欲”，且以三军统帅的

① 事见《左传·昭公二十七年》。

② 事见《左传·襄公二十二年》。

身份下令“南辕反旆”。伍参自知力薄，遂变换策略，设法先行说服庄王。“王病之，告令尹，改乘辕而北之”，于是楚国乃有邲战之捷。明人周圣楷说：“盖谋之既臧，即嬖人可以佐相国之所不及。”[①] 此确为透辟达理之言。

楚国大臣为制约令尹的权力，亦有采取杀戮手段者。任职于文王初期的令尹子元，秉性贪色暴虐。他为占有文王夫人（即息妫），竟公然“处王宫”，且乘机劫掠宫中财物。大臣“斗射师谏”，他则“执而梏之”。申公斗班忍无可忍，乃奋身将其杀死。斗榖於菟出任令尹，“毁家纾难”，楚国始有新的转机。[②] 在楚国历史上，大臣杀戮令尹的事件多有发生[③]，但目的在制止令尹专权妄为，又确实收到实效者，这是仅有的一次。

以下来看国人对令尹权力的监督和约束。

国人在楚国是一支能够左右社会舆论的重要力量，他们对人物和时势的评品臧否，常常能决定某人的前途和命运，并能对楚国的政局造成决定性影响。

由于楚人尚武，具有喜征战、重成败的习俗和传统，故国人对令尹权力的监督，特别着重于军事方面。凡渎职而造成军败的令尹，几乎没有一个能逃脱国人的追究。据前文已知，成王四十年（前 632 年）令尹子玉兵败城濮，成王在遣使令其自杀时只讲了一条理由：“大夫若入，其若申、息之老何？”这是一句很值得玩味的话语。它向人们披露：逼杀令尹子玉，与其说是成王的意志，毋宁说是申、息二县广大国人和民众的意志。令尹出战丧师辱国将会受到国人何等严厉的声讨，这里提供了最为鲜明的例证。还有一种情况，令尹出战失败，即使没有达到丧师辱国的程度，国人也会予以相当强烈的批判，以造成舆论的重压。这

① 〔明〕周圣楷《楚宝》卷十一。

② 以上史实，详参《左传 · 庄公二十八年》《左传 · 庄公三十年》。

③ 如悼王死后，保守、落后的旧贵族联合攻杀吴起；考烈王死后，李园袭杀春申君；等等，皆为其例。

种舆论的重压，有时也足以使令尹羞愤至死。关于这一点，令尹子重的遭遇就是典型的一例。共王二十一年（前570年）春，令尹子重率领一支经过选练的大军侵伐吴国，攻取鸠兹（今安徽芜湖东南），进抵衡山（今安徽当涂东北），取得了一定的胜利。但楚军中由邓廖所分领的一支队伍在进攻中却遭到失败。这支队伍由穿组甲的车兵三百人、穿被练的徒兵三千人组成，因受吴军邀击大部丧亡，邓廖被俘，逃归者只有车兵八十人，徒兵三百人。当子重返回楚国时，尚不知邓廖军败，故依旧在太庙里摆酒庆功，赏赐将士。三天后，吴军还攻楚军，攻占了驾邑（今属安徽无为），邓廖失败的消息亦接踵而至。驾是楚国的上等城邑，邓廖也为楚之良将。故《左传》的作者引用所谓“君子”的评论指出：“子重于是役也，所获不如所亡。”这种得不偿失的结局，引起了国人的愤慨，《左传·襄公三年》所谓“楚人以是咎子重”[①]就是明证。子重一生征战甚多，如庄王十六年（前598年）“侵宋”，十七年“战邲”，十九年至二十年“围宋”；共王二年（前589年）“救齐”，六年、七年“伐郑”，九年“侵陈以救郑”，又“自陈伐莒”，十六年战于鄢陵，十七年“救郑”，十八年“救彭城，伐宋”，从来未曾败北或失误，仅共王二十一年一次军败，国人也不予宽容。“子重病一跌之伤前烈”[②]，愤悔交加，痛不欲生，“遂遇心疾而卒”[③]。国人的这种只许成功、不许失败的意向，反映了他们对令尹的军权督束之严，这对促使令尹重征战、重成败，不敢懈怠军职，显然起着重要作用。

国人对令尹权力的制约，还表现在对当权悖法的令尹进行斗争方

① 这里所谓“楚人”，主要是指国人。〔日〕安倍道子在《关于春秋时代的楚王权》一文中也是这样认为的。他指出：“这里所说的‘楚人’，与……《左传·襄公十五年》上的一条记载中所说的‘国人’（按：即所谓‘以靖国人’）几乎具有同样的意思。”

② 《会笺》襄公三年《传》笺。

③ 《左传·襄公三年》。杨伯峻注曰：“古所谓心疾并非今日之心脏病而是今日之精神病。自古以至清代中叶，都误以为心之作用为脑之作用。……昭公元年《传》云‘明淫心疾’，亦为思虑过度而得脑病。”

面。这里且以国人反对子常的事例予以说明。

以上曾谈到令尹子常听信费无极谗言，指派鄢将师率众攻杀郤氏、阳氏、晋氏三族的问题。此事发生后，“国人大怨”，他们在郢都发起了一场舆论攻击，以致达到了“国言未已，进胙者莫不谤令尹”的程度。《左传》有“令尹病之”的记载，说明国人的反抗运动已对令尹造成了威胁。事态发展到这一地步，左司马沈尹戌才挺身出谏子常，正告以“楚国若有大事，子其危哉”！这句话的实质，也是指遇事而民情不服，恐生他变。最后令尹子常出于“以说于国”而保住官位的考虑，被迫采纳了沈尹戌的建议，出令灭掉费、鄢之族。[①] 这一结局，清楚地透露了一个问题：楚国的国人在特定的情况下，具有取舍定夺令尹人选的巨大力量。

三、小结

楚令尹权力所受楚王、大臣及国人制约的情况，大致即如上述。在这三种制约力量中，楚王的制约带有关键的性质。因为它既用原则制度作保障，控扼了令尹可能专权妄为，以至窃国篡政的诸多要津，又以杀戮和奖赏的手段震慑且利诱之，致使令尹或诚惶诚恐、藏锋敛刃，或克己尽忠，以身报国，这样就有助于对令尹实行有效之控制。至于大臣和国人对令尹权力的制约，也具有不可忽视的意义。这两种制约力量，能够将令尹置于从国家政权机构到基层社会的广泛监督之中，使令尹用权不得不考虑统治集团和广大民众的意愿，不能不受到舆论的褒贬和社会的检验。显然，这有助于制止令尹专暴贪邪的行为和渎职不谨的作风，以杀减他们在运用权力时对国家和民众带来的危害。

总之，以楚王的制约为基础，以大臣和国人的制约相补充，楚国确立起了一套比较完整的制约令尹权力的制度。从春秋以迄战国，楚令尹位高权大，但楚国政权却未下移，不曾出现郑七穆，卫孙、宁，宋华、

---

① 以上史实，详参《左传·昭公二十七年》。

向，鲁三桓那种长期专政、乱国乃至瓜分公室的现象，在很大程度上就是由于这套制度在起作用。如果说楚令尹制有什么可取之处的话，那么其长处之一就是建立了这套制约令尹权力的制度。当然，这套制度还存在着一些缺欠。这从族势雄厚的令尹、幼主当国时的令尹及有封君爵称的令尹多出现专权现象即可看出。如何应对这几种情况下可能发生的令尹专权，楚国显然缺乏一些特殊的措施和制度规定。另外，战国中期以后，各国都出现了将相分权的现象，君主集权制有所加强，而楚国的令尹仍然是将、相兼职，军政统理。由于制约令尹权力的制度不能解决这一根本问题，楚国的君主集权制远没有发展到他国将相分职后君主专制的高度，楚国的政治制度就相对地显得落后了。

第六章　楚令尹与分领其职司的主要属官

楚令尹总掌全楚内政、军事、外交大权，权力巨大，管辖面甚广，他不可能事事亲力亲为，这就需要由他属下的一个职官群来分领其职司，以保障其权力能够正常运行，并巩固其权力的长期稳定性。以下的叙述，分官称而顺次进行，以明确每种职官到底分担了令尹的哪些职能。

第一节　卿级及亚卿级官员

一、司马（柱国）

司马是楚国最高专职武官，与令尹并称楚之“二卿”或“二卿士”①，在楚官中排序第二，在楚被称为“王之四体”、王之“股肱”②，可见其地位之崇高和重要。但楚之“二卿士”与当时他国的“二卿士”有所不同。诸夏各国的“二卿士”均为“二头政治”中的执政官，二者权力相差不大。楚之“二卿士”，令尹是唯一的宰辅，司马

① 楚司马和令尹之称“卿”或“卿士”，是一种与周制相比拟的称谓，而并非二者的实际官称。称二者为“二卿”，见成公九年、十六年《传》；称“二卿士”，见哀公十六年《传》及杜《注》。详解参本书第一章第二节“卿士、卿”条。所谓“亚卿”，亦为卿级官，但比“卿”“卿士”略低一等。

② 楚令尹，司马被称为“王之四体”，见《左传·襄公三十年》引申无字语；被称为王之“股肱”，见《左传·哀公六年》楚昭王答周太史语。

比令尹官低一级。司马需升职一级，才能达到令尹官阶。《左传·襄公十三年》："司马，令尹之偏。"杜《注》："偏，佐也。"这清楚说明司马是处于令尹辅佐的地位。在对外战争中，若令尹、司马同时在军，则令尹必为统兵主帅，司马仅为副帅。但司马也可以单独领军出战而为主帅。二者的上下级关系、主次关系，本书在第五章和第九章中，用大量史实作了详尽论证，故不重复。战国时期，司马出战的次数较令尹为多，表明其军事权能有所增升，但直至战国之末，令尹为全楚最高军事首长、司马（柱国）为次的官序也无改变，详参《战国策·齐策二》中陈轸和昭阳的问答。在楚国长期对外征战中，司马（柱国）是令尹众多属官中军权最重、分担令尹军权最多的职官，详见本书第五章第二节。

二、左尹和右尹

左尹和右尹为令尹之左膀右臂，而并非司马（柱国）之副手，其与司马（柱国）大致处于同级的地位，是军事地位很高的官员，有时也可以兼领他职。左、右尹均可直升为令尹，顾栋高《春秋大事表》卷十引"程启生曰"："子辛、子重俱以贵介为左、右尹，出将重兵，其后并为令尹，益亦楚之高官。"

左尹最早见记于《左传·宣公十一年》："楚左尹子重侵宋。"次年，晋、楚战于邲，令尹孙叔敖为楚三军统帅，"子重将左"，已是令尹之副帅。子重由左尹迁升令尹，或在庄王之末，但直到共王二年（前589年），他才以令尹之官见记于《左传·成公二年》："（秋）楚令尹子重为阳桥之役以救齐。"其时他已为令尹多年。

左尹之官，不仅楚王族之人可以担任，客卿亦可任之。据《左传·昭公二十七年》，是年春，楚在东线与吴交战，"左尹郤宛、工尹寿帅师至于潜。吴师不能退。"这是左尹出将戎众的又一例证。郤宛又名子恶，为奔楚的晋世族子弟，为人"直而和"，深得楚人之爱。但不久被恶贯满盈的令尹子常设计杀害。

关于右尹，《左传·襄公十五年》记楚官排序时，将它置于"大司马”之前：“楚公子午为令尹，公子罢戎为右尹，蒍子冯为大司马……”左、右尹与司马大致处于同级地位，此排列虽无大错，可右尹之官毕竟不在楚之“二卿士”之列，也从无“王之四体”、王之“股肱”之说，其军事职能也无司马之尊。在楚官排序上，将其列于“大司马”之前，并不十分恰当。

在晋、楚鄢陵之战时，右尹子辛为“右军将”，这已是右尹军职的最高体现了。

右尹之官，客卿亦可任之。郑人子革（又名郑丹、然丹），齐人申鲜虞奔楚后都曾官任此职，参阅《左传》襄公十九年及襄公二十七年。

战国时期，左、右尹已不见于文献记载，但考古资料正好可弥补这方面的缺失。在公元前 433 年过世的曾侯乙的墓中，简文所记赠马者里，可以看到楚国左、右尹的官名，古文字专家裘锡圭认为，这“也可能是楚国官员”[①]。如果这还算不上最后确证的资料，那么其后包山二号楚墓竹简简文中，有楚“左尹”的记载，则是确证。

包山二号楚墓竹简：

> 东周之客鲁（许）绖逯（归）䢵（作）于蔵（栽）郢之戢（岁），頣（夏）𡰵之月乙丑之日，苛嘉以长则为左尹𨘭贞（贞），出入时（侍）王，自頣（夏）𡰵之月以庚𡪞（集）戢（岁）之頣（夏）𡰵之月，𦘔（尽）𡪞（集）戢（岁）竆（躬）身尚毋又（有）咎。[②]
>
> ……为左尹邵𨘭贞（贞）……[③]

上引文中的“左尹𨘭”与“左尹邵𨘭”为一人，“邵𨘭”亦作“昭𨘭”。主要内容是：贞人苛嘉为邵𨘭贞问“出入侍王”有无灾祸。据包山楚简中的司法文书所载，凡复杂的案件，县级部门不能判定的，需呈

---

① 裘锡圭《谈谈随县曾侯乙墓的文字资料》，载《文物》1979 年第 7 期。

② 湖北省荆沙铁路考古队《包山楚简》，文物出版社 1991 年版，第 216、217 号。

③ 《包山楚简》第 220 号。

报“左尹”，若“左尹”不能裁定，则需呈报楚王。如舒庆杀人案，在县级判定后，舒庆不服而上告，左尹不能判定，便呈报楚王，然后，“左尹以王命告”县公。[1]著名楚学专家罗运环教授指出，上列简文中左尹邵㠯“出入侍王”四字，指的就是司法文书所载左尹办案的具体程序。笔者十分认同这一观点。

由此可以看出，战国时楚左尹的职任，其重点已转至司法刑狱方面，而替代了春秋时期“司败”（廷理）的责权。至于其还有否既往的军事权能，目前尚无法论定。

三、太师、太保

《礼记·文王世子》：“立大傅少傅以齐之，欲知其父子君臣之道也。……师也者，教之以事而喻诸德者也。保也者，慎其身以辅翼之而归诸道者也。”

春秋战国时，楚像诸夏各国一样，也设有师、傅、保的职官，以辅导训育太子。太子立为楚王后，师、傅、保则变称为（或升职为）太师、太傅、太保。这些宫廷教育之官，地位很高，一般不归令尹辖属，但也有少数例外——他们或参与筹谋军国大事，或亲赴战阵，任领军将帅，甚至还有可直升令尹者。

据《左传·哀公十七年》，此年楚伐陈，在商讨何人可任令司、司马的辅佐而出征时，“（太师）子谷曰：‘右领差车与左史老皆相令尹、司马以伐陈，其可使也。’”虽然最后通过龟卜二人未被选中，但由此可以看出，作为楚王老师的“太师”，是可以参与谋划军国大事的。

《左传·文公元年》载，原为太子商臣之师的潘崇，在商臣即位为穆王后，升职为太师，且掌“环列之尹”。《史记·楚世家》亦记曰：“（穆王）使为太师，掌国事。”

《左传·文公十一年》载：“十一年（前616年）春，楚子伐麇。成

① 《包山楚简》第131—139号。

大心败麇师于防渚。潘崇复伐麇，至于锡穴。”成大心时为令尹[①]，在其胜敌于防渚后，潘崇率另一支楚军，“复伐麇”，一直打到锡穴，潘崇显然是这次伐麇之战的副帅。

庄王元年，潘崇再次作为令尹的副帅，倥偬于戎马之中。《左传·文公十四年》载：“楚庄王立（前613年），子孔（令尹）、潘崇将袭群舒，……而伐舒蓼。”这再一次说明，太师在主职王师而外，是可以兼领高级军职的，但其军职不可高于令尹。

再看保申（鲍申）。《说苑·正谏》明言保申曾是文王为太子时之“保”：“先王（武王）以臣为保，吉。”据《正谏》所载，楚文王曾“畋于云梦”，期年不听朝政。经保申谏笞，他乃转变行操，“务治乎荆”，取得了“令荆国广大”的可观业绩。《淮南子·说山训》亦云：“文王污膺，鲍申伛背，以成楚国之治。”高诱注：“鲍申，楚相。”经分析考证，保申相楚时已至文王晚期。[②]有关保申的记载可以说明两个问题。其一，作为太子和楚王的“保”“太保”，权力至大，大到可以谏笞君主的地步。其二，保和太保地位极尊，可直升令尹之官。

四、莫敖（大莫嚣）

莫敖之官为楚屈氏世职。其最早见记于《左传·桓公十一年》，即楚武王四十年（前701年）。武王四十至四十二年（前701至前699年），莫敖屈瑕连续三次率军伐郧、伐绞、伐罗，均为统兵主帅。此间令尹之官尚未出现，单从军职来讲，莫敖明显为楚之最高军事首长。楚武王五十一年（前690年），伐随，令尹之官首次见《传》，即排在莫敖之前。《左传·庄公四年》对此记曰：“……（武王）伐随……令尹斗祁、莫敖屈重除道梁溠，营军临随。随人惧，行成。”此战莫敖为领军副帅，职级相当于后来的大司马。楚成王十六年（前656年），齐桓公

① 成大心为令尹，可参阅本书第二章第一节。
② 参本书第二章第一节。

帅八国联军“侵蔡”“伐楚”[①]，“楚成王使将军屈完以兵御之，与桓公盟”[②]。经分析考证，此时的屈完仍承继屈氏世官，为莫敖。[③]能领兵对抗空前强大的齐桓联军，其职级显然非大司马莫属。楚成王中后期楚司马之官出现后，莫敖的军职有所降低，但地位仍然很高。灵王三年（前538年）“楚子以诸侯伐吴，使（莫敖）屈申围朱方……”昭王十年（前506年）柏举之战时莫敖大心英勇杀敌，“断脰决腹而死”[④]等，均说明莫敖为军中重要将领。春秋时期的莫敖，还身负出盟诸侯的重大外交使命。《左传·桓公十一年》：莫敖屈瑕“将盟贰轸、……卒盟而还”；《左传·桓公十二年》：屈瑕“伐绞，……大败之，为城下之盟而还”；《左传·庄公四年》：莫敖屈重“以王命入盟随侯，且请为会于汉汭而还”；《左传·僖公四年》：楚屈完“来盟于（齐）师，盟于召陵”；《左传·昭公五年》：灵王“以屈生为莫敖，使与令尹子荡如晋逆女”。这些史实说明，莫敖有权代表楚国，出使与诸侯签盟，或作为令尹的副使参与外交活动。主掌外交，乃令尹主职之一。莫敖既有约定俗成的如此重大的外事活动之权，其为令尹主管外交的副手，应是确定无疑的史实。

《左传·襄公二十五年》还有一条记载，显见莫敖的地位：“楚薳子冯卒，屈建为令尹，屈荡为莫敖。”屈建（子木）于康王九至十二年（前551—前548年）为莫敖，其升任令尹，是莫敖可直升令尹的典型例证。

战国时期的莫敖，文献仅《战国策·楚策一》一见，即楚威王时期的莫敖子华。从其答楚威王问可知，这时莫敖可兼职楚王顾问以应对咨询。其主职当同于春秋时期。一些考古资料有关于莫敖的记载，可弥补文献记载的不足。如包山2号墓“简7”：“……安（焉）命大莫嚣（敖）易为命邦人内（纳）其溺典。”曾侯乙墓竹简：“大莫嚣（敖）

① 见《左传·僖公四年》。
② 《史记·楚世家》。
③④ 参见本书附录一之《莫敖表》。

旟（阳）为适豧之春八月庚申，軸趧执事人书入车。”竹简中所记之“大莫嚣”即文献中之“莫敖”。文献记载中还有“左徒”之官，著名学者姜亮夫以五条证据“疑左徒即莫敖”[①]。其说可疑。因曾侯乙墓简文所记赠马者中，亦有“左𨑓（徒）”官名，它和此墓中简文所记“大莫嚣（敖）”并存。[②]这足以说明“左徒”与“大莫嚣（敖）”并非同一“职官”。还有一枚世存相当于战国后期的楚玺，其上铸刻有“大莫嚣鉨”之文[③]，这更加说明了 “左徒”并非“大莫嚣（敖）”。“大莫嚣（敖）”当与春秋时期的“莫敖”职司雷同。威王时“莫敖”的职司（备王咨询的顾问）当只是“大莫嚣（敖）”临时性的职责。

五、左徒

“左徒”之官名，最早见于曾侯乙墓的简文。曾国当时已是楚之属国，其职官名称几乎全袭自楚国。[④]曾国既设有“左𨑓（徒）”一官，反推可知，楚设此官当早于曾国，时为战国早期。直到战国后期，此官仍存，怀、襄时期担任此职的先后有屈原和黄歇二人。

“左徒”职司为何？《史记·屈原贾生列传》作有如下记述：“屈原者，……为楚怀王左徒。……入则与王图议国事，以出号令；出则接遇宾客，应对诸侯。”从以后的史实来看，身兼内政、外交之职的屈原，其活动重心在“应对诸侯”的外事方面。

据《新序·节士》，屈原在外交方面的作为主要表现在“联齐抗秦”一事上：“屈原为楚东使于齐，以结强党。秦患之，使张仪之楚……楚既绝齐，而秦欺以六里。是楚怀王悔不用屈原之策，以至于此。于是复用屈原。屈原使齐。”此文记载屈原曾两次使齐。钱穆先生在《先秦诸

① 见姜亮夫《楚辞学论文集》（上海古籍出版社 1984 年版）中之《〈屈原列传〉疏证》一文。
② 裘锡圭《谈谈随县曾侯乙墓的文字资料》，载《文物》1979 年第 7 期。
③ 见《文物》1988 年第 2 期第 62 页“楚玺”。
④ 参裘锡圭《谈谈随县曾侯乙墓的文字资料》。

子系年》中考证，屈原第一次使齐约在楚怀王十一年（前 318 年）。此年山东六国联合攻秦，楚怀王为纵长。屈原在此前活动于齐国可能性很大。也有人认为，屈原首次“东使于齐”，是在怀王十二年（前 317 年），目的在联齐、转以与秦争。[①] 据上引《新序》之文，屈原第二次使齐在怀王十七年（前 312 年）楚败丹阳、失地汉中之后的公元前 311 年，《史记·楚世家》所记亦同。次年张仪再次使楚，怀王听取上官大夫等人的谗言而将其放归。据《楚世家》所载，其时“屈原使从齐来，谏怀王曰：‘何不诛张仪？’怀王悔，使人追张仪，弗及”。顷襄初期，屈原再遭奸人诬陷而被放逐，秦破郢都后投汨罗而死。

公元前 278 年楚迁陈郢后，任顷襄左徒之官者为黄歇。当时秦昭王欲联合韩、魏一举灭楚，出兵的号令业已发出。此时黄歇正以楚使身份在秦。为阻止秦的行动，他乃上书昭王，以足智多辩的言辞对其进行了一番晓理诱利的说教。这篇千古难寻的外交美文，透析了伐楚“不如善楚”的缘由，终于说动了昭王，使其不但放弃了灭楚的打算，而且“止白起而谢韩、魏，发使赂楚，约为与国”[②]。

“左徒”为楚王重臣，可直升令尹。《史记·楚世家》：“考烈王立，以左徒（黄）歇为令尹，封于吴。”从上文可知，“左徒”的外交职能和成就，几与春秋时的楚莫敖相媲美。

六、左司马和右司马

左、右司马，是楚司马（大司马）的副手，佐助司马（大司马）掌军事。

左、右司马，最早见记于楚穆王九年（前 617 年）。据《左传·文公十年》，是冬，楚穆王与宋、郑之君“田孟诸”，“期思公复遂为右司马，子朱及文王无畏为左司马”。子朱与文王无畏为息县和申县县公，

① 参姜亮夫《楚辞学论文集》，上海古籍出版社 1984 年版，第 56 页。

② 《史记·春申君列传》。

加上期思公，三人原职皆为县尹。穆王田猎时以之为左、右司马，为临时所行之特例，非常制。

春秋时见于文献的楚司马副手——左司马，共有四人。他们是：康王时的公子成，昭王时的沈尹戌和眅（姓缺佚），惠王时的申鸣。[①]《左传·襄公十五年》记有一个楚官排位序列，左司马公子成位列莫敖屈到之前。不管这一排序是否完全合理，但起码说明左司马在楚官中地位是不低的。

沈尹戌，即左司马戌，是春秋时期楚国的忠君爱国名将。其领兵出战，首见于昭王元年（前515年）。《左传·昭公二十七年》载："吴子欲因楚丧而伐之，使公子掩余、公子烛庸帅师围潜。……左司马沈尹戌帅都君子与王马之属以济师。"任职于昭王前期的令尹子常，为政不端，贪财过度，沈尹戌曾多次对其进行指斥，显现了难得的正义之气。他的巨大军功，主要表现在昭王十年吴入郢之战期间。据《左传·定公四年》，当吴军攻势逼近汉水之时，他向令尹子常提出了一个大胆而正确的作战方案："子（指子常）沿汉而与之上下，我悉方城外以毁其舟，还塞大隧、直辕、冥阨。子济汉而伐之，我自后击之，必大败之。"但子常未予采纳，在柏举兵败后逃郑。这时，他"及息而还，败吴师于雍澨"，"三战皆伤"而拒不退缩，最后令属下割其颈而死，演出了一幕抗吴之战中最悲壮的大剧。他以左司马之职所立下的忠勇之功，在楚国八百年的历史中，少见而稀闻。

其后的左司马眅和左司马申鸣，在抗敌于北线及平定白公之乱中，也立有战功。

右司马，春秋时期见于记载的，亦有四人。他们是：共王时期的公子申，康王时期的公子櫜师，昭王时期的稽（姓缺佚）和惠王时期的公孙宁（子国）。右司马的职司与左司马同，出战为领军将领。《左传·昭公三十一年》载"吴师围弦。左司马戌、右司马稽帅师救弦"，即是其

① 申鸣为"左司马"，见《韩诗外传》七。

例。《左传·哀公十七年》有“改卜子国初使为令尹”的记载，可知右司马亦可直升为令尹。

战国时期，楚仍设有左、右司马之官。据包山楚简“简 129”：“左司马适”曾以“王命”向期思县发布命令，按楚简行文习惯，此“左司马适”当为中央职官，即为司马（大司马）的副手。包山楚简“简 119”：“易（阳）陵司马达，右司马志。”有人认为此处的“易（阳）陵司马”及“右司马”，也“是中央职官”。[①]这是错误的，因为简文中的“易（阳）陵”是楚县，他们当是县级官员。

战国时期的文献，亦有左、右司马的记载。《战国策·齐策三》：“齐、韩、魏共攻燕，燕使太子请救于楚。楚王使景阳将而救之。暮舍，使左、右司马各营壁地。”这里的左、右司马是司马景阳的下属，其为中央级官员甚明。为驻军建造营垒，当为左、右司马的军职之一，他们的主要权能应与春秋时一样，为协同司马作战的副将。

第二节　大夫级中央官员[②]

一、工尹（大工尹）

《左传·文公十年》：“（成）王使（子西、斗宜申）为工尹。”杜《注》：“掌百工之官。”《左传·宣公四年》“芀贾为工正”，杨伯峻注曰

① 见谭黎明《春秋战国时期楚国官制研究》，社会科学文献出版社 2017 年版，第 62 页。

② “大夫”是周制爵秩中的第三等级，排在“王”（天子）、“公”（诸侯）之后，而在“士”之前。在一般诸侯国内，国君的臣属又分为“卿”和“大夫”两级爵秩。《春秋》用王法，将诸侯国内的“卿大夫”均称为“大夫”。但《左传》称“大夫”，则包括广义“大夫”和狭义“大夫”两种，广义之“大夫”与《春秋》称“大夫”相同；狭义之“大夫”，或者专指“卿大夫”中的“卿”，或者专指“卿大夫”中之“大夫”。本节“大夫级中央官员”中之“大夫”，即专指“卿大夫”之中的“大夫”，其虽为中央级官员，但比卿级官员要低一个级别。关于“大夫”爵秩之称用原则，详参本书第一章第二节之“三、大夫”。

“似工尹即工正”。

工尹的本职是主管各种器物的制造。《左传·昭公十二年》有工尹路受王命“剥圭以为鏚柲”的记载。切割圭玉、以装饰斧柄，显然为工尹所辖之事。

战国时楚仍设工尹（大攻尹）之官，“鄂君启节”铭文载：“……大攻（工）尹脽以王命命集尹……为鄂君启之府贜（就）铸金节。”① 铸造镀金青铜器物，亦为工尹权属之一。

工尹之官除监造器物之外，根据实际需要，还可兼领多种职司。

其一，战时可任出征将领。《左传·宣公十二年》载，邲之战时，“工尹齐将右拒卒以逐（晋）下军”。《礼记·檀弓下》：“工尹商阳与陈弃疾追吴师、及之。”《左传·昭公二十七年》：“吴师欲因楚丧而伐之……左尹郤宛、工尹齐帅师至于潜。吴师不能退。”《左传·哀公十八年》：“巴人伐楚，围鄾。……三月，楚公孙宁、吴由于、薳固败巴师于鄾。”是时薳固已由箴尹改任工尹。② 这是工尹为令尹（公孙宁）之副将出战之例。

其二，可作为外交使者。《吕氏春秋·召类》：“士尹池为荆使于宋，司城子罕觞之。”“士尹池”，《太平御览》四百九十引作“工尹他”。《新序·刺奢》亦同。可见，“士”当为“工”字之误。《左传·昭公十九年》：“楚工尹赤迁阴于下阴。”此亦属外交之任。

其三，可兼职神事。包山楚简“简 224”：“攻尹之社执事人暊举、卫妆为子左尹㡯举祷。”

有学者将职事染涑的蓝尹、主管玉器制造的玉尹、监制青铜器的集尹等，均列为工尹的属官。确否？尚有待实证。③

① 中国社会科学院考古所编：《殷周金文集成》，中华书局 1989 年版，第 12110—12111 页。

② 《左传·哀公十八年》杨《注》：“哀十六年《传》作箴尹固，此时又改官工尹。”

③ 谭黎明《春秋战国时期楚国官制研究》第 83—87 页。

二、司徒

司徒为楚国劳役大总管。凡筑城之事，令尹可直接令其主办。

《左传·宣公十一年》："令尹蔿艾猎城沂，使封人虑事，以授司徒。""封人"本是典守封疆之官。此《传》之封人，不与彼同，为专掌建筑城郭之事，即估计工程工需之类。因"封人为司徒之属官，故其虑事毕，上于所司也。"

三、箴尹

《左传·襄公十五年》载：

> 楚公子午为令尹，公子罢戎为右尹，蔿子冯为大司马，公子橐师为右司马，公子成为左司马，屈到为莫敖，公子追舒为箴尹，屈荡为连尹，养由基为宫厩尹，以靖国人。

上文依次所列楚中央重要职官，箴尹即为其一。

《吕氏春秋·勿躬》高诱《注》："楚有箴尹之官，谏臣也。"

春秋时期的楚箴尹（鍼尹）之官，《左传》载有四人，即庄王时期的斗克黄（斗生），康王时期的公子追舒（子南），灵王时期的鍼尹咎，昭、惠时期的薳固（鍼尹固、箴尹固）。

箴尹除正职"谏言"之外，还可兼职外交、筑城、出战等令尹的分职之事。

据《左传·宣公四年》载，若敖氏之乱时，令尹子文之孙"箴尹克黄使于齐"，归后被庄王赦免，"使复其所"，即"使克黄复任箴尹之官"[①]。此箴尹可兼外交事务之证。

《左传·昭公四年》："箴尹宜咎城钟离。"筑城本令尹所辖之务，箴尹可分任之。

① 见《左传·宣公四年》杨《注》。

箴尹出战事例较多，如《左传·定公四年》："鍼尹固与（昭）王同舟，王使执燧象以奔吴师。"又据《左传·哀公十六年》，白公之乱时，"（叶公）遇箴尹固帅其属，将与白公。"

箴尹亦可直升令尹。《左传·襄公十五年》："公子追舒（子南）为箴尹。"《左传·襄公二十一年》："夏，楚子庚卒，乃使子南为令尹。"

战国时，楚仍设箴尹之官。在金文和简文中，"箴"被写为"缄"。据《说文解字》，缄、箴、鍼，皆从咸得声。"缄尹"即《左传》中之"箴尹"或"鍼尹"。

"鄂君启节"铭文：

> 大工尹脽（"脽"，又可写作"雎"）以王命集尹恕（悼）糌，缄尹逆……为鄂君启之府赋（就）铸金节……[①]

鄂君启经商，其贩运之商品是有所限制且有征税规定的。缄尹参与审核，是其职内之事。

曾侯乙墓竹简：

> 缄尹旗之骝为右骖[②]
> 缄尹亳之两骝为骕[③]

缄尹旗、缄尹亳，是曾侯乙死后赠马助丧者。二人名字前加官称，证明战国时楚确设有缄尹之官。

---

① 《殷周金文集成》第12110—12111号。

②③ 裘锡圭、李家浩《曾侯乙墓竹简释文与考释》第152、171号，湖北省博物馆编《曾侯乙墓》，文物出版社1989年版，上册附录一。

四、连尹

连尹是楚国主管铅、锌矿的职官。[①]铅、锌是制造青铜武器和钱币的重要战略物资。所以主管铅、锌矿的连尹，在冷兵器时代地位就显得相当重要。《左传·襄公十五年》所记楚中央职官序列中，连尹屈荡排在莫敖后。

春秋时楚官连尹，除康王时的屈荡外，还有庄王时的襄老和平王时的伍奢。伍奢在任太子建之师前，曾任连尹，《左传》称“连尹奢”，见《左传·昭公十七年》。襄老于庄王十七年（前597年）死于邲之战，说明连尹之官亦可兼任军职。

战国时楚仍设连尹之官。《古玺汇编》收有“连尹之玺”[②]。此时之连尹，职能当同于春秋时期。

五、宫厩尹

宫厩尹，掌宫内养马之官。一说宫厩尹掌宫围之禁。[③]

《左传·襄公十五年》所列楚中央职官，它为其中之一。

春秋时见于《左传》的宫厩尹，计有四人，即康王时的养由基、郏敖时的子晰（公子黑肱）、灵王时的斗弃疾（蔓弃疾）、昭王时的阳令终。

养由基为楚之神射手。《战国策·西周策》载：“楚有养由基者，善射。去柳叶百步而射之，百发百中。”其射力极强，将革甲置于物上，“彻七札焉”，即能将七层厚的革甲一箭射穿。邲战时，任庄王右广之“右”。鄢陵之战时，晋将吕锜（魏锜）“射共王中目”。共王召来养由基，“与之两矢，使射吕锜”。养由基仅一箭就使吕锜毙命[④]。他在两次

① 参郭仁成《试探楚工官》，载《益阳师专学报（哲学社会科学版）》1987年第4期。
② 罗富颐主编《古玺汇编》，文物出版社1981年版，第0164号。
③ 《春秋分记·职官书四》：“宫厩尹，亦曰中厩尹，掌宫围之禁。”
④ 参《左传·成公十六年》。

晋楚大战中的杰出表现，为其晋升宫厩尹之官奠定了基础。

宫厩尹参战者，还有斗弃疾（蔓弃疾），参阅《左传・昭公六年》。

子晰（公子黑肱）郏敖时以王之叔父任宫厩尹。灵王篡权后，“出奔郑”，在外流亡十二年。灵王末年回国参加公子弃疾所发动的政变，一度任令尹，未久被吓杀。这表明宫厩尹亦可直升令尹。

六、司败（廷理）

春秋时，楚和中原各国均设有掌管司法刑狱之官，中原各国称“司寇”，楚称“司败”或“廷理”①。《说苑・至公》载：“凡立廷理者，将以司犯王令而察触国法也。”是知廷理与司败乃一官二名。战国时，“司败”已降为县及封邑一级的法官②，全楚最高司法之官已变为“左尹”③。由于司法刑狱是治国之要具，为令尹权属之重要一环，所以令尹常将这方面的工作置于自己的控制之下。对廷理的执法情况，令尹有监督、纠错之权。《说苑・至公》记述了这样一个事例：子文的一个族人犯了国法，廷理将其拘留起来，后听说是令尹的本家，就将其释放了。子文得知情况，召来廷理，谴责他“弃法而背令”，责令其立即纠错，迫使廷理将其族人重新逮捕，并依规对其动用了刑罚。侦查冤案，也属令尹的关注范畴。《楚策一》有载，郢都某人因牵连刑事案件，被关押了三年而未进行判决。令尹昭奚恤经过暗访，确认此人蒙冤，“不当服罪”，而将其放归。令尹还有权直接处理案犯。据《说苑・至公》，前令尹虞丘子的一个族人犯了国法，“孙叔敖执而戮之”。《史记・循吏列传》说孙叔敖为政时“世俗盛美”，“盗贼不起”，这显然与孙叔敖严管司法有关。

① “司败”一官，见于《国语・楚语下》及文公十年、宣公四年《传》。“廷理”见于《说苑・至公》。

② 见《包山楚简》第 31 号、第 76 号、第 128 号等。

③ 见《包山楚简》第 216 号、第 220 号。

七、史、左史

史、左史，楚之史官。战时亦可从军作战。

《左传·定公四年》："十一月庚午，二师（吴楚之军）陈于柏举。阖庐之弟夫槩王……以其属五千先击（令尹）子常之卒。之常之卒奔，楚师乱，吴师大败之。子常奔郑。史皇以其乘广死。"说明史皇在令尹败逃后，仍坚持与敌搏战，直至战死。

据《左传·襄公十七年》，此年楚伐陈，"左史老"曾被推荐为令尹的将佐。

另据《左传·昭公十三年》，蔡公弃疾趁灵王在东线与吴作战之机，率军进攻郢都，欲图政变夺权。作为史官的猈不仅身在军伍，而且被命为先锋，去执行杀戮灵王家人的任务。《传》文记此事曰："蔡公使须务牟与史猈先入，因正仆人杀大子禄及公子罢敌。"

这些史料均说明，楚之"史""左史"在主职之外，是可以兼领军职的。

八、太宰

楚太宰主职外交，即《新序·杂事一》所谓的"奉珪璧，使诸侯，解忿悁之难，交两国之欢，使无兵革之忧"。

见于《左传》等文献的楚太宰共有五人，他们是：共王时的子商（公子辰），共王至郏敖时的伯州犁，灵王时的薳启强，平王时的犯（姓缺佚），惠王时的子朱。

《左传·成公九年》："十二月，楚子使公子辰如晋，报钟仪之使。请修好，结成。"杨《注》："……公子辰，字子商，官太宰。"次年《传》又载："十年春，晋侯使籴茷如楚，报太宰子商之使也。"

据《左传·昭公元年》，郏敖四年（前541年）春，令尹公子围"聘于郑"，将"娶于公孙段氏"。郑惧令尹围带甲拥兵而入会危及郑之安全，欲使楚众下榻于城外。伯州犁认为这种做法不合卿礼，将使令尹无颜于诸侯，且“无以返国或复命”。郑人无以对，始允准楚众入驻都内。“三月甲辰”，令尹围“设服离卫”，即用楚君的服饰设施会见郑卿。郑叔孙穆子讥讽之曰：“楚公子美矣，君哉！”伯州犁为之辩曰：“此行也，辞而假之寡君。”[①]杜《注》：“闻诸大夫之讥，故言‘假’以饰令尹之过。”即言令尹出行而用王礼，事前已得到君主许可。其随机应变之举，使令尹尴尬局面一时为之化解。

《国语·楚语上》：“灵王为章华之台……数年乃成。愿得诸侯与始升焉，诸侯皆距，无有至者。而后使太宰启强请于鲁侯，惧之以蜀之役，而仅得以来。”这是说为了给灵王装潢门面，太宰启强出使鲁国，用软硬兼施的手段，威逼昭公前来登“台”。据《左传·昭公七年》，是年夏，灵王在新建的章华台宴飨鲁成公，欢宴之际，将稀世宝物“大屈”之弓赐于昭公，“既而悔之”。如何以体面的办法收回所赠之物？太宰启强又使出了巧妙的计谋。他首先“拜贺”鲁君得到了如此宝物，当昭公问起缘由时，他解释说，灵王连自己的子孙也舍不得传与，“齐与晋、越欲此久矣”，他们“将伐鲁而取之”，劝昭公要“慎守宝矣”！昭公惧得此宝而招来战祸，“乃返之”。[②]由此可见，太宰的奇言妙计，可使“得”“失”转换于一瞬之间。

太宰还可担任楚王的军事顾问。鄢陵之战时，令尹子重命太宰伯州犁“侍于王后”，与王一起观察分析敌（晋）情。伯州犁为由晋逃楚的客卿，对晋军在战场上的部署与行动十分熟知。他对共王所问晋军的一切动作，一一作了准确回答，成为共王指挥此战的重要参谋。[③]此战最后楚败于晋，是由楚主帅司马子反醉酒所致，而与伯州犁回答共王所问无关。

---

① 详参《左传·昭公元年》的有关记载。

② 详参《左传·昭公七年》。

③ 顺参《左传·成公十六年》。

九、新造盩（新造尹）

《战国策·楚策一》记昭王十年（前506年），吴入郢，楚将亡，有棼冒勃苏者入秦求援。为求秦王接见，他七日“水浆无入口”，“昼吟宵哭”。秦王出问：“子孰谁也？”答曰：“楚使新造盩棼冒勃苏。”秦王了解全情后，深为其赤诚爱国之心所感动，“遂出革车千乘，卒万人”，发兵救楚。此自称官为“新造盩”的楚使，必主职外交无疑。楚铜器铭文有“新赔（造）”之官，战国初年楚官又有“新造尹”者[①]，由是知，“新造盩”当即“新造尹”，“盩”乃讹字。

本章小结

上列多种职官，以分领令尹军职者为最多。为何非武职之楚官均能领兵作战？此与彼时的贵族教育及习惯有关。正如童书业先生所言：“春秋以上，贵族官僚文武不分职……凡士以上之贵族，几无有不能射御者。……终春秋之世，未见贵族不能武事者，亦未见文武确实分职之痕迹。……战国以后，文武分职之制乃见萌芽。”[②]此确为精到之见。由此可推知，上述分领令尹外交、内政职司的楚官，亦可领兵打仗。至于地方级官员，如县尹、县公，其参与军事征战以分担令尹军务的事例就更多了，兹不一一列举。

① 见裘锡圭《谈谈随县曾侯乙墓的文字资料》。
② 见《春秋左传研究》第369页。

第七章　楚令尹大事记略

第一节　春秋时期楚令尹大事记略

一、斗祁

楚武王五十一年（前690年）：

据《左传·庄公四年》，是年春，楚武王帅军伐随，“卒于樠木之下。令尹斗祁、莫敖屈重除道梁溠，营军临随”。

令尹斗祁和莫敖屈重在武王死后，为了稳定军心，采取秘不发丧，开道架桥，在随都附近建造营垒的策略，佯示敌人以久战之计，“随人惧，行成。莫敖以王命入盟随侯，且请为会于汉汭而还”。

二、彭仲爽

楚文王三至八年（前687至前682年）：

《左传·哀公十七年》引“子谷曰”：“彭仲爽，申俘也。文王以为令尹，实县申、息。”

文王灭申、息以为县，时在前687至前682年间。关于令尹彭仲爽如何谋划、落实“县申、息”一事，以及建县对革新楚国国家政治体制有何重要意义，本书第八章第一节有详论。

三、保（鲍）申

关于保申任文王后期令尹之事，详参本书第二章第一节“保申”条。

四、子元（王子善）

楚成王六年（前666年）：

据《左传·庄公二十八年》，是年春，“楚令尹子元欲蛊文夫人，为馆于其宫侧，而振《万》焉。夫人闻之，泣曰：‘先君以是舞也，习戎备也。今令尹不寻诸仇雠，而于未亡人之侧，不亦异乎！’”

这是说，子元对貌美的文夫人想入非非，欲“蛊惑以淫事”[①]，居然在她的宫室旁边建造自己的新舍，在里边聚众大跳节奏强烈、乐声嘹亮的武舞，以求引起文夫人的注意。结果遭到了文夫人不以武强国而以舞媚色的斥责。子元得知消息后，为讨取文夫人欢心，于当年秋无端发起伐郑之战。同年传对此记曰：

> “子元以车六百乘伐郑，入于桔柣之门。子元、斗御强、斗梧、耿之不比为旆，斗班、王孙游、王孙喜殿。众车入自纯门，及逵市，县门不发，楚言而出。子元曰：‘郑有人焉。’诸侯救郑。楚师夜遁。”

这是说，子元率大军冲至郑都内城时，见内城的悬门并未放下，以为郑在玩空城计，下令全军退至城外安营。未久，又听说援郑的诸侯军将至，遂连夜领兵逃走。此战出动战车六百乘，大动干戈，却无果而返。楚方的损失不为不大。

此后又过两年，到成王八年（前664年），子元竟然住进了王宫，“势将盗楚而有之”[②]。《左传·庄公三十年》载：“斗射师谏，则执而梏之。秋，申公斗班杀子元，斗穀於菟为令尹。”

---

① 杨伯峻所注，见《春秋左传注》第一册第241页。
② 《左传记事本末》卷四十六附“士奇曰”。

五、子文（斗穀於菟）

子文是弑堵敖而拥立成王的主谋。

《楚辞·天问》："何环穿自闾社丘陵，爰出子文？吾告堵敖以不长，何试（弑）上自予，忠名弥彰？"

张正明先生指出："细味文意，杀死堵敖和拥立成王的主谋就是斗穀於菟。"[①] 实际上，杀死子元者正是若敖氏家族的重要成员申公斗班，而子文恰是该家族的大族长。由是观之，张先生的观点并非无稽之谈，而是有其成立理由的。

楚成王八年（前664年）：

《左传·庄公三十年》："斗穀於菟为令尹。自毁其家，以纾楚国之难。"

成王初年，经令尹子元反复折腾，楚已堕入灾难的深渊。此即令尹子文"毁家纾难"的历史背景。

春秋前期，楚君蚡冒和若敖的后裔，衍生了几个世家大族，主要有若敖氏、蒍氏、屈氏等，其中以若敖氏家族实力最为雄厚。作为富可敌国的若敖氏家族的大族长，令尹子文却是一个富而不骄、富而不贪、自奉甚俭、一心"庇民"的良臣。他刚就任宰辅之职，就把若敖氏家族巨额财产的一部分拿出来，献给国家，一解当时楚国的财政危机。他不仅"毁家纾难"以庇民，还做到了"菲薄衣食以恤民""削减爵禄以恤民"，真正实现了其"夫从政者，以庇民也"[②] 的诺言。详参本书第八章第二节。战国时期，莫敖子华在同楚威王论及楚国的"社稷之臣"时，曾盛赞他是"贫其身、廉其爵以忧社稷者"，将其列于全楚五大社稷名臣的首位。[③]

由于令尹子文形象清廉，为政不私，所以自他辅佐幼主成王开始，

① 张正明《楚史》，湖北教育出版社2017年版，第83页。
② 《国语·楚语》引"令尹子文曰"。
③ 见《楚策一·威王问于莫敖子华章》。

在他和成王的关系中，就出现了一种甚为罕见的臣能而君从的局面，这种局面一直保持到子文为政之终。参见本书第五章第四节关于子文权力之重的论述。以下略述其参与对外征战的事例。

楚成王十七年（前655年）：

《左传·僖公五年》："楚斗穀於菟灭弦，弦子奔黄。于是（时）江、黄、道、柏方睦于齐，皆弦姻也。弦子恃之而不事楚，又不设备，故亡。"

在楚、齐争霸之时，弦子站在了结盟齐国的江、黄、道、柏一边，与楚为敌。由此可见，子文灭弦，就是为了给这些齐的与国敲敲警钟。次年（前654年）楚又灭黄，开始了进一步剪除齐党的军事争斗。

楚成王三十二年（前640年）：

《左传·僖公二十年》："（秋）随以汉东诸侯叛楚。冬，楚斗穀於菟帅师伐随，取成而还。"

随以汉东诸侯叛楚，发生在楚宋争霸即将进入关键时刻的楚成王三十二年（前640年）。子文从安定腹内、集中全力争霸中原的战略考虑出发，于是年冬亲自率军出征，平定了这次动乱，迫随签订了服楚盟约。随自此以后，直至前506年吴入郢之战，近一个半世纪，信守与楚的盟约始终未变。

楚成王八至三十五年（前664至前637年），子文当政长达27年。这期间，他佐助成王渡过了与齐、宋争霸的艰难岁月，最终使楚取得了初霸中原的辉煌胜利，较楚庄王邲之战胜晋立霸早了约半个世纪。在《左传》等史籍的记载中，不少战事、会盟未必录下子文的名字，但他无疑是这些战事、盟会的主谋者和决断者。关于这一点，后世一些治春秋史的学者已经早有所窥。他们指出："成（王）用子文为政，浸浸蚕食矣。"① "楚杀子元而令尹子文为政，……猾夏益甚。"② "所谓'宋

① 〔南宋〕李明复《春秋集义》卷二十一。

② 〔清〕顾栋高《春秋大事表》卷二十六。

襄霸业，实楚成霸业’。”[1]子文卸任前，楚已经实现了“朝诸侯、长齐晋”[2]的夙愿，成了“中原事实上的霸主”[3]。这些论述，都超脱了历史的表象而把握住了事物的本质。

关于令尹子文佐助成王与齐、宋争霸的过程，以及楚初霸中原局面的形成，本书第八章第二节作有详细的记述和分析。与齐争霸的细目有：“三伐郑与盟召陵”“灭弦围许”“伐黄灭黄”“败徐于娄林”等。与宋争霸的细目有：成王三十一年（前641年）冬与诸侯“盟于齐”，此盟“实际上是以楚为盟主”的“摈宋”的大会；成王三十二年（前640年）大会诸侯于“鹿上”和“盂”，通过在会上逮捕和释放宋襄，使楚收到了立威攘霸之功；成王三十四年，楚、宋决战于泓水之滨，宋襄败死，楚由此在中原树起了霸旗。

六、子玉（成得臣）

楚成王三十五年（前637年）：

《左传·僖公二十三年》：“秋，楚成得臣帅师伐陈，讨其贰于宋也。遂聚焦、夷，城顿而还。子文以为之功，使为令尹。叔伯（芳吕臣）曰：‘子若国何？’对曰：‘吾以靖国也。夫有大功而无贵仕，其人能靖者与有几？’”这里记述了子文让令尹位于子玉的原因——子玉伐陈有功，显示有一定的军事才能；让位的目的与动机——安定国家；安定国家的策略——让有大功的人处于高位，以免其矜功生怨，不利于统治阶级的内部团结。这就基本上回答了芳吕臣对子玉任令尹于国不利的疑虑。但子文选择有大功无贵仕便不能“靖”的人为令尹，的确谈不上是真正的“举贤”。

是年冬，在外避难多年的晋公子重耳南游至楚，楚成王偕诸大臣设盛宴为之接风，令尹子玉也在席间。当成王一再问重耳回国当政后将如

---

① 童书业《春秋左传研究》第45页。

② 〔明〕周圣楷《楚宝》卷一“圣楷曰”。

③ 童书业《春秋左传研究》第57页。

何感念楚国的礼遇时，重耳不卑不亢地回答说：若晋、楚两军有机会遇于中原，我当“避君三舍”。若贵方仍不答应，我只有整顿装备，“以与君周旋”了。子玉见其已露出雄主气象，建议成王即时杀掉他，免生后患。成王未能允准。以此观之，令尹子玉还是有相当的政治洞察力的。

楚成王三十七年（前 635 年）：

《左传·僖公二十五年》：“秋，秦、晋伐鄀。楚斗克、屈御寇以申、息之师戍商密（鄀之国都）。”结果商密人叛楚服秦，“秦师囚申公子仪（斗克）、息公子边（屈御寇）以归”。楚令尹子玉闻讯率军“追秦师，弗及。遂围陈，纳顿子于顿”。此乃令尹子玉未完成既定使命，而将功补过之举。

楚成王三十八年（前 634 年）：

《左传·僖公二十六年》载，因与楚同祖的“夔子不祀祝融与鬻熊……秋。楚成得臣、斗宜申帅师灭夔，以夔子归”。是年《传》又云：“宋以其善于晋侯也，叛楚即晋。冬，楚令尹子玉、司马子西帅师伐宋，围缗。”未久，楚军又推进至齐境，把逃亡楚国的齐桓公之子雍置于谷地，派“申公叔侯戍之”，自己和司马子西就班师回国了。令尹子玉在离楚遥远的谷地扶植一个傀儡政权，驻扎一支守卫部队，目的在以后与齐打交道时，手里有一个进退自如的筹码。

楚成王三十九年（前 633 年）：

《左传·僖公二十七年》：“（秋）楚子将围宋，使子文治兵于睽，终朝而毕，不戮一人。子玉复治兵于蒍，终日而毕，鞭七人，贯三人耳。国老皆贺子文。子文饮之酒。蒍贾（蒍吕臣之子）尚幼，后至，不贺。子文问之。对曰：‘不知所贺。子之传政于子玉，曰：“以靖国也。”靖诸内而败诸外，所获几何？……子玉刚而无礼，不可以治民，过三百乘，其不能以入矣。苟入而贺，何后之有？’”

此段记载意在说明子文治兵简略宽容，以显示子玉治军的严厉有方，引来国老重臣对其择官得人的祝贺，但出乎意料的是，年纪尚幼的蒍贾对此看法却全然不同，他尖锐地指出子玉的致命弱点是“刚而无礼”，并非出将入相之才，断言其率军出战，“过三百乘，其不能率入”。此后事态的发展，证实了蔿贾的预言是有先见之明的。

楚成王三十九年冬至四十年春（前633年冬至前632年春）：

楚成王三十九年（前633年）冬，令尹子玉佐助成王率军包围宋都。参战者还有陈、蔡、郑、许之军。危机之时，宋派公孙固入晋告急，晋方打着“报施、救患”的旗号，决定出兵战楚，以期“取威”而“定霸”。局势已十分严重。《左传·僖公二十八年》对此记曰“楚子入居于申，使子玉去宋”，并讲明了让子玉撤离宋围，避免与晋一战的原因：晋文公在外颠沛流离已有十九年了，“险阻艰难，备尝之矣，民之情伪，尽知之矣”，劝告子玉“知难而退”，“允当则归”。子玉不听，并派伯棼（斗椒）前去请战，曰：“非敢必有功也，愿以间执谗慝之口。”战晋之目的，不在扬楚国威，而是以军功来堵塞叔伯父子对他的轻蔑和诋毁。子玉为泄私愤而战，未战而埋下了失败的因子。成王的失误在于：犹豫之中，仍对子玉抱有些许的期望，还将“西广、东宫与若敖之六卒”增调至前线，为子玉最终走向城濮开启了绿灯。

成王四十年（前632年）春、夏：

僖公二十八年《经》载：“（春）晋侯侵曹。晋侯伐卫。……楚人救卫。……夏四月己巳（二日），晋侯、齐师、宋师、秦师与楚人战于城濮，楚师败绩。”子玉撤离宋围，北上击晋，晋退三舍及在城濮与楚决战的经过，本书第八章第三节有详细记述与分析，可参阅。

城濮既败，子玉率军返国途中，成王遣使令其自杀。《左传·僖公二十八年》对此记曰：“王使谓之曰：‘大夫若入，其若申、息之老何？’……及连谷而死。”

七、蔿吕臣（叔伯）

楚成王四十年至成王？年（前632年至前？年）：

《左传·僖公二十八年》：“晋侯闻之（子玉自杀）而后喜可知也，曰：‘莫余毒也已。蔿吕臣实为令尹，奉己而已，不在民矣。”成王三十五年（前637年），子文让令尹位于伐陈有功的司马子玉，叔伯曾提出异议“子若国何”，即以为子玉不堪令尹之位，这说明他有知人之明，但他却黯于自知。从晋文公对他的评价来看，叔伯实是一个私欲甚重，不为民着想之人，其资质远在令尹子玉之下。其终职当下衔子上。

八、子上（斗勃）

楚成王四十五年（前627年）冬：

《左传·僖公三十三年》：“（冬）楚令尹子上侵陈、蔡，陈、蔡成，遂伐郑，将纳公子瑕。”这说明成王四十五年子上已任令尹。其任令尹当上接叔伯，具体在何年不详。

当陈、蔡被逼求和服楚后，子上又将郑文公逃楚的儿子子瑕以军事干涉的手段送回郑国，希图其成为郑国友楚之新君。意外的是，当楚军攻打郑都时，子瑕覆车于“周氏之汪”而亡。紧接着，“晋阳处父侵蔡，楚子上救之，与晋师夹泜而军”，阳处父不想与楚军决战，冀子上半渡而击之。子上未能上当，“乃退舍”。阳子宣称：“楚师遁矣。”双方遂各自退归。子上是役并无差错，但太子商臣却向成王诬告说：“（子上）受晋赂而辟之，楚之耻也。罪莫大焉。”成王不明就里，遂“杀子上”。子上被诬杀，与其往昔曾谏阻成王立商臣为太子有关，故招致商臣忌恨。事载本年《传》中，略不详述。

九、成大心（大孙伯）

楚穆王初年：

穆王初立，以谁为令尹？《传》无明载。顾栋高《春秋大事表》卷二十三《楚令尹表》，杨伯峻《春秋左传注》第二册第515页，都认为是成大心（大孙伯），但无详言。本人亦持此看法，并作有详细考证，参阅本书第二章第一节。

楚穆王四年（前622年）：

《左传·文公五年》："（春）六人叛楚即东夷。秋，楚成大心、仲归帅师灭六。"此役，成大心为统兵主师。

楚穆王十年（前616年）：

《左传·文公十一年》："春，楚子伐麇。成大心败麇师于防渚。潘崇复伐麇，至于锡穴。"此次佐穆王伐麇，成大心又为领兵主将。

楚穆王十一年（前615年）：

《左传·文公十二年》："（春）楚令尹大孙伯卒，成嘉（子孔）为令尹。"

十、成嘉（子孔）

楚穆王十一年（前615年）夏：

是年春，成嘉于大孙伯死后继为令尹。《左传·文公十二年》记曰："群舒叛楚。夏，子孔（成嘉）执舒子平及宗子，遂围巢。"群舒，据孔《疏》引世本，有舒庸、舒廖、舒鸠、舒龙、舒鲍、舒龚六名，地望在今安徽以舒城县为中心的庐江县至巢湖市一带。宗，偃姓群舒之国，地望与群舒相近，均在今安徽东部的江、淮之间。春秋时期，群舒对楚叛服无常。这次楚军东征，战败群舒，灭掉宗国，并把群舒及宗国之君俘虏至楚。

楚庄王元年（前613年）：

据《左传·文公十四年》，此年群舒再次作乱，庄王命令尹子孔等，再往征讨，"使公子燮与子仪守。……二子作乱，而使贼杀子孔，不克而还。八月，二子以楚子出，将如商密"，结果为庐戢黎和叔麇诱杀，庄王历险被救。

十一、斗般（子扬）

《左传·宣公四年》载："及令尹子文卒，斗般为令尹，子越为司马，𫇭贾为工正。谮子扬（斗般字）而杀之，子越为令尹，己（𫇭贾）

为司马。”

《传》言“及令尹子文卒，斗般为令尹”，并非说他接替子文为令尹，而是说他接任令尹的时间在子文死后。子文死前已卸任令尹，继任者为子玉。子玉自杀后，令尹相继为蒍吕臣、子上、成大心和成嘉，其间并无空缺。据考证，成嘉为令尹的下限在庄王元年或稍后，子越（斗椒）任令尹的上限为庄王三年（考见本书第二章第一节）。斗般处于成嘉和子越之间，则其任期当在庄王二至三年间。斗般任令尹并无事迹见《传》，顾栋高《春秋大事表》故未将其列入《楚令尹表》。但斗般任令尹，且为子越所替代，这是《左传》明载之事，是谁也无法否认的。

十二、子越（斗椒、子越椒）

楚庄王三年（前611年）：

据《左传·文公十六年》，此年“楚大饥”，“庸人帅群蛮以叛楚”，参与者主要有楚国西边的一些少数部族，如戎、麇等。形势一度危机到楚国是否应迁都的地步。庄王听取大臣蒍贾的建议，决定擒贼先擒王，出兵伐庸。庐戢黎以先锋攻至庸“方城”，为庸人击退。为麻痹庸人，潘尪建议楚军借势退逃以骄庸人，戢黎从其所议，令楚师故意七战七退。庸人果然上当，以为“楚不足与战矣”，“遂不设备”。未久，庄王亲临前线，“会师于临品”，将各路人马“分为二队”。一队由子越率领，一队由子贝率领，分别自石溪、自仞进击庸军。在楚方事先已联系好的秦人与巴人的配合下，对庸展开联攻之势，“遂灭庸”。在这次重大战役中，子越担任“二队”主帅之一，为灭庸立下了大功。

楚庄王七年（前607年）：

据《左传·宣公二年》，是年春，郑受楚之命伐宋，败宋于大棘。宋是晋的与国，为报大棘之仇，晋与诸侯之师于是夏自阴地“归郑”。楚斗椒率师往救，其曰：“能欲诸侯而恶其难乎？遂次于郑，以待晋师。”斗椒的意思是说：“欲得诸侯，不能厌恶艰困。”此显示了他遇事不惧困难、勇于冒险的性格。晋赵盾深知斗氏在楚内斗不已、气势将尽，“欲示弱以骄之”，故止军不前，曰：“彼宗竞于楚，殆将毙矣。姑益其疾。”十分清楚，这里已为此后楚灭若敖氏埋下了伏笔。

楚庄王九年（前 605 年）：

据《左传·宣公四年》，此前蒍贾已谮杀了斗般，使子越谋得了令尹大位，蒍贾也因此官升司马。但子越此时已不满足处于人臣之位了。数十年来，若敖氏越来越财大气粗，于楚廷将相云集，他觉得本家族的实力已足以同楚王一争高下了，于是首先下手杀死其夺权路上一大障碍——蒍贾，继而调兵至“烝野”，“将攻王”。因为事出突然，庄王来不及准备，遣使告诉子越，愿以文、成、穆三位先王之子孙为人质，劝其退兵，子越“弗受”。庄王遂紧急聚集兵众，“秋七月戊戌（九日），楚子与若敖氏战于皋浒，……鼓而进之，遂灭若敖氏”，除掉了春秋前期以来楚国第一大家族，其余王族支裔各家族受到了极大的震慑，势力渐趋减弱，楚之王权由此得到了加强和巩固。

十三、沈尹（虞丘子）

楚庄王九至十四年（前 605 至前 600 年）：

自庄王九年令尹子越叛乱被杀，至庄王十五年（前 599 年），《左传》未载楚令尹事迹。经考证，沈尹任令尹大致在这一时段。详参本书第二章第一节“沈尹”条。

楚庄王十七年（597 年）：

《左传·宣公十二年》：“楚子北师次于郔。沈尹将中军，子重将左，子反将右。”可知沈尹在邲之战时为中军将。其时沈尹已卸任令尹多年，他仍被委以战时重任，或是尊重其让贤之功，及其确有负重之能力。

十四、孙叔敖（蒍艾猎、蒍敖）

1. 孙叔敖具有任令尹的才德

《淮南子·人间训》："孙叔敖决期思之水而灌雩娄之野。"期思陂这个春秋时期首个重大水利工程建成后，"庄王知其可以为令尹也"。

《韩非子·外储说》："孙叔敖相楚，栈车牝马，粝饼菜羹，枯鱼之膳，冬羔裘，夏葛衣，面有饥色。"这是说他克己贫身，自奉不奢。

《淮南子·道应训》引孙叔敖语："吾爵益高，吾志益下；吾官益大，吾心益小；吾禄益厚，吾施益博。"这是说他爵高而以下自处，官大而以小自守，禄厚而以俭自奉。

《吕氏春秋·情欲》记庄王"尽傅其境内之劳与诸侯之忧于孙叔敖。孙叔敖日夜不息，不得以便生为故，故使庄王功迹著乎竹帛，传乎后世"。这是说楚庄王"举孙叔敖而霸"（《韩非子·难四》）。

2.《春秋左传》所载他令尹任内的几大功业

《左传·宣公十二年》引随武子语："芳敖为宰，择楚国之会典。军行，右辕，左追蓐，前茅虑无，中权，后劲。百官象物而动，军政不戒不备，能用典矣。"这是说孙叔敖"酌古以施以今"[①]，择用好的军法典宪来指导对军队的整顿和训练。从随武子之言中，可看出孙叔敖整军的具体内容有三项。其一，把楚之三军，分为右、左、前、中、后五部，使各处其方位，以为大军行止之阵。其二，明确各部在军中的任务。关于"右辕""左追蓐""前茅虑无""中权""后劲"的详解，见本书第五章第二节。其三，令军中百官，各建标明其地位与职司的旌旗，使他们各依其旌旗的指示而行动。

《左传·宣公十一年》："令尹芳艾猎城沂，……事三旬而成，不愆于素。"《广雅·释诂》："素，本也。"杨伯峻《春秋左传注》第二册第713页："素为原来计划。""事三旬而成"，不超过预定的期限。这是赞扬他善于组织和指挥工程建设，办事效率很高。

《左传·宣公十二年》载，"夏六月乙卯"，晋、楚两军战于邲，"晋师败绩"。据该年《传》载，战前，"王欲还"，"将饮马于河而归"。孙

① 《会笺》宣十二年《传》笺。

叔敖出于恤民和求稳的考虑，执行了庄王的命令，命大军“南辕反旆”。但在庄王被伍参说服后，“告令尹，改乘辕而北之”，他亦立即挥军北进，“次于管以待之”。与晋开战后，庄王先行，帅左广突入晋营，孙叔敖立马跟进，号令三军曰：“进之！宁我薄人，无人薄我。……薄之也！”众将士“遂疾进师，车驰，卒奔，乘晋军。（晋）桓子不知所为，鼓于军中曰：‘先济者有赏。’中军、下军争舟，舟中之指可掬也。”是庄王与孙叔敖的大智大勇煽起了楚大军的激战之情，为邲战败晋立下了奇功！楚庄因之成了春秋五霸之雄主！

十五、子佩

子佩任令尹在楚庄王晚期，上承孙叔敖，下接令尹子重。其任令尹之大事，史载不详。

《楚史梼杌·子佩饮王》和《淮南子·道应训》，均有“令尹子佩请饮庄王”的记载，两篇内容皆无涉令尹权事。

十六、子重（公子婴齐）

楚共王二年（前 589 年）：

据成公二年《经》《传》，是年六月，齐与晋、鲁等联军战于鞌（今济南市西南），“齐师败绩”。此即春秋史上著名的“鞌之战”。[①] 此战开始动摇楚庄王已确立的中原霸权地位。令尹子重决定出兵抗晋、鲁以救齐。大军出征前，子重遵从庄王关于“无德以及远方，莫如惠恤其民而善用之”的遗教，在全楚范围内开展了大规模的恤民活动——“乃大户，已责，逮鳏，救乏，赦罪”（即清查户口，豁免欠税，赈济鳏寡贫民，大赦刑徒），而后“悉师，王卒尽行”。征发全国兵力，包括楚王左、右广在内，全部出动。这在楚国历史上是绝无仅有的一次。是年冬，楚军攻至鲁境阳桥，鲁惧而盟降于楚，且献给楚国工匠“机斫”

① 详参杨伯峻《春秋左传注》第二册第 791—799 页。

（木工）、“执针”（缝纫工）、“织纴”（纺织工）各一百人。这对此后楚国手工业，特别是纺织手工业的发达起有极其重要的作用。十一月，子重在鲁国蜀地召开各仆从国大会，与会者除鲁君外，还有“蔡侯、许男、秦大夫说、宋华元、陈公孙宁、卫孙良夫、郑公子去疾及齐国之大夫”等十四国君臣。阳桥之役和蜀之盟，“晋避楚，畏其众也”。楚于此风威尽显，楚庄霸业被子重推向了顶峰。①

楚共王二至十五年（前589至前576年），楚、晋在中原展开了长期的争霸战争，直至共王十六年（前575年）的鄢陵之战。中原诸中小国，常以私利为重，对晋、楚两大国叛服无常。

楚共王六年（前585年）：

《左传·成公六年》：“（秋）楚子重伐郑，郑从晋故也。”

楚共王七年（前584年）：

《左传·成公七年》：“秋，楚子重伐郑，师于汜（今河南襄城县境）。”晋率诸侯之师“救郑”，“同盟于马陵”。

《左传》前已述及，楚庄王时，申公巫臣曾携夏姬逃晋。共王即位以后，“子重、子反杀巫臣之族……而分其室”。巫臣自晋“遗二子书”曰：“余必使尔（子重、子反）罢于奔命以死。”经晋君允准，巫臣开始实施联吴抗楚之策，使楚陷于北、东两面受敌的不利境地。本年《传》对此记曰：“马陵之会，吴入州来，子重自郑奔命。子重、子反于是乎一岁七奔命。蛮夷属于楚者，吴尽取之，是以始大，通吴于上国。”

楚共王十一年（前580年）：

《左传·成公十一年》：“（秋）宋华元善于令尹子重，又善于栾武子。……冬，华元如楚，遂如晋，合晋、楚之成。”

楚共王十二年（前579年）：

《左传·成公十二年》：“（春）宋华元克合晋、楚之成。夏五月，

① 童书业《春秋左传研究》第323页：“……十四国盟于蜀。此为楚霸之顶点，过此以往，晋又复霸矣。”

晋士燮会楚公子罢、许偃。癸亥，盟于宋西门之外，曰：‘凡晋、楚无相加戎，好恶同之，同恤灾危，备救凶患。若有害楚，则晋伐之；在晋，楚亦如之。交贽往来，道路无壅；谋其不协，而讨不庭。有渝此盟，明神殛之，俾队（坠）其师，无克胙国。’”盟辞的主要内容，概括来说就是：晋楚不相加兵，信使往来，互救灾难，共讨不听命的第三国。接着，晋、楚两国各派使臣到对方国家“莅盟”，这相当于正式通过和约。这次西门之盟，即春秋史上所称谓的晋、楚第一次弭兵之盟。盟辞之条文，漂亮有加！若真能付诸实践，则从此天下武偃文修，国安民乐。但事实给了相反的回答。签约之次年，晋即会诸侯伐秦，战火又起。签约的第四年（前 576 年），因郑与盟于晋（即与晋盟于戚），共王亲率军“侵郑，及暴隧”。郑子罕亦“归楚，取新石”。

楚共王十六年（前 575 年）：

据《左传·成公十六年》，是年春，楚方以割让“汝阴之田”为诱饵，将业已投晋的郑国拉入己方阵营。晋不退让，起兵“伐郑”。是年夏，“楚子救郑”，由此拉开了鄢陵之战的序幕。

是年《传》载：“六月，晋、楚遇于鄢陵。”楚方是“司马（子反）将中军，令尹（子重）将左，右尹子辛将右”；晋方由四军组成，栾书将中军，郤锜将上军，韩厥将下军，郤犨将新军。开战后，楚军清晨逼近晋军营垒布阵，晋“军吏患之”。栾书主张“固垒以待之”，断言“（楚军）三日必退”。晋厉公权衡再三，最后接受苗贲皇的建议：集中晋中、上、下、新四军，全力攻击子反所在的楚中军，另分遣两支人马去对付楚之左、右二军。双方激战一天，不分伯仲。特别是子反所率中军，顶住了晋四军的压力。不幸的是，共王战时左眼被晋方射伤。晚间收兵后，共王派人约子反一起商议次日战事，却得知“子反醉而不能见”。共王因眼伤几不能自恃，言曰：“天败楚也，余不可以待。”遂决定退出战场。大军退至瑕地，子反在子重的严苛责问下，自杀而死。命将不当、将帅不和、子反醉酒、共王伤目，当是造成此战之败的合力。

楚共王十七年（前 574 年）：

据成公十七年《经》《传》，是年夏，晋与齐、宋、鲁、卫、邾、曹合兵伐郑，“楚子重救郑，师于首止。诸侯还”。杜《注》：“畏楚强。”

楚共王十八年（前573年）：

《左传·成公十八年》载，夏六月，楚军伐取宋彭城，将逃往楚国的宋鱼石、向为人等五人安置在那里，“以三百乘戍之而还”。是年冬，“宋老佐、华喜围彭城，老佐卒焉”。冬十一月，“楚子重救彭城，伐宋。……晋侯师于台谷以救宋。遇楚师于靡角之谷，楚师还”。彭城，处于晋、吴通道的战略要冲，乃晋、楚必争之地。故此地成了当时晋、楚争霸的交汇之点。

楚共王二十年（前571年）：

据《左传·襄公二年》，右司马公子申，“多受小国之赂，以偪子重、子辛（左司马）”，欲夺“二穆”的权势，“楚人杀之”。

楚共王二十一年（前570年）：

据《左传·襄公三年》，这年春天，“楚子重伐吴，为简之师。克鸠兹，至于衡山”，取得了一定的胜利。他又派“邓廖帅组甲三百、被练三千以侵吴。吴人要而击之，获邓廖。其能免者，组甲八十、被练三百而已”。三天后，吴军还攻楚军，又攻占了驾邑。“驾，良邑也；邓廖，亦楚之良也。”故《左传》引君子评曰：“子重于是役也，所获不如所亡。”这种得不偿失的结局，引起国人的愤恨，“楚人以是咎子重”。子重愤悔交加，痛不欲生，“遂遇心疾而卒”。子重一生，战功累累，仅一次失败亦不为国人所容。可见，楚国上下对出征将领的监督是何等严厉！

十七、子辛（公子壬夫）

楚共王二十一年（前570年）：

《左传·襄公三年》：“楚子辛为令尹，侵欲于小国。”孔《疏》：“多有所欲，求索无厌，侵害小国，故小国怨也。”

楚共王二十三年（前568年）：

《左传·襄公五年》："（秋）楚人讨陈叛故，曰：'由令尹子辛实侵欲焉。'乃杀之。书曰：'楚杀其大夫公子壬夫。'贪也。"

十八、子囊（公子贞）

楚共王二十三年（前568年）：

《左传·襄公五年》："楚子囊为令尹。范宣子曰：'我丧陈矣！楚人讨贰而立子囊，必改行而疾讨陈。陈近于楚，民朝夕急，能无往乎？有陈，非吾事也，无之而后可。'"这里说，楚杀令尹子卒，而以子囊伐之，子囊一定会改变子辛的行为，很快去讨伐结晋之陈国。陈国距楚近，离晋远。楚军易往，陈国则时时处于危急之中。与陈结盟，晋鞭长莫及，只有放弃陈国才对晋有利。

是年冬，"诸侯戍陈。子囊伐陈。十一月甲午（十二日），（诸侯）会于城棣（今河南原阳县北）以救之"。

子囊任令尹时，正是晋悼公初霸中原之时，"楚弱于晋"（《左传·襄十一年》）。面对这种情况，子囊力争改变楚国的不利处境。他的具体对策是：服陈争郑，与晋争夺中原诸中、小国。

楚共王二十五年（前566年）：

据襄公七年《经》《传》，这年冬，"楚公子贞（子囊）帅师围陈"；十二月，晋率"宋公、陈侯、卫侯、曹伯、莒子、邾子"，"会于𫑡以救之"。与会的陈哀公因惧楚灭陈而君位不保，乃逃回陈国。诸侯由是不救陈。此年后晋会诸侯不再有陈，知陈已降楚矣。

楚共王二十六年（前565年）：

《左传·襄公八年》："冬，楚子囊伐郑，讨其侵蔡也。"在郑都军民大量死于战事而晋援不至的情况下，郑不得不"及楚平"，暂时投降了楚国。

楚共王二十八年（前563年）：

据《左传·襄公十年》，"六月，楚子囊、郑子耳伐宋……围宋，门于桐门（宋都北门）"；"秋七月"，子囊、子耳又率军攻打鲁国西部，

“还围萧，八月丙寅（十一日），克之。九月，子耳归宋北鄙”。晋见楚、郑攻宋，亦发诸侯之军突入郑境，“城虎牢而戍之”。郑经不起威吓，又与晋讲和。子囊得知情况，率军入郑。十一月，与晋方联军“夹颍而军”。晋方退兵，郑又降楚，与楚结盟。

楚共王二十九年（前562年）：

据《左传·襄公十一年》，此年楚与晋又反复争夺郑国，互有胜负，楚终因不敌晋方联军的实力而被迫放弃郑国。

楚共王三十年（前561年）：

《左传·襄公十二年》：“冬，楚子囊、秦庶长无地伐宋，师于杨梁（今河南商丘市东南），以报晋之取郑也。”楚与秦结盟在此前一年（共王二十九年，前562年），襄公十一年《传》所谓“楚子囊乞师于秦”云云。

楚共王三十一年（前560年）：

《左传·襄公十三年》：“秋，楚共王卒。子囊谋谥。大夫曰：‘君有命矣。’子囊曰：‘君命以共，若之何毁之？赫赫楚国，而君临之，抚有蛮夷，奄征南海，以属诸夏，而知其过，可不谓共乎？请谥之“共”。’大夫从之。”

大夫所谓“君有命矣”，指共王临终前自定谥号为“灵”或“厉”。杜《注》：“乱而不损曰灵，戮杀不辜曰厉。”此乃共王自责之词。所谓“子囊曰：‘君命以共，若之何毁之？’”即子囊欲谥之共，仍以君命答大夫。《国语·楚语上》韦《注》：“谥法，既过能改曰‘恭’。”此为善谥。子囊为共王定此谥号，是给共王一生作了一个扬善避过的定论。

楚康王元年（前559年）：

据《左传·襄公十四年》，是年秋，子囊率军伐吴，“吴人不出而还。子囊殿，以吴为不能而弗儆。吴人自皋舟之隘要而击之，楚人不能相救。吴人败之，获楚公子宜谷”。是年冬，“楚子囊还自伐吴，卒。将死，遗言谓子庚：‘必城郢。’君子谓：‘子囊忠。君薨不忘增其名，将死不忘卫社稷，可不谓忠乎？’”

十九、子庚（公子午、王子午）

楚康王元年（前559年）：

据《左传·襄公十四年》，是年冬，令尹子囊死前，曾“遗言子庚”曰“必城郢”。杨伯峻注，子庚“即公子午（时任大司马），继子囊为令尹”（《春秋左传注》第三册第1019页）。

楚康王二年（前558年）：

《左传·襄公十五年》：“楚公子午为令尹，公子罢戎为右尹，蒍子冯为大司马，公子橐师为右司马，公子成为左司马，屈到为莫敖，公子追舒为箴尹，屈荡为连尹，养由基为宫厩尹，以靖国人。君子谓‘楚于是能官人’。”公子午为令尹，实始于此前一年（前559年）冬子囊死后。

楚康王五年（前555年）：

《左传·襄公十八年》：“（康王）使杨豚尹宜告子庚曰：‘国人谓不穀主社稷而不出师，死不从礼。不穀即位，于今五年，师徒不出，人其以不穀为自逸而忘先君之业矣。大夫图之，其若之何？’子庚叹曰：‘君王其谓午怀安乎！吾以利社稷也。’见使者，稽首而对曰：‘诸侯方睦于晋，臣请尝之。若可，君而继之。不可，收师而退，可以无害，君亦无辱。’”自鲁襄公十一年（楚共王二十九年，前562年）萧鱼之会，至楚康王五年（前555年），郑从晋已历时八年，无会不与，无役不从。楚康王因此而心绪不宁，才急盼令尹子庚北上与晋争战，以耀祖上军威。

据是年《传》，这年冬天，子庚先于汾地（今河南许昌市西南）整训大军（即所谓“子庚帅师治兵于汾”），接着兵分三路攻入郑境。子庚率左军，右尹公子罢戎率右军，司马蒍子冯和公子格率中军精锐。此战令尹虽率左军，但仍为统兵主帅。《春秋》所谓“楚公子午帅师伐郑”可证。大军出征之时，正值寒冬，又碰上大雨骤降，“楚师多冻，徒役几尽”。楚军非但无功而返，且损失甚重。后人对此评论曰：“楚康强之

（子庚）以出兵，卒落冻雨之咎。”[①]

楚康王八年（前552年）：

《左传·襄公二十一年》：“夏，楚子庚卒。楚子使薳子冯为令尹。”

关于令尹子庚其人，1978年出土于河南淅川下寺M2的“王子午升鼎”铭文，作有如下记述：

> 惟正月初吉丁亥，王子午择其吉金，自作⿱将鼎彝盞鼎，用享以孝，于我皇祖文考，用祈眉寿。……余不畏不差，惠于政德，淑于威仪，闌闌獸獸（肃肃）。令尹子庚，殹民之所亟，万年无期，子孙是制。[②]

其铭文主旨在表明自己是一个正德仁惠、威仪美善、和融恭谨、临事不苟之人。冀望后代敬奉先祖，永保功德。

考证：

在令尹子庚的生平事迹中，有以下两个问题需要作出考证：

其一，康王五年（前555年）他统兵伐郑，是否为左军主将。

要回答这个问题，须首先征引《左传·襄公十八年》对此事的记述：

> 楚师伐郑，次于鱼陵。右师城上棘，遂涉颖，次于旃然。蒍子冯、公子格率锐师侵费滑、胥靡、献于、雍梁，右回梅山，侵郑东北，至于虫牢而返。子庚门于纯门，信于城下而还。涉于鱼齿之下，甚雨及之，楚师多冻，役徒几尽。

① 见《楚宝》卷四“圣楷曰”。

② 原文见刘彬徽《楚系青铜器研究》，湖北教育出版社1995年版，第311页。

这段文字，对楚军是否分左、中、右三路出击，以及各路由谁统领的问题，未能明言。但不难看出，文中对此两点已有所提示。《传》文有“艻子冯、公子格率锐师”一语。薳（艻）子冯为司马，他所率之“锐师”，依楚之惯例，当为“楚之良”即“王族”所在的中军（见《左传·成公十六年》载苗贲皇语）。中军由司马统领，此前已有先例。如晋、楚鄢陵之战，楚方率中军者即司马子反。那么，“城上棘”“次于旃然”的“右师”又为谁所统领呢？杨伯峻在《春秋左传注》中已指出为右尹公子罢戎[①]，这是正确的。因为楚左尹“将左”、右尹“将右”，在一般情况下似为常规。如邲之战时，左尹子重“将左”，鄢陵之战时，“右尹子辛将右”。中军和右军的情况既已释明，则另一支“次于鱼陵”“门于纯门”而由子庚所率之军，无疑就是左军了。《会笺》襄十八年《传》笺云“子庚将左师”，也持这种观点。令尹统领左军，非自此始，如邲之战和鄢陵之战时，均是“令尹（子重）将左”。本年《经》云：“楚公子午（子庚）帅师伐郑。”以此知，此战令尹子庚是以左军将而为楚三军统帅的。

其二，一些文献记载子庚曾使秦被囚，后为晋平公和叔向设计救出，此说是否真实可信。

这个问题的提出，最早可追溯到《韩非子·说林》。据该篇所云，晋平公时（前557—前532年），“荆（楚）王弟”被囚于秦。楚中射之士以“百金”贿通晋臣叔向，请其设法从秦救出荆王之弟。叔向乃说通晋平公，以“城壶丘”[②]相要挟，迫使秦不得不将“荆王弟”放出。事成后荆王十分高兴，又向晋酬谢了“炼金百镒”。

这个“荆王弟”，据《说苑·权谋》，即指令尹子庚。

我们知道，子庚在令尹位的第三年到其病逝（前557年至前552年），为晋平公元年至六年。这就是说，子庚使秦被囚，且被晋平公和

① 参《春秋左传注》第三册第1043页。

② 壶丘地在今山西垣曲县东南。

叔向所救，从时间和空间上看，是可以说得通的。但《说林》篇明言被囚者为“荆王弟”，而不是作为“荆王”（康王，前559至前545年在位）长辈的子庚（子庚是与晋平公同时在位的“荆王”——康王之叔）。若“荆王”所指为康王父共王，子庚虽恰为“荆王弟”，但共王不与晋平公同世，这点又与《说林》所载不合。换句话说，共王时期不可能发生晋平公与叔向搭救楚人之事。“荆王”所指为康王以后的郏敖（前544至前541年在位）或灵王（前540年至前529年在位）也说不通，他们虽与晋平公和叔向同世，但其时子庚已死，绝不可能被囚和被救。至此可得出结论：《韩非子·说林》并不能给子庚使秦被囚、被救一事提供史证。

明确提到子庚使秦被囚，且被晋平公与叔向救出者，是西汉末期的刘向。他在《说苑·权谋》中写道：

> 楚公子午使于秦，秦囚之。其弟献三百金于叔向。叔向谓平公曰：“何不城壶丘？秦、楚患壶丘之城。若秦恐而归公子午，以止吾城也，君乃止，难亦未构，楚必德君。”平公曰：“善”。乃城之。秦恐，遂归公子午，使之晋，晋人缀域。楚献晋赋三百车。

玩味这段文字，可知它的基本情节与《说林》篇概同，但相异者亦有三点：（1）《说林》中那个“荆王弟”，在此变成了公子午；（2）献金叔向者，不是“中射之士”，而成了公子午之弟；（3）所献金额和事成后酬谢之物，也与前者不同。笔者认为，这三点中最关键的是第一点，即“荆王弟”变成了“公子午”。这里有两种可能。其一是刘向所采为先秦异说，故与《说林》有所不同。其二是刘向不研不辨，张冠李戴，将“荆王弟”与“公子午”视为同一人（这种错误在《说苑》中可说是举不胜举）。正因为《说苑》叙事多讹，故我们不能轻信使秦被囚者就是公子午。从另一方面说，《韩非子》和《说苑》所载晋君臣受贿解救楚国要人一事，从当时楚、晋激烈争霸的政治形势来看，实为滑稽之言。楚共、晋悼时期，楚、晋剑拔弩张的敌对气氛，到楚康、晋平时期并未得到缓和。晋平公元年，双方爆发了湛阪之战。晋平公三年（前555年），令尹子庚率军攻打晋的与国郑，叔向、师旷等晋臣曾责难楚康之不德，且战后不久，子庚即病逝。试问：在这种兵戎相见的气氛下，晋君臣怎会去出脱一个敌国至尊的令尹或"王弟"呢？联系城濮战后，晋文公闻知令尹子玉自杀时那种极端高兴的表现，所谓"晋君臣救难子庚"一事就更加不可理解了。再者，从《左传》记载来看，共王时期秦楚之间已经"嫁子娶妇"，建立起了坚固的政治、军事同盟。[①] 这种关系到康王时期并未见恶化，秦国怎么会去囚禁一个友邦的令尹呢？基于上述种种情形，笔者认为令尹子庚使秦被囚，后为晋平公和叔向所救一事，在当时基本上不可能发生。这就是我们不将此事记入子庚传中的缘由。

二十、子南（公子追舒）

楚康王八年（前552年）：

《左传·襄公二十一年》："夏，楚子庚卒。楚子使薳子冯为令尹，访诸申叔豫。叔豫曰：'国多宠而王弱，国不可为也。'遂以疾辞。……乃使子南为令尹。"

楚康王九年（前551年）：

《左传·襄公二十二年》："楚观起有宠于令尹子南，未益禄而有马数十乘。楚人患之，王将讨焉。"按：时观起为庶人，据《尚书·大传》："庶人木车单马。"观起有马数十乘，子南之势焰可知。

据是年《传》，冬，康王"杀子南于朝，轘观起于四竟"。韦《注》云："其死刑，大夫以上尸诸市朝，士以下尸诸市。"杨《注》亦曰："轘音患，车裂也。分裂其体，徇于四境。"[②]

① 见襄公九年、十一年、十二年《传》文。

② 杨伯峻《春秋左传注》第三册第1069页。

二十一、薳子冯（薳子，芳子冯）

楚康王九年（前551年）：

据《左传·襄公二十二年》，子南被杀后，“复使薳子冯为令尹，公子齮为司马，屈建为莫敖。有宠于薳子者八人，皆无禄而多马。”经大夫申叔豫以子南、观起被杀事劝告，“薳子遂辞八人者，而后王安之”。

楚康王十一年（前549年）：

据《左传·襄公二十四年》，这年夏天，康王率水军（舟师）伐吴，“无功而还”。

是年冬，“吴人为楚舟师之役故，召舒鸠人。舒鸠人叛楚”。令尹薳子冯佐康王进军至舒鸠地荒蒲，派使者责问舒鸠。舒鸠人“告无之，且请受盟”。康王仍准备继续讨伐，令尹认为“不可”，曰：“彼告不叛，且请受盟，而又伐之，伐无罪也。姑归息民，以待其卒。卒而不贰，吾又何求？若犹叛我，无辞，有庸。”康王从之而退军。所谓“若犹叛我，无辞，有庸”，是说等到舒鸠真的叛楚了，再去讨伐它，那就是它无理以对，而我伐之有功了。薳子的须其叛再伐之，确为有理有节之举。

楚康王十二年（前548年）：

《左传·襄公二十五年》：“楚薳子冯卒，屈建为令尹，屈荡为莫敖。”

二十二、屈建（子木）

楚康王十二年（前548年）：

《左传·襄公二十五年》：“（秋）楚薳子冯卒，屈建为令尹，……舒鸠人卒叛，楚令尹子木伐之，及离城。吴人救亡，子木遽以右师先，子彊、息桓、子捷、子骈、子盂帅左师以退。吴人居其间七日。……五人以其私卒先击吴师。吴师奔，登山以望，见楚师不继，复逐之，傅诸其军（近楚军）。（楚）简师会之。吴师大败。遂围舒鸠，舒鸠溃。八月，楚灭舒鸠。”杜《注》：“五子既败吴子，遂前及子木，共围灭舒鸠。”

是年十二月，“楚子以灭舒鸠赏子木。辞曰：‘先大夫蒍子之功也。’以与蒍掩。”所谓“先大夫蒍子之功也”，是指上年（前 547 年）令尹薳子冯向康王提出的“请退师以须其（舒鸠）叛”的建议。子木辞赏以让其子，显示了他不贪私利、让功以礼的宽阔胸怀。

是年冬，《传》文还记载了令尹子木辖制兵赋这一重大事件。

据《传》载，“蒍掩为司马。子木使庀赋，数甲兵。”杜《注》：“庀，治。”十月“甲午”（八日），蒍掩按子木的要求拟定出了重整军赋的具体章程。这个改定的征赋章程，其基本原则是“量入修赋”，即把全国的土田按土质高下分为九等，然后按九土收入的多寡，计算出各自应上缴的车马器械之数，并将这些具体数据编辑成簿籍，备以待用。簿籍编好后，还须履行最后一道手续——向子木作出汇报。《左传》作者赞此为“礼也”，这再次显示了司马治赋是受制于令尹的。《汉书·刑法志》说：“赋以足兵。”令尹辖制兵赋，这就抓住了战备工作的前提和基础。

楚康王十三年（前 547 年）：

据《左传·襄公二十六年》，是年秋，令尹子木在蔡声子的开导下，充分认识到了“虽楚有材，晋实用之”这一问题的严重性，以“倍其室”“而复之”①，即以加倍偿还其财富并恢复其官位为条件，设法将流亡晋国的伍举召回。这件事情的办成，使屈建成了楚国历史上第一个扭转“楚材晋用”局面、为楚国用人政策作出巨大贡献的坐标式人物。

楚康王十四年（前 546 年）：

据《左传·襄公二十七年》：“宋向戌善于赵文子（赵武），又善于令尹子木，欲弭诸侯之兵以为名。”在他穿梭奔走下，终于达成了春秋时期第二次弭兵之盟。是年七月，晋、楚、宋、鲁、陈、郑、曹、许、蔡等十四国的重臣结盟于宋都蒙门（东北门）之外，申明晋、楚两国为

① 见《国语·楚语上》。

盟主，除秦、齐两大国之外，其余各国均须向晋、楚同样朝贡。这次盟会，令尹子木亲自参加，且成为主盟人。此会的结果是，晋、楚两国平分了霸权，此后中原地区约数十年间再无大的战乱发生。

楚康王十五年（前 545 年）：

《左传·襄公二十八年》载，冬十二月，“楚康王卒”；未久，“楚屈建卒”。由于屈建和赵文子（赵武）分别为楚、晋执政，故“楚建卒，赵文子丧之如同盟，礼也。”杨《注》：“宋之盟，见二十七年（左传）。晋以赵武为主，楚以屈建为主，故如同盟。”

二十三、王子围（公子围）

楚郏敖元年（前 544 年）：

《左传·襄公二十九年》：“夏四月，葬楚康王。……楚郏敖即位，王子围为令尹。”

楚郏敖二年（前 543 年）：

《左传·襄公三十年》：“三十年春，王正月，楚子使薳罢来聘，通嗣君也。穆叔问王子围之为政何如。对曰：‘吾侪小人，食而听事，犹惧不给命而不免于戾，焉与知政？’固问焉，不告。穆叔告大夫曰：‘楚令尹将有大事，子荡将与焉助之，匿其情矣。’”这里已暗指子荡将助王子围杀郏敖以自立为王。

同年秋，“楚公子围杀大司马芳掩而取其室。申无宇曰：‘王子必不免。……王子相楚国，将善是封殖，而虐之，是祸国也。且司马，令尹之偏，而王之四体也。绝民之主，去身之偏，艾王之体，以祸其国，无不祥莫大焉。何以得免？’”申无宇预言令尹将不得好死。

楚郏敖三年（前 542 年）：

《左传·襄公三十一年》：“卫侯在楚，北宫文子见令尹围之威仪，言于卫侯曰：‘令尹似君矣，将有他志。……令尹其将不免？’”孔《疏》云：“言令尹威仪已是国君之容矣。”作为他国人（卫人），北宫文子亦看出令尹围将夺权而下场不妙。

《左传·昭公七年》追记往事曰："楚子（灵王）之为令尹也，为王旌以田。芋尹无宇断之曰：'一国两君，甚谁堪之？'"显见其为令尹时，篡权之态已昭然若揭。

楚郏敖四年（前 541 年）：

《左传·昭公元年》："冬，楚公子围将聘于郑，伍举为介。未出境，闻王有疾而还，伍举遂聘。十一月己酉，公子围至，入问王疾，缢而弑之，遂杀其二子幕及平夏。右尹子干出奔晋，宫厩尹子晰出奔郑。杀太宰伯州犁于郏。葬王于郏，谓之郏敖。"

二十四、薳罢（子荡、荡侯）

康王十四年（前 546 年）：

据《左传·襄公二十七年》，是秋，薳罢至晋参加盟会，平公设飨礼招待他。宴罢退席之时，薳罢赋了《诗·大雅》中的《既醉》一章。诗曰："既醉以酒，既饱于德。君子万年，介尔景福。"他以"既醉""既饱"谢飨礼，以"万年""景福"颂晋侯。将出而赋此，甚得其时。叔向有感于他才思之敏捷，言谈之机智，由微而知著，预言他日后必将"知政"。不出所料，他于灵王元年果被任为宰辅。[①]

楚郏敖四年（前 541 年）：

《左传·昭公元年》："（冬）楚灵王即位，薳罢为令尹，薳启强为太宰。"

楚灵王四年（前 537 年）：

据《左传·昭公五年》，灵王"以屈生为莫敖，使与令尹子荡如晋逆女。""逆女"，即为灵王迎妇入楚。当子荡路经郑国时，"郑伯劳子荡于汜"。郑国君亲往慰劳，表示对楚尤为敬重。当子荡至晋迎亲时，"晋侯送女于邢丘"。晋君亲自送女出嫁，更显出对楚的友善。

楚灵王五年（前 536 年）：

① 详参杨伯峻《春秋左传注》第四册第 1138 页。

《左传·昭公六年》："（秋）令尹子荡帅师伐吴，师于豫章，而次于乾谿。吴人败其师于房钟（今安徽蒙城县西），获宫厩尹弃疾。子荡归罪于薳泄而杀之。"

楚灵王十一年（前530年）：

《左传·昭公十二年》："楚子狩于州来，次于颍尾，使荡侯、潘子、司马督、嚣尹午、陵尹喜帅师围徐以惧吴。楚子次于乾谿，以为之援。"此荡侯，当即子荡。此年，已是灵王自杀的前一年了。

楚灵王十二年（前529年）：

据《左传·昭公二十三年》，荡侯上年（前530年）帅师"围徐"，此年（前529年）在撤军回国途中，在豫章被吴军击败，荡侯等"五帅"全部被俘。《传》未载此五人之终。[①]

二十五、子晰（公子黑肱）

楚灵王十二年（前529年）夏四至五月：

楚共王有宠子五人，康王为长，灵王次之，三为公子比，四为公子黑肱，弃疾（平王）最幼。灵王杀康王子郏敖自立，公子比（子干）奔晋，公子黑肱（子晰）奔郑，弃疾为蔡县县公。

据《左传·昭公十三年》，是年夏四月，"楚公子比、公子黑肱、公子弃疾、蔓（斗）成然、蔡朝吴帅陈、蔡、不羹、许、叶之师，因四族之徒，以入楚。……蔡公使须务牟与史猈先入，因正仆人杀（灵王）太子禄及公子罢敌。公子比（子干）为王，公子黑肱（子晰）为令尹，……公子弃疾（蔡公）为司马。"[②] 此时灵王尚在伐徐前线乾谿，他得知国都已发生军事政变，在同大军回国途中，因军众逃散，于夏五月癸亥（二十五日）自杀于芋尹申亥家。五月乙卯（十七日），蔡公弃疾利用灵王回归途中生死不明之机，使部下在郢都大呼灵王已归，"国人

① 详参杨伯峻《春秋左传注》第四册第1338页。

② 杜《注》："四族，薳氏、许围、蔡洧、蔓成然。"

大惊”，整个郢都一片混乱。他又“使蔓成然走告子干、子晰曰：‘王（灵王）至矣，国人杀君司马（弃疾），将来矣。’”子干、子晰惊恐无比，“皆自杀”。“丙辰（十八日），弃疾即位，名曰熊居。……使子旗（斗成然）为令尹。”

从时间上推算，子干为国君，子晰为令尹，仅十余日，故顾栋高《春秋大事表》未将子晰记入令尹之列。

二十六、子旗（斗成然，蔓成然）

楚灵王十二年（前 529 年）：

据《左传·昭公十三年》，是年五月丙辰（十八日），子干、子晰被吓杀，“弃疾即位，……使子旗为令尹。”杜注：“子旗，蔓成然。”《通志·氏旗略》：“楚有斗成然，食邑于蔓，曰蔓成然。”据杜《注》，斗成然，“乃令尹子文玄孙斗韦龟之子”。这是楚灭若敖氏之后，若敖氏后裔再次任令尹。

是年冬，“吴灭州来，令尹子旗请伐吴。王弗许，曰：‘吾未抚民，未事鬼神，未修守备，未定国家，而用民力，败不可悔。州来在吴，犹在楚也，子姑待之。’”

楚平王元年（前 528 年）：

《左传·昭公十四年》：“（秋）楚令尹子旗有德于王，不知度，与养氏比，而求无厌。王患之。九月甲午（三日），楚子杀斗成然，而灭养氏之族，使斗辛居郧，以忘旧勋。”杜《注》：“辛，子旗之子郧公辛。”“旧勋”，有“佐立之功”[①]。

二十七、阳匄（子瑕）

楚平王元年至十年（前 529—前 519 年）：

① 杨《注》：“旧勋恐不仅指子旗佐立之功。”令尹子文任楚令尹二十八年，以及楚庄王所谓“子文无后，何以劝善”等都可算作“旧勋”。详参《春秋左传注》第四册第 1366 页。

其活动初见于《左传·昭公十七年》。但平王元年九月后至平王三年,《左传》不载其事迹。这期间，阳匄当已任令尹。

楚平王四年（前525年）：

《左传·昭公十七年》："（冬）吴伐楚，阳匄为令尹，卜战不吉。司马子鱼曰：'我得上流，何故不吉？且楚故，司马令龟，我请改卜。'令曰：'鲂也以其属死之，楚师继之，尚大克之。'吉。战于长岸，子鱼先死，楚师继之，大败吴师，获其乘舟余皇。"[①]

楚平王六年（前523年）：

《左传·昭公十九年》："春，楚工尹赤迁阴于下阴，令尹子瑕城郏。叔孙昭子曰：'楚不在诸侯矣，其仅自完也，以持其世而已。'"[②]迁阴和城郏，皆是保守和防御性措施，是出于平王初年楚安定北方的考虑。

是年夏，"令尹子瑕聘于秦，拜夫人也"。

是年秋，"令尹子瑕言蹶由于楚子，曰：'彼何罪？谚所谓"室于怒，市于色"者，楚之谓矣。舍前之忿可也。'乃归蹶由"。按：蹶由乃吴王夷末之弟，楚灵王四年（前537年）受命前往楚吴前线犒劳楚军而被拘，令尹子瑕认为这种做法是错误的，"犹人忿于室家而作色于市人"[③]。子瑕的这种做法，对缓和楚吴关系，安定楚东境是有利的。

楚平王十年（前519年）：

据《左传·昭公二十三年》，是年秋，吴公子光率师攻打楚东方重镇州来，楚司马薳越和病中的令尹子瑕率楚、顿、胡、沈、蔡、陈、许七国之师往救，子瑕不幸病亡，大军因此而无复气势。吴公子光在分析此战吴必胜楚的因由时指出："诸侯从于楚者众，而皆小国也，畏楚而

① 杨树达《读左传》："卜前告以所卜之事曰命（令）龟"；杜《注》："子鱼，公子鲂也。"

② 杨《注》："阴，即阴地之戎。……下阴，在今湖北光化县西。……郏，即今三门峡市稍西北旧郏县治。"（《春秋左传注》第四册第1402页）

③ 《左传·昭公十九年》杜《注》。

不获已，是以来。……楚令尹死，其师熸。帅贱，多宠，政令不一。七国同役而不同心，帅贱而不能整，无大威命，楚可败也。”开战后，两军战于鸡父，吴军“先犯胡、沈与陈，……三国败，获胡、沈之君及陈大夫”，然后把胡、沈之部分俘虏驱放至许与蔡、顿三国之师，大呼曰“吾君死矣”，吴军随即击鼓进军，“三国奔，楚师大奔”。此战楚损兵折将，声威大减，楚之东地危在旦夕。

二十八、囊瓦（子常）

楚平王十年（前519年）：

据《左传·昭公二十三年》，是年秋，阳匄死于伐吴前线，“囊瓦为令尹，城郢”。囊瓦为令尹子囊之孙，楚用子囊遗言，已筑郢城，因畏吴，囊瓦上台后，复增修以自固。左司马沈尹戌不赞成囊瓦的做法，曰：“子常必亡郢。苟不能卫，城无益也。”沈尹戌坚持重外线，轻内线的作战方针，认为只要国力强威，能够守住边防，就不必修筑和加固郢都城垣。若外线被攻破，郢都城垣再坚固也无用。沈尹戌的看法，被后来的史实证明是完全正确的。

楚平王十三年（前516）：

《左传·昭公二十六年》：“九月，楚平王卒。令尹子常欲立子西。”子西乃平王长庶子宜申，平王太子壬为嫡嗣。时子西怒斥子常“乱嗣，不祥”，并扬言要杀掉子常。“令尹（子常）惧，乃立昭王（壬）。”

楚昭王元年（前515年）：

据《左传·昭公二十七年》，是年春，“吴子欲因楚丧而伐之”，出师“围潜”。楚王尹麇、左司马沈尹戌、左尹郤宛、工尹寿等多只楚军救潜，“吴师不能退”。此战，“令尹子常以舟师及沙汭而还”，未与吴军正面交锋。

是年夏四月，令尹子常听信费无极、鄢将师谗言，“尽灭郤氏之族、党，杀阳令终与其弟完及佗，与晋陈及其子弟，”引起国人“大谤”。后听沈尹戌反复进言，子常乃知其错，“九月己未，子常杀费无极与鄢将师，尽灭其族，以说于国。谤言乃止。”据载，左尹“郤宛直而和，国人说之”。阳令终，令尹阳匄之子，同晋陈皆与郤宛相善。

楚昭王八年（前 508 年）：

《左传·定公二年》：“秋，楚囊瓦伐吴，师于豫章。吴人见舟于豫章，而潜师于巢。冬十月，吴军楚师于豫章，败之，遂围巢，克之，获楚公子繁。”这是说，吴人在豫章布置了一些战船，囊瓦以为这就是吴军的主力，其实吴军的主力已潜伏在巢。当囊瓦率全军进击豫章而扑空之时，吴军于冬十月悄然从巢地围扑过来，击败了处于蒙昏状态的楚军。然后攻取巢地，俘虏了在那镇守的楚公子繁。楚失掉东方重镇居巢，不能不说是又一重大损失。

楚昭王九年（前 507 年）：

据《左传·定公三年》，囊瓦在楚国令尹中以贪财敛贿最为有名。他因为索取到楚国访问的蔡昭侯的宝物“两佩两裘”，对方“弗与”，而“三年止之”；又为了得到入楚的唐成侯的“两肃爽马”，对方“弗与”，“亦三年止之”。后被逼无奈，蔡、唐二国君最终不得不献出宝物赎身离楚。是年《传》云：“蔡侯归，及汉，执玉而沈，曰：‘余所有济汉而南者，有若大川！’蔡侯如晋，以其子元与其大夫之子为质焉，而请伐楚。”唐、蔡二国君因恨令尹子常而报复楚国，其后给楚国带来的灾难可谓之惊天动地！

楚昭王十年（前 506 年）：

《左传·定公四年》：“楚自昭王即位，无岁不有吴师。”十年中，楚在东线与吴多次交战，楚败的趋势日渐明显。昭王十年，待蔡、唐因与楚矛盾尖锐而最终结吴后，吴王阖庐与孙武、伍员谋划攻楚的大计，遂得顺利实施。

是年《传》载：“冬，蔡侯、吴子、唐侯伐楚。”在唐、蔡的支援下，吴军“舍舟于淮汭”，以数万“奉甲执兵”的锐士，突破义阳三关隘口，经豫章直达汉水东岸，“与楚夹汉而军”。关于如何制吴、败吴，楚左司马戌向子常提出了一套睿智的方案，即：“我（即戌）悉方城外以毁其舟，还塞大隧、直辕、冥阨。子（子常）济汉而伐之，我自后击之，必大败之。”子常担心沈尹戌夺取头功而灭己威风，听信楚将史皇等人的谗言，“乃济汉而阵，自小别至于大别”。“十一月庚午，二师陈于柏举”，先后三次合战，楚皆不利。此后，阖庐之弟夫槩王未从王命，以其“私卒”五千猛击“子常之卒”，“子常之卒奔，楚师大乱，吴师大败之。子常奔郑”。楚有“将遁之法”，规定“楚发兵相战，而将遁者诛！若不及诛而死，乃有桐棺三寸，加斧质其上，以殉于国”[①]。子常知败必死，故逃郑。令尹临阵脱逃，这在数百年令尹出战史上，写下了绝无仅有的可耻的一页。毋庸讳言，劣迹斑斑的囊瓦（子常），自上任以来，听谗杀良、贪贿成性、嫉贤妒能、贪生怕死，淆乱了楚国的政风，创衰了楚国的国力，乃是造成柏举之败、楚几亡国的重要原因。

二十九、子西（公子申）

楚昭王十一年（前505年）：

据《左传·定公五年》和《国语·楚语下》所载，昭王因逃难奔随时蓝尹亹“不与王舟”以渡成臼（臼水），复国后意欲杀之。子西谏曰：“子常唯思旧怨以败，君何效焉？”昭王为之猛醒，乃下令“使复其所”。子西拨乱反正先自王始，起到了以上正下，清廉政风的作用。

楚昭王十二年（前504年）：

《左传·定公六年》：“四月己丑，吴太子终累败楚舟师，获潘子臣、小惟子及大夫七人。楚国大惕，惧亡。子期又以陵师败于繁扬。令尹子西喜曰：‘乃今可为矣。’于是迁郢于鄀，而改纪其政。”《会笺》释曰：“改其政而新之，纪其政而理之。”这是说子西于昭王复国两年后，在新都鄀郢颁布了早已拟好的新的经国方略。他深知“（民）知惧而后可治”的道理，故在复国而再败，“楚国大惕，惧亡”时，推出“改纪其政”的纲目，认为只有如此，才能达到使国家面目一新的

① 参《淮南子·泰族训》。

目的。

楚昭王二十至二十一年（前496—前495年）：

《左传·定公十四年》："顿子牂欲事晋，背楚而绝陈好。二月，楚灭顿。"《左传·定公十五年》："二月，楚灭胡。"

此时，昭王复国，已休养生息了八九年，楚又兴师北方而小试锋芒了。

楚昭王二十二年（前494年）：

《左传·哀公元年》："元年春，楚子围蔡，报柏举也。"子西命役徒在蔡都外修筑堡垒。"夫屯昼夜九日，如子西之素"，即按子西的原定计划，九日完工。蔡大人惧，男女分二队出城投降。楚让蔡在江、汝间选址迁国，"蔡于是乎请迁于吴"。次年，蔡迁都州来，是为下蔡。

楚昭王二十七年（前489年）：

据《史记·孔子世家》，是年，吴伐陈，令尹子西佐昭王率师救陈，驻军城父。昭王欲召孔子来见，并打算"以书社地七百里封孔子"。令尹子西曰："今孔丘得据土壤，贤弟子为佐，非楚之福也。"昭王乃止。楚国的地方居民组织，以若干家为一里，若干里为一社。所谓"书社"，即书其社之人于籍。书社地"七百里"，是一个不算很大的地盘。

据《左传·哀公六年》是年秋，昭王病重将死，"命公子申（子西）为王，不可；则命公子结（子期），亦不可；则命公子启，五辞而后许。……庚寅，昭王攻大冥，卒于城父。"子西乃与子闾、子期相谋，"潜师闭涂，逆越女之子章立之，而后还。"章，熊章，即楚惠王。

楚惠王二年（前487年）：

《史记·楚世家》云："惠王二年，子西召故平王太子建之子胜于吴，以为巢大夫，号曰白公。"[①]《左传·哀公十六年》也追述其事曰："（子西）召之（胜），使处吴境，为白公。"[②]二书皆曰子西召之，为白

① 《左传·哀公十六年》杨《注》："巢已于昭二十四年（前518年）为吴所灭，且白公非巢公也。"言白公不应称为"巢大夫"。

② 《左传·哀公十六年》杨《注》："吴境，楚与吴接界之境，非吴境内也。"

公，是正确的。[①] 当时楚之白县，在今河南息县东部偏南之处。

《史记·伍子胥列传》："白公胜既归楚，怨郑之杀其父，乃阴养死士求报郑。"

楚惠王六年（前 483 年）：

据《左传·哀公十六年》追记，白公胜向子西提出"伐郑"的请求，子西以"楚未节也"，许而未为发兵。

楚惠王七年（前 482 年）：

《春秋·哀公十三年》："（夏）楚公子申（子西）帅师伐陈。"陈，原为楚之与国，但其于惠王四年（前 485 年）已叛楚事吴。

楚惠王八年（前 481 年）：

据《史记·伍子胥列传》，此年晋攻郑，郑告急于楚，"楚使子西往救"。晋撤军后，子西与郑缔结了共同对敌的盟约，"受赂而归"。

楚惠王九年（前 480 年）：

《左传·哀公十五年》："夏，楚子西、子期伐吴，及桐汭。"时吴、越战事频仍，不便分兵与楚周旋，只能防守而已。参此年《传》。

楚惠王十年（前 479 年）：

子西答应伐郑，最终却与郑结为同盟，白公胜对子西这种食言弃诺的行为十分恼怒，他称言："郑人在此，仇不远矣！"[②]《左传·哀公十六年》还详细记载了他发难郢都的经过。这年吴军攻伐慎邑（今安徽颍上县北），白公胜出兵败敌，缴获了大批军械辎重。秋七月，他以请献战利品为名，带兵进入郢都，"杀子西、子期于朝，而劫惠王。子西以袂掩面而死，……（子期）抉豫章（樟木）以杀人而后死"。惠王开始被关在"高府"，后被圉公阳救出，"如昭夫人之宫"而得免死。

① 宋公文《楚史新探》，河南大学出版社 1988 年版，第 251—252 页。

② 扬《注》："比子西如杀父仇人。"

三十、叶公子高（沈诸梁）

楚惠王十年（前 479 年）：

据《左传・哀公十六年》，白公胜在楚都兴事未久，沈诸梁率叶县之师赶来救难，他联合国人“以攻白公，白公奔山而缢”。因子西、子期已死，他暂兼“二事”（令尹、司马）。“国宁，乃使宁为令尹，使宽为司马。而老于叶。”宁，即令尹子西之子公孙宁（子国），宽为司马子期之子公孙宽。

三十一、公孙宁（子国）

楚惠王十年（前 479 年）：

《左传・哀公十六年》：“国宁，乃使宁为令尹。”[①]

楚惠王十二年（前 477 年）：

《左传・哀公十八年》：“（春）巴人伐楚，围鄾。……三月，楚公孙宁、吴由于、薳固败巴师于鄾，故封子国于析。”析，在今河南淅川县西北。这是令尹因军功而被封的突出一例。学界一般认为此是楚国实行封君制的开端。

子国于惠王十二年（前 477 年）被封，当仍在令尹之位。现一般以公元前 476 年为战国之始，郭沫若以公元前 475 年为战国的开端，无论采取哪一说，子国受封时已是春秋之尾。入战国后，他当仍为令尹。惠王在位 57 年，他任令尹之终年，当在战国初期，惠王？年。

第二节　战国时期楚令尹大事记略

一、子春

子春为邵（昭）王之孙。任令尹前曾官部县县公，简文称“部公

① 宋按：“使宁为令尹”在下一年，即楚惠王十一年（前 478 年）。

子春”。

子春任令尹当在惠王（前488至前432年）偏晚时段。其任令尹事不见于传世文献，但见于上博简（八）的《命》和《王居》两篇。现以《命》篇记载为例作一阐述。

> 鄴（叶）公子高之子见于命（令）尹子春，胃（谓）之曰：“君王竆（穷）亡人，命虗（吾）为楚邦。忎（恐）不能，以辱鈇（斧）疐（锧）。先夫（大夫）之風（讽）諫（谏）遗命，亦可（何）以告我？”畣（答）曰：“𫲨（仆）既㝵（得）辱视日之廷，命求言以畣（答），唯（虽）鈘（伏）于鈇（斧）疐（锧），命勿之敢韋（违）。女（如）以𫲨（仆）之观视日也，十又厽（三）亡𫲨（仆）。”命（令）尹曰：“先夫（大夫）㠯（司）命（令）尹，受司马，絧（治）楚邦之正（政），黔（黔）页（首）萬（万）民，莫不忻（欣）憙（喜）；四海之内，莫弗聒（闻）。子胃（谓）昜（阳）为臤（贤）于先夫（大夫），请昏（问）亓（其）古（故）。”畣（答）曰：“亡𫲨（仆）之尚（当）楚邦之正（政），迲（坐）沓（友）五人，立沓（友）七人，君王之所以命与所为于楚邦，必内（入）𠂕（偶）之于十沓（友）又三，皆亡㽞（留）安（焉）而行之。含（今）视日为楚命（令）尹，迲（坐）沓（友）亡（无）一人，立沓（友）亡（无）[一]人，而邦正（政）不败，𫲨（仆）以此胃（谓）视日十又厽（三）亡𫲨（仆）。”命（令）尹曰：“尚善。”女（安/焉）豉（树）迲（坐）沓（友）三人，立沓（友）三人。

此篇是一篇对话体简文，主要讲述了令尹子春向叶公子高之子讨教其父为政时之“讽谏遗命”。叶公子高之子回答，其父成功的主要奥妙是其“坐有五人，立有七人”，能集思广益，并借此讽谏子春身边无“友人”，建议他结交诤友。令尹子春接受了这一批评，设坐友、立友各三人。

文中所言叶公子高“㠯(司)命(令)尹，受司马，絧(治)楚邦之正

（政）”，可与《左传》《国语·楚语》《史记·楚世家》等古籍的有关记载相印证。篇中所记子春任令尹事正可补史籍所缺。

解释：

《命》篇之“命”：《左传·隐公十一年》：“凡诸侯有命，告则书，不然则否。”杜《注》：“命者，国之大事政令也。”此篇之“命”，具体说，即“讽谏遗命”，全篇的核心应是令尹求“遗命”、叶公子高之子告“遗命”，以及令尹行“遗命”。

“先大夫”：故去的大夫，即叶公子高。

“風（讽）誹（谏）”：刘信芳、张崇礼等学者认为，“讽”是用委婉的语言暗示、劝告，“谏”则为批评指责。一为曲言，一为直言。

“视日”：学者陈伟认为，“视日”似是对楚王及高级官员的尊称，具体所指因说话场合而定。

“亡僕（仆）”：“僕”即“仆”。亡仆，子高之子称其父。

“訂（司）命（令）尹，受司马”：学者陈伟认为，“訂”当读为“司”，即主持。“受”指领受。其意是：叶公子高既掌令尹之职，又兼领司马之官，一身二任也。

“昜（阳）为”：学者袁金平疑此为子春自称，用法即同曾侯乙简、新蔡简和清华简《系年》等出现的“大莫敖阳为”。学者陈志向认为，“阳”为子春之名，不能将“阳为”连读为人名。复旦读书会也认为“阳”是令尹子春自称其名，春、阳一字一名。

“坐（坐）沓（友）”“立沓（友）”：《列女传·母仪传》谓“桓公坐友三人，谏臣五人，……故能成伯业”，可资比照。

二、子林

上博简（四）《柬大王泊旱》篇，共有八段简文，其中第一、第五段文字，与令尹子林其人其事直接相关。以下分别释之。

第一段简文：

柬（简）大王泊澣（旱），命龟尹罗贞于大頣（夏），王自临卜。王谷（向）日而立，王滄（汗）至緋（带）。龟尹智（知）王之庶（炙）于日而疠（病）疥（疥），悉（仪）愈迗（突）。贅（厘）尹智（知）王之疠（病），乘龟尹速卜高山深溪。王以䎽（问）贅（厘）尹高："不穀（穀）瘰（瘙）甚疠（病）。聚（骤）梦高山深溪，虐（吾）所得城于膚（莒）中者，无又（有）名山名溪，欲祭于楚邦者虐（乎）？尚（当）謐（谧）而卜之于大頣（夏），女（如）麋（吉）牆（将）祭之。"贅（厘）尹许诺。

这段简文的主要内容是：楚国面临大旱，简王（即柬大王）亲临贞卜大夏，以祭祀禳灾，遭日灼而得疥病。当此之时，简王又多次梦到"高山深溪"，厘尹认为这都是神灵在作怪，主张对此进行卜问。简王怀疑这场天灾人祸的降临可能与最近灭莒一事有关，但又想到莒地并没有名山名溪，于是主张再卜大夏以求吉兆。《史记·楚世家》载："简王元年，北伐灭莒。"由此可知，这次楚遭大旱，王患肤疾均在灭莒后不久，即简王初年。楚国大旱之时，子林身任令尹，下引第五段简文为证。尽管其担任是职的上下限不详，但子林实为简王初年的令尹。

第五段简文：

命（令）尹子林䎽（问）于大剸（宰）子歨（步）："为人臣者亦又（有）静（争）虐（乎）？"大剸（宰）畣（答）曰："君王元君善，夫（大夫）可（何）羕（用）静（争）。"命（令）尹胃（谓）大剸（宰）："唯！牆（将）为客（各）告。"大剸（宰）记（起）而胃（谓）之："君皆楚邦之牆（将）军，复（作）色而言于廷，王事可（何），必三军又（有）大事、邦家以軒（杌）轋（隍）社禝（稷）以迯（危）与（欤）！邦家大澣（旱），痌（因）瘀（资）智于邦。"王若（诺）。

太宰的主职，为侍王以备顾问。上列简文所记太宰子步向简王汇报他和令尹子林的对话内容，就是在做着将下情上达君王的分内之事。

对于这段简文中一些字、句的诠释，整理者有如下一些看法：

“拏”，整理者以此字作“争”，或“诤”，即“谏诤”。命（令）尹子林向太宰子步发问：“为人臣者亦又（有）拏（争）虐（乎）？”此可译为：“为臣的可否同为君的（因意见不同）产生争论呢？”

“乍（作）色”，整理者对此缺解。笔者以为：作色，即愤然而面带震怒之色，形容在“王廷”争论之激烈。

“軒轗”，整理者认为可读为“杌陧”，意为“危而不安也”。

“逊”，整理者认为应该读为“危”。此字从“坐”，古之“坐”，本即“跪”，“危”与“坐”形、音、义关系皆密切，很可能本为一语一形之分化。“社禝”（稷）以逊（危）与（欤）！”即：江山已到了危亡之时了啊！

“瘀”，整理者认为应隶为“瘀”，从疒、肷声，包山楚简此字读为“资”，取也，此乃古书常训。“资智於邦”，直译为“取智于邦”，和“邦家大澵（旱）”连解，意谓：（国家发生大旱灾后）应向国中咨询，取众人之智，以定应对之策。

总之，这段简文的大意是：令尹子林向太宰子步发问：“为臣的可不可以同为君的因意见相左而产生争论呢？”实际上，子林是想把这一疑问通过太宰而转达给简王，来说明臣下可以向君王进言，以表述臣下与君王的分歧之见。太宰回答简王很英明，臣下（一般）不应与君发生过于激烈的论争。若要发生大的争论，那必然是国家已发生了大事，社稷已处于危亡之时了！太宰认为，当下国家正面临严重的旱灾，需要“取智于邦”（臣下尽可以向王提出各种建议），以使国家能集取众人的智慧，来制定应对措施。当太宰把令尹的问题和自己的看法向简王汇报后，简王答曰“诺”。这一“诺”字，表明简王已允准了臣下之“争”和太宰“取智于邦”的建议。从《柬大王泊旱》全篇来看，简王是实践了他的“诺”言的。其一，他收回了其“速祭”的成命，接受了厘尹坚持按常法祭祀的建议。其二，他采纳了太宰关于“攸（修）郢高（郊）”以消灾的意见。这些建议当然带有迷信色彩，对旱灾的最后消除并不具有任何魔力，但它反映了令尹和太宰当时正在协助简王，做着听取不同意见、集思广益以应对灾祸的工作，说明他们是尽职尽责的。

三、吴起

楚悼王十五年（前 387 年）：

《资治通鉴》在“周安王十五年”下记，吴起逃至楚国后，“楚悼王素闻其贤，至则任之为相”。周安王十五年，即魏武侯九年，楚悼王十五年，前 387 年。《说苑·指武》记吴起入楚的第一年任“宛守”，次年升任令尹。吴起在楚悼王死年（前 381 年）被杀。如此，吴起在楚变法的时间为五六年。

楚悼王十五至二十一年（前 387 至前 381 年）：

在此五六年间，吴起面对楚国“大臣太重，封君太众”造成“上逼主而下虐民，贫国弱兵”[①] 的状况，进行了大刀阔斧的改革，其具体内容如下：

（一）抑制、削减旧贵族的政治经济特权

1.“衰楚国之爵而平其制禄，损其有余而绥其不足”[②]，这也就是《淮南子·泰族训》所记的“为楚减爵禄之令”。此举大大减杀了旧贵族的重威。

2.“令贵人往实广虚之地”[③]，即收回旧贵族原有的土地，将他们迁到地广人稀的偏远之处。

---

① 《韩非子·和氏》。

② 《淮南子·道应训》。

③ 《吕氏春秋·贵卒》。

3.“使封君之子孙三世而收其爵禄”[①]，这种“三世而斩”的政令，对旧贵族长久的世袭特权是重重一击！

上述措施，均从不同角度，在不同的程度上减缓了广大民众所受的压迫和剥削，对恢复发展社会生产力以强盛国力意义重大。

（二）“明法审令”，整饬吏治

《史记·范雎蔡泽列传》记有如下内容：“（吴起）罢无能，废无用，损不急之官。”何谓“损不急之官”？怎么个“罢”“废”法？上述“爵禄”怎么个“减”法？这些问题都应该在“立法”上有明确规定，否则在实践中将无法具体执行，只是由于文献缺载或载而失之，后人无法得知而已。

（三）变革社会风俗

此即《战国策·秦策三》所谓的“塞私门之请，一楚国之俗”“破纵散横，使驰说之士无所开其口”。这主要是要破除当时社会上，尤其是官场“走后门”之风，以及杜绝驰说之士跻身政坛的现象。这对改变社会风尚，澄清社会舆论，具有不可小觑的意义。

（四）“要在强兵”，建立一支能征善战的强大军队

吴起不但是一位政治家，更是治军行家。他推行的上述一系列措施，目的都在于“砺战”，即“历甲兵以时争于天下”[②]。他把变法所带来的社会财富的增长，均用来“奉练选之士”[③]，“抚养战斗之士”[④]。正如《战国策·魏策一》所载公叔痤之言：“夫使士卒不崩，直而不倚，挠拣而不辟者，此吴起余教也。”

吴起在楚变法五六年，收到了巨大的成效：“于是南平百越，北并

---

① 《韩非子·和氏》。
② 《说苑·指武》。
③ 《韩非子·和氏》。
④ 《史记·孙子吴起传》。

陈、蔡，却三晋，西伐秦，诸侯患楚之强”[①]；“吴起相悼王，南并蛮越，遂有洞庭、苍梧”[②]；救赵围魏，“战于州西，出于梁门，军舍林中，马饮于大河”[③]。总之，当时的楚国，“兵震天下，威服诸侯”[④]。使悼王一时成了天下霸主。

吴起变法的措施深深伤害了楚国旧贵族的切身利益，所以公元前381年悼王刚死，旧贵族就群起而攻之，并将其射杀。《史记·孙子吴起列传》对此记曰：“及悼王死，宗室大臣作乱而攻吴起，吴起走之王尸而伏之。击起之徒因射刺吴起，并中王尸。……坐射起而夷宗死者七十余家。”楚宗亲大臣及封君的势力一时大受其挫。

四、（前）州侯

姓名缺佚。任职于楚宣王前中期（宣王元年至十五年，前369至前355年）。

《楚策一·江乙为魏使于楚章》载江乙对楚宣王语：“州侯相楚，贵甚矣而主断，左右（指宣王左右）俱曰‘无有’，如出一口矣。”江乙为魏使于楚，在宣王十八年，即公元前352年[⑤]，此年已是昭奚恤相楚的第三年，故昭奚恤相楚当始于宣王十五年（前355年）。如此，州侯相楚必在前355年之前的宣王前期，即前369至前355年之间。

五、昭奚恤（昭子、江君）

楚宣王十六年（前354年）：

《楚策一·邯郸之难章》：“邯郸之难，昭奚恤谓楚王曰：‘不如无救赵，而以强魏。魏强，其割赵必深矣。赵不能听，则必坚守，是两弊

① 《史记·孙子吴起传》。
② 《后汉书·南蛮西南夷列传》。
③ 《战国策·齐第五》。
④ 《史记·范雎蔡泽列传》。
⑤ 《战国策考辨》第133页。

也。’……景舍曰：‘不然。……王不如少出兵，以为赵援。赵恃楚劲，必与魏战；魏怒赵之劲，而见楚救之不足畏也，必不释赵。赵、魏相弊，而齐、秦应楚，则魏可破也。’”令尹昭奚恤的“两弊”之见，显然不如司马景舍的两“相弊”之说高明。因为赵得不到援救，在魏无后顾之忧的强攻下，必不支而败，何谈“两弊”？如果赵得到楚援，就觉得有友军支援，可以与魏军抗衡下去。而魏军觉得楚援“不足畏”，更增加了胜赵的决心！赵、魏双方都有继续打下去的意愿，则双方就会在拼战中消耗各自的军力，这样双方不就在互拼中两相弊了吗？如此看来，令尹的“两弊”之说显然是站不住脚的。从“邯郸之难”的结果来看，楚国无论帮不帮赵国，均未起到作用，最后解决战事的，是齐国的作战方略。“邯郸之难”起始于公元前354年，在魏军经过长期的争战于次年（前353年）攻破赵都而疲惫地返国途中，南攻魏襄陵的齐军，早已埋伏在桂陵，“承魏之弊”，突然向魏军发起猛攻，大败魏军而取得了完胜。①

楚国在“邯郸之难”时的出兵虽无关胜败大局，但其得到的实惠却最大。这个实惠就是楚方乘机占领了睢、濊之间的大片领土，把楚之北疆推进到了与魏、宋、卫相交接的地区。

《楚策一·荆宣王问群臣章》载江乙言：“今王（宣王）之地方五千里，带甲百万，而专属之昭奚恤……”可昭奚恤任令尹期间的军政实绩，却罕有记载。或史有遗漏？未可知也。

六、鄂君子晰

任职于楚威王时期（前339至前329年）至楚怀王（前328至前299年）初年。

《说苑·善说》引庄辛曰：“鄂君子晰，亲楚王母弟也。官为令尹，爵为执圭。”但庄辛并未指明他官为令尹的时间。其后怀王时期有“鄂

① 《齐策一·邯郸之难章》引齐段干纶对齐君田侯曰：“故不如南攻襄陵以弊魏，邯郸拔而承魏之弊，是赵破而魏弱也。”田侯听从其谏，“乃起兵南攻襄陵。七月，邯郸拔。齐因承魏之弊，大破之桂陵”。

君启”者，既有鄂君封号，又备受怀王宠爱，启之父当为鄂君子晰。又，宣、怀之间的威王时期，确有“令尹”但姓名缺失，此令尹很可能就是鄂君子晰。据《史记·张仪列传》，威王时期张仪以布衣游于楚，“尝从‘楚相’饮”，因“楚相亡璧”受疑，被楚相门下“掠笞数百”。后张仪相秦，乃发檄告楚相曰：“始吾从若饮，我不盗璧，若笞我。若善守汝国，我顾且盗而城。”据《史记·秦本纪》，“张仪相秦”始于秦惠文君十年（前328年），即怀王元年。这说明“子晰”为令尹已到了怀王初年。

七、子士

楚怀王六年（前323年）：

包山楚简第115号简载：

> 大司马卲（昭）阳败晋（魏）帀（师）于鄗（襄）陵之岁，夏柰之月庚午之日，命（令）尹子士、大（太）帀（师）子佩命蘘陵公邗鼍为郚（镐）郻（间）貣（贷）郕（越）异之銤金一百益（镒）二益（镒）四两。

由令尹子士出面的这次借贷发生在楚怀王六年，即公元前323年。

八、赵献（昭鱼）

楚怀王七年（前322年）：

关于赵献即昭鱼的考证，详参陈直《史记新证》[①]。

《魏策一·张仪欲并相秦魏章》记载史厌（楚人）谓赵献（昭鱼）曰：“公何不以楚佐仪求相之于魏，韩恐亡，必南走楚。仪兼相秦、魏，则公亦必并相楚、韩也”。此事发生在公元前322年。[②] 说明此年昭鱼已

① 陈直《史记新证》，天津人民出版社1979年版，第100页。

② 见缪文远《战国策考辨》第220页。

任令尹。昭鱼曾两任令尹，其二任令尹之事迹详见后文。

九、昭阳（昭子）

楚怀王六年（前 323 年）：

《史记·楚世家》载，“六年，楚使柱国昭阳将兵攻魏，破之于襄陵，得八邑，又移兵攻齐”，被齐使陈轸劝退。此时昭阳尚未任令尹。襄陵之战大胜，他因此军功，未久即官升令尹。

楚怀王九年（前 320 年）：

《齐策一·靖郭君善齐貌辨章》：“昭阳请以数倍之地易薛。”《吕氏春秋·知士》亦载此事，高诱《注》：“昭阳，楚相。”昭阳既有权代表楚国与邻国（齐）交换土地，其官阶必为宰辅。缪文远《战国策考辨》征引诸书考证，将《齐策一》此章断为怀王九年，即前 320 年①，正与昭鱼之终职相接。

楚怀王十一年（前 318 年）：

《楚策三·五国伐秦章》记有这样一件史实：前 318 年，三晋与楚合纵攻秦，魏先出兵而“折兵之半”。魏想与秦媾和，却不敢擅自行动，就派惠施到盟主楚国去请示昭阳。经过一番曲折，昭阳最后“令人谒和于魏”。他国重臣到楚国专门找昭阳商议军国大事，说明昭阳于怀王十一年（前 318 年）仍官宰辅。

十、张仪

楚怀王十六年（前 313 年）：

据《史记·屈原贾生列传》，此年张仪由秦至楚，说怀王曰：“……楚诚能绝齐，秦愿效商於之地六百里。”怀王大喜，“乃以相印授张仪”，并遣使“绝约于齐”。目的达到后，他旋即返秦，其挂名“楚相”的时间很短，估计仅一月到数月之间。

---

① 见缪文远《战国策考辨》第 80 页。

十一、昭鱼（赵献，二次出任令尹）

楚怀王十九年（前 310 年）：

《史记·魏世家》载，哀（应为襄）王九年，“魏相田需死，楚害张仪、犀首、薛公。楚相昭鱼谓苏代曰：‘田需死，吾恐张仪、犀首、薛公有一人相魏者。’……（代）遂北见梁王，以此告之。太子果自相。”此年楚令尹昭鱼之所以对韩的立相采取干涉行动，是因为他认为“张仪相，必右秦而左魏；犀首相，必右韩而左魏；薛公相，必右齐而左魏”，皆于楚不利，而魏太子自相，则无害于楚。

楚怀王二十二年（前 307 年）：

《史记·韩世家》记“楚围雍氏”时，“甘茂与昭鱼遇于商於”。这次昭鱼到秦国的商於与甘茂相会，是为了让秦不干预楚围雍氏的行动，使秦“阴善楚”。韩国得知此情，甚为恐惧，乃“以国合于齐楚”，于是“楚解雍氏围”。战国时“楚围雍氏”计有三次。经考证，二相“遇于雍氏”，应在怀王二十二年，即第二次“楚围雍氏”之时，考详本书第二章第二节。《甘茂传》还特别点出了二人相会在“（秦）昭王新立”，即（秦）武王过世的公元前 307 年。马非百《秦集史》下册《（秦）丞相表》中，确认此年甘茂任右丞相，位列秦官之首。根据双方谈判代表地位应当相等的外交礼节，昭鱼其时亦当为宰辅。裴骃《韩世家》“集解”也持同样看法，以昭鱼为“楚相国”。

楚怀王二十二年（前 307 年）后，昭鱼应仍在令尹之位，其任职下限，当与唐昧相接。

十二、唐昧

楚怀王二十八年（前 301 年）：

《史记·乐毅列传》载曰：“当是时，齐湣王强，南败楚相唐昧于重丘。”《吕氏春秋·处方》记此事尤详：“齐令章子将而与韩、魏攻荆，荆令唐蔑（昧）将而拒之。”两军“夹泚水而军”，“六月而不战”。后章子经过仔细调查，得知楚军弃深水而守浅水处，他“因练卒以夜奄荆人之所盛守，果杀唐蔑”。《楚世家》亦记此战，但胜方多了一个秦国，“秦与齐、韩、魏共攻楚，杀楚将唐昧，取我重丘而去”。

唐昧任令尹终于怀王二十八年。接其任者当为景翠。

十三、景翠

楚怀王二十二年（前 307 年）：

据《东周策·秦攻宜阳章》，是年秦甘茂率军攻破韩之宜阳，楚上柱国景翠“以楚之众”往救，秦惧而退。

楚怀王二十八年（前 301 年）：

唐昧战死重丘，景翠当以次进阶令尹。

楚怀王二十九年（前 300 年）：

据《楚策二·齐秦约攻楚章》，是年秦、齐合兵攻楚，景缺率军阻止来犯之敌，兵败被杀，将士死者二万。为解除楚的困危局面，景翠受命“以六城赂齐”，且使“太子为质于齐以求平”，参见《楚世家》。

十四、子兰

楚怀王三十年（前 299 年）：

据《史记·楚世家》，是年，秦昭王约怀王相会武关，楚大臣昭雎劝王勿往，曰：“王毋行，而发兵自守耳。秦虎狼，不可信，有并诸侯之心。”怀王子子兰则劝王行，曰：“奈何绝秦之欢心！”结果，怀王去即被扣，三年后客死于秦。

顷襄王元年（前 298 年）：

《史记·屈原贾生列传》：“长子顷襄王立，以其弟子兰为令尹。”又据该《传》怀王被扣于秦，屈原“系心怀王，不忘欲反，冀幸君之一悟，俗之一改也”，因作《离骚》。“令尹子兰闻之（指《离骚》）大怒，卒使上官大夫短屈原于顷襄王”。未久，屈原被流放。子兰过之最大者，莫过于“劝怀王入秦而不返也”。楚人因此“咎子兰”，其愤怒汹汹之势，非短时可熄。谭介甫先生在其《屈赋新编》上集第183页，指出子兰可能因此而被免除令尹之职①，所见有一定道理。但他将时间定为顷襄七年，仍无甚确证。子兰任令尹之终年，当在顷襄七年（前292年）之后，而与令尹子椒相衔。

十五、子椒

其任令尹在顷襄王前中期，上接子兰，下衔昭雎。

一说“怀王少弟”②，或然。《汉书·古今人表》有“令尹子椒”。班固以善恶愚智分人为九等，他被列于“中下”即第六等。班固对他既有如此明确的品评标准，则以其为令尹当必有所据。史载子椒活动于屈原流放前后，如《盐铁论·讼贤》载“文学”曰：“夫屈原沉渊，遭子椒之谮也。”东汉著名经学家孔融亦云：“屈平悼楚，受谮于椒、兰。”③可见，子椒与子兰，乃是打击、陷害屈原的元凶。其任令尹的时间，当上接顷襄初期的令尹子兰，下衔顷襄中期的令尹昭雎，时为顷襄前中期。

十六、昭雎（昭子）

昭雎于楚怀王后期即因谋善功高而蜚声楚廷，成为当时楚国内政外交的重要决策者之一。据《史记·楚世家》，怀王二十年（前309年），他曾分析天下大势，竭力说服怀王联齐结韩以抗秦，“怀王许之”。楚怀王三十年（前299年），秦昭王约怀王相会武关，昭雎劝怀王曰：“王毋行……秦虎狼，不可信。”结果怀王不听，入武关即被扣，三年后客死于秦。在怀王入秦不归，楚廷议立新王时，他反对立怀王庶子子兰，并亲往齐国迎归太子横，立为顷襄王。顷襄立后，以子兰为令尹，接子兰之任者为子椒。

① 谭介甫《屈赋新编》上集第183页。

② 姜亮夫《楚辞学论文集》，上海古籍出版社1984年版，第51页。

③ 转引自游国恩《离骚纂义》第436页引“徐文靖曰”。

楚顷襄王十八年（前 281 年）：

《史记·楚世家》在顷襄王十八年下记曰："楚欲与齐、韩连和伐秦，因欲图周。"周赧王遣武公游说"楚相昭子"，极言"诛残天下之共主"的弊端，"于是楚计辍不行"。此"楚相昭子"当为昭雎。其缘由参本书第二章第二节"昭雎"条。昭雎任令尹时间当在顷襄王中期，上接令尹子椒。

十七、（后）州侯

此州侯当是宣王前期的令尹州侯的后裔[①]，姓名阙佚，任令尹于楚顷襄王中期偏后。

《楚策四·庄辛谓楚襄王章》引庄辛言："君王左州侯，右夏侯，辇从鄢陵君与寿陵君，专淫逸侈靡，不顾国政，郢都必危矣。""君王卒幸四子者不衰，楚国必亡矣。"从该章所记"五月"而"秦果举鄢、郢"来看，庄辛说这番话的时间在公元前 278 年，即顷襄二十一年。州侯被列于"不顾国政"的四幸臣之首，而成为媚君祸国的罪魁，其权位一定不低。关于他的具体职任，《荀子·臣道》有所透露："……齐之苏秦，楚之州侯，秦之张禄，可谓态臣也。"苏秦为齐湣王相，张禄（即范雎）为秦昭王相，州侯既同二者相提并论，可知其官阶当在宰辅。《臣道》还指出，此类态臣，"内不足使一民，外不足使距难，百姓不亲，诸侯不信。"这是在指斥其败坏内政和外交，但从中可以看出其重权在握，而处于执政地位。州侯之任令尹，当止于白起拔郢的顷襄二十一年（前 278 年），其任职上限，应即昭雎任令尹的终年。

十八、春申君（黄歇）

关于春申君（黄歇）的出身及事迹，详参本书第八章第六节。此不赘述。

① 详参何浩《战国时期楚封君制初探》。

十九、李园

关于李园斩杀春申君而为令尹及其执政始末，详参本书第二章第二节“李园”条。

第八章 楚令尹个体研究

第一节 令尹彭仲爽与楚国政治体制的革新

中国进入阶级社会后，自古代至于近世，已绵延数千年之久，但从国家政治体制来看，先后仅存在过三种形式：一是“封邦建国”的“封建”制（即分封制）；二是以郡县制为基础的专制主义中央集权制；三是共和制。相比而论，这三种政治体制，后者均较前者更加有利于维系和巩固国家的统一，更加有利于社会经济文化的发展。因此，以郡县制代替分封制，是一种符合历史潮流的进步现象。

由夏、商、周的“封建”制，向以郡县制为基础的专制主义中央集权制的转变，并非一朝一夕所能完成，这中间经历了一个过渡期，此即春秋战国时期（公元前770年至公元前221年）。这就是说，郡县制初创于春秋时期，至战国之末，始才普及完备。郡、县诞生的顺序，是县先郡后，县高郡低。至战国时期，才逐渐形成郡高县低，以郡统县的局面。

据《左传》记载，华夏大地最早出现“县制”的地区，是在春秋前期楚国的申、息二地。《左传·哀公十七年》在追述“县制”诞生的历史时，有如下一则记载：

彭仲爽，申俘也，文王以为令尹，实县申、息。

这段记载道出了两件史实：第一，楚灭申、息两国以为县，是在春秋前期的楚文王时期；第二，被楚军俘虏的原申国人彭仲爽，受任为楚国的最高军政长官，开天辟地第一次把“县制”创设在申、息二地。

息、申建县的时间为何？先说息县。关于息灭为县的时间，人们根据对《左传》有关记载的解读，提出了如下几种不同的说法：

1. 公元前 680 年（楚文王十年，鲁庄公十四年）①；

2. 公元前 682 年（楚文王八年，鲁庄公十二年）②；

3. 公元前 683 年（楚文王七年，鲁庄公十一年）③。

据庄公十年《传》，蔡哀侯被俘于是年（楚文王六年，前 684 年）“秋九月”，囚楚后他即以“绳息妫”之法唆使楚文王前去灭息（此事被补记于庄公十四年《传》）。这样，息灭的上限显然应定于庄公十年，即楚文王六年（前 684 年）冬。又，文王灭息后即携息妫以归，至庄公十四年（前 680 年）“七月”，息妫已生了两个孩子（见庄公十四年《传》）。如此，息灭之下限最迟也不会超过公元前 682 年夏。由此可见，公元前 680 年之说，无以立足；公元前 683 年与公元前 682 年两说，虽都有成立的可能，又皆嫌绝对了一些。楚灭息，即息妫入楚的时间，只能宽泛地定在公元前 684 年至公元前 682 年之间。必欲求其确切年、月，只有等待新史料的出现了。

次说申县。据《左传》，公元前 688 年（鲁庄公六年，楚文王二年）冬，“楚文王伐申，过邓”。“伐申”但未言“灭申”，而申灭又在息灭之前，这样申灭的上、下限即可宽泛地定为公元前 687 年至公元前 682 年。也就是说，申、息灭国为县，大致可定于公元前 687 年至公元前 682 年（楚文王三至八年）之间。

著者之所以将申、息灭国为县的时间考证得如此具体，就是为了说明，在此之前，无论是楚国还是他国，均未建立过“县制”。令尹彭仲爽首创县制于楚国，他实是千古华夏打破分封制，创建以“县制”为基础的君主集权制这一崭新政体的第一人。

---

① 〔清〕易本烺《春秋楚地问答》：“息灭在庄（公）十四年。”

② 《息县志》：“周庄十五年（前 682 年），息被灭国，沦为楚地。”

③ 《会笺》庄公十四年《传》笺：“息灭盖（庄公）十一年也，即公元前 683 年。”

但著名史学家顾颉刚，早在20世纪30年代曾提出过一个观点，认为春秋“第一县”是楚武王攻灭权国后设立的“权县”，而非其子文王所置的申、息二县。《左传·庄公十八年》在追述往事时记曰：“初，楚武王克权，使斗缗尹之。以叛，围而杀之，迁权于那处，使阎敖尹之。”顾氏在《春秋时代的县》中认为：在这段文字里，虽没有说明灭权以为县，但他设置“尹”的官，和之后楚的“县尹”一样，则实是建立权县的证明，这是从《左传》记载中寻找出来的第一个县。[①]顾氏的上述见解，赞同者不少，非议者亦不乏其人。何浩先生在其《楚灭国研究》一书中，对顾氏的观点作出了驳斥。他首先从文字学的角度对《左传》的“克”“尹”等字作了深入解析，论证了当时的权国并未灭亡。继而又用比较研究法以大量史实说明：斗缗是以监使（如周初的三监）的身份而非以县尹的身份看管权地。但何氏又以迁权的那处为楚县之“滥觞”，则仍是缺乏史实依据的。

何浩攻讦顾氏之非，虽多有精彩之见，但缺点是未能击中要害。顾氏认定权为春秋“第一县”，要害在于他不明楚县的特征所在，缺少立论的基本依据。研判有关史料，由申、息等楚县所揭示的“县制”的特点，主要有以下三点：

其一，县的行政长官（楚称“县尹”或“县公”）由楚王直接任免。

纵观《左传》等有关史籍及考古资料，春秋时期受任申县县尹（县公）的，先后有彭宇、斗班、斗克、叔侯、子培、屈巫（即巫臣）、公子申、王子牟、史老等。受任息县县尹（县公）的，先后有屈御寇、公子朱、公子成等。县尹由楚王直接任免，基本不世袭，不搞终身制。胜任则留，否则免。这种任免制，非终身制，使县尹（县公）在相当程度上不能不听命于中央，按照中央的方针政策办事。这与分封制下的世

① 顾颉刚《春秋时代的县》，载《禹贡》七卷六、七合期《古代地理专号》，花山文艺出版社1994年版，第171页。

卿世禄制迥然不同，它极大地强化了中央对地方的管制，有利于实现王权的集中统一。

其二，县尹代表国家向县民征收军赋（包括赋税和甲兵），用以组建直属于楚王的地方兵团（即所谓的“县师”）。

有一则史实可以清楚地说明这一点。据《左传·成公七年》，公元前594年楚围宋之役结束，班师回国之际，“（左尹）子重（楚穆王子）请取于申、吕（按：该时申、吕皆已灭国为县）以为赏田。（庄）王许之，申公巫臣谏曰：‘不可，此申、吕所以邑（即已为县邑）也，是以为赋，以御北方。若取之，是无申、吕也，晋、郑必至于汉。’王乃止。”“是以为赋”，即以申、吕二县作为国家军赋的所出之地。巫臣以为：国家之所以在申、吕两地建县，主要就是着眼于征收军赋以建立“县师”的考虑，否则晋、郑等国的军队就可以直达楚国的心脏地区了。庄王深然巫臣之谏，最终拒绝了子重化公为私的非分要求。这件事揭示了一个重大原则问题，即自此以后，一直到春秋之末，凡是在楚国灭国为县的地区，一般不允许再走分封制以恢复贵族特权的老路了。这就保证了彭仲爽所创立的“县制”得以广泛推进，楚之疆域因此得到了宏扩。

其三，地方兵团（县师）可由楚王直接调遣，参加楚国对外争霸战争。

楚在建县之前，其军队分为“王卒”和“私卒”两大部分，各由王族领地上和卿大夫封邑内的族人组成。建县以后，由于县内土地和人口直接归属楚王，由国家直接控制，所以由各县赋税所武装起来的县邑军队（“县师”），就逐渐构成了楚国军力的主导成分。出现在《左传》中的此种地方兵团，有“申、息之师”“陈、蔡、不羹、许、叶之师”“繁阳之师”“上国之兵”“东国之兵”等，有些大县，如陈、蔡、不羹等，“赋皆千乘”，其军力不亚于一个中等诸侯国。这些“县师”，常常由楚王直接调遣，参加对外争霸战争。其中，尤其以“申、息之师”出战最多。如公元前635年（楚成王三十七年），秦、晋攻伐鄀地，成王派申公斗克，息公屈御寇率“申、息之师”戍守商密（鄀之都城）；公元前634年（楚成王三十八年），申公叔侯率师远戍齐之谷地；公元前632年（楚成王四十年），“申、息之师”组成楚三军之“左军”，参加著名的晋、楚城濮之战；公元前618年（楚穆王八年），息公子边率师伐陈；公元前585年（楚共王六年），楚以“申、息之师”征讨蔡国；等等（依次参僖公二十五、二十六、二十八年，文公九年，成公六年《传》）。

由申、息二县发其端的楚县的不断发展壮大，从多方面凸显了“县制”的优越性：第一，它使楚国自春秋前期开始，就迈向了逐渐摆脱分封制束缚的道路，从而为以县制为基础的君主集权制这一新的政治体制在楚国的建立打下了坚实的基础。第二，至春秋之末，楚县已扩大至二十余个，这就大大增强了楚国的经济和军事实力。数量庞大、训练有素的县邑部队，可以说是构成楚国军力的基础所在。楚国之所以能成为春秋大国争霸战争中的双雄之一，国强百余年而终同晋国平分天下，其主要奥秘就在于“县制”这一新的地方政制所产生的强大生命力。至战国时期，尤其在吴起变法之后，楚更强大至“地方五千里，带甲百万”[①]，成为东方六国之翘楚，更是显示了“县制”的巨大优越性。诚然，楚国在春秋时期还存在一些世家大族的封邑，但这些与广袤县制地区相比，只能说是小巫见大巫了。战国时期，楚国虽然和他国一样，实行了封君制度，境内存在着数量较多的封君的封邑，但封君在其封邑内仅有衣食租税之权，并非像采邑制时代那样有很大政治、经济特权，所以当时的封邑，只是国家地方行政组织县邑的补充形式而已。

当然，“县制”这种新生事物，在春秋至战国前中期，同其后业已成熟的郡县制相比，尚有一些不太完备之处。首先，县之长官虽由楚王任免，但也存在个别世袭现象。如前后做过申县县公的斗班和斗克，就是父子关系，但这种世袭现象，并不等于该县就是他们的世袭领地。其

① 《楚策一·荆宣王问群臣章》。

次，楚县长官多由王族子弟担任，唯彭宇、吴起等少数人来自异邦异姓，这说明楚县长官的选拔尚带有明显的血亲任官的性质。再次，楚县尚缺乏后世郡县的监察机制（如秦在每郡设监御史之类）和兵调机制（如虎符之类），这就使某些身为王子王孙的大县县公，可伺机发动政变，有时容易给中央政权造成颠覆之势。蔡公弃疾利用蔡县等县之兵力发动叛乱，篡位为平王，即明显例证。白县县公王孙胜，带兵进入郢都，杀死令尹子西和司马子期，险些夺取王权，则是又一例证。

“县制”是一种新生事物，其在成长过程中有这样那样的缺陷，是不可避免的正常现象。我们只能说它不够完美，而不可斥之以贬词。特别是像申、息这样具有发端意义的首批出现的楚县，其诞生昭示着一个旧时代的崩溃和一个新时代的降临。因此，无论怎样估计他们的历史贡献和作用，都不为之过分。

回头来看，楚武王灭权建立的所谓“春秋第一县”，顾氏的这个结论是完全不能立足的。因为它完全不具备“县制”所应有的三个基本特质。楚县的第一个特征是“县尹”实行任免制，任免的特点是任、免交替，有上下届县尹相衔相接。而所谓的“权县”，治之者唯独一任，继任者为谁已了无下文。辨之者可能会说，斗缗死后不是有阎敖其人来管理权人吗？这里需要指出，阎敖管辖之地在那处而非权地，固不可称为“权尹”。更重要的是：无论斗缗或阎敖，他们在权地或那处，均未推行过征收军赋以建立地方兵团的举措，而这正是楚国“县制”最典型的一个特征！至于“县制”的特征之三——“县师”常被楚王用来参与对外征战，在有关权与那处的史料中，更是见不到任何踪影！最后，“县申、息”之“县”，通“悬”，有“悬远”“僻远”之意。西周以来，“县”的本意就是边鄙之地。而申、息恰在当时楚国的北境和东北境，符合楚国初置县的地域特点。权和那处地处楚之核心地区（今湖北沙洋一带），楚国首创之县应不会选建在那里。

铁的史实证明：春秋楚国“第一县”，绝非楚武王时期的权或那处，而是楚文王前期的令尹彭仲爽所建之申、息二县！彭仲爽是谋定、推出楚国“县制”的第一人；是在楚国乃至当时各国最先废除分封制，创立以县制为基础的君主集权制这一崭新政治体制的人。可以说，楚国在春秋战国时期长期雄强于天下，根基就在于这一新的政治体制的内蓄之力。彭仲爽，在春秋战国时期楚国数十位令尹中，理当列为居功之至大者！

彭仲爽作为以县制为基础的专制主义中央集权制这一国家政体的萌创者，其在中国历史上所处的重要地位是显而易见的。

第二节　略论令尹子文

令尹子文，春秋前期楚国政治家。芈姓斗氏，名谷於菟，一作谷於檡[①]。若敖之孙。伯比之子。他至迟生于武王三十五年（前706年）前[②]，卒年或在成王之末[③]。成王八年（前664年）代子元为令尹，成王三十五年（前637年）让位于司马子玉（即成得臣）。当政二十八年中，传其曾“三仕”“三已”令尹[④]，但除让位于子玉之外，其他已无可考稽，故其为政的时间只能概定于成王八年至三十五年。在此期间，他活跃于楚国政坛，蜚声一时，但也曾因举用子玉一事而受到某些士人的苛责，以至根本否定。其千秋功过，应如何称量？下文拟钩沉史迹，作一初步探研。

一、“恤民”和执法的贤执政

西周晚期“国人”暴动所显现的威力，使春秋前期的各国统治者

① 见《汉书·序传》。

② 子文为斗伯比“畜于邳，淫于邳子之女”《左传·宣公四年》所生。后伯比返楚为官，于武王三十五年见《传》，故子文至迟生于是年之前。

③ 清人刘文淇在其《春秋左氏传旧注疏证》中，推断子文之死“或在僖公末也”。僖公末即成王之末（僖公三十三年为成王四十五年，公元前626年）。

④ 见《论语·公治长》《国语·楚语下》等。

记忆犹新。入春秋后，社会大变动进一步激化了阶级矛盾，作为各国“民”之主体的“国人”，反抗本国贵族集团的斗争，更如峰峦叠起，绵延不止。在这种背景下，当时一些比较清醒的政治家，逐渐明白了商周以来的那种神道设教的统治术已经无法适应现实政治的需要，从而萌发了“民本”主义思想。如随国的季梁说：“夫民，神之主也。是以圣王先成民而后致力于神。”[①] 齐国的管仲亦言：“政之所兴，在顺民心；政之所废，在逆民心。”[②] 这里，他们或者把“民”抬到主宰神的地位，或者将“民”视为政之兴废和国家安危的根本。这种“民本”主义思想，必将自然导出“恤民”政治。季梁主张“先成民而后致力于神”，管仲主张“从其（民）四欲（佚乐、富贵、存安、生育）”“去其四恶（忧劳、贫贱，危坠、灭绝）”，即为“恤民”政治的反映。处于同一历史阶段的令尹子文，在对待“民”的问题上，有着和季梁、管仲完全相同的认识。他指出：“专利者必害。”[③] 这是他从周厉王“专利”失国事件中总结出的宝贵历史教训。基于这种认识，他特别强调“庇民”，宣称“夫从政者，以庇民也”[④]，要求为官者以怜恤民众（指以“国人”为主体的四民，不包括奴隶在内）为务，把“恤民”作为安国的手段。他不是停留在口头呼吁上，而是身体力行，亲作“恤民”的表率。这主要表现在：

毁家纾难以恤民 前令尹子元，是一个不思治民的好色之徒。他为讨取文夫人（楚文王之妻，原称息妫）的欢心而“自示英武”[⑤]，无端发动侵郑之战，结果使楚之军力遭到损失。返国后，又公然“处王宫”，意欲“盗楚而有之”。[⑥] 经其反复折腾，楚国已堕入灾难的深渊。成王八年（前 644 年），子元被杀，其职由子文接替。子文上任后所采取的

① 《左传·桓公六年》。
② 《管子·牧民》。
③ 转引自李梧冈《春秋纪传》卷四十四《斗穀於菟》。
④ 《国语·楚语下》。
⑤ 〔清〕陆树芝《春秋左传意解》卷二。
⑥ 〔清〕高士奇《左传纪事本末》卷四十六附“士奇曰”。

第一个行动，就是“自毁其家，以纾楚国之难”[①]。把自己家族的大宗财产献出来以缓和国家的危难，其直接目的诚然是稳定楚国贵族阶级的统治，但他以家财佐国需，而不是采取加重剥削的办法去搜刮民脂民膏，这不能不说是一个明显的“恤民”举措。这一举措，必将起到争取“民”心、稳固统治基础的作用。清人周大璋对此评论道：“初政便自如此，宜楚之骎骎日盛也。”[②]事实正是这样，楚国的升腾与发展，由此而拉开了序幕。

菲薄衣食以恤民 子文为官清廉，生活异常俭朴。史载其“缁帛之衣以朝，鹿裘以处”[③]。又传他“三舍令尹，无一日之积”[④]，甚至到了“面有饥色，妻子冻馁，朝不及夕”[⑤]的地步。这些记载不免有失真、美化之嫌[⑥]，但其中却透露了一个基本事实：相对于彼时他国的执政贵族，子文的生活确或十分菲薄。其菲薄衣食的用意，正如《国语·楚语下》所揭示的——乃在于“恤民之故也”。身处显赫的地位而能刻苦贫身，这有助于在楚国官员中形成俭约的政风，客观上则意示着对“民”的压迫和剥削的相对减轻。

减削爵禄以恤民 《国语·楚语下》有如下一段记载：“成王闻子文之朝不及夕也，于是乎每朝设脯（肉干）一束，糗（干饭）一匡，以羞（进）子文，至于今秩之。成王每出子文之禄，必逃，王止而后复。”身为令尹而不拿令尹级别的爵禄，成王设法为其增禄，他又逃之不受。当有人问他为何要“逃富”时，他还讲出了这样一番道理：“民多旷者，

① 文出《左传·庄公三十年》。《会笺》庄公三十年《传》笺：“《广雅》：‘毁，亏也。’杜训‘减’，意同。毁犹减少。……时楚国府库空竭，子文，楚巨室，积财不少，故自减少家产，以纾其难也。”

② 〔清〕周大璋辑《左传翼》卷五，清乾隆刻本。

③ 《楚策一·威王问于莫敖子华章》。

④ 《国语·楚语下》。

⑤ 〔东汉〕王符《潜夫论·遏利》。

⑥ 《左传·僖公二十六年》载子文治兵简略以突出子玉治兵有方，“国老”皆贺子文让贤得人，子文于家中置酒答谢。若“朝不及夕”，何能摆盛宴以酬宾客？

而我取富焉，是勤（劳）民以自封（厚），死无日焉。我逃死，非逃富也。”这里固然暴露了他的明哲保身的剥削阶级人生观，但不可忽视的重要一面则是：他看清了“民”的处境同统治阶级国安身全的关系，显现了进步的“民本”主义思想，而且作出“廉其爵”的榜样，亦可启迪僚属节制富贵欲望。这在客观上无疑有利于社会生产的恢复和发展。

“恤民”而外，在维护法制、执法不“私”方面，子文也在当时的楚国作出了表率。《说苑·至公》记述了这样一个事例：子文的一个族人犯了国法，廷理（司法官员）把他拘囚起来。后来听说是令尹的本家，就将其释放了。子文得知情况，召来廷理，谴责他“弃法而背令”，“为理不端”，“心怀不公”。指出，这种阿谀媚上（即所谓“廷理因缘吾〔子文〕心而释之”）的举动，将在全国给令尹造成私亲枉法的恶劣影响，表示自己宁愿清白而死，也不愿将“不公之心”“明着于国”。他将放归的族人交付廷理，迫使廷理对其族人动用了刑罚。这种大义刑亲的行动，受到了“国人”的极力赞扬。他们说：“若令尹之公也，吾党何忧乎？”并相与作歌曰：“子文之族，犯国法程，廷理释之，子文不听，恤顾怨萌，方正公平。”“国人”对子文之拥戴，于此可见一斑。

子文清廉为“公”、忧国“恤民”的精神，在楚国贵族中堪称典范，在当时他国的名卿要人中，也很少能找到可与匹敌者。所以明人周圣楷称许其贤能说：“当时齐、鲁诸名卿，可一、二见耳，何能望之后世之为相者乎！”[①]

二、楚国中原霸业的最早缔造者

一提到春秋时期楚国中原霸业的缔造者，人们往往公推楚庄。就楚庄的霸业之盛、影响之大而言，这无疑是正确的。但据史实而论，楚庄却并非楚国的始创霸者。最早推进楚国霸业，使楚一时成为中原霸主国的，乃早于楚庄约半个世纪的令尹子文。

① 《楚宝》卷一“圣楷曰”。

有人可能会提出疑问：令尹子文统兵征伐的事例史载甚少，从中看不出他参与同齐、宋争霸的明显过程，看不出他作出了什么决定性的贡献，为何将他的作用估计得如此之高？这一疑窦，笔者认为可以从两个方面加以释除。其一，令尹是“执一国之柄”的至尊人物，总揽楚国一切军、政、外交大权。举凡内政纲要、征伐灭国、对外会盟等各种大事，令尹无不躬亲是问，主谋决断。这样看来，子文任职期间，楚国争霸中原的一些主要活动，无疑当由其筹谋，受其左右。其二，清人姜炳璋指出：“（子文）忠而有谋，楚成（王）言听计从。”[①] 证之以目前可见的几个史例[②]，此话不无道理。这种臣能而君从的局面，更可说明子文在楚国争霸事业中是处于决策地位的。关于这一点，宋及明、清以来一些治春秋史的学者已经早有所窥。他们指出：“成（王）用子文为政，浸浸蚕食矣。”[③]“楚杀子元而令尹子文为政，……猾夏益甚。”[④]“所谓‘宋襄霸业’，实楚成霸业。”[⑤] 这些论述，都超脱了历史的表象而把握住了事物的本质。

那么，子文究竟怎样推进楚国的霸业，使楚抗齐败宋，一度左右了中原的局面？以下想分两个阶段加以论述。

（一）与齐争霸

当子文走上历史舞台时，正值齐霸方盛，诸侯群服之际。面对这种形势，忠于先君北进意图的令尹子文，并没有畏缩不前，而是坚持量力而行、见机而动的方针，逐步开展了与齐争夺霸权的斗争。

---

① 《读左补义》卷十。
② 参本书第五章第四节。
③ 《春秋集义》卷二十一。
④ 《春秋大事表》卷二十六。
⑤ 童书业《春秋左传研究》第 45 页。

1. 三伐郑与盟召陵。

春秋之郑，地处中原腹心[①]，中原诸中、小国均旁近于它。它是列国的枢机，开塞的门户，据此则便于鞭笞诸侯，号召天下。故自有霸以来，它“附此则此重，附彼则彼重”[②]，欲霸者莫不想将它制服。成王十三年（前659年），子文乘齐桓“存邢救卫”，有事于北方之机，“命将出师”[③]，首次伐郑。成王十四、十五年，又两伐之，“囚郑聃伯”，逼得郑文公几欲向楚乞降。[④]为保住郑国这块至关重要的战略基地，制止楚的北进势头，从成王十三年秋到十五年，齐桓曾三次会诸侯，盟江、黄，商研对策。成王十五年，又令徐攻占了楚的与国舒。齐桓的这些做法，目的在“夺楚援”“剪楚党”“孤楚势”[⑤]。在必要的部署就绪之后，齐桓于次年（前656年）春率领齐、鲁、宋、陈、卫、郑、许、曹八国之军，约千余辆战车[⑥]，先溃党楚之蔡，继而突入楚境。楚遣使以问来由，管仲责以溺杀（周）昭王及不贡苞茅之罪。楚服轻（不贡苞茅）推重（溺杀昭王），“求成”之意不明，于是齐桓挥师继进，“次于陉”。在紧迫的形势下，以令尹子文为首的楚国上层统治集团，命屈完“将兵扞齐”，准备失利后表里山河，负固抗敌；同时，派屈完同齐方谈判，力争和平解决争端。[⑦]

楚方以军事抵抗为后盾的妥协求和，使齐桓面临抉择：或受盟退兵，光荣凯旋；或拒绝求和，以武力败弱楚国。如能实现后一种方针，对确保齐之霸权当然最为理想。但战后能否如愿以偿，对齐来说却还是

① 吕思勉《先秦史》：“泰岱以西，华岳以东，太行以南，淮水以北，为古所谓中原之地。”（上海古籍出版社1982年版，第154页）郑恰在这一范围之腹心，即所谓九州之“中州”也。

② 《左啸·春秋列国时事图说》。

③ 《春秋集义》卷十七引“赵氏鹏飞曰”。

④ 见《左传·僖公二年》《左传·僖公三年》。

⑤ 顺见《钦定春秋传说汇纂》（下称《汇纂》）卷十二、《春秋大事表》卷二十六、《春秋集义》卷十七。

⑥ 此为童书业先生之考证推断，近是。详见《春秋左传研究》第52页。

⑦ 见《左传·僖公四年》及《史记·齐世家》。

个未知数。这是因为：齐方是重兵深入，悬栖为客，楚可以逸待之；齐方八国并将，权势不一，难免久而变生；楚人因险自守，齐方进则难取，退则无以自处，大军日久必疲；楚“全师未衂”，粮草充足，齐方则千里遥隔，后援不继。[①]明智的齐桓、管仲揣己量敌，清楚地意识到：与其战不利以损重威，遗笑天下，引起诸侯叛离，倒不如兵不血刃，赢得“服楚”美名，借以昭示霸主之功。经过权衡，他们终于摒弃了以战取胜的打算，命大军退至召陵，在这里接受了楚的“求成”，这就是著名的召陵之盟。

后人在评述召陵之盟时称，“子文、管仲自是对手”[②]，“管仲有节制之师，而子文亦有持重之计”[③]。此盟的结果是，“楚无亡矢遗镞之费”[④]而赚取了八国的退兵，使国家免遭破败，且为日后的争霸保存了实力；齐方也因“师不劳而有功”[⑤]，而被称为“善胜”[⑥]。此盟虽说双方各得其利，但较大的受益者是楚而不是齐。

2. 灭弦围许。

召陵盟后之次秋，齐桓盟诸侯于首止，以定王太子郑之位。这件事触怒了欲废长（太子郑）立少（王子带）的周惠王，惠王挑唆郑文公叛齐而投楚、晋，郑文公“喜于王命”，逃离首止之盟，从而使齐桓同盟内部产生了新的裂痕。令尹子文看准时机，即于八月率军灭弦。《左传·僖公五年》记述弦灭的原委说：“（八月）楚斗穀於菟灭弦，弦子奔黄。于是江、黄、道、柏方睦于齐，皆弦姻也。弦子恃之而不事楚，又

① 上述分析，参见《春秋集义》卷十七，本人有所增删。

② 《春秋集义》卷十七引“俞云”。

③ 见《春秋大事表》卷二十六《春秋齐楚争盟表叙》。《汇纂》卷十二引“吴氏澂曰”：“齐以楚众方强，若不持重而轻进，则胜负未可知也，固次于陉以待其自来屈服，所以为节制之师也。”所谓子文的持重之计，从《楚世家》和《左传》记载来看，就是把基点放在武力卫国方面，争取和平解决的最好前途。不像子玉之轻脱，囊瓦之不仁。

④ 《汇纂》卷十二引“家氏铉翁曰”。

⑤ 《春秋左传意解》卷三引“真西山曰”。

⑥ 《春秋集义》卷十七。

不设备，故亡。”可见此事实质上是楚、齐之争。当时，江、黄等国仗恃齐霸而傲然视楚，楚之灭弦，在相当程度上就是为了给这些齐的从属敲敲警钟。[①]

郑之叛齐与楚，使齐桓怒从中生。成王十八年（前654年，即弦灭之次年）夏，齐桓会诸侯“伐郑”，包围郑都。是秋，楚“围许（齐之盟国）以救郑”。诸侯之军弃郑救许，楚军遂退返本土。次年，齐桓继续“伐郑”“谋郑”，郑不得已只好“乞盟”。子文担心争郑将再次引来“次陉”之师，故未摊牌与齐争锋。事见《左传·僖公六年》。

3. 伐黄灭黄。

通过贯之盟和阳谷之会，黄从楚的与国一变而为反楚的急先锋。[②]成王十六年（前656年）齐桓大兴“次陉”之师，黄虽不在其中，但它却领受了齐的密令，准备齐、楚一旦于陉交战，就同江国共作齐的“犄角之援”，配合齐的正面进攻，从后方夹击楚军。[③]召陵盟后，子文灭弦，它又“恃齐而受弦子之奔”。对于这个眼皮底下的小国（与楚之息县毗邻）如此露骨的反叛行为，楚恨不欲灭之。但由于黄是齐之“宠儿”，齐霸方盛，子文便未即刻对它采取行动。直到成王二十三年（前649年）冬，至齐桓“霸业渐衰”[④]时，楚才借口黄人“不归楚贡”，出兵伐黄。黄“城守三时（季）而齐救不至”[⑤]，终在次年夏季被楚攻灭。

楚的灭黄，意义比较重大。首先，黄地处楚之东北境，它“附楚则可以截齐之后，附齐则可以犄楚之左角”[⑥]，战略地位相当重要。楚获取这块宝地，直接破坏了齐桓“犄角”制楚、前攻后堵的企图；同时，亦有利于楚从东方对齐及其盟国发起进攻。其次，齐桓不救同盟，坐视

① 《春秋集义》卷十八引吴凤来言，认为楚之灭弦，意在“震盟齐之江、黄”。

② 详见《左传·僖公二年》《左传·僖公三年》。

③ “犄角之援”，见《汇纂》卷十二引“赵氏鹏飞曰”。关于黄受齐之密令一事，为宋人胡安国的分析，参阅《春秋集义》卷十七引《胡传》。

④ 《汇纂》卷十四。

⑤ 《春秋直解》卷五。

⑥ 《春秋集义》卷十七。

黄亡，示诸侯于无信，造成了“诸侯日散，霸业日衰”[1]的严重后果，这就使齐、楚力量的对比产生了新的变化。最后，灭黄实际上是楚所放出的一个重要的试探信号，齐不救黄，暴露出它已老大无力，楚因此而增强了拼搏势头，加快了争霸步伐。

4. 败徐于娄林。

楚灭黄后，继续窥伺齐桓的动向。此后，齐桓惑于内宠，任用奸邪（特别在管仲死后），志虑昏蔽，六子争权，已逐渐无力外顾而怠于征略。黄灭之次年，狄侵卫；又次年，狄侵郑。卫、郑皆齐之盟国，而齐桓皆不往救。以子文和成王为首的楚国当权者，掂准了齐桓的斤两，于成王二十七年（前645年）春正月派兵“深履东夏”，侵伐徐国。

徐曾于成王十五年（前657年）为齐攻占楚的与国舒，又嫁女齐桓，是齐的忠实属国。考虑到楚的有进无止和齐作为盟主所应具有的必要影响，齐桓不得不勉强以出，对楚的伐徐作出反应。

《春秋·僖公十五年》对此事作了如下记述：

> 十有五年春王正月，公如齐。楚人伐徐。三月，公会齐侯、宋公、陈侯、卫侯、郑伯、许男、曹伯盟于牡丘，遂次于匡。公孙敖帅师及诸侯之大夫救徐。

徐正月见伐而齐方三月始盟、始救，实已为缓。出师后又顾望不前，乃缓上加缓。有诸侯在而使大夫将兵，更为齐桓争霸以来所仅见。这些情况说明，这次救徐不过是聊且应之而已，齐桓的所谓“安攘之志”，显然已到了强弩之末。

大夫救徐，楚师不退。齐桓于七月又遣齐、曹之军“伐厉以救徐”。厉为楚的与国，位于徐、楚之间。齐桓这样做，固然是为了攻楚所必救以解徐国，但从中亦暴露了他的“不敢直撄楚锋”的畏惧心理。两月

① 《汇纂》卷十三引“家氏铉翁曰”。

后，齐、曹"伐厉"又陷僵局，齐桓于东西两线进退维谷。为了摆脱身在前线而招来败局的难堪场面，他和诸侯遂从匡地各返其国。①

分兵伐厉，已使救徐的兵力受到削弱；诸侯归返，又进一步杀减了士气。入冬后，更出现了"宋人伐曹"事件，齐桓同盟内部产生了严重分裂。楚乘机向徐发起进攻，终在娄林取得了决战的胜利。

娄林之役，不是一次一般性的战役，它是楚齐争霸以来揭明彼此胜败定局的一次实力见底的较量。齐桓以八国之众不能敌千里悬入之楚兵，这清楚地反映了齐桓志虑之懈怠，同盟之解体，霸业之将尽，同时则可看出楚势的方兴未艾，蒸蒸日上！

有人说："子文无大干局，只善自守。"② 召陵盟后不久，子文即灭弦围许，抗争中原，继又灭黄败徐，何乃"自守"之有？诚然，齐霸时期子文未能正面攻齐，全线出击，而是坚持谨慎小心，见机行事的方针。笔者认为，这种做法是受当时齐强楚弱的总形势制约的，这非但不能说明子文怯懦无能，而恰恰是表现了他的识时度务、量力而行的稳健作风。正是由于子文的善于斗争，才使楚国临危而实力不损，见机而灭伐齐党，达到了弱敌强己、稳步前进的目的。至齐桓之末，楚已后来居上，将取齐霸而代之了。

（二）与宋争霸

成王二十九年（前 643 年）齐桓死后，一些昔日从齐的诸侯国如陈、蔡、郑等，一时风靡从楚，郑文公甚至亲自赴楚朝拜，九州政治天平开始重倾于楚国一方。但作为二等国国君的宋襄公却妄图起而填补齐桓的空位。于是在宋、楚之间遂展开了一场复杂多变的争霸斗争。

成王三十一年（前 641 年）春、夏，宋襄召诸侯，盟"曹南"，先后与会者仅滕、曹、邾诸小国，且曹为地主，仅派大夫出席，鄫君则于会盟结束时尚未到达。宋襄盛怒之下，拘留滕子婴齐，又杀鄫子"用

① 《读左补义》卷九："至九月而公（鲁僖公）归，知诸侯之皆归矣。"
② 《左啸·春秋列国时事图说》。

之于社”，指望借此以威服东夷诸国。结果反而示诸侯以暴虐面目，使从者欲叛，东夷离心。

为攘除霸心不已的宋襄进而左右中原局势，令尹子文协助成王首先制定了利用矛盾、争取多数、孤立并打击宋襄的策略。成王三十一年冬，楚与齐、鲁、陈、蔡、郑“盟于齐”，就是这一策略的具体运用。《左传·僖公十九年》记载此事道：“陈穆公请修好于诸侯，以无忘齐桓之德。冬，盟与齐，修桓公之好也。”陈乃附楚小国，以陈出面倡盟诸侯，此明显为楚所策使。与会者除楚之外，均为旧日齐桓联盟中国家，故可以勿忘“桓德”相约；楚虽长期同齐争锋，但因曾与齐桓盟于召陵，今倡言“修桓公之好”，对它照样适用。打起“修桓公之好”的旗号，将会盟地址选择于齐国，此乃子文和成王精心筹划的计谋。这一做法，抓住了齐、鲁疾忌宋霸，特别是齐孝以霸统在己而不欲宋霸的心理，虚以齐为盟主，成功地起到了分裂齐、鲁与宋关系的作用。同时，还有助于楚国借用齐霸的余威以联合诸侯，集结反宋实力。通过这次盟会，楚不但更加坚定了陈、蔡、郑等属国对自己的服从，而且也与齐、鲁取得了遏制宋霸的默契。有些史家指出，齐之盟是一次“实际以楚为盟主”的、“摈宋”的大会，“自有此盟，然后宋孤”。[①]这无疑是很有见地的。

盟齐之次秋，正当楚、宋争霸即将进入交锋阶段时，在靠近楚国腹心的“汉东”地区，爆发了一场以随为首的一些诸侯国的“叛楚”骚动。子文从安定腹内、集中全力争霸中原的战略考虑出发，于是冬亲自率军出征，讨平了这次动乱。[②]以楚国当时之实力，乘胜灭随易如反掌，但子文没有如此行事，仅只与随“取成”，迫随签订了服楚盟约。[③]鉴于当时“叛楚”者非随一国，尚有不少“汉东诸侯”，子文这种适可

① “实际以楚为盟主”，见《春秋左传研究》第53页；“摈宋”，见《会笺》僖公二十三年《传》笺；“自有此盟，然后宋孤”，见《春秋直解》卷之五。

② 详见《左传·僖公二十年》。

③ 随自此服属于楚，至吴入郢，楚几亡国而守盟不渝。

而止的做法，对稳定“汉东”地区的形势，形成一个“争衡上国”所必需的巩固的战略后方，将只会更加有利。此正所谓“伐随者，志不在随也”[①]。

子文的上述策略和行动，使楚外得诸侯，内无后顾之忧。楚国攘宋夺霸的时机已臻于成熟。

宋襄力弱德寡，“欲合诸侯”而诸侯不服，不得已于成王三十二年（前640年）春邀来楚、齐会盟鹿上，“以求诸侯于楚”，妄图借楚之命，使诸侯从己。楚欲行大事且佯许之，宋襄愚而不察，迷信“只牲尺书”的约束力，于是秋在盂举行会盟，欲合所求之诸侯。与盟者除宋襄、楚成外，还有陈、蔡、郑、许、曹五国之君。其中陈、蔡、郑皆楚之党羽，曹因新叛见伐而怨宋，许亦未必附宋。宋襄孤立至此而求助于楚，无异于“与虎谋皮”。会盟开始后，霸梦未醒的宋襄正准备接受楚所允赠之诸侯，不意楚成突出伏甲，将其擒获。在场之诸侯，“从楚者任其执宋公以长威，怨宋者喜其执宋公以舒忿”[②]，众皆拍手称快，笑其自取。宋襄缧绁为辱，威风丧尽，楚则扬眉吐气，一收立威攘霸之功。会后不久，楚又发诸国之军攻宋，因司马子鱼事前已作好部署防备，宋未被攻下。是年冬，楚遣使“献捷”于鲁，以威其逃避盂会，不从攻宋。鲁僖公畏惧，即往薄地参加楚所召集的诸侯会盟。会上，楚成释宋襄以示德义，以坚定鲁与诸国对己之顺从，鲁自是坚附于楚。

宋襄身遭劫难，国为楚伐，深怨于心。成王三十四年（前638年）夏，他忌憎郑文公于是春再次朝楚，发兵攻郑，楚出师来救，由此引发了楚宋争霸的关键一战——泓之战。是冬十一月，楚、宋大军夹泓水对阵，由于宋襄迂腐顽固，多次拒听子鱼之谏，坚持“不以阻隘”“不鼓不成列”“不重伤”“不禽二毛”等所谓“仁义”的打法，结果使宋军一再失掉战机，终为楚所溃败。宋襄自己也身受箭伤，不久死去。有名无

① 见《春秋集义》卷二十一。但吴凤来认为子文败服随国，意在“假告庆之策书，以为恐诸侯之计”，却显失之过浅。

② 《春秋集义》卷二十一。

实的所谓宋襄霸业至此宣告收场，楚则由此在中原树起了霸旗。

有人可能会提出疑问：盂之盟和泓之战，均为成王所参加，这与子文有何相干？笔者以为不然。子文为楚同宋的争霸奠定了基础，开辟了道路，没有子文经营于前，就不可能有成王胜利于后；盟盂和战泓，皆楚国争霸事业中之头等大事，子文身为执政大臣，成王又对之言听计从，岂能不在当中发挥主谋作用？领导者的职责主要在谋划方略，而这正是内政和外交成败的关键。子文在任而成王以霸，子文去职而楚失霸业，这说明成王实中主而已[①]，子文才是为楚赢取霸业的关键人物。

在子文卸任前后，中原绝大多数国家已相继服属于楚：陈、蔡、郑、许以地近而从楚，鲁以诗、礼望国而从楚，宋因遭围伐亦不得不从楚，后楚又“得曹而新昏（婚）于卫”，天下大势，“盖十居其八九”[②]。这样，楚就实现了“朝诸侯、长齐晋”[③]的夙愿，成为“中原

① 《左传翼》卷七和《会笺》僖公二十八年《传》笺，都认为成王是一位才能“高于楚庄”的“英主”。此说甚可商榷。子文在位，楚抗齐败宋，霸有中原。子文卸任，成王因不得贤佐，处事一再失误。城濮战前，不能阻止子玉进兵，又“少与之师”，结果引来城濮之败。继以芳吕臣为令尹，此人是个“保己禄位，志不勤民”（见《会笺》僖公二十八年《传》笺）的庸碌之辈，实属用人不当。后又听谗枉杀令尹子上，致使自身被杀。这些均可说明，成王仅具中主之才，与心广气雄、英略盖世的楚庄不可同日而语。

② 《会笺》僖公二十七年《经》笺。

③ 《楚宝》卷一“圣楷曰”。按：“朝诸侯”，即主盟诸侯。子文卸任前后，成王曾两次召集诸侯会盟，第一次是僖公二十一年（前639年）冬的薄之盟，参加者为鲁、陈、蔡、郑、许、曹，详释见《会笺》僖公二十一年《经》笺；第二次是僖公二十七年（前633年）楚合诸侯围宋时所举行的宋之盟。参加者有陈、蔡、郑、许、鲁，详释见《会笺》僖公二十七年《经》笺。这两次以楚为盟主的诸侯会盟，《经》《传》均记叙得比较隐晦，原因在“不欲夷、狄盟中夏”，此《春秋》笔法所致也。“长齐、晋”，即强大于齐、晋。晋文得国前，晋内乱频仍，国力不振；得国之初，国力开始恢复，但仍不如楚国强大。齐在城濮战前亦为楚、鲁所伐，失谷地。

事实上之霸主”[①]。若非子玉任令尹而楚败城濮，楚或将席卷中原而代周，春秋历史之形势必将大为改观。

三、让位评说

子玉在城濮之战中丧师辱国，自然引起了人们对子文让位一事的评论。这些评论，涉及对让位本身的种种看法，以及对子文一生功过如何正确认识和估价的问题，关系比较重大，故有必要予以认真讨论。以下想就几个主要问题谈谈自己的看法。

（一）关于让位的原因、目的和动机问题

《左传・僖公二十三年》：

> 秋，楚成得臣帅师伐陈，讨其贰于宋也。遂取焦、夷，城顿而还。子文以为之功，使为令尹。叔伯曰：“子若国何？”对曰：“吾以靖国也。夫有大功而无贵仕，其人能靖者与有几？”

这里记叙了子文让位的原因：子玉伐陈有功，显示有一定的军事才能；让位的目的与动机——安定国家；安定国家的策略——让有大功的人处于高位，以免其矜功生怨，不利于统治阶级的内部团结。

子文以调和、退让求团结、求安定的“靖国”之策，反映了其性格中比较软弱的一面。但他的让位于子玉，当还有不见文字记载的不得已处。子玉时为司马，又是若敖之孙，依照楚从公族（王族）居高位者选

① 见《春秋左传研究》第57页。关于子文卸任前后楚成为霸主国的问题，已有薄之盟和宋之盟可以为证。《左传・昭公二十七年》对此亦有记载：“沈尹戌言于子常曰：‘……平王之温惠共俭，有过成、庄，无不及焉。所以不获诸侯，迩无极也。’”说平王“不获诸侯”，反见成、庄曾“获诸侯”。“获诸侯”，即获得诸侯的归服，在诸侯中称霸。可见，不止庄王为霸主，成王也曾为霸主，称霸时间从薄之盟到城濮战前，约六年。

择令尹的常例[①]，他正当令尹之第。因此，尽管子文亦知其有刚骄不羁的毛病，但鉴于自己已年过“古稀”[②]，到了退职的时候，还是以伐陈有功为机由，将他荐举为令尹。

有人对子文的“靖国”之语作了不正确的理解，认为“靖”就是安定，“其靖者与有几”，是说子玉若赏不当功就将“不靖”，而“不靖”就是“作乱”。从而得出结论：子文之让位子玉，乃“忧其作乱，故避之耳”[③]。笔者认为，这是对子文让位动机的一种曲解。

其实，“不靖”意即不安定。不安定，其意收缩性很大，不能专解为“作乱”。史实告诉我们，子玉当政后，虽然明显暴露了刚骄不礼的弱点，但直至他败而自杀，却根本找不出他任何“矜功为乱”的行迹。怎么可作出断言，当赏不称功时，他的“不靖”就是“作乱”？

再说，子文一生忠勤为国，怎么会让一个可能“作乱”的人来接替自己的职务？子文平日最恨作乱者以及具有乱国言行的人，这从他主张杀死可能乱国灭宗的侄儿斗椒（见《左传·宣公四年》），可以得到说明。子玉与子文同族，他若以族众乱国，则若敖氏就将灭宗。子文岂有知斗椒将败若敖氏而主杀之，知子玉将“作乱”反对其加以重用之理？至于说子文让位是为了避身自全，这也是臆猜。子玉若果“乱国”，若敖氏全族将不可幸免，作为荐举人的子文，岂能安然无恙，逍遥法外？因此，这种看法也不符合子文的思想实际。子文安国的策略固有弊端，但他让位的目的是“靖国”，对这一点则不应有任何怀疑。

（二）关于让位与所谓识贤和举贤的问题

有人不考虑子文让位时的复杂心理，责难他有贤不识、不用，而举

① 如子元以文王弟为令尹；子文是曾主国政的斗伯比之子，为楚国当时最大的公族（王族）——若敖氏之族长，且十分贤能，故继子元为令尹；其后，斗椒、子庚、薳子冯等均以司马迁令尹，叶公子高以司马兼令尹，等等，均是其例。

② 子文至迟生于楚武王三十五年（前706年）之前，至此年（鲁僖公二十三年，前637年）当已年过七旬。

③ 《会笺》僖公二十三年《传》笺。

不得人。如说："畏其不靖而使为令尹，便非举贤"；楚廷当时"未尝无人"，如叔伯（即芳吕臣）、芳贾，皆"藻鉴之识者"，"特君、相未悟耳"。[①]

应当承认，子文选择有大功无贵仕便不能"靖"的人为令尹，谈不上是真正的"举贤"。但不能由此说叔伯、芳贾就一定贤于子玉，是令尹的恰当人选。城濮战后，叔伯因有知人之明（知子玉不当为令尹）被任为令尹。但正如晋文所言，他实是一个"奉己而已，不在民矣"[②]的庸才，为时不久，其职即为他人所代。芳贾是叔伯之子，年轻聪慧，城濮战前，他曾指出子玉的致命弱点是"刚而无礼"，断言其率军出征，"过三百乘"即不能凯旋以归。翌年战争的结局完全证实了他的预言。但此人"工于料人，拙于自处"[③]，贪于权位，利令智昏，后来竟伙同乱国者斗椒谗害忠良，得逞后又为斗椒所杀[④]。芳氏父子其才质和为人如此，何能怪罪子文不识贤才？子玉虽也不副相职，但却有叔伯、芳贾所不可与比的长处。他同王室没有二心，作战刚勇无畏。城濮战前，他曾多次率军出征，攻伐灭国，连战皆捷，显现了一定的军事才能。他的刚愎自用确曾招致城濮之败，但在楚军连丧左、右二师、情况万分危急的关头，他能收止中军，力保不败，为楚国守住了中坚军力，说明他仍不失为一个将才。[⑤]城濮战后，晋文因子玉尚在而忧心不解，及得知子玉自杀，他才如释重负，喜形于色，说："莫余毒也已（再没有能和我抗衡的了）！"晋文将子玉看成楚国最可敬畏的对手，对叔伯却全不放在眼里，这说明子文不用叔伯而用子玉，还是有一定道理的。

---

① 《左传翼》卷九。

② 《左传·僖公二十八年》。

③ 《楚宝》卷十一"圣楷曰"。

④ 详见《左传·宣公四年》。

⑤ 杜注："三军唯中军完。"《会笺》："记之以见子玉之为枭将。"

（三）关于子文对楚败城濮的责任及如何正确评价子文一生功过的问题

子文让位子玉，冀以“靖国”，但子玉后来却军败城濮，使楚国失却了到手不久的霸权。有些人因此说“夫子（指子文）实败楚”[①]，并指责他对楚国犯下了“不忠”[②]之罪。

笔者认为，追查责任、弄清是非是必要的，但看待问题应该客观。

命将是胜负之本，统兵主将性格刚骄过甚，乃军事上的一大禁忌。子文的过失就在于未能认清这一问题的严重性，即未能认识到让具有这种性格缺欠的人去带兵打仗，在未来的战争中将可能给国家带来怎样的灾祸。特别当有人相继向他进言，一再指出子玉“刚而无礼”的危害性时，他仍未建议成王及时换人，这就为子玉走向城濮战场铺垫了道路。所谓子文的责任，大致不外这些。

真正要对城濮之败承担主要责任的，应是作为最高指挥的成王和负责实际作战的子玉。当子玉为了回应蒍贾的攻击（所谓“过三百乘，其不能以入矣”），争强斗气，请求撤离宋围（时子玉正率军包围宋都）、北上救卫击晋时，已知时局艰难、楚难胜晋的成王，如能严令予以阻止，命其率军返国，乘间再出，则可避免城濮败局。但成王却存在着侥幸取胜的心理，允准了子玉的请求，并给他增加了少量的兵力。这些处置，更加坚定了子玉同晋军决战的信心，为子玉进军城濮最后开了绿灯。另外，在战略方针方面，成王也犯有明显过失。当时晋文采取了狡猾的策略：一方面私许曹、卫复国，使之背楚投晋，以激逼楚国出战；另一方面则利用“宋赂”请出齐、秦去向楚方求和。晋文这样做，目的

① 见《左逸》，是书集《左传逸文》三则，清代收入《四库全书》。《左传逸文》是战国或汉代“峄阳樵者获石箧所得”，作者不详，参〔清〕纪昀总纂《四库全书总目提要》史部八杂史类存目一。

② 宋人吕祖谦在《东莱博议》中说：“子文推令尹之位与之，以塞其欲”，“使得臣之欲，与位俱长，嗜胜不止，迄止城濮之败”。他由此得出结论说：“甚矣，子文之不忠也！”

是让成王拒绝和谈，使齐、秦“喜赂”“怒顽”而从己。成王未能识破这一计谋，争取齐、秦中立，却轻率地拒绝了调停，这就促成了齐、秦与晋的联合，使自己陷于孤立。子玉的败北城濮，同这种战略失策所造成的楚、晋双方力量对比的变化，关系至为重大。

作为战争实际指挥者的子玉，更逃脱不了对战败所应承担的职责。子玉要打这场战争，主要不是为了楚国的利益，而是为自己争名、出气。𫇭贾对他的评论，对他的刚暴脾气来说是火上浇油，使他在战争开始前就失去了理智，只想取胜塞“谗”，而未能具体考虑利害得失和正确的战略战术。晋方抓住他的刚骄轻躁的弱点，采取了灵活的斗争策略：攻曹、卫以调楚，复曹、卫以绝楚，分曹、卫以激楚，执宛春以怒楚，退三舍以诱楚，激使子玉昏昏北上，尾追晋军不放，这就造成了楚之军心的动摇和舆论的被动。城濮开战后，他既不知彼，也不知己，部署不当，指挥失误，结果中了晋方以强攻弱、佯退诱敌、侧翼横击、两面夹攻之计，连丧左、右二师，使决战陷于失败。

子玉提出并坚持要打这场战争，又从头到尾担任了战争的实地指挥，犯了一系列战略和策略方面的错误，故应对战争的失败负关键责任。如果把一个退职多年、身处城濮数千里外的前令尹视为此战失败的罪魁祸首，显然是很不公允的。子文诚负有荐人之错（以效果而言），但作为被荐者的子玉，其本身也是在不断发展变化的，怎好让子文将其以后的过错全都包揽下来？

有人由城濮之败而责及子文之“不忠”，此种观点更觉偏激过甚。

笔者认为，子文对楚国绝无“不忠”之处，而是忠勤为国，堪称典范。关于这一点，以上已多有所论。另外，还可从他在楚国历史上受到人们历久不衰的缅怀和尊敬得到印证。公元前605年楚灭若敖氏，庄王因“思子文之治楚也”，说“子文无后，何以劝善！”出令免杀子文之孙箴尹克黄，并恢复了他原来的职务。[①] 春秋中期楚灭郧后，子文的后

① 见《左传·宣公四年》。

代被封于郧，为郧公，世代“为楚良臣”。[1]战国时期，莫敖子华在同楚威王论及楚国的“社稷之臣”时，曾盛赞子文是“贫其身、廉其爵以忧社稷者”，将他列于全楚五大社稷名臣的首位。[2]这些情况，都反映了子文在楚国历史上影响的巨大和地位的突出，说明他的政绩和功勋远远大于过失。不然，楚人对他的上述感情和评价就很难使人理解了。

第三节 令尹子玉的“刚而无礼”与城濮之败

“刚而无礼”，是楚贵族蒍贾对子玉人品和性格缺陷所作出的评论。这一差评的起因，源于令尹子文让位于子玉一事。

楚成王三十五年（前637年），令尹子文以子玉伐陈有功，而“使为令尹”。大臣蒍吕臣首先对此提出质疑：“子若国何？”子文以“吾以靖国也”作出回答，坚持了自己的做法。事见《左传·僖公二十三年》。

楚成王三十九年（前633年），楚在发兵围宋前夕，来了个战前练兵，再次引来了一场关于子玉是否堪任令尹大位的争论。《左传·僖公二十七年》对此记曰：

> 楚子（成王）将围宋，使子文治兵于睽，终朝而毕，不戮一人。子玉复治兵于蒍，终日而毕，鞭七人，贯三人耳。国老皆贺子文。子文饮之酒。蒍贾（蒍吕臣之子）尚幼，后至，不贺。子文问之，对曰：“不知所贺。子之传政于子玉，曰：‘以靖国也。’靖诸内而败诸外，所获几何？……子玉刚而无礼，不可以治民，过三百乘，其不能以入矣。苟入而贺，何后之有？”

① 见《国语·楚语下》。

② 见《楚策一·威王问于莫敖子华章》。

芳贾尖锐地指出子玉的致命弱点是“刚而无礼”，断言其率军出征，过三百乘便不能胜利而归。事有凑巧，次年的楚、晋城濮之战即验证了芳贾的预言，说明他有先见之明。

以下，我们就来具体谈谈“有礼”“无礼”对晋胜楚败的关系。

《左传》论事之成败、人之祸福，常常以“有礼”“无礼”作为凭准。其记城濮之战，这一特点显得更加突出。城濮战前，已点出楚军主帅子玉“刚而无礼”，晋文及晋方主帅“文而有礼”“说礼乐而敦诗书”[①]，后写战前准备及战争过程，更是“以礼字作骨”[②]，叙晋则段段有礼，叙楚则段段无礼。其目的在于说明：“有礼无礼，是晋楚胜败之所以分。”[③]

有人认为，以礼之有无来说明战争的胜负是“唯心主义的谬论”[④]。这种观点用于春秋前期，则不那么稳妥。春秋前期，我国由宗法分封制向君主集权制的过渡刚刚开始。西周以来贵族等级分封的经济基础——“井田制”的崩解只发生于局部地区，上层建筑方面“礼崩乐坏”的现象也远远未达于质变阶段。当时封建宗法制下贵族阶级违礼、损礼的行为虽然不乏其例，但旧的道德和礼制作为一种传统的意识、习俗和制度，在社会生活的各个方面，仍具有广泛的影响和相当的约束力。也就是说，它们仍然被公认为是生活的准则、行事的规范、社会的秩序和国家的纲纪。正因为如此，当时各国统治者一般都很重视“礼”的作用，把“礼”视为理国治军的工具。所谓“礼，经国家、定社稷……者也”[⑤]，“礼……战之器也”[⑥]，“军旅有礼，故武功成”[⑦]，

① 《左传·僖公二十七年》。

② 《春秋集义》卷二十二引“俞云”。

③ 《左传翼》卷十。

④ 见中国人民解放军军事科学院战争理论研究部《孙子》注释小组编《孙子兵法新注》，中华书局 1977 年版，第 4 页。

⑤ 《左传·隐公十一年》。

⑥ 《左传·成公十六年》。

⑦ 《礼记·仲尼燕居》。

就清楚地反映了这种现实。

那么，“有礼”“无礼”究竟怎样影响了晋、楚双方的胜败？也就是说，它们在何种意义和程度上对战事的变化和结局产生了作用？以下结合具体历史过程分阶段予以说明。

一、战前准备阶段

城濮战前，晋方开展了全面的备战工作，备战的重点是根据子犯的建议所开展的礼义教民活动。这一活动包括示“义”、示“信”、示“礼”三项内容。“出定襄王”[①]，以大义示民，意在使民晓知“为君竭力之义”[②]；“伐原以示之信”[③]，意在使百姓懂得信用高于一切，喻导民众全力投入行将到来的“报施救患”的所谓信义之战；“大蒐以示之礼”[④]，意在“顺少长，明贵贱”[⑤]，完成对军内等级秩序的整顿。这三项活动的开展，收到了“民听不惑”的效果，晋国军民由此被绑上了旧贵族礼义的精神战车，一支“听上命而响应，无所疑”[⑥]的战斗力较强的部队就这样很快被组建起来。

城濮战前，楚国为了攻打叛己投晋的宋国，也曾开展了整军活动。

---

① 事见《左传·僖公二十五年》。公元前635年，周襄王被其弟王子带联络狄人赶出京师，“出居于郑”。次年，晋文公欲威服诸侯以求霸名，打出“勤王”旗号，出兵讨平王子带的叛乱，将周襄王迎归洛邑，此即所谓“出定襄王”。

② 《会笺》僖公二十七年《传》笺。

③ 事见《左传·僖公二十五年》。公元前635年冬，晋出兵伐原，只准备了三天军粮，宣称三日内解决问题。三天已过，原仍未降，晋文下令退军。情报人员报告原已经快要降了，军中将领也请不忙退兵。晋文说：我们要守信用，因为信用是国家的珍宝，是民众所依恃的东西。如果到期不退军，即使原投降了，也会失信于民。得原与失信于民相比，是得不偿失的。于是退军二十里，原也投降了。“伐原以示之信”，所指即此。

④ 事见《左传·僖公二十七年》。孔子将“蒐于被庐以示礼”的作用看得很重大，认为这是晋文成就霸业的关键，说：“文公……为被庐之法，以为盟主。”详参《左传·昭公二十九年》。

⑤ 《左传·僖公二十七年》杜《注》。

⑥ 《会笺》僖公二十七年《传》笺。

这次整军由前令尹子文和继任者子玉分两地主持进行。子文为了突出被他荐举的子玉治兵有方，故意简略从事，“终朝而毕，不戮一人”，简直把练兵视为儿戏。子玉的所谓治军之方，也只是唯惩罚是用，即所谓“终日而毕，鞭七人，贯三人耳”。这两种整军方式，松、严各异，而致命的共同弱点，则是忽略了以贵族阶级的礼义来武装士卒的必要性，完全放弃精神教育。这支由“围宋”而北上击晋的楚军，与决战前夕“少长有礼”、军容整肃威严的晋军相比，精神风貌大为不同，这无疑是构成楚军败北于晋军的一个重要因素。《左传》曰：“一战而霸，文之教也。”把晋胜城濮说成全由文公教民所致，未免片面欠妥，但作者点出了思想发动工作的重要性，指明了以德义为内核的礼义整合兵众后所产生的力量和效果，则显然是很有见地的。

二、战事引发阶段

公元前632年春，晋以“报施救患”为借口，出兵侵伐楚的与国曹、卫，拉开了城濮之战的序幕。为改变楚强晋弱的形势，达到一战胜楚的目的，晋文在侵占曹、卫的同时，又采取了两项强己弱敌的措施。其一，二月郤谷死后，他将原下军佐先轸越级提拔为中军主帅。这种“上德”（即重德行）的作法，是专门冲着子玉来的，意在用所谓“有德明礼”之帅，制服“刚而无礼”之人。其二，利用宋国的财贿请出齐、秦作中调者，说服楚国撤离宋围；同时，分割曹、卫的土地赠予宋国，逼使楚国拒绝调停。结果，齐、秦因“喜赂”“怒顽”而出兵助晋争霸，这就使晋、楚双方战略力量的对比发生了晋利、楚损的变化。

往事和现状，加深了楚成对晋文的惧怕。他命令“申叔去谷”“子玉去宋”，以避免同晋方发生摩擦，并告诫说：晋文在外流亡十九年，久经磨炼，备尝艰辛，谙于事故人情，特别是重德、崇礼，不可与之为敌。要求子玉适可而止，知难而退。

当中原形势已转化为对楚不利时，楚成采取这种量力而行、暂时避免同晋方决战的方针，应该说是理智的、正确的。如能按这一方针行事，将“使晋君臣许多谋略，著著蹈空”[1]，楚国亦可免却城濮之辱。此后，楚若另择良将，乘间再出，未必就一定不能战败晋国以保有霸业。但是，子玉却违背了“君令、臣恭”[2]之礼，不听成王的意见，决心与晋一战。他作出这一抉择，不是出于理智的、国家利益至上的考虑，而是“刚而无礼”的性格、作风在作祟。

“刚而无礼”，是公元前633年子玉率军围宋前夕，楚臣蒍贾对他的评语。“刚”本是一种美德，它可以表现为刚毅坚强、振刷有为，子玉本身的确也具备这些优点。但子玉之“刚”，往往不以当时人们所习惯信守的“礼”来节制，所以常常表现为倔强易怒、刚愎自用、刚骄不羁、缺乏理智。蒍贾所批评的“刚而无礼”之“刚”，就是这层意思。这确实抓住了子玉之“刚”的主导面。蒍贾由此还强调，子玉不具出将入相之才，并断言其率军出征，“过三百乘，其不能以入矣”。蒍贾对子玉的这些轻蔑和否定性的评价，使刚暴的子玉耿耿于怀，怒火满腔。他决意寻找机会予以回敬。晋文率军攻曹、卫以救宋，激逼楚军撤宋围而北上击晋，在子玉看来，这的确是遇到了显示自己才能的千载难逢之机。他思忖：若能击败强晋，蒍贾之言岂不是不攻自破？正是在这种击败强晋、为自己争名出气的思想支配下，他不但拒听成王之令，反遣斗椒远程赴申，要求成王增师击晋，称言：“非敢必有功也，愿以间执谗慝之口。”在这里，他完全不考虑形势对楚已相当不利，将楚国的国家利益置之度外，全以堵塞“谗言”、为己泄愤除辱为行事的出发点。这种争强逞能、意气用事的作法，正是其“刚而无礼”的致命弱点的大暴露。

面对子玉的坚决请战，起初主张回避晋军的成王，立场开始发生动摇，产生了侥幸取胜的心理，终于勉为其难地允准了子玉的请求，并给

① 《会笺》僖公二十八年《传》笺。

② 《左传·昭公二十六年》：“君令、臣恭……礼也。君令而不违，臣恭而不贰……礼之善物也。”此礼不仅流行于春秋时期，在中国古代社会亦十分流行，只是随着时代的发展，其具体内容有所不同罢了。

他增拨了一些兵力。一场争霸恶战至此已甚难避免。

诚然，是成王为楚军走向城濮战场最后开了绿灯，但促使成王决定与晋一战的动力和催化剂，则是“刚而无礼”的子玉的坚决请战。因之，从某种意义上可以说，是子玉的“刚而无礼”将楚国拖入了一场对己不利的、原本可以避免的战争。子玉若能像召陵之役时的子文一样冷静、持重，逡巡不战，楚国何尝会一战而丢失霸权？！

三、战事演进阶段

决定与晋一战的子玉，在曹、卫被占领及分割后，并没有立即率围宋之军北上击晋。相反，他却派宛春向晋文提出了一个“请复卫侯而封曹，臣亦释宋之围”的休战条件。休战是假，欲陷旨在“取威定霸”的晋国于被动地位是真。子玉企图在舆论对己有利的条件下发动进攻，说明当时在他已经膨胀了的头脑中尚存几分冷静。晋方得知这一建议，作为“从亡”元勋的子犯表现得有些沉不住气了。他说：做君的（晋文）只得到为宋解围一件好处，做臣的却取得了复曹封卫两件好处，“子玉无礼哉”！因而主张即刻出兵讨伐。中军主帅先轸不同意这一意见。他认为不应从“君取一，臣取二”的角度来看楚无礼而晋有礼，有礼、无礼的主要标准应是能否安定别人的国家。他因此提出了“定人之谓礼”的观点。他指出：楚国这一建议的实施，客观上将使曹、卫得复，宋围得释，引来三国安定的局面，楚国也将因此成为三国的施主而处于“有礼”地位；若晋不接受这一建议，曹、卫、宋就会丢失，晋国势必为三国所怨恨而处于“无礼”地位。“无礼”而“怨仇多”，“将何以战”？为对付子玉的图谋，他主张不如来一个顺水推舟：以叛楚归晋为条件，暗地里同意曹、卫复国，将可能产生的“三怨”化为“三施”，使自己处于“定人”“有礼”的地位。晋文采纳了他的意见，曹、卫遂“告绝于楚”。

晋方以“定人”之礼回敬子玉，实行“亲而离之”[①]之谋，一方面利用使曹、卫复国的行动堵住楚国的嘴巴，使子玉的算计宣告破产；另一方面将敌友变为己友，进一步瓦解了楚方阵线。晋文君臣十分懂得，使楚国丧失战略地位极其重要的曹、卫对刚暴易怒的子玉来说意味着什么。他们这样做，就是要激怒子玉，使子玉失去理智，激逼他在不利情况下贸然出战。此即后世兵家所谓“怒而挠之”[②]之术。为加重刺激子玉，尽快调其北上，他们又采取了火上浇油的一手——“执宛春以怒楚”。如果说此前子玉尚存有几分理智的话，在晋文君臣采取这样“多方以激楚”[③]的手腕后，子玉的感情就完全失去了理智的制约。《左传》载：“子玉怒，从晋师。”他果然堕入术中，激恼如火，撤离宋围而来。至此，晋方攻其必救、调楚北上的方针得以最后实现，楚方则不得不在十分不利的情势下与晋接战。

但是，在激逼楚军来攻后，晋军并未立即与之相战。晋文君臣分析形势，认为晋若退兵，子玉必将追之，经历一番我退敌追的过程再打，形势对晋会更加有利。他们深知“师直为壮，曲为老”[④]。因而想通过“君（晋文）退臣（子玉）犯”，造成晋有理、楚理亏的舆论，以壮己士气，衰敌斗志。经过谋划，他们决定“退三舍避之”。他们对此举的真意密而不宣，而专一呈示其礼让姿态。“礼也者，理也。”[⑤]故有礼就是有理。为更好地达到“以我有礼，形彼无礼”[⑥]之目的，晋文在大军后退时，令子犯向全军发表了一篇旨在直己的演说。子犯指出：退三舍，这是为了报答昔年流亡楚国时所受到的恩惠，同时也履行了当日所许下

① 《孙子兵法・计》。
② 《孙子兵法・计》。
③ 《汇纂》卷十五引“吴氏曰”。
④ 见《左传・僖公二十八年》。直，有理；曲，理亏。壮、老，是以人的生理现象比喻军队士气的旺盛与衰竭。意谓：有理则士气壮（即后世所谓“理直气壮”），无理则士气衰。
⑤ 《礼记・仲尼燕居》。
⑥ 《读左补义》卷十二。

的关于如何报恩的诺言；如果以“背惠食言”的名声来抗楚救宋，那就是我无信而楚有理；如果我君退舍，作为臣下的子玉仍然紧追不放，那就是楚无理了。[①]《礼记·礼器》曰，信为“礼之本也，无本不立”。故守信即讲礼。子犯这番实以“礼”为纲旨的说教，突显了晋方讲恩德、笃信用的形象，使晋之将士深觉己方遵礼无违，仁义之至。故《会笺》由此指出：子玉若再追击，晋“三军之怒，其如何哉”！但此时头脑已高度发热的子玉，没有认清对方退舍的意图和目的，不了解对方正在对群众进行“礼”的教育以及这种作法可能产生的作用。他不纳部下进言，刚愎自用，下令实施追击。结果楚三逐而晋三退，晋方借此收取了“三鼓而鼓”之益。“楚众欲止”，说明楚方将士斗志已竭，而晋舆人的“原田之诵”[②]，则反映了晋军士气的高昂和胜楚信念之坚定。同时，子玉的行动引来了不礼好战的罪名，使楚国在道义上陷于孤立；晋“则德以导诸侯”，收到了使诸侯“归之”[③]的效果。战事演进到如此地步，晋、楚双方胜败的大势已不难推知。若子玉能冷静处事而不轻举妄动，于晋军退舍时着力宣扬其恐惧告败，然后不追而还，楚国的处境岂不由此转为主动？其声誉也将比“去宋”犹胜一筹。遗憾的是，这一切全为子玉的刚愎所葬送。

四、决战阶段

决战前一天，子玉派斗勃（子上）到晋方去下战书。次日，楚、晋双方即在城濮展开了一场大战。关于决战时双方的兵力部署及打法，《左传·僖公二十八年》作了如下记述：

---

① 详见《左传·僖公二十八年》。

② 见《左传·僖公二十八年》。其词为：“原田每每，舍其旧而新是谋。”每每，《群经音辨》引作“莓莓”。《说文》：“每每，草盛上出，从中，母声。”原田每每，即田草生长得很茂盛，用以提起下句。周历四月，即夏历仲春，正春耕播种之时。其歌意为：原田生草，时不可失，宜锄掉旧根而播新种。此歌词一语双关，实是要晋文忘掉旧惠而谋立新功，反映了三军战士求战心情之渴急切迫。

③ 《国语·晋语》。

己巳，晋师陈于莘北，胥臣以下军佐当陈、蔡。子玉以若敖之六卒将中军，曰：“今日必无晋矣！”子西将左，子上将右。胥臣蒙马以虎皮，先犯陈、蔡。陈、蔡奔，楚右师溃。狐毛设二旆而退之，栾枝使舆曳柴而伪遁，楚师驰之。原轸、郤溱以中军公族横击之。狐毛、狐偃以上军夹攻子西，楚左师溃。楚师败绩。子玉收其卒而止，故不败。

依据上文，可知决战时双方对垒的情况是这样的：

胥臣以下军佐当楚右军将子上所率陈、蔡联军（即楚右军）；栾枝以下军将当楚中军将子玉，其后为中军二帅原轸、郤溱；狐毛、狐偃以上军将、佐当楚左军将子西（参本节末附图 8–1）。传文并未讲明下军将栾枝部所处的位置，其所处方位是笔者通过分析所得出的看法。①

双方决战的概略经过为：决战开始，胥臣所率下军之前锋蒙马以虎皮而骇敌，先攻由陈、蔡联军所组成的楚右军，大获全胜。子玉见右军溃败，怒势如火，指挥中、左二军离鄌而进；栾枝部、二狐部皆遇楚而佯败，子玉、子西以敌不支，继续追击。原轸、郤溱借栾枝部属曳柴伪遁所激起的尘帐，调军右移，以横击子西的右翼，后退的二狐率军转至子西左侧，与中军左、右夹攻，击溃楚左军。子玉以两军俱溃，独力难支，遂收兵而退（参本节末附图 8–2）。

决战时晋方的打法是：以强攻弱，佯退诱敌，横击侧翼，左右夹攻。子玉战前“据险而阵”，是想用“置之（指楚中、左军）死地而后生”的战法以胜晋，而晋方作战的主旨则是设法溃其右军，激怒子玉，使其下令追击，从而破除了子玉“置之死地而后生”的战技。

① 晋下、上二军，皆由“将”“佐”各率一支部队。晋仅用下军“佐”胥臣所部，即已击溃楚右军，那么下军将栾枝所部当处于何处？笔者以为：栾枝部唯处于晋中军之前，晋中军方能利用其后退所激起的尘帐，掩护自己向右移动，去横击进逼晋上军的楚左军，从而实现晋中军与晋上军对楚左军的夹攻。

决战开始时子玉所发出的“今日必无晋矣”的狂言，同此后鞌之战时齐顷公所谓“余姑翦灭此而后朝食也”，如出一辙。《会笺》对此形象地评论说：“晋之谋楚（指子玉），如设阱、置饵以诱猛虎，虎死在须臾而竖尾大吼，张威而慑兽，悍然自入死所而不知也。”躁怒必致昏败，战情的发展和结局，完全证实了这一点。

当然，强调“有礼”“无礼”对晋胜楚败所起的重要作用，并不等于忽略影响战争结局的其他因素。事实上，决定晋、楚胜败的原因是多方面的。如晋在战前整顿内政、发展生产、扩编军队，为战争的胜利奠定了必要的物质和军事基础；晋文善于用人，能够广泛听取意见，楚成择将不当，处事优柔寡断；晋君臣上下和睦，步调一致，楚君臣彼此矛盾，各有主张；晋方战略战术灵活得体，楚方政策方针呆板多误；等等。但是，“有礼”“无礼”同这些因素相比，对战事的演变及结局，毕竟具有更加明显的直接作用。子玉的“刚而无礼”，甚至可说是造成楚国失败的决定而根本的因素。

最后还需探讨一个重要问题：对“有礼”“无礼”的概念究应作何理解？如何才算准确地把握住了它们的实质？这个问题如不解决，将可能妨碍我们对这场重大军事斗争的政治本质的认识。

子玉的“无礼”容易理解，即指其不学礼亦不懂礼，不能用“礼”来节制自己的思想行为，不善用“礼”来治国、平天下和指导军事征战。但对晋文君臣的“有礼”，人们的认识则不一致，故需要具体分析，正确把握。

笔者认为，说晋文君臣“有礼”，是说他们“说礼乐而敦诗书”，深懂“礼”在当时的使用价值，善于将“礼”用作政治和军事斗争的手段，而绝不是像某些人所认为的，仿佛晋文君臣是礼义的化身，是什么分封制下礼义的忠实信徒[①]。为说明这一点，让我们先来看看《左传》

① 张其昀在其《春秋史》一书中，说晋文君臣“视道义超乎势利之上”。道义者，礼之精神体现也。显然，在这里张氏实际上是将晋文君臣视为礼义道德的忠实信徒。

中有关的几条记载。

《左传·僖公二十七年》记有子犯与晋文关于如何“教民”的一席对话：

> 晋侯始入而教其民，二年，欲用之。子犯曰：“民未知义，未安其居。”于是乎出定襄王，入务利民，民怀生矣。将用之。子犯曰：“民未知信，未宣其用。”于是乎伐原以示之信。民易资者，不求丰焉，明征其辞。公曰：“可矣乎？”子犯曰：“民未知礼，未生其共。”于是乎大蒐以示之礼，作执秩以正其官。民听不惑，而后用之。出谷戍，释宋围，一战而霸，文之教也。

这段对话，意在渲染晋文如何重视礼义，但字里行间却透露出其重视礼义皆是“有为而为之”[①]，是典型的实用主义。其中，“欲用之”“将用之”“可矣乎”三短语，层层递进地勾勒出了晋文欲将民众尽快拉向争霸战场的焚急心情。“于是乎”三字凡三出，更可见其用于教民的三“示”，皆为临时所措办。这种事急“抱佛脚”的作法，乃晋文假仁义以求霸的最好说明。

《左传·僖公二十八年》所载先轸所谓“定人”之礼，更显得虚伪之至：

> 先轸曰：“……定人之谓礼，楚一言而定三国，我一言而亡之，我则无礼，何以战乎？……不如私许复曹、卫以携之，执宛春以怒楚，既战而后图之。”公说，乃拘宛春于卫，且私许曹、卫，曹、卫告绝于楚。

“私许曹、卫”，目的在分化瓦解楚方阵线，打破楚的“一言而定三

① 《会笺》僖公二十七年《传》笺。

国”之策，而不是真正出于“定人”的考虑。“既战而后图之”，是言既战决胜负，而曹、卫之复与不复，再作区处，现不妨私许其复国。这更可说明“定人”是临时举措，是为了达到陷楚于被动地位的诡诈之谋。战后“曹田”终被分割，其“定人”之礼的伪善本质遂被彻底揭穿。

《左传》上段引文之下紧接着写了晋退三舍以避楚的问题（不另作引）。这个问题前面已作有分析。显然，晋退三舍是为了赢取舆论，“移曲于敌”[①]，陷楚于更大的被动，达到弱敌强己、后发制人的目的。但在公开场合，他们却将此举宣传为报惠守信、礼让有德。在这里，他们是以“礼”作外衣来掩盖预定的政治和军事目的，其“有礼”之处，亦正其诡处。故孔子讥此为“谲而不正”[②]，后代史家也称这是晋的“密策”[③]和“老谋”[④]。诚然，“兵者，诡道也”[⑤]。晋用诡诈之术斗楚，这本是正常的，无可非议。但若将这种礼其表、诡其实的作法看成真的在行礼义，那就大错特错了。

晋文君臣并非宗法分封制下礼义的虔诚膜拜者，还在于他们的行动多有违礼之处。

纳王于洛邑，自骄其功而“妄行请隧”[⑥]，以诸侯公然求用“王之葬礼”，违背了诸侯下葬以“羡道”之礼[⑦]，此其一。

① 《会笺》僖公二十八年《传》笺。
② 《论语·宪问》。
③ 《会笺》僖公二十八年《传》笺。
④ 韩席筹编注《左传分国集注》，江苏人民出版社 1963 年版，上册第 278 页“吴曰”。
⑤ 《孙子兵法·计》。
⑥ 《左传纪事本末》卷二十五“士奇曰”。
⑦ 关于“隧”与“羡道”之意，详参杨伯峻《春秋左传注》第一册第 432—433 页。《左传·僖公二十五年》杜《注》：“隧，王之葬礼也。”《周礼·冢人》贾《疏》：“天子有隧，诸侯以下有羡道。”

欲激子玉来战，“执曹君”而“使累于晋阳，辱于深室”[①]，违背了“执诸侯当以归京师”[②]之礼，此其二。

“执宛春以怒楚”，违背了两国交兵，不拘来使之礼[③]，此其三。

城濮战后，不率诸侯朝觐京师，而使襄王“下劳”践士，不久又召王来会于温，孔子判之为“不可以训”[④]，显见其违背了“君君、臣臣”之礼，此其四。

侵伐、围攻已服之郑，违背了“服而舍之”之礼[⑤]，此其五。

……

鉴于以上所述，故胡安国有云：“（晋）虽一战胜楚，遂主夏盟，举动不中于礼亦多矣。”[⑥]此论诚可谓平正无诬。

当然，晋文君臣对“礼”的虚伪态度，与“礼”一旦被用作斗争工具所可能产生的客观作用，毕竟是两回事而不是一回事。不懂得这一点，对“有礼”“无礼”与晋胜楚败的关系就无法理解了。

---

① “执曹君”，见《左传·僖公二十八年》。“使累于晋阳，辱于深室”，见《左传纪事本末》卷二十五“士奇曰”。《春秋·僖公二十八年》载：“执曹伯，畀宋人。”此“宋人”下实漏一“田”字，《传》解为“执曹君而分曹、卫之田以赐宋人”，可证。很明显，“执曹伯”与“畀宋人（田）”是二事而非一事。本年《传》后载晋文有疾，曹君之臣侯獳贿赂晋史，使其请晋文放归曹君，这说明曹君被拘于晋，而非宋。

② 《左传·僖公二十八年》杜《注》。

③ 《左传·成公九年》：“兵交，使在其间可也。”《春秋·襄公十一年》：“楚人执郑行人。”杜《注》：“书‘行人’，言执使人之罪。古者，兵交使在其间，所以通命示整。或执、杀之，皆以为讥也。”此皆可证两国交兵，执使为不礼也。

④ 引见《左传·僖公二十八年》。

⑤ 《左传·隐公十一年》：“服而舍之，……可谓知礼矣。”关于郑在城濮战后实已服晋的问题，有史可征。楚军始败，郑即“使子人九行成于晋”《左传·僖公二十八年》。践土之盟，温之会，两次伐许，郑皆与会、从往。晋以其“贰于楚也”，实亦有诬。楚自城濮败后，敛甲不出，未有与郑暗结盟友之事。且当时天下诸侯“翕然宗晋”（《春秋大事表》），精于权衡利弊之郑，谅也不敢与楚为成。晋的伐郑，实以郑偶缺翟泉之盟（事载《左传·僖公二十九年》），假题寻衅，借报晋文流亡郑国时遭遇的所谓“无礼于晋”之仇。

⑥ 〔宋〕胡安国《春秋传》卷十三。

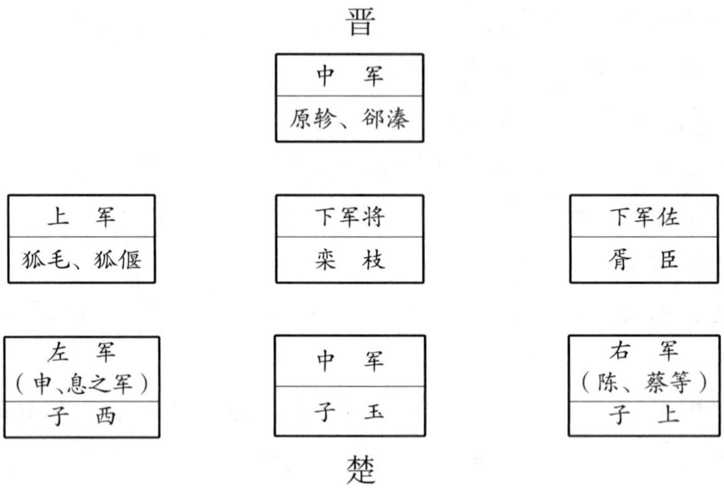

图 8-1　城濮之战晋、楚双方兵力部署图

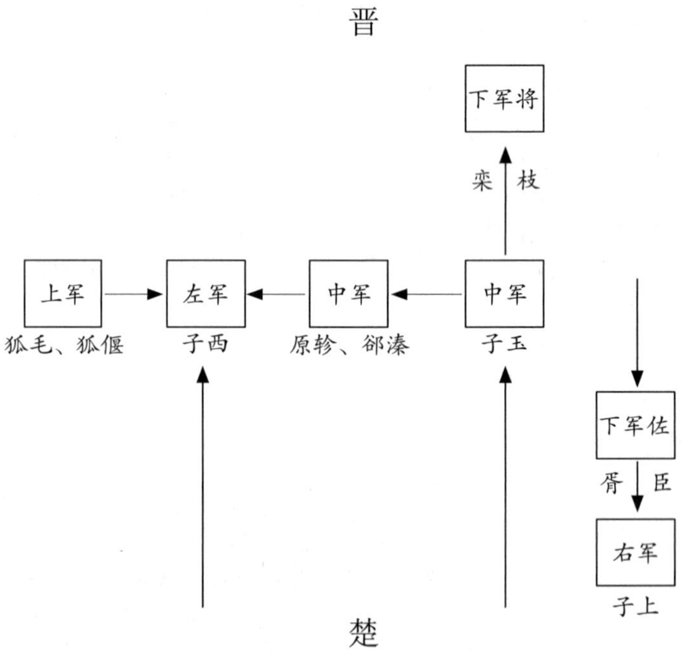

图 8-2　晋、楚双方城濮决战示意图

第四节　孙叔敖事迹考论

孙叔敖任令尹约五年（公元前600至前595年）[1]，现就其生平事迹考论如下。

一、孙叔敖的出身和籍贯

孙叔敖出身于春秋时期楚工（公）族的芀（蒍）氏家族。

芀氏大宗的宗主，是蚡冒之子芀章。《潜夫论·志氏姓》："蚡冒之子芀章者，王子无钩也。"《通志·氏族略》："芀章食邑于芀，故以命氏。"《左传·桓公六年》："使蒍章求成焉。"杨伯峻《注》（以下简称杨《注》）："蒍，亦可作芀。"《潜夫论·志氏姓》第三十五引"绎按"："芀、蒍，歌寒对转。"故蒍、芀可互通。

孙叔敖又名芀敖、芀艾猎。父芀贾为庄王时期的工正、司马。祖父芀吕臣（叔伯）为成王时期的令尹。孙叔敖之后，芀氏家族担任楚"二卿士"的，有康王时期的令尹蒍子冯，灵王时期的令尹蒍罢（子荡），康王时期的司马蒍子冯、芀掩和平王时期的司马蒍越。春秋时期出任楚"二卿士"的，若敖氏家族有六位令尹和五位司马。芀氏家族则有令尹、司马各四人，是仅次于若敖氏家族的楚国第二大世族，且这一家族担任"二卿士"之职为时最久，一直延续到春秋后期。史实很清楚，孙叔敖出身于官高盖楚的"二卿士"显贵之家。

关于孙叔敖的籍贯，有些史籍记载为楚之期思县。如《荀子·非相》："楚之孙叔敖，期思之鄙人也。"《吕氏春秋·赞能》引"沈尹茎曰"："期思之鄙人有孙叔敖者，圣人也。"《后汉书·郭丹传》刘昭注："孙叔敖，楚庄王相也，期思县人。"孙叔敖死后，其子被封于期思"寝丘"之地，这些记载将其子的封地当成了孙叔敖的籍贯。说受封的孙叔敖这一支脉是期思人，这是正确的，但绝不能将孙叔敖的籍贯与

① 参阅《楚史新探》第47页。

其子孙的封地混为一谈。孙叔敖的祖、父皆居官楚都，故其籍贯应是其出生地——今湖北江陵一带的楚之郢都。原西北大学著名秦汉史专家陈直先生，在其《史记新证·滑稽列传第六十六》中指出："《全后汉文九十九·孙叔敖碑》云：'相君有三子。长子即食封于固始（原楚期思县），少子在江陵。'"我国自古以来就有一条风俗，人死后当埋葬于故里，即所谓"狐死必首丘，人死归故乡"。孙叔敖的墓地恰好在原楚都附近的江陵一带。具体说，其墓址即位于今荆州市中山公园东北角江津湖畔春秋阁旁，地处原郢都之郊。[①] 其墓碑为清乾隆二十二年（1757 年）所立，上刻"楚令尹孙叔敖之墓"。因原碑已毁，1980 年又重建之，现碑高两米。他死后葬于其出生之地，此乃孙叔敖籍贯为江陵之铁证。

二、孙叔敖避居期思时期的身份和期思陂的修建

要说清这个问题，必先了解他因何而来到期思之地。史料告诉我们，孙叔敖的祖父蒍吕臣和父亲蒍贾，曾先后官达令尹和司马，地位不可谓不显赫。但他们都有一个致命的弱点：虽工于料人、料事，却拙于自处。蒍吕臣曾预言子玉非"靖国"之人，且此语得到了证实，但他接任令尹后仍贪性不改，终因"奉己而已，不在民矣"[②] 而被罢官。蒍贾在料人、料事方面更远超其父，他明言"刚而无礼"的子玉不具出将入相之才，断定其"过三百乘，其不能以入"[③]。子玉败死城濮，验证了他确有非凡的先见之明。庄王当政的第三年（前 611 年），楚因"大饥"而遭到庸人率群蛮来攻，形势已危至楚谋划迁都（即"楚人谋徙于阪高"）的地步。当此关头，蒍贾反对迁都，他向庄王进言："不可。我能往，寇亦能往，不如伐庸。"[④] 庄王纳其谏议，设法调集兵力，又与秦、

① 《史记·循吏列传》裴骃《集解》引《皇览》曰："孙叔敖冢在南郡江陵县故城中白土里。"此亦认定孙叔敖墓在江陵，为郢都之郊。

② 顺见《左传·僖公二十三年》《左传·僖公二十八年》。

③ 《左传·僖公二十七年》。

④ 《左传·文公十六年》。

巴结成战时同盟，一举灭庸，楚国经此获得了重生。但蒍贾的聪慧，并未完全用在正道上。庄王二、三年间，他结好若敖氏家族的实力派人物——司马斗椒（子越椒、子越），设计杀害了令尹斗般（子扬）[①]，使斗椒升为令尹，自己也由工正（工尹）官升司马。权势膨胀，觊觎王权的斗椒，担心诡计多端的蒍贾终会坏己大事，乃于政变前夕将其杀死。[②]其时的孙叔敖，在祖父前被罢官，父亲现又被杀，家族连遭大祸的境况下，为隐身自全，乃避开是非之地，撤离到一个远离郢都之处——楚之期思县。期思原为蒋国所在，地在今河南固始西北七十里。楚灭蒋建县，当在楚成王时期。楚穆王九年（前617年），"期思公复遂"曾随穆王"田孟诸"[③]。杨《注》："期思，楚邑……楚之县尹例称公，复遂乃当时期思县尹之名。"

避居期思的孙叔敖，其时的身份如何？一说为"期思之鄙人"（见前引文）。一说为"处士"。《史记·循吏列传》："孙叔敖者，楚之处士也。"所谓"鄙人"，实为相对"国"中之人的"郊"人，内含贵族、士和具有完全自由身份的居民，并非指地位低下的庶民大众。所谓"处士"，是指古之有才德而隐居不仕的人。二者均说明，彼时的孙叔敖，虽不为官，但其身份却高于一般的平民百姓，是一个很有影响的人物。由于其家族既往的地位及其本人所具有的出众才智，隐处底层未久，他就被授予期思"少司马"之职，此事见记于1993年出土的郭店楚简《穷达以时》：

孙曺（叔）三躲（舍）郋（期）思少司马，出而为命（令）尹，

① 《左传》将此事追记于"宣公四年"："（蒍贾）谮子扬（斗般）而杀之。"杨《注》："蒍贾为子越椒（斗椒）谮斗般于王而杀之。"

② 《左传·宣公四年》："（斗椒）乃以若敖氏之族圄伯嬴（蒍贾）于轑阳而杀之。"

③ 详参《左传·文公十年》。

堣（遇）楚臧（庄）也。[1]

郭店楚简出土于湖北荆门（位于楚国故地），其时代相当于战国中期偏后，故其关于孙叔敖的记载较之《庄子》《荀子》《吕氏春秋》等，当具有更高的真实性和可靠性。但此简文说孙叔敖曾三次辞去少司马这一官职，之后才出任令尹，从时间上说，则可能有欠精准。笔者考证，从其父芳贾被杀到他出任令尹，其间只有五年左右 。[2]这五年间，他在期思为"民"则有之，为官（少司马）亦有之，而其引水、治陂、溉田所耗精力则更多。稍加推算，所谓"三仕三已"少司马的记载，就显得有些夸张了。

他在期思虽官任少司马，但他在当地所作出的最大贡献，却非在军务方面，而是在该县官府的支持下，组织县民兴建了一项著名水利工程——期思陂。《淮南子·人间训》对此记曰："孙叔敖决期思之水而灌雩娄之野，庄王知其可以为令尹也。"东汉崔寔在《四月民令》中也写道："孙叔敖作期思陂以攻寇。""决"水意味着疏导，"作"陂意味着筑坝蓄水，"灌"野则是指开渠引水至田间。三者合而言之，说明这是一项相互融合、彼此协调、功能完备的系统性水利工程。对于期思陂和雩娄的地理位置，何浩和余德鸿两位学者均作有详细考证。何浩指出："期思和雩娄，都是汉置县，也是春秋时的楚邑。期思属楚前原为古蒋国地，两汉时属汝南郡。"《汉书·地理志》"汝南郡·寝县"下应劭注："孙叔敖所邑之寝丘也，世祖更名为固始。"据杜预《春秋释例》卷六"期思"条："弋阳（郡）期思县东北有期思城。"又据《大清一统志》卷一七六"光州古迹"条所记："固始县东北的蒋乡为古蒋国所在，故城当在今河南省固始县东北、史灌河边的蒋集。"对于"雩娄"的位

① 少司马，官名，即《周礼·夏官》之"小司马"。楚沿袭周制，亦设小司马（少司马）一官。包山楚第 129 简记有"恒思少司马"，第 173 简记有"疋阳少司马"。当为楚县级司马之副贰。

② 见《楚史新探》第 44—46 页。

置，何浩又说：“雩娄在两汉时属庐江郡。《汉书・地理志》载：‘雩娄，决水北至蓼入淮；又有灌水，亦北至蓼入淮’。《水经注》卷三十二《决水》篇经文记‘决水出庐江雩娄县南大别山，北过其县东，又北过安丰县东’，故址约在今河南商城、固始和安徽金寨之间。”他还进一步指出：“决水是古淮河的重要支流之一，今名史河；灌水，据乾隆《光州志》卷六‘孙叔敖曾决以灌田，故后人谓之灌水’，今称灌河。两水在今固始北合流，称史灌河，北入淮。”[①]同时，余德鸿在《关于“期思陂”之我见》一文中也曾指出：“雩娄在今固始县东南，陈淋乡以北约四公里处的史河左岸（距期思约 70 公里），原属蓼国，此时当已归属于期思。雩娄之野即上起雩娄城以下直至史灌河交汇处的史灌河平原，就是现在的固始梅山灌区总干渠、中干渠、西干渠控制的范围，这块土地从南向北平缓倾斜，是很理想的灌区，据考期思陂就在这块平原的中间偏上，即今固始县的黎集、石佛等乡境内。”[②]何、余二人对“期思陂”及雩娄地理位置的考证，是可取的。石泉先生对期思陂的地点也有精到的见解，他说：“关键在于怎样理解‘期思之水’的位置。据我看，‘期思之水’不一定只局限于接近淮河的期思城附近低洼地带之水，而是指流过当时期思县境的一条河流或一个水系。按照上引今本《淮南子》原文所云，‘期思之水’既然灌溉‘雩娄之野’，自当发源于雩娄以南的山区，同时也必然流经期思县境。”[③]既然这里原属蒋国之地，那么可以想见，在楚灭蒋国之前，这里的农业发展当有一定基础，而并非一片荒野、未垦之地。因此，孙叔敖在这里引河水筑陂灌雩娄之田，是完全可能的。关于孙叔敖主持修建期思陂的意义，楚史名家张正明先生曾有过一段精辟的评价：“这个期思陂工程，用现代的标准去看只是小型的，

① 何浩《古代楚国的两大水利工程期思陂与芍陂考略》，载《楚文化新探》，湖北人民出版社，1981 年版。

② 余德鸿《关于期思陂之我见》，载《芍陂水利史论文集》，中国水利学会水利史研究会 1988 年编印。

③ 石泉《关于芍陂（安丰塘）和期思——雩娄灌区（期思陂）始建问题的一些看法》，载《芍陂水利史论文集》，中国水利学会水利史研究会 1988 年编印。

放在战国时代可算是中型的，而在春秋中期则是大型的。它的意义不在于算不算大型的，而在于它是中国亘古以来第一个社会性的农田水利工程。”[①]

三、孙叔敖与芳艾猎、芳敖实为一人

《左传·宣公十一年》载“令尹芳艾猎城沂”，次年又有“芳敖为宰”、“令尹孙叔敖弗欲”等语。东汉服虔、西晋杜预注《左传》，均云：“（芳）艾猎，孙叔敖也。”唐孔颖达《左传正义》引《世本》则谓“艾猎为叔敖之兄”。后人主芳艾猎、孙叔敖为一人者，谓此年云“令尹芳艾猎”，明年云“令尹孙叔敖”，“比年之间，楚令尹不闻置两人”[②]。主为两人者，谓“芳贾盖有二子，一为芳艾猎，一为芳敖。敖既称叔，宜尚有兄矣”[③]。

实际上，芳艾猎、芳敖与孙叔敖应是一人而非二人。理由是：

1.《左传·宣公十一年》记述令尹芳艾猎“城沂”有方，“事三旬而成”，不超过预定的期限。竭力赞扬他善于组织和指挥工程建设，办事效率很高。对于这样一个有功而不见其过的贤相，向有“思得贤佐，日中忘饭”[④]之美名的楚庄王，怎会在“城沂”后不久就将他革职而代之以新令尹呢？

2. 鲁宣十二年（庄王十七年）邲战前夕，晋中军将荀林父，上军将士会，均忧虑惧战，主张撤退。其重要原因之一，正如士会所说，是“芳敖为宰，择楚国之令典”，整顿了军制，提高了军队的战斗力。对军队进行大规模整训，不是短时间内便可奏效之事，它必然于“城沂”之年，甚或更早就已经开始进行了。由于楚置令尹是单轨制而非双轨制，故可断言：“城沂”之令尹，就是整军之令尹，芳艾猎就是芳敖即孙

① 张正明《楚史》，湖北教育出版社 2017 年版，第 133 页。
② 见《世本》卷五张澍注引“卢弨弓云”。
③ 见孙星衍《问字堂集·孙叔敖名字考》。
④ 贾谊《新书》。

叔敖。

3.《左传》宣十一、十二年对孙叔敖的称谓作了几次变通，这是《左传》的作者有意将同一人的不同字号一一介绍出来，从而使人得知：芳敖其人，名敖，字孙叔，亦字艾猎。[①]称孙叔敖，是古人有将字、名相连以构成另一称谓的习惯。这种例子在《左传》中多不胜举。如令尹斗椒，僖二十八年《传》称“伯棼”，文九年《经》称“椒”，文十六年《传》称“子越”，宣二年《传》称“斗椒”，襄二十六年《传》称“伯贲”，文九年《传》则连其字、名，称“子越椒”。如果将这样的异称都看成是称异人异，那就大错而特错了。

四、孙叔敖执政时期的主要功绩

《淮南子·人间训》载，孙叔敖主持修筑期思陂后，“庄王知其可以为令尹也”。《论衡·超奇》亦曰，孙叔敖“决期思”，灌雩娄，“令尹之兆著”。其实，孙叔敖显露令尹之兆，并非单因其为水利专家，而在于他具有多方面的不凡素质。《新书·春秋》记有他少年时杀死“两头蛇”的故事，说明他因所受教育良好，自幼就有着兼及他人的“仁爱”之心，这逐步化成了他日后为官时的“恤民”之情。从他任令尹后的一些言行表现，也可推知他出仕前的为人处事之道。《韩非子·外储说》云：“孙叔敖相楚，栈车牝马，粝饼菜羹，枯鱼之膳，冬羔裘，夏葛衣，面有饥色。”这里尽管有点说过了头，但反映他日常就有着克己贫身、自奉不奢的良德朴行，则不为虚。《淮南子·道应训》录有他为官自律的一段道白：“吾爵益高，吾志益下；吾官益大，吾心益小；吾禄益厚，吾施益博。”他这种低身自处，博以施人的高洁品质，更非一日所能铸就，而是长期打磨、修炼自身的结果。令尹虞丘子对孙叔敖的人品和办事能力早有洞察，故在他治水成功后，力荐其代己以为宰辅，

① 《左传·宣公十二年》载伍参语“若事之捷，孙叔为无谋矣”，可证芳敖字“孙叔”。“艾猎”为字，已很清楚，因《传》称“芳敖”“芳艾猎”，故“敖”其名，“艾猎”其字也。

庄王欣然受纳。其后，庄王乃“尽傅其境内之劳与诸侯之忧于孙叔敖。孙叔敖日夜不息，不得以便生为故，故使庄王功迹著乎竹帛，传乎后世”[①]。《史记·循吏列传》载有先秦至汉初循吏多人，而将孙叔敖置于首位，可见太史公对其赞誉之至。该《传》称扬他“施教导民”“政缓禁止”“秋冬则劝民山采，春夏以水，各得其所便，民皆乐其生”。综合各史所载，孙叔敖当政期间为楚所建功业，主要有如下数端：

第一，继续治水，主修“芍陂”这一春秋最大水利工程。

芍陂在孙叔敖已建期思陂以东，昔六、蓼之地，位于汉魏时寿春（今安徽寿县）以南八十里（一说六十里）处。此处南近今大别山（天柱山）北麓丘陵地带，地势由南而北呈倾斜状态，山间溪流顺势而下，逐步流入北部平原地区，易于积水成陂，故而在此修筑水堰可以节省人力和物力。善于治水的孙叔敖，在执政之后选择在此修陂筑塘，不能不说是很有眼力的。

“芍陂”之名，始见于《汉书·地理志》“庐江郡·灊”条：“沘山，沘水所出，北至寿春入芍陂。”同书“六安国·六”条：“故国，皋繇后，偃姓，为楚所灭。如溪水受沘，东北至寿春入芍陂。”具体提到芍陂创始人的，是《后汉书·王景传》：“建初七年，（景）迁徐州刺史，明年（按：为东汉章帝建初八年，即公元83年），迁庐江太守。……郡界有楚相孙叔敖所起芍陂稻田。”明确把芍陂的创建和孙叔敖联系在一起。北魏郦道元《水经注·肥水》篇进一步肯定芍陂与孙叔敖有关：“……（芍）陂水上承淠水（按：淠水，与沘水、如溪水汇流而成。）于五门亭南，别为断神水，又东北迳五门亭东，亭为二水之会也。断神水又东北迳神迹亭东，又北谓之豪水，虽广异名，事实一水（即淠水）。又东北迳白芍亭东，积而为湖，谓之芍陂。陂周一百二十许里，在寿春县南八十里，言楚相孙叔敖所造。”郦氏所记，明确了芍陂的水源、面积、位置和始创者。在未有新的证据出现以前，不可轻易否定芍陂的初

① 《吕氏春秋·情欲》。

创者为孙叔敖。

孙叔敖建芍陂，符合楚穆王、楚庄王东部扩疆的历程。著名楚史专家程涛平在《楚芍陂溯源》一文中曾分析："楚庄王十三年（公元前601年，恰在孙叔敖任令尹前一年），庄王借平群舒之叛乱，灭舒蓼之机，索性对东部疆界进行清理，将东疆正式划定于滑汭（今合肥东）之地，使楚国的疆土向东又跨进一步，从此，芍陂之地，不折不扣地成为楚国的内地。"程文还通过《后汉书》《水经注》《史记集解》等书的有关记载，以及其他一些地志、考古资料，证明孙叔敖修芍陂之说实属无误。①

需要说明的是，《汉书·地理志》《后汉书·王景传》《水经注·肥水》所记"芍陂"事，均为汉魏间"芍陂"的情况，并非春秋中期孙叔敖所创芍陂原貌，至于当时楚人所建芍陂面积究竟有多大，至今仍是一个谜。郦道元说"陂周一百二十许里"，还有人说东汉时"（陂）周三百二十里"（见《元和郡县补志》"安丰县芍陂"条下《注》），这些都是当时的数据。夏尚忠《芍陂纪事·芍陂论二》所说"孙公当日之全塘""周围凡一百余里"，实为郦说之翻版。刘玉堂、袁纯富著《楚国水利研究》一书，经过古今尺度的复杂换算和塘面的今昔比较，得出结论说，最初塘周"40余里"，认为此数字"应当接近于历史事实"。②宋按：此"40余里"，为今"里"，当大于先秦、汉魏之"里"。孙叔敖所建而被后世称为"芍陂"的周长，是否确为"40余里"，还有待学界作出进一步研究和论证。

第二，施政以便民为要，改革币制与车制。

要繁荣楚国的商业经济，就要想方设法调动民众从事商业活动的积极性。孙叔敖在这方面采取的有力措施，就是使货币的发行尽量适应市

① 顺见程涛平《楚芍陂溯源》，载《芍陂水利史论文集》，中国水利学会水利史研究会1988年编印，第125—127页。

② 见刘玉堂、袁纯富《楚国水利研究》，湖北教育出版社2017年版，第223—226页。

场的需要。《史记·循吏列传》对此记曰：

庄王以为币轻，更以小为大，百姓不便，皆去其业。市令言之相曰："市乱，民莫安其处，次行不定。"相曰："如此几何顷乎？"市令曰："三月顷。"相曰："罢，吾今令之复矣。"后五日，朝，相言之王曰："前日更币，以为轻。今市令来言曰'市乱，民莫安其处，次行之不定'。臣请遂令复如故。"王许之，下令三日而市复如故。

上文所言之"币"，实为楚之铜贝即蚁鼻钱。币小者，量轻值低；币大者，量重值高。庄王"以为币轻"，在郢都进行了一次以大币更换小币的货币改革，但实践证明，这种大币不便于民间日常进行的小额贸易，故百姓皆感"不便"，市民人心惶惶，去留不定，造成市场动荡不安，混乱了郢都的社会秩序。孙叔敖将所听取的"市令"之言向庄王作了反映，建议取消"大币"，复用"小币"。庄王准其所奏，"令下三日而市复如故"。

孙叔敖为令尹后，着力发展水利事业以兴农，又采取了一些稳定商品贸易的政策，带来了"商农工贾不败其业"的兴盛局面，就连晋国的随武子对此也不得不发出赞叹："（孙叔敖）政有经矣！"[①]

《史记·循吏列传》还记载了孙叔敖让民间自发改低车为高车一事：

楚民俗好庳车，王以为庳车不便马，欲下令使高之。相曰："令数下，民不知所从，不可。王必欲高车，臣请教闾里使高其梱（门限）。乘车者皆君子，君子不能数下车。"王许之。居半岁，民悉自高其车。

① 见《左传·宣公十二年》。

楚人习惯乘低矮的车，庄王觉得低矮的车不便于马拉，有碍于战时车辆被调作军用，准备命令楚人改用高车。孙叔敖认为，政令下得过于频繁，民间会感到不知所从。如果一定要让车厢升高，不如让各闾里加高其梱（即门限），梱高则低车不能通过，乘车者多为有身份的人，屡屡下车有失体面，这样他们就会自动升高其车厢。半年过后，民间果然都改乘高车了。孙叔敖采取不扰民而民自改俗的施教方法，显示了他高超的为政艺术。

第三，加强军备建设，投身实战指挥，为庄王邲战立霸作出重大贡献。

庄王时期，楚国战事频仍，孙叔敖作为“执一国之柄”的令尹，当务之急，自然会以军务为重。孙叔敖在这方面的作为，《左传》记有两件大事，一为“城沂”，一为加强军队的战备训练。

沂邑（地当今河南正阳县）在当时的大国争战中，处于重要的战略地位。该地南控淮域，北通陈、宋，孙叔敖选择在此处筑城，正是为着储存战略物资的需要。由于军务紧迫，不容延时，孙叔敖在构筑此城时，显现了他出身工正（工尹）世家善于指导工程建设的特有本领。

《左传·宣公十一年》载曰：

> 令尹蒍艾猎城沂，使封人虑事，以授司徒。量功命日，分财用，平板榦，称畚筑，程土物，议远迩，略基趾，具糇粮，度有司，事三旬而成，不愆于素。

杨《注》对上文中一些辞句，作有如下解释：“封人”，为“掌建筑城郭”者；“虑事”，“此谓筹度工事，估计工程工需之类”；“司徒”，“封人为司徒之属官”；“量功命日”，“量功是量用功之多寡，命日是度其日子多少。”（宋按，孙叔敖由此估算出此工程需“三旬而成”）；“度有司”，“筑城之工程大，有各方面的主持人，谓之有司。审度人才，使其能力与其职务相称，谓之度有司”。

这段传文的大意是：孙叔敖亲临现场，指导主管官吏“封人”，做好如下诸种事项：（1）计算好工程工需，备好各种所需物资，及时向下拨发；（2）挑选出筑城所需的各类办事人员，令他们分别管好从“分财用”到“具糇粮”等七类具体事物；（3）孙叔敖估算出此工程完工需三十日，结果是“不愆于素”，即与他原本的估算完全相同；（4）对于上述诸种事项，“封人”须及时向“司徒”作出汇报，以使工程总监做到心中有数。

在孙叔敖的总体规划和指导下，在他细致入微的关照下，沂城终于如期竣工。像他主修期的思陂和芍陂一样，沂城是其为楚国树起的第三座建筑工程的丰碑！

上述而外，孙叔敖还特别重视非战时对军队的整编和训练，《左传·宣公十二年》引“随武子曰”：

> 蔿敖为宰，择楚国之令典，军行，右辕，左追蓐，前茅虑无，中权，后劲。百官象物而动，军政不戒而备，能用典矣。

这段文字是说，孙叔敖“酌古以施于今”[①]，对于楚国的行军之制作了新的编整，将楚之三军分成前、后、左、右、中五军（或曰五部），并明确各军（部）的具体任务：前军探道，以各色茅旌为标识以告后军；中军筹谋，行军途中若有新的情况发生，则由中军主帅作出应对谋断，告知全军遵令而行；右军从将军之辕所向而进退；左军或打草以为夜宿之用（此说质疑者虽众但都无确解）；后军“以精兵为殿”，以防敌军偷袭。经过编整，五军修列成阵，任务分明，将吏各行其职，动而有矩，真正做到了“寓军政于常职”[②]。邲之战楚所以能大胜晋军，显然是平日整军之花结出了战时丰硕之果。

孙叔敖执政的第三年（庄王十七年，前597年），楚伐郑服郑，晋

①② 详参《会笺》宣十二年《传》笺。

出兵救郑，这年“夏六月”，两军在郑都西北的邲地，爆发了春秋时期规模最大的一场战争，史称邲之战。

战前，在要不要与晋军开战的问题上，楚国高层存在着两种不同的意见。谨慎持重的孙叔敖主张撤军回国，而庄王的“嬖臣伍参”却力主与晋军决战，年轻气盛的庄王开始表现得十分犹豫。《左传·宣公十二年》对这场争论作了如下记述：

> （晋）师遂济（渡过黄河）。楚子北，师次于郔。沈尹将中军，子重将左，子反将右，将饮马于河而归。闻晋师既济，王欲还，嬖人伍参欲战。令尹孙叔敖弗欲，曰：“昔岁入陈，今兹入郑，不无事矣。战而不捷，参之肉其足食乎？”参曰：“若事之捷，孙叔为无谋矣。不捷，参之肉将在晋军，可得食乎？”令尹南辕反旆。伍参言于王曰：“晋之从政者新，未能行令。其佐先縠刚愎不仁，未肯用命。其三帅者专行不获，听而无上，众谁适从？此行也，晋师必败。且君而逃臣，若社稷何？”王病之，告令尹，改乘辕而北之，次于管以待之。

两军大战，必然会带来重大伤亡。何况楚军连年征战，已致师疲民劳。作为令尹，孙叔敖从恤民和求稳考虑，主张罢兵休战，经由庄王批准，下令“南辕反旆”。伍参虽官微身卑，但胸中却充满智慧，他向庄王指出，晋军主帅荀林父上任不久，缺乏威望；副帅先縠“刚愎自用”，无视主帅的存在；其余将佐态度游移，无所适从。因此，开战晋军将必败无疑。他还特别指出，退军就是“君逃臣”，这是社稷的耻辱。这一犀利要害之言，深深刺痛了气势巍巍的庄王之心，使其立场开始有了转变。经与令尹细商，二人始觉伍参之言有理，战晋将有取胜的把握。根据庄王新的决定，孙叔敖遂下令“改乘辕而北之”，一场血战已箭在弦上。

宣公十二年《经》曰：“夏六月乙卯，晋荀林父帅师及楚子战于邲。”[①]

对于此战的大致经过和孙叔敖在其中所起的重要作用，此年《传》作了精彩介绍：

> 潘党既逐魏锜。赵旃夜至于楚军，席于军门之外，使其徒入之。楚子为乘广三十乘，分为左右。右广鸡鸣而驾，日中而说；左则受之，日入而说。许偃御右广，养由基为右；彭名御左广，屈荡为右。乙卯，王乘左广以逐赵旃。赵旃弃车而走林，屈荡搏之，得其甲裳。晋人惧二子之怒楚师也，使軘车逆之。潘党望其尘，使骋而告曰：“晋师至矣。”楚人亦惧王之入晋军也，遂出陈。孙叔曰：“进之。宁我薄人，无人薄我。《诗》云：‘元戎十乘，以先启行。’先人也。《军志》曰：‘先人有夺人之心’，薄之也。”遂疾进师，车驰卒奔，乘晋军。桓子不知所为，鼓于军中曰：“先济者有赏。”中军、下军争舟，舟中之指可掬也。

这段《传》文述说：晋将赵旃和魏锜执意前往楚营进行挑战，引发庄王盛怒，而率左广前往驱赶。晋方担忧赵旃和魏锜会招来危险，引发楚军来犯，就派出一队战车前往接应。身处军营前哨的楚将潘党望见晋方战车扬起的尘埃滚滚而来，遂派人奔回楚营，大喊：“晋师至矣！”令尹孙叔敖担忧庄王驱车而前会身遭不测，乃果断出令全军：“进之！”他引用《诗经》之名句“元戎十乘，以先启行”和《军志》佳言“先人有夺人之心”，来说明作战抢占先机的必要性，鼓励众将士勇敢投入搏杀。在孙叔敖的大力鼓舞下，楚大军“遂疾进师，车驰卒奔，乘晋军”。荀林父（桓子）未及组织有效的抵抗，竟击鼓传令全军速退，并宣布先渡（黄）河者有赏。晋中军和下军在溃败中死伤甚众，乱作一团，拥挤着退至河边。为尽快逃过河去，众人相互争船，船重而无法开动，船上

① 杨《注》，邲，“在今郑州市之西北，荥阳县之东北”。

的人就挥起戈戟，向扒船者的手臂砍去，致使落入船中密集的断指，可以信手合掌而捧起，其惨状令人发指。三军中唯士会所领上军，因事先在敖、鄗间作了埋伏，军力受损较少。

此次大战，孙叔敖的表现可圈可点！战前他主张退军返国，展现了他恤民忧国的持重之心。在战和问题上，他未固持己见，据情而变，显示了他尊行王意的不二忠心。开战后，他救主心切，亲临战阵，指挥若定，为最终赢得战局立下了大功。

总括而言，孙叔敖任令尹虽为时不长，但他却一日不敢懈怠，勤勉奋发，以其有限的任职岁月，为强大楚之国力耗尽了心血。特别是在邲之战中，他勇敢镇定，指挥有方，为庄王立威夺霸作出了重大贡献。可以认定，就其政绩和军功而言，孙叔敖不愧为楚国众多令尹中杰出的典范。

第五节　略论吴起变法

在中国先秦历史舞台上，吴起扮演了双重角色，既是军事家，又是政治家。司马迁尽管并不喜欢他，但还是给他立了传。吴起一生充满了戏剧色彩：杀妻求将，吮疽励士，连死都要“以示用兵”。大约是戏剧性色彩太浓，反而掩盖了他惨淡经营、励精图治的政治家的一面。郭沫若早在20世纪40年代就看出了这一点，着意写了《述吴起》，称吴起是“中国历史上不会磨灭的人物”[①]。

其实，作为先秦时代的改革家，吴起的历史地位绝不亚于商鞅，而吴起变法——尽管失败了——在楚史甚至先秦史上的历史作用也同样不可忽视。

一、吴起入楚之年

首先应指出，吴起入楚之年是一个长期悬而未决的问题。现在较为

① 郭沫若《青铜时代》，群益出版社1935版，第181页。

流行的几种看法都是不确切的。导致不确切的原因，是这些看法都是建立在“倒推法”之上的。所谓“倒推法”，即根据吴起的卒年（这是一定的），征以有关史料，推出吴起入楚之年。如郭沫若根据《说苑・指武》和《韩非子・和氏》，认为吴起入楚在公元前384年；又如杨宽，根据《韩非子・和氏》，认为吴起入楚当在公元前390年。

《说苑・指武》记载，吴起入楚后做过一年宛守，尔后为令尹主持变法。而《韩非子・和氏》说：“悼王行之期年而薨矣，吴起枝解于楚。”楚悼王死于公元前381年，郭沫若认为，“期年”即一年，再加上为宛守的一年，于是推出吴起入楚在公元前384年。而杨宽认为“期年”是十年，因而推出吴起入楚在公元前390年。此二说前后相距六年，虽说六年时间在历史长河中还够不上一瞬，但这六年对吴起来说，却是至关紧要的，它直接关系到吴起入楚后主持变法的一系列问题，绝不允许有这么大的误差。

笔者认为吴起去魏入楚当在公元前387至公元前386年之间。

《史记・魏世家》：“（魏武侯）九年，翟败我于浍，使吴起伐齐，至灵丘。”魏武侯九年即公元前387年，也就是说，吴起在公元前387年尚在魏国率兵作战，据此，则公元前390年吴起不可能已入楚。如果讲吴起直到公元前384年才入楚，恐怕亦不合史实。试想，以吴起在魏国的地位和作用，只要吴起在魏，就不可能没有他的记载。考魏史，从公元前387年吴起伐齐后，再也不见有关他的记载，历时三四年之久，吴起竟然毫无行迹见于史载，这是不好讲通的。或是入楚之前他又到别的什么诸侯国待了三四年？历史上更无蛛丝马迹。

吴起离魏的原因，《史记》本传有专叙。郭沫若说这是同情吴起的人编造的。吴起离魏是否因为“尚公主”，暂且不论，要者，是吴起受王错的谗谮排挤，“武侯疑之而弗信也。吴起惧得罪，遂去，即之楚”[①]。“合则留，不合则去”，这是战国时代的士风，大约是伐齐至

① 《史记・孙子吴起列传》。

灵丘之役以后不久，吴起便找到个机会去魏入楚。这个时间只能是前387年到前386年之间。

二、吴起来奔时楚之国情

吴起来到楚国，开启了他一生中最为得意的片段。吴起是在怎样一个政治舞台上施展抱负的呢？离开具体环境就不会体会到鲜活的历史事件，是以有必要将楚国的大势作一鸟瞰。

吴起入楚正值楚悼王在位期间。史载，公元前402年，"盗杀声王，国人立其子悼王"[①]。楚声王在位仅六年，政绩阙如。考楚君在位者，从熊绎到负刍，凡四十二人，自杀者数有之，弑杀者数有之，袭杀者亦数有之，而"盗"杀者仅声王一例。这该是楚史上的非常事件，可惜文献无征，致使"盗杀声王"事件成为原委未明的悬案。今人论及此事，盖以为是民众暴动杀死了声王，"国人"拥立了悼王，而"国人"指的是新兴地主阶级。这种看法不无道理。把"盗"理解为人民暴动是没有什么疑义的，至于"国人"，尽管其成分相当复杂，很难一概定为新兴地主阶级，但"国人"有别于旧贵族是一定的。"国人"有拥立新君的力量，并且要立的是悼王，至少可以说明两个问题：一是楚旧贵族暂时处于劣势；二是楚悼王能代表"国人"的利益。也就是说，悼王即位是楚国阶级斗争的产物。

过去学者皆认为，楚国新兴地主阶级登上政治舞台，没有明显的标志。不妨把楚悼王的即位看作一个标志。何以见得？证据有二：楚旧贵族代表人物屈宜臼一再对楚悼王表示不满，所谓"吾固怪吾王之数逆天道"[②]。什么叫作"数逆天道"？显然是楚悼王没能代表旧贵族的利益，一次又一次地使他们失望。这是其一。其二，吴起入楚，楚悼王专任吴起，让他主持变法，而吴起变法的矛头是指向楚旧贵族的。倘若新兴地

① 《资治通鉴》。
② 《说苑·指武》。

主阶级没有形成一定的势力，楚悼王能任用一个“客卿”主持变法，从而向楚旧贵族开刀吗？

吕思勉讲：“入战国后，首起称霸者为楚悼王。”[①]《史记·楚世家》载：“悼王二年，三晋来伐楚，至乘丘而还。四年，楚伐周，郑杀子阳。九年，伐韩，取负黍。十一年，三晋伐楚，败楚大梁、榆关。楚厚赂秦，与之平。”伐周、围郑、侵韩，隔几年一次大举动，足见楚悼王也是雄心勃勃的。然而从楚悼王十一年（前 391 年）见挫于三晋到二十一年（前 381 年）楚悼王死去，《楚世家》再也见不到楚悼王的政绩。看来司马迁是不愿赘笔，因为在《孙子吴起列传》中记载得相当清楚了：“楚悼王素闻起贤，至则相楚。明法审令，捐不急之官，废公族疏远者，以抚养战斗之士，要在强兵，破驰说之言纵横者。于是南平百越，北并陈、蔡，却三晋，西伐秦。”只有将这些记载连同《楚世家》中楚悼王的政绩一起考察，方能得出入战国后首起称霸者为楚悼王的结论。

楚悼王十五年（前 387 年）吴起入楚，一到楚国，吴起便“教楚悼王以楚国之俗”，曰：“大臣太重，封君太众。若此则上逼主而下虐民，此贫国弱兵之道也。不如使封君之子孙三世而收爵禄，绝灭百吏之禄秩，损不急之枝官，以奉选练之士。”[②]吴起的目光是敏锐的。在他看来，尽管新兴地主阶级有一定的势力，但千万不能过高估计，“大臣太重，封君太众”，楚旧贵族势力仍然盘根错节，难以撼动。不抑制权臣，不斩断封君的荫袭，不杜绝贫国弱兵之道，就谈不上富国强兵。这是吴起对国情的分析，也是他进行变法的基本出发点。

看来楚悼王是赞同吴起的分析的，否则就不会让他主持变法。吴起的分析果真切中时弊吗？我们的回答是肯定的。《韩非子·问田》有一段堂谿公和韩非的对话，充分证明吴起的分析与当时楚之国情是相吻合

① 吕思勉《先秦史》第 219 页。

② 《韩非子·和氏》。

的。堂谿公对韩非讲："所闻先生术曰：'楚不用吴起而削乱，秦行商君而富强。二子之言已当矣。然而吴起支解而商君车裂，不逢世遇主之患也。'逢遇不可必也，患祸不可斥也。"堂谿公就是当年去吴奔楚的夫概的后人，这位楚贵族的后裔居然也同意韩非的看法，认为吴起当时的分析和基本方针"当矣"——都是正确的。对吴起说来，他曾历仕鲁、魏二国，并且直接参与过李悝在魏国的变法，以他的阅历，能够对楚的国情作出切中时弊的分析，这是毫不足怪的。

三、吴起变法及其性质

从楚悼王十五年到二十一年（前387—前381年），在这六年时间里，除去做宛守的一年，吴起为令尹主持变法有五年时间。变法的具体步骤，史无记载。所能见到的，只是一些有关变法的措施。措施涉及面颇广：政治、军事、经济，甚至民生风俗。通过这些措施，我们也不难窥出其大致步骤。

吴起变法是从政治制度入手的，通过一系列措施，首先抑制楚旧贵族；尔后，在经济、军事等领域进行改革；最后落脚到富国强兵，这是变法的终极目的。当然，这三个步骤不能绝然分开，就整体而言，它们很可能是相与交关、齐头并进的。

先看吴起是如何抑制楚旧贵族的。

春秋时期，楚公室（王室）之强，为中原诸侯所不及。城濮战后，子玉自杀；鄢陵战后，子反自杀；柏举之役，囊瓦奔郑，极少出现大臣抗衡王命的现象。然而至春秋之末，情况仿佛一变，子西、叶公子高相继柄权；但自入战国后，至吴起变法前，则逐渐出现了"大臣太重，封君太众"的局面。针对这种"上逼主而下虐民"的"贫国弱兵之道"，吴起采取了一系列措施：

明法审令，捐不急之官，废公族疏远者。①

为楚悼王立法，卑减大臣之威重，罢无能，废无用，损不急之官，塞私门之请。②

吴起为楚张减爵禄之令……③

此类记载颇多，仅录三条已足够说明问题了。要抑制根深蒂固的旧贵族势力，只有依靠“立法”，通过“明法审令”才能办到。遗憾的是，吴起究竟立了哪些“法”，现在已经不得而知了。可以想见，“法”之条文当是具体的。何谓不急之官，爵禄怎么个减法，没有具体条文的规定，就无法保证贯彻实行。事实上，吴起不仅“立法”，而且认真地贯彻实行过具体条文。只要看一看楚旧贵族对吴起变法的强烈反应，就可以证实这一点。从“不满”到“怨之”，最后等楚悼王一死便迫不及待地赶去射杀吴起，这般刻骨之恨，不正说明吴起抑制旧贵族雷厉风行、不遗余力吗？乾嘉学者梁玉绳在《史记志疑》里“案”道：“诸侯患楚强，何巧楚贵戚欲害吴起？”④殊不知吴起变法使楚国富兵强，是以抑制打击楚旧贵族作为前提的。

再看吴起在军事、经济方面的改革。

吴起抑制、打击旧贵族，其目的就是“强兵”。所谓“以奉练选之士”“以抚养战斗之士”“精耕战之士”⑤，都是指吴起通过抑制和打击旧贵族，加强国家的武装力量。很显然，有了充足的军费，就可以解决兵源、军械、给养等一系列问题，但要让军队精锐化，使之战无不胜，攻无不克，却需要组织、训练等一整套治军方略。吴起是治军行家。在当时那个“无日不战”的时代，哪个诸侯国拥有强大的军事力量，它便

① 《史记·孙子吴起列传》。
② 《史记·范雎蔡泽列传》。
③ 《淮南子·泰族训》。
④ 〔清〕梁玉绳《史记志疑》，中华书局1931年版，第1196页。
⑤ 顺见《韩非子·和氏》《史记·孙子吴起列传》《史记·蔡泽列传》。

可以称雄于天下。就楚国而言，幅员辽阔，资源充足，军赋来源是可以保证的，所以吴起在军事方面的改革，重点在于“励战”。世人一提及“励战政策”，马上想到秦国的商鞅——商鞅变法对秦的爵制进行了系统整理，规定出军功二十等级，然而我们有充分的理由认为，商鞅的励战政策是效法吴起的，只是因为后来楚灭于秦，“秦纪”以外的他国史书多被焚毁①，所以世人大多只知道商鞅曾推行过励战政策，却不知吴起在商鞅之前就曾励战。

商鞅同吴起一样，都是卫国人。公元前365年，商鞅到了吴起生活过的魏国，一直到公元前361年，才离魏入秦。尽管此时吴起早已死去，但商鞅一定会知道他的这位同乡，也一定会留心吴起在魏国的“余教”。《战国策·魏策一》记载，魏惠王时，公叔痤为将，与韩起战于浍北，痤获胜，惠王郊迎，赏田百万，公叔痤不受，称曰：“夫使士卒不崩，直而不倚，挠拣而不辟者，此吴起余教也。”于是惠王“索吴起之后，赐之田二十万”。这个时候，商鞅正在魏国，而且正在公叔痤手下做幕僚。他不应对此毫无所闻。

所谓“吴起余教”，郭沫若根据《汉书·刑法志》，认为即“魏之武卒”，即所谓：“魏氏武卒，衣三属之甲，操十二石之弩，负矢五十个，置戈其上，冠胄带剑，赢三日之粮，日中而趋百里。中试则复其户，利其田宅。”

看来吴起是把魏国的经验带到楚国来了，否则何以叫作“练选之士”？要在楚国强兵，吴起当然要推行“励战政策”。据《史记·楚世家》记载，怀王六年（前323年），楚柱国昭阳将兵攻魏，连拔八邑，又移兵乘胜攻齐，齐王派说客陈轸游说昭阳：“愿闻楚国之法，破军杀将者何以贵之？”昭阳答道：“其官为上柱国，封上爵执珪。”此时上距吴起变法仅几十年，完全可以肯定昭阳所讲的“楚国之法”与吴起变法是有关的。吴起制定“励战”政策，也规定过军功爵位，至于军阶有多

① 见《史记·秦始皇本纪》。

少，取多少首级晋爵，现在已无从论证了。

与此同时，吴起变法也有经济措施。《吕氏春秋·贵卒》："吴起谓荆王曰：'荆所有余者地也，所不足者民也。今君王以所不足益所有余，臣不得而为也。'于是令贵人往实广虚之地，皆甚苦之。"这段史料颇有玩味的价值。楚国地方五千里，土地有余不用说。"所不足者民也"，这个不足是指人民的数量不足呢，抑或是指人民的财富不足？看来吴起指的是后者。"今君王以所不足益所有余，臣不得而为也"。如果不能将附着在"贵人"身上的人民解脱开来，使人民富足起来，吴起就难以进行变法。"于是令贵人往实广虚之地，皆甚苦之"，所谓"贵人"，不仅指豪富之家，而且包括有政治地位的旧贵族。这是一种强硬经济政策，后来的秦始皇、汉武帝为了加固中央集权的经济基础，也都曾采用过这种"移民"政策。经过长途迁徙，贵人只能带走一些"细软"之类的可动资产，这就削弱了贵人的经济实力，解决了土地集中的弊端，解决了民众贫困的问题。

至于民生风俗方面的改革，吴起着重在"塞私门之请，一楚国之俗，破纵散横，使驰说之士无所开其口"①。从这里，我们不仅能发现一个被人们忽视的历史事实，同时，也可充分看出吴起的过人之处。

世论纵横家，盖以为是战国末年的产物。"合六国摈秦谓之合纵，连六国事秦谓之连横。"梁启超曾言："自秦商鞅见僇以后，范雎得政以前，约七八十年间，有所谓纵横家者出。"②其实，早在吴起年代，甚至更早，纵横家就已经驰骋列国，鼓煽世局了。可见现在对纵横家的诠解是不确切的。

要进行改革，就必须保证政局的稳定、舆论的一致。那些驰说之士，"佻薄倾侧，嗜富贵，挟意气，勇于趋私利，苟达所向，不择其术，谈说无定旨，惟所遭值，投栖无定主，惟所豢畜"③。这种扰乱政局、

① 《战国策·秦策三》。

②③ 梁启超《战国载记》，载《中国上古史》，商务印书馆 2016 年版，第 249 页。

混淆视听之人，吴起当然要他们免开尊口。吴起的过人之处，就在于他充分重视舆论的影响力。楚国日后的统治者倘若能牢记吴起的“余教”，楚怀王就不至于客死于秦了。同样遗憾的是，除了“塞私门之请”、杜绝驰说之士跻身政坛以外，吴起在改良社会风气方面还采取了哪些具体措施，我们已难以知晓了。

作为政治家，吴起不仅把目光停留在重大问题上，并且注意到人民生活的琐事。《吕氏春秋·义赏》记载：“郢人之以两版垣也，吴起变之而见恶。”高《注》曰：“楚人以两版筑垣，吴起……教之用四，楚俗习久，见怨也。”用两版筑墙，情形大约像“干打垒”，吴起教人们改用四版，主要是为了增强其坚固程度。

谈过了吴起变法的这些措施，我们不妨进而谈谈吴起变法的性质。吴起变法是一次有关土地私有制的变法，因而具有极大的进步意义。

这里将涉及一个不可回避的问题，即楚国的社会性质若何？此问题迄今仍在聚讼之中，或曰奴隶制，或曰农奴制，或曰地主制。在这个问题上，我们觉得硬要将楚国的历史进程套上一个固定的模式，恐怕难以服众。原因就在于直到楚最终灭于秦，楚国的上层建筑与经济基础仍是不尽一致的。张正明先生在其《楚国社会性质管窥》一文中，征引史实考释了楚国的阶级关系，得出了入春秋后不久楚就进入了农奴制社会的结论。而张君同志在《楚国赋税制度的历史演变》一文中，用大量的史料考察了楚国的经济关系，认为早在公元前548年颁行“量入修赋”政策时，楚就由宗族奴隶制跨入了地主土地私有制的门坎。虽说二者结论大相径庭，但我们认为都是有见地的。从阶级关系、上层建筑来看，楚国社会停滞与保守的色彩浓厚一些；从生产关系、经济基础上看，楚国社会早已向土地私有制过渡了。这不足为怪。恩格斯指出：“社会的政治结构决不是紧跟着社会的经济生活条件的这种剧烈的变革发生相应的改变。”[①] 通过探索吴起变法，我们发现楚国社会的确如此。

① 《反杜林论》，人民出版社1970年版，第102页。

吴起变法之所以从楚国的政治制度入手，变法措施的重点之所以放在改革弊政上面，恰好说明了这一点。

质而言之，吴起变法的一系列措施，无非是为了加速楚国政治制度的改革进程。明法审令，抑制、打击旧贵族，塞私门之请，禁朋党，励战，励耕，这些几乎都和商鞅在秦国进行变法的基本措施相一致。尽管吴起变法最终失败了，但变法性质还是可以肯定的——这是一次加速土地私有制和深化君主集权制建立进程的变法。

四、变法过程及结果

古往今来，变法总是伴随着血与火的斗争。吴起变法的具体经过怎样，史无多见。《说苑·指武》上有段文字能让我们看出些端倪：

> 吴起为宛守，行县适息，问屈宜臼曰："王不知起不肖，以为宛守，先生将何以教之？"屈公不对。居一年，王以为令尹，行县适息，问屈宜臼："起问先生，先生不教。今王不知起不肖，以为令尹，先生试观起为之也。"屈公曰："子将奈何？"吴起曰："将均楚国之爵而平其禄，损其有余而继其不足。厉甲兵以时，争于天下。"屈公曰："吾闻善治国家者，不变故，不易常，今子将均楚国之爵而平其禄，损其有余而继其不足，是变其故而易其常也。且吾闻兵者，凶器也，争者，逆德也。今子阴谋逆德，好用凶器，殆人所弃，逆之至也，淫泆之事也，行者不利。且子用鲁兵不宜得志于齐而得志焉，子用魏兵不宜得志于秦而得志焉。吾闻之曰：'非祸人不能成祸。'吾固怪吾王之数逆天道，至今无祸。嘻！且待夫子也。"吴起惕然曰："尚可更乎？"屈公曰："不可。"吴起曰："起之为人谋。"屈公曰："成刑之徒，不可更已！子不如敦处而笃行之，楚国无贵于举贤。"

细究这段文字，颇类似于商鞅和甘龙、杜挚的一番争论。屈宜臼讲："善治国家者，不变故，不易常。"甘龙、杜挚讲："圣人不易民而教，知者不变法而治。"守旧派的面目、口气竟如此相似！屈宜臼仿佛更顽固。这可以解释为楚旧贵族势力比起秦来要强大得多。这位屈公，先是当面诋毁吴起，接着訾咒悼王，进而警告吴起。可以想见，在旧贵族势力如此猖獗的国度进行变法，必定要通过激烈的斗争。斗争的详细经过我们已不得而知，能知道的是：吴起变法的决心始终不曾动摇。所谓"起之为人谋"，就是要充分发挥人的主观能动性，将变法措施竭力贯彻实行下去。就现有的记载看，变法措施的确是施行了，并且收到了巨大的成效。"于是南平百越，北并陈、蔡，却三晋，西伐秦。诸侯患楚之强。"[①]"吴起相悼王，南并蛮越，遂有洞庭、苍梧。"[②]救赵围魏，"战于州西，出于梁门，军舍林中，马饮于大河"[③]。说楚悼王入战国后首起称霸，正指此时。大家不要忘了，就在楚悼王十一年（前391年），三晋伐楚，使楚军大败于大梁、榆关一线，楚无力反击，只好"厚赂秦"，与三晋苟且言和。时过几年，楚不仅能"却三晋"，而且要"西伐秦"。没有吴起变法，变法措施若未贯彻执行，怎么可能出现这样飞跃性的变化？

就此而言，吴起主持变法成功了，他的目的是使楚国富兵强，他也的确做到了这一步。然而吴起变法最终是失败的。公元前381年，即楚悼王二十一年，吴起变法已进行了五年，楚悼王死去。"及悼王死，宗室大臣作乱而攻吴起，吴起走之王尸而伏之。击起之徒因射刺吴起，并中悼王。悼王既葬，太子立，乃使令尹尽诛射吴起而并中王尸者。坐射起而夷宗死者七十余家。"[④]就像戏剧的发展，吴起变法到高潮之日，也就到了谢幕之时。楚旧贵族对吴起的仇恨可谓铭心刻骨。悼王一死，等不及其下葬，便迫不及待地追杀吴起。也真是无独有偶，没过多少年，历史又重演了这一幕，商鞅在秦变法，秦孝公一死，秦贵族同样追杀了

①④《史记·孙子吴起列传》。

②《后汉书·南蛮传》。

③《战国策·齐策五》。

商鞅。二位改革家的命运何其相似乃尔！然而细究起来，却又是同中有异。秦旧贵族杀商鞅，公子虔之徒多少要诬告一个罪名，还得假秦惠王之手来达到目的。比较之下，楚旧贵族杀吴起来得直接得多，甚至不惧“并中王尸”的诛族之祸，真是丧心病狂了。再者，商鞅“车裂”记载一致，而吴起之死或曰“射杀”，或曰“枝解”，或曰“车裂”，记载颇有歧异。其实可以解释清楚，吴起是死于射杀的，但楚旧贵族仍不消恨，更将吴起的尸体加以车裂。

我们比较一下吴起、商鞅之死的异同，就是为了进一步说明楚的旧贵族势力远比秦强大。先秦时人认为“坐射起而夷宗死者七十余家”是“吴起之智”[①]，谓吴起临死还不忘惩罚一下楚旧贵族。其实，这是楚国王权的胜利。七十余家旧贵族，数目不算小，郭嵩焘在《史记札记》卷五中“案”道：“如此则亦楚之大变矣，《楚世家》顾不一载，何也？”[②]这确是一大疑点。七十余家旧贵族夷宗，该是对楚旧贵族一个致命的打击，怎么受牵连者连姓名都没有列出一二，甚至《楚世家》都没有记载一个字。从《吕氏春秋·上德》中我们仅仅知道有一个阳城君：“荆王薨，群臣攻起，兵于丧所，阳城君与焉。荆罪之，阳城君走，荆收其国。”而阳城君并没有服法，他逃走了，是“墨者钜子”孟胜之徒替他殉了难[③]。这似乎给我们了解疑点提供了线索。是不是这些将遭到夷宗的七十余家旧贵族闻讯逃离楚国了呢？或是像阳城君那样，让不是“真凶”的人去“殉了难”呢？一旦事过境迁，这些出逃的旧贵族又陆续返回楚国了。这实在是可能的！尤其是把吴起死后的楚国情形联系起来考察，怎么也看不出楚旧贵族曾经遭受过一次灭顶之灾。且不说像屈、景、昭这样的大族，即如叶、申、宋之侪，亦不见有破落的痕迹。

讲吴起变法最终是失败了，倒不是因为吴起惨死。商鞅的命运跟吴起差不多，而人们并没有讲商鞅变法是失败的。说吴起变法失败了，是

---

① 《吕氏春秋·贵卒》。

② 〔清〕郭嵩焘《史记札记》，商务印书馆 1957 年版，第 244 页。

③ 《吕氏春秋·上德》。

因为吴起死后，他的那些改革也随之荡然无存。郭沫若说："假使让吴起在楚国多做得几年，使他的政治得以固定下来，就像商鞅日后在秦的一样，行了法二十二年，虽然死了，法也没有变动，那么战国时代的中国，恐怕不必等到秦国来统一了。"[①]这种假设不无根据。倘若吴起的"法"不曾随他的死而夭折，楚国将有条件、有可能统一中国。

历史是无情的。吴起变法真可谓是来也匆匆，去也匆匆。在变法的时日里，楚"北并陈、蔡，却三晋，西伐秦"，国力何等雄强；吴起一死，变法即遭否定，连"余教"也杳无踪迹。我们不妨略举两例。

吴起死于公元前381年，楚灭于公元前223年，其间百五十余年，楚国的政治犹如一潭死水，仅在楚怀王时期，有过屈原的改革。这时距吴起去世已超过半个世纪，然而楚国腐朽的政治制度却丝毫不见改观。屈原改革的具体情况难以知晓，但透过《楚辞》，我们吃惊地发现，屈原吟叹的、大声疾呼的、所要进行的改革，都是当年吴起变法中的内容。吴起要"明法审令"，屈原同样提出"国富强而法立""明法度之嫌疑"[②]。吴起要"罢无能，废无用"，屈原同样主张"举贤而授能兮，循绳墨而不颇"[③]。吴起要"禁朋党以励百姓"，屈原同样指出"惟夫党人之偷乐兮，路幽昧以险隘"[④]。这说明了什么？说明吴起死后，他的"法"遭到了推翻，到了屈原的年代，这些老问题又被重新提了出来。

又过了几十年，到了公元前278年，秦将白起大举攻楚，连拔五城，举鄢破郢，逼楚东迁。此役后，白起讲了一段极精彩的话：

> 是时，楚王恃其国大，不恤其政，而群臣相妒以功，谄谀用事，良臣斥疏，百姓心离，城池不修，既无良臣，又无守备。故起所以得引兵深入，多倍城邑，发梁焚舟以专民，以掠于郊野，以足军食。当此之时，秦中士卒，以军中为家，将帅为父母，不约而

① 《青铜时代》第193页。
② 《九章·述往日》。
③④ 《离骚》。

亲，不谋而信，一心同功，死不旋踵。楚人自战其地，咸顾其家，各有散心，莫有斗志。是以能有功也。[①]

不仅楚国腐朽的政治没有任何改善，就连“励战”“励耕”等吴起的“余教”，此时业已不复存在了。“楚人自战其地，咸顾其家”，不正说明了这一点吗？

吴起变法失败与其说是因为楚悼王早死，毋宁说是由于楚国的政治制度过于腐败、楚国的旧贵族势力过于强大。

五、简短的结语

在漫长的中国古代社会中，曾出现过无数起变法或改革。这些变法或改革，大抵是由统治阶级内部的一些开明、清醒的君主或大臣主持的，是他们在王朝面临危机之际，为了寻求出路，为了缓和矛盾，为了王朝的长治久安而不得已进行的。就动机而言，没有多少是值得肯定的，但这些变法或改革的实际效果，却值得我们去作一番具体研究。人们常说要总结五千多年的文化遗产，历史上的变法或改革，正是这些遗产的重要组成部分，尤其是一些对社会的发展进步起到推动作用的变法或改革，更值得我们去总结其经验教训。从这个角度讲，吴起变法——尽管是一次失败的变法，仍给人们留下了一些宝贵的启示：

（1）要在一个国家进行变法，变法的主持人必须十分熟悉这个国度的国情。吴起之所以能用短短的五年时间，使楚国实现了“富国强兵”，首先就是由于他能结合国情而制定政策。

（2）要进行变法或改革，必须统一舆论，扫清思想障碍。吴起作为一个先秦时期的改革家，能清醒地认识到舆论工作的重要性，这确实是难能可贵的。后来的一些改革家，包括王安石在内，在这一点上都做得不够。

① 《战国策·中山策》。

（3）变法或改革往往是在激烈的政治斗争中进行的，其主持人及参与者，要具有献身精神，不要畏惧恶势力的恫吓和挑战。

（4）吴起变法的失败，证明了变法或改革需要一个相当长的巩固时间，不仅要在形式上加以巩固，更重要的是，要在思想上深入人心。

（此节为著者与卢昌德合撰）

第六节　略论春申君黄歇

春申君黄歇（？—前 238 年）当为楚王族后裔。《史记·游侠列传》载："近世延陵、孟尝、春申、平原、信陵之徒，皆因王者亲属，藉于有土卿相之富厚，招天下贤者、显名诸侯。"延陵，指延陵季子，本名季札，春秋时吴王寿梦少子；孟尝君，齐威王孙；平原君，赵惠文王弟；信陵君，魏昭王少子。司马迁将春申君与上述四人并列，统归为"王者亲属"，可证春申君亦系某楚王之后裔。至于他是否为王子王孙，则不得而知，估计为一般王族成员的可能性较大。春申君以黄为氏，当是其先人曾任职于黄邑或食邑于黄，因以为氏。

黄歇任"左徒"之官，当在楚迁陈郢前后的顷襄王晚期，任职的上限已不可考。

顷襄王二十一年（前 278 年），秦将白起攻陷郢都，楚被迫东迁于陈（今河南淮阳），曰"陈郢"。顷襄王二十六年（前 273 年），秦将白起大败魏、韩之军，迫使两国臣服于秦。当秦联魏、韩之军正要对楚发起进攻之时，黄歇正以"左徒"身份出使于秦。他得知消息，为挽救楚之危亡，乃上书秦昭王曰：

> 天下莫强于秦、楚。今闻大王欲伐楚，此犹两虎相与斗。两虎相与斗而驽犬受其弊，不如善楚。……秦、楚之兵构而不离，……是王失计也。臣为王虑，莫若善楚。秦、楚合而为一以临韩，韩必敛手。王施以东山之险，带以曲河之利，韩必为关内之侯。若是而

> 王以十万戍郑，梁氏寒，许、鄢陵婴城，而上蔡、召陵不往来也，如此而魏亦关内侯矣。王壹善楚，而关内两万乘之主注地于齐，齐右壤可拱手而取也。王之地一经两海，要约天下，是燕、赵无齐、楚，齐、楚无燕、赵也，然后危动燕、赵，直摇齐、楚，此四国者不待痛而服矣。①

这篇说辞的主题是：伐楚“莫若善楚”。黄歇指出，若“秦、楚之兵构而不离”，韩、魏、齐等国必以服秦之名，行利己之实，从而达到瓜分中原，强盛自身之目的，这就是所谓“两虎相与斗而驽犬受其弊”。相反，若“秦、楚合而为一”，秦据险以蚕食韩、魏，则二国必为秦之“关内侯”。接着，秦再向东以攻齐，则“齐右壤（谓济州之南北）可拱手而取也”。这样，秦之国土就可以从西海（秦地）到东海（齐地），横贯西、东，隔断燕、赵与齐、楚的联系，“然后危动燕、赵，直摇齐、楚，此四国者不待痛而服矣”。

这篇智机雄辩、极言利害的说辞，终于打动了秦昭王。“昭王曰：‘善！’于是乃止白起而谢韩、魏，发使赂楚，约为与国。”②

《史记·春申君列传》载：楚顷襄王二十七年（前272年），“黄歇受约归楚”。次年，“楚使歇与太子完入质于秦，秦留之数年”。其后顷襄王病重，太子完却无法回到楚国。黄歇考虑到一旦顷襄归天，国内阳文君（顷襄弟）之子就很可能继承王位，而使太子“不得奉宗庙”。情急之下，他与太子商定，使太子“变衣服为楚使者御”，随使者一起出关归楚。自己则留秦以身挡之，不惜一死。等太子走远而“秦不能追”时，他方将此事回告秦昭王。昭王大怒，“欲听其自杀”以抵罪。应侯范雎劝王曰：“歇为人臣，出身以徇其主，太子立，必用歇，故不如无罪而归之，以亲楚。”昭王觉得言之有理，乃将黄歇放归于楚。“歇至楚三月，楚顷襄王卒，太子完立，是为考烈王。考烈王元年，以黄歇为

①②《史记·春申君列传》。

相，封春申君，赐淮北地十二县。”

黄歇任令尹后，曾几次受命率军出征，显示其手握至大兵权。

据《史记·春申君列传》，考烈王五年（前258年），秦在公元前260年长平胜赵后，又换将攻赵，围邯郸，“邯郸告急于楚”；次年，“楚使春申君将兵救之”，时魏信陵君救兵亦到，秦兵退去，邯郸之围乃解；又次年，“春申君为楚伐灭鲁”。但据《史记·楚表》，此次只是“取鲁”，直到考烈王十四年（前249年），鲁才最后为楚所灭。考烈王元年至十四年（前262年至前249年），春申君以其手握之军政大权，着力经营其封地——淮北十二县。在这块全楚面积最大的封地中，春申君所得到的田租，再加上官俸和其他收入，使他不仅富甲楚国，即令彼时闻名于诸侯的其他几大封君，如赵之平原君、魏之信陵君、齐之孟尝君，也对之望尘莫及。他所拥有的巨额财富，是否毫厘用之于民、归之于国家财政？答曰：“否！”这些财富全部被用来显示其荣华富贵。据载，某时“赵平原君使人于春申君，春申君舍之于上舍。赵使欲夸楚，为玳瑁簪，刀剑室以珠玉以饰之，请命春申君客。春申君客三千余人，其上客皆蹑珠履以见赵使，赵使大惭。”[①]门客穿戴豪华至极，乃春申君大富大贵的突出表现。

如果说官为左徒时的黄歇，头脑还比较清醒，曾为楚国以弱转强作出过一定贡献，但从他成为大封君开始，特别是在其封地由淮北换至“江东”以后，他对财富和权力的贪欲，可以说已达到无以复加的程度。

“江东”，乃春秋时吴国故地。在这个面积并不小于春申君原封地的鱼米之乡，黄歇“因城故吴墟，自以为都邑”[②]，更加卖力地来经营这个独立王国。他醉心于富厚自己的经济实力，在封地大力征发徭役，用以筑路、修田、开渠。《越绝书》载：“无锡河者，春申君治以为陂，凿

① 《史记·春申君列传》。
② 《越绝书》。

语昭渎以东到大田，田名胥卑。凿胥卑下，以南注太湖，以泻西野。”又《七国考》卷二引《一统志》：“南直常州申浦在江阴县西三十里。昔春申君开置田为上、下屯，自大江南导，分而为二：东入无锡，西入武进、戚墅，俱达于运河。”由于大兴水利，广置私田，再加上搜刮封邑内的赋税，黄歇的贮粮越来越多，以致不得不造出巨大的粮仓。据《越绝书》，他在吴地造有两仓，“西仓名曰‘均输’，东仓一里八步”，可谓世所少见。他和他的家族用积累的财富大造宫室，恣情享受。《越绝书》载其封邑内的“假君宫”，有前殿屋、殿屋、东乡屋、南乡屋、西乡屋，“周一里二百四十一步”[①]。就连见多识广的太史公观后，也不得不发出“宫室盛矣哉”[②]的感叹。

黄歇以其令尹的身份和地位，成了奢华无比的大封君，而大封君所具有的雄厚实力，又为强化其令尹的权力提供了物质基础。令尹和大封君，二者的结合，使他如虎添翼。执政二十余年，他的煊赫权势已经达到了令人瞠目的程度。

在内政方面，他有着驾驭一切的威势，即使王亲国戚，他也敢于得罪。史载其于任职期内“多失礼于王兄弟”[③]，就是明证。联想到专横贪暴的令尹子常对王子、王孙尚不免有畏惧之感，则可知黄歇当时拥有何等权威。

在军事方面，其权力更大。黄歇不仅每次出征都任全军主帅，或任各国联军统帅，而且还有着任命出征将帅和决定对外用兵的权力。关于前者，《楚策四·天下合纵章》载有一例：“天下合纵，赵使魏加见春申君，曰：‘君有将乎？’曰：‘有矣，仆欲将临武君。’”这里的“天下合纵”据缪文远考证，是指公元前241年山东诸国所结成的最后一次抗秦联盟[④]。不管临武君最后是否担任了联军中楚军之统帅，从中都可以看出，春申君确有“命将”之权。关于后者，见记于《韩策一·或谓魏王

① 《越绝书》。

②③ 《史记·春申君列传》。

④ 参《战国策考辨》第160至161页。

王儆四强之内章》。据此章所载，魏、楚共谋合纵攻秦，魏在全部准备就绪之后，遣使至楚，请求楚方迅速出兵。“春申君闻之，谓使者曰：‘子为我反，无见王矣。十日之内，数万之众，今涉魏境。’”一个令尹，声称无须通过国君，自己就可单独发兵，这岂非黄歇握有兵调之权的最好证明？在楚国，命将和兵调之权均操于王手[①]，唯国君幼小时有所例外。黄歇得行此类大权，而考烈王并非幼主，这说明他的权力已远远超出了令尹行权的范围。

外交方面，黄歇是当时楚国合纵抗秦政策的谋决者和执行人。考烈王五年（前 258 年），他统率楚军，汇合魏、赵之军，击败包围邯郸的数万秦军，取得了合纵抗秦斗争的胜利。考烈王二十二年（前 241 年），鉴于秦兼六国的势头越来越明显，为挽救楚和山东诸国于危亡，由他发起、组织，掀起了一场规模较大的联合抗秦运动。为使各国都参加这场斗争，事前他展开了广泛的串连活动。《赵策一·谓皮相国章》所谓“建信、春申纵”[②]，说的就是他与赵臣建信君缔结了抗秦盟约。《魏策四·八年谓魏王章》所载“（魏王）信春申之言，以是质（宾）秦”[③]，是说他通过游说，也将魏国纳入了合纵之盟。据《史记·秦本纪》，被他串入这个联盟的还有韩、卫两国。由于黄歇从头到尾筹谋组结、发动指挥了这场斗争，有的史家曾直言不讳地指出这次合纵抗秦是以“春申君为纵长”[④]，这同《春申君列传》所谓“楚王为纵长”而“春申君用事”实为一意。黄歇在这场斗争中又一次行使了国君的权力。

黄歇以令尹而多行国君之权，此正所谓“名虽为相，而实楚王

---

① 参本书第五章第五节。

② 参《战国策考辨》第 173 页：“顾氏《编年》附始皇六年，以为即春申君率诸侯伐秦时事。”

③ 缪文远引诸家之说掺合考证，以此事发生在魏景湣王二年，即公元前 241 年。详见《战国策考辨》第 244 至第 245 页。

④ 清人林春溥在其《战国纪年》一书中即持此说。按：此书收进道光二十年《竹柏山房十五种》。

也”[1]。但黄歇仍不满足，随着权势的增长，他又开始执行一项所谓“娠姬窃国”[2]的计划。他看到考烈王年事渐高仍未得子，就与门客李园共谋，先将貌美过人的李园之妹纳为小妾，待其怀孕后再匿情进献给考烈王，希图生男后独得楚国。巧合的是，此女带孕入宫后果生一男。李园随之得到重用。事过未久，李园担心东窗事发会危及自身，乃“阴养死士，欲杀春申君以灭口，而国人颇有知之者”[3]。黄歇的友人朱英听闻此风，就向其建议曰：“君置臣郎中（宫卫之官郎中令），楚王卒，李园先入，臣为君杀李园。”[4]黄歇未听。“朱英知言不用，恐祸及身，乃亡去。”[5]朱英逃身十七日后，考烈王病逝，李园率先进入王宫，“伏死士于棘门之内。春申君入棘门，园死士侠刺春申君，斩其头，投之棘门外。于是遂使吏尽灭春申君之家。”[6]

太史公评春申君黄歇之身世曰：“吾适楚，观春申君故城，宫室盛矣哉！初，春申君之说秦昭王，及出身遣楚太子归，何其智之明也！后制于李园，旄矣。语曰：‘当断不断，反受其乱。’春申君失朱英之谓邪？”[7]

司马迁也看到了春申君黄歇自聪至昏、自荣至枯的变化过程，但将主因归结为未听朱英之言，还是未触及问题的根本。身为大封君，位达人臣之极，仍醉心于对财富和权势的无限追求，直至惨死于“王”阶之前。悲夫！

① 《楚策四・考烈王无子章》。
② 《楚宝》卷十一“圣楷曰”。
③④⑤⑥⑦ 《史记・春申君列传》。

第九章　楚令尹制的特点

令尹是楚国继承商、周尹官之制所独创之官，是楚国宰辅的专有名号。这个迥异于他国宰辅的新奇称谓，从春秋至战国存在了近五个世纪，这是我们研究楚令尹制特点时，不能不首先注意的一个问题。

本书第二章《春秋战国时期楚令尹序列考辨》中，所记有实迹可考的宰辅共 49 人，从首任斗祁到末任李园，均称令尹。不但以《左传》为主的大量先秦、秦汉文献均作如此记载，更为难得的是，迄今已发现的十余则考古资料，所记楚宰辅名称也全作“命（令）尹”[①]。以下仅举三例予以说明。其一，1979 年河南淅川下寺 2 号楚墓出土的“王子午鼎”，其铭文载曰：“惟正月初吉丁亥，王子午择其吉金，自作𩰫彝𩱛鼎，……令尹子庚，殹民之所亟，万年无期，子孙是制。”[②]铭文中的“命尹子庚”，就是令尹子庚[③]。其二，1978 年所掘湖北随县擂鼓墩 1 号墓即曾侯乙墓，出土竹简记载致送丧礼的人中，有楚之令尹：“命（令）尹之𫄨畋车，丽两譽。”[④]其三，1986 年出土的包山楚简中，也记有令尹之事：“大司马卲（昭）阳败晋（魏）帀（师）于鄟（襄）陵之岁，夏

① 顺参许慜慧《古文字资料中的战国职官研究》，复旦大学博士学位论文，2014 年，第 125 页；郭店楚简《穷达以时》“简 8”中的“命尹”孙叔敖；以及淅川下寺春秋 2 号楚墓《王子午鼎铭》中的“命尹子庚”；等等。

② 铭文拓本见中国社会科学院考古研究所编《殷周金文集成》，香港中文大学中国文化研究所 2001 年版，第 377 页。

③ 赵世刚、刘笑春《王子午鼎铭试释》，《文物》1980 年第 10 期。按：关于春秋战国时期宰辅的名称，文献均称“令尹”，而铜器铭文和简文则皆称“命尹”。《说文》：“令，发号也。”又，“命，使也，从口、令。”令尹，又称命尹，是古代汉语中同义词换用的语法现象。

④ 简文见陈伟等《楚地出土战国简册（十四种）》，武汉大学出版社 2016 年版，第 365 页。

羍之月庚午之日，命（令）尹子士、大（太）帀（师）子佩命龔陵公邗䰂为鄗（镐）閘（间）貣（贷）郕（越）异之䤱金一百益（镒）二益（镒）四两。”[①] 文献记载与考古资料相吻合，这就是“令尹”为楚宰辅专称的铁证。有些著述将所谓“宋大尹”“关令尹”“小令尹”“伊尹”等都说成“令尹”，本书在第一章第一节《楚令尹释名》中，用具体史实均作了正误。此外，“令尹”在一些史籍中被称为“宰”“太宰”“卿士”“相”“丞相”“将军”等，此全为比拟之称，而非令尹的实际称谓。详参本书第一章第二节《楚令尹比拟之称释义》。

春秋战国时期，他国宰辅称名繁多，变化多端。如晋宰辅先后称“司徒”[②]“中大夫”[③]“中军”（“元帅”）[④]，三家分晋后，又改称“相”或“相国”[⑤]；齐宰辅先后称“宰”（泛称）[⑥]、“左、右相”[⑦]；鲁宰辅先后称“司徒”[⑧]“相”[⑨]；宋宰辅不依卿之位次，“右师”“左

① 参见《楚地出土战国简册（十四种）》第 48 页。

② 《左传・桓公六年》：“晋以僖侯废司徒。”杜《注》：“……废为中军也。”

③ 《左传・僖公十五年》：“晋侯许赂中大夫。”杜《注》：“为国内执政里、丕等。”

④ 《左传・僖公二十八年》记，晋“作三军”，“使郤縠将中军”，为“元帅”。童书业释曰：“至文公三年作三军，始有所谓‘元帅’者为中军将。……中军将即最高执政。”见《春秋左传研究》第 174 至 175 页。

⑤ 魏相见《史记・魏世家》，韩相见《史记・刺客列传》，赵相见《史记・赵世家》。

⑥ 《国语・齐语》：“桓公自莒反于齐，使鲍叔为宰。”

⑦ 《左传・襄公二十五年》：“崔杼立（景公）而相之，庆封为左相。”《史记・齐太公世家》：“景公立，以崔杼为右相。”

⑧ 《左传・昭公四年》记季孙为“司徒”。

⑨ 如鲁穆公以公仪休为相，见《孟子・告子》《韩非子・外储说右下》。

师”“司城”[①]均可担任；郑宰辅先后有“为政”（“听政”）[②]“少正”[③]之名；秦宰辅先后称“大庶长”大良造”“相”“左、右丞相”[④]；周宰辅先后称“卿士”[⑤]“太宰”[⑥]“相”或“相国”[⑦]。

楚令尹不仅名号独树一帜，更重要者，是以令尹称名的楚宰辅之制，相比于诸夏各国的宰辅之制，有着其本身所独具的一些鲜明特征。以下拟以比较研究法，来对这些特征加以论证。

一、令尹制具有宗法分封制所遗留下来的旧贵族政治的明显特点

周代宗法分封制下贵族政治的特点，就是在贵族内部，严格按照宗法血缘关系的亲疏，分等级继承政治和经济权益。具体说，就是不同等级贵族的嫡长子和余子，继承相应等级的政治权力和经济利益。楚国入春秋后，特别是在县制逐步铺开以后，西周以来分层级的血缘政治团

① 右师为执政见《左传·成公十五年》：“我（华元）为右师，君臣之训，师所司也。”左师为执政，见《左传·僖公九年》：“宋襄公即位，以公子目夷为仁，使为左师以听政，于是宋治。”司城为执政见《左传·襄公九年》：“宋灾，乐喜为司城以为政。”

② 郑执政称“为政”或“听政”，顺见襄公二年、十九年《传》，其上虽有当国，但不执掌具体政务。

③ 《左传·襄公二十六年》：“子产将知政矣。”杜《注》：“知国政。”据襄公二十二年《传》，子产官少正，故郑少正亦可为执政官。《左传·襄公三十一年》：“子皮以（子产）为忠，故委政焉。”时子皮为“当国”，既“委政”于子产，可见其不执掌日常政务。

④ 春秋至战国惠文王初期，秦之最高职官先后为大庶长、大良造，大致相当于他国之宰辅，参林剑鸣《秦史稿》第216页。秦惠文王十年，任张仪为相，武王时又设左、右丞相，至秦统一，其宰辅仍称丞相，分左、右。

⑤ 《左传·隐公八年》：“虢公忌父始作卿士于周。”

⑥ 《国语·周语上》：“襄王使太宰文公及内史叔兴赐晋文公命。”韦《注》：“太宰文公，王卿士王子虎也。”《春秋·僖公三十年》：“冬，天王（襄王）使宰周公来聘。”杜《注》：“周公，天子三公兼冢宰者也。”《会笺》：“盖代王子虎为太宰。”

⑦ 《战国策·东周策》：“周相吕仓见客于周君。”“昭献在阳翟，周君将令相国往，相国将不欲。”

体开始崩解，代之以君主集权的国家政体。但往昔那种重血缘、重宗法世袭的旧贵族政治，在当时的社会政治生活中，特别是在国家统治机构中，还有比较明显的存留。这中间，受其影响比较大的，莫过于国家的宰辅制度——令尹之制了。令尹制受旧贵族政治的浸染，主要表现在三个方面。其一，楚令尹虽然实行择优劣汰的任免制，但令尹的入选条件，以王族血统为重；其二，令尹出征、出访及归国后，严格遵行崇祖敬宗的“告庙礼”；其三，战国时期兴起的实为宗法分封制残余的封君制，与令尹制也存在着挂钩关系。以下且分述之。

其一，令尹的入选条件，以王族血统为重。

从本书第四章第一节所统计的楚令尹出身籍贯情况可知，在当下已知的、有实迹可考的49名楚令尹中，除4名异邦异姓人外，其余45人均具王族血统。这里边包括：王子王孙18人，其中王子13人，王孙5人；王族支脉诸大族18人，其中若敖氏6人，薳氏3人，屈氏1人，阳氏1人，囊氏1人，沈氏1人，昭氏4人，景氏1人；出身王族而支脉不明者7人，出身不详但理应为王族者2人。[①] 这种主要由王族包揽宰辅大权的制度，这种以绝大比例按血统授官的做法，给令尹制涂上了一道浓厚的宗法血缘色彩。需要进一步说明的是，即使在王族内部选择令尹，也因亲疏不同而存在差异。从表面上看，王子王孙18人，要少于其他王族成员（27人）。但实际上，王子王孙任令尹的机率要远高于王族其他成员，因为这18个王子王孙系于楚王室大宗一家，而其他27名王族成员则来自十多个王族其他家族。这种在王族内部选择令尹的做法，更进一步贯彻了讲亲疏的原则，表明楚对王族血统的分等级对待已到了何种缜密的程度。

其二，令尹遇大事必行告庙之礼。

《左传·襄公三年》有令尹子重伐吴归来“既饮至”的记载。“饮

① 参阅本书第四章第一节。

至”即“告其至而饮酒于太庙”[①]。这是说共王二十一年（前570年），令尹子重伐吴凯旋，在太庙（始祖鬻熊之庙）告其军捷，并摆酒庆功。“饮至”为告归之礼，它和“行，告于宗庙”有前后因果关系，由此知子重出征前夕也必于太庙行了告礼。令尹除出征、班师必行告庙之礼外，凡遇其他要事，也须向祖宗作出报告。如郏敖四年（前541年）春，令尹王子围将聘郑，欲取丰氏之女为妻，行前曾“告于庄、共之庙”[②]。宗庙乃供奉祖先木主之所。它是宗族的物化和象征，是同宗血缘之根，具有团结族人的强大凝聚力。令尹行大事必告于宗庙，无非是想借这种形式以强化族人的“亲亲”和“尊尊”观念，来达到加固政治统治的目的。令尹的这种行动，显示令尹制不仅具有军政职能，同时也具有尊祖敬宗的职能，说明令尹制是一种将宗法血亲关系灌注于政治生活的宰辅制度。

其三，令尹制与封君制的挂钩，给它又涂上了一层宗法分封制残余的印记，从而使它本身所固有的旧贵族政治特色更加浓郁了。

要说清这个问题，需首先对封君制的特点加以说明。

楚国的封君制度大体经历了三个发展阶段。第一是战国前期（惠王至悼王时）楚封君制的建立和发展阶段；第二是战国中期楚封君制由短暂沉寂到迅速复兴的阶段，这一时段的下限截至楚都东迁之时；第三是楚迁陈郢后封君制的没落阶段。根据《墨子·鲁问》鲁阳文君关于“鲁四境之内，皆寡人之臣”的叙述，有学者认为，在楚行封君制的第一阶段，楚封君在其封邑内握有官吏任免权、治民权和对田土的赋税征收权，但并不握有在封邑内建立私人军队的兵权。[③]概而观之，此时的封君制，颇有点类似于过往的“采邑制”[④]。在楚行封君制的第二阶段，

① 《会笺》桓公二年《传》笺。

② 见《左传·昭公元年》。

③ 详参何浩《战国时期楚封君制初探》，载《历史研究》1984年第5期。

④ 清人孙怡让曰：“采邑，食邑，食其田并主其邑，治以家宰私臣，又子孙得世守之。”参见孙怡让撰，王文锦、陈玉霞点校《周礼正义》，中华书局1987年版，第69页。

特别是在楚迁陈郢前的怀、襄之时，楚封君人数得到了迅猛增长，短短几十年中就新增了数十人。这一时期的特点是：封君封邑的地盘有所缩小，封君在封邑内的权力也大为减弱。根据陈伟、郑威等人的研究，此时封邑内均设有直属于中央的官属，这些官属的官员，如“司败”“连敖”“司马”等，均听从对应的中央官属的指令，行施对邑内军事、民政、司法等要事的管理，即使封君及其私属触犯了法条，也将依法受到惩处。《包山楚简》“简 36”所记之“宰𫞩”将“濮君以廷”，就是明显的一例。陈伟认为，“宰”就是封邑的特设官。[①] 这说明至战国中期，封君在封邑内已基本丧失了司法及行政管理权，更无军权可言，仅保留对邑内农田的赋税征收权。在这种情况下，封邑的性质就变得和县邑差不多了，封君封邑的官属，则变成了像县吏一样的职官。从此，封君的封邑就成了县一级的地方行政单位，成了县制的一种补充形式。第三阶段，自楚东迁陈郢至楚亡。由于东迁之后楚已丧失了原来的大片国土，原被封于江汉间、淮汝间及南阳盆地的大量封君，或原地为民，或逃亡他处，即便有东迁侨置的封君，也为数不多了。楚封君制就此步入了沉寂和消亡之途。

以下来谈谈封君制对楚令尹制及对社会政治、经济生活的影响。

楚封君制，其发端即与令尹制有关，因楚国的第一个封君，即春秋战国之交的令尹子国（公孙宁）。接踵而来的头戴封君桂冠的令尹有：宣王前期的州侯，宣王后期的江君昭奚恤，威王时期的鄂君子晰，顷襄之时的州侯和考烈时期的春申君黄歇。这些权高财丰、荣宠加身的令尹，多为官品不端者：有的“贵而主断”，是取媚于楚王的“态臣”；有的“专淫逸侈靡，不顾国政”；有的所占封地多达十二县，富冠全国，“实楚王也”。[②] 这些败政营私的令尹的存在，对封君制在楚国的扎根和发展，起有推波助澜的作用。在他们影响下，楚国当时成了战

① 上述有关内容，顺参陈伟《包山楚简初探》，武汉大学出版社 1996 年版，第三章第五节；郑威《楚国封君研究》，湖北教育出版社 2017 年版，第四章第四节。

② 见本书第七章所载与这些令尹有关的事迹及第八章第六节。

国时期封君最多的国家，其封君数量多达 87 个，几乎占了当时天下封君的一半。[①] 考虑到楚行封君制并未明令革除世袭制（即令最严厉的吴起变法亦允准封君的“爵禄”可延至三代），因而与他国有异，楚国实际存在的封君数，应远远高于他国封君数之和。这么多主要出身王族贵旧的封君，均握有对邑内农田的赋税征收权，且所占封邑又多为膏腴之地，他们每年所侵夺的国家财政收入，是一笔怎样的惊人数字！除此而外，封君们还享有多寡不等的贸易特权。仅怀王时期的鄂君启所经营的庞大车、船商队，从贸易便利和免税特权中所攫取的天量财富，就为一般官僚地主所望尘莫及！由此可见，庞大的封君群，即令单从经济角度而言，也给楚国带来了深重的社会灾难。怀、襄时期楚国之所以由盛转衰，不能不说与当时大肆扩张封君队伍有关。

对于具有封君身份的令尹来说，封君制给他们带来了更多的财富和权势，增加了这些令尹的贪婪性、寄生性和腐朽性，这在春申君和二州侯身上体现得尤为明显。这些一身二任的令尹的存在，更加凸显了令尹制原本就具有的旧贵族政治特色，这是毫无疑问的。但从总体来看，这六个令尹，仅占全楚 49 名令尹总数的八分之一不到，他们即使已与封君制挂上了钩，也未能改变楚令尹制已经形成的基本特征，如：令尹重王族血统的选官原则，令尹所掌控的军政外交大权，令尹权力所受王权的严密制约，等等。所以看问题要全面着眼，不能因为封君制的存在对令尹制产生了负面影响，以及对楚国社会政治和经济生活产生了破坏作用，而认为楚国的宰辅制度从总体上已发生了质变。这种情况，至楚亡国，也从未出现过。

与楚令尹的血亲任官制有别，与令尹制所具有的浓郁的旧贵族政治特色异样，齐、晋、秦等大国的宰辅多杂异姓。齐宰辅非公（王）族出身者有鲍叔牙、管仲、晏婴、阚止、田常、田乞、吕礼，邹忌、苏秦

① 参见本书附录二所载战国楚封君之总数。

等[①]，晋宰辅非公族出身者有赵盾、赵武、赵鞅、荀林父、荀偃、知罃、荀瑶、士会、士匄、范鞅、先轸、先且居等[②]，其人数均远超楚令尹中的异姓者。秦宰辅之非公（王）族出身者更是占了压倒性优势，从秦穆公到秦王政，异邦异姓人执政者多达60余人，公（王）族血统的宰辅却寥寥无几，至战国中后期，甚至已被排除殆尽。相比之下，齐、晋宰辅制度之宗法血缘色彩显然较楚令尹制为淡，秦宰辅制则基本上不具有这种色彩，而呈现了客卿制的特点。再者，上述三国也有封君制的存在，但此三国的封君多因事功、军功而被封，不像楚封君，基本上都出身于宗亲贵族，其中还有因卖色相或阿谀奉承而得封号者。

楚选拔令尹重王族血统，重宗亲旧贵的利益，有利也有弊。它的利，就是在宗法制尚比较盛行的时期，可以起到以宗法血缘纽带来加固政治统治的作用；它的弊，就是在血亲任官制被任贤制逐渐取代的战国时期，有碍于从更广阔的空间去挑选宰辅，不利于将更多人才网罗进楚国的宰辅队伍，从而给楚国的宰辅制度带来了保守落后的特点。与楚相比，华夏诸国，特别是秦国，则比较彻底地突破了任官以亲不以贤的牢笼，将捕捉宰辅的网络撒得更开，使不少才能远超楚贤者的人走上了宰辅的舞台。楚国在战国末期败亡，其宰辅之制的相对落后性，不能不说是重要原因之一。

二、楚令尹权力至大但始终需受王权的严密监督和制约

楚令尹所握有的至高权力，可分述为如下三个方面：

第一，令尹握有全楚最高的内政管理权。

在文献记载中，称某人将任令尹为“将知政”[③]，在任令尹为“持

① 见齐思和《战国宰相表》，载《中国史探研》，河北教育出版社2000年版，第190—313页。

② 见顾栋高《春秋大事表・晋中军表》。

③ 《左传・僖公二十七年》引叔向言：“子荡（薳罢）将知政矣。”

国政”“为政”[①]，前令尹让贤为“传政”[②]，这些表示权能职事的措辞，均突出一个“政”字，说明掌治内政大权，为令尹的根本要务。此最高内政管理权主要表现为：

提出并实施有关国家政治体制革新的重要方案。其中最具代表性的就是令尹彭仲爽提出并被文王采纳的“县申、息”的议案。变被灭的申、息二国为县，具有划时代的意义。县制的创立，是古代中国由宗法分封制过渡到以县制为基础的专制主义中央集权制的发端，楚国由此走上了推进县制、扬弃古老的分封制的道路。[③]一个强大的，以楚王为核心的君主集权政体的建立和巩固，为楚国成为春秋战国时期的强国奠定了基础。

令尹可提出并推行具有全局性的富国强兵方略，吴起变法就是突出之例证。针对当时“（楚国）大臣太重，封君太众”“上逼主而下虐民”的“贫国弱兵”的状况[④]，吴起经悼王批准，制定并颁行了一系列具体政策：“使封君之子孙三世而收其爵禄”[⑤]；“废公族疏远者”[⑥]；“令贵人往实广虚之地”[⑦]；“绝减百官之禄秩，损不急之枝官”[⑧]。收回封君、支脉较远的公族和其他一些贵族的特殊的经济权益以为国有，精兵简政以节约开支，这是为了“富国”。用上述办法获得的财政收入，被用来“抚养战斗之士”以“砥砺甲兵”[⑨]，目的在于“强兵”。吴起的这套“富国强兵”的方略的贯彻实施，使楚国在短短几年内就取得了“南平百越，北并陈、蔡，却三晋，西伐秦”[⑩]的可观战果，并使悼王成了当时天下的霸主。

---

① 《说苑·至公》载虞丘子对庄王云：“臣言孙叔敖果可使持国政。”《左传·襄公三十年》：“（鲁）穆叔问王子围之为政何如。”

② 《左传·僖公二十七年》载芳贾言：“子（指令尹子文）之传政于子玉……”

③ 笔者认为，楚县制初创于彭仲爽为令尹的文王时期，详参本书第八章第一节。

④⑤⑧ 《韩非子·和氏》。

⑥⑩ 《史记·孙子吴起列传》。

⑦ 《吕氏春秋·贵卒》。

⑨ 《淮南子·道应训》。

与上述两位令尹所提出并实施的带有全局性的战略方针不同，众多的令尹在内政方面还提出并推行了一些具体的治国方针，如令尹子木所推行的使外流人才重返楚国的政策[①]；令尹子重在全国所实施的“恤民”政策[②]；令尹孙叔敖所实施的发展水利事业政策和货币改革政策[③]；等等。

楚令尹的行政管理大权，还表现在荐选官吏、整饬吏治、统理司法刑狱、稳定社会治安，以及在特定时期参与谋立新君、稳定政治局势等方面，本书第五章第一节有具体的论证，可参阅。

第二，令尹握有全楚最高军权，主要表现在：

制定争霸、争强方略。

自春秋至战国，楚对外争霸、争强长达近五个世纪，而不同时期、不同特点的争斗方略的制定重任，主要落在令尹身上。如令尹子文就制定了与齐、宋争霸的方略。齐桓是入春秋后中原的首任霸主，齐国国力异常强盛。面对此种情况，令尹子文在较长时间内避开了与其正面交锋，量力而行，稳妥前进，不断借机攻打或灭除其与国，如“三伐郑”“灭弦围许”“伐黄灭黄”“败徐于娄林”等。即使在齐桓率八国联军攻楚的重大危急时刻，子文与成王亦稳住步脚，设计与齐签订了“召陵之盟”，使齐国不战而退，使楚得以保存实力，以图后利。经过长期的磨斗，齐终因国力不支、内斗不止而终结了霸权。在接踵而来的同宋争霸中，子文协助成王制定了利用矛盾、争取多数、孤立并打击宋襄的策略，先后通过“盟于齐”“盟鹿上”“盂之盟”，取得了主盟诸侯的地位，并通过与宋决战的“泓之战”，彻底击垮了宋襄，使楚取得了入春秋后继齐而霸有中原的佳绩。[④]其他为楚谋划争霸争强方略的令尹还有很多，如令尹孙叔敖、令尹子重、令尹昭阳等。本书在第五章第二节中

① 令尹子木接受蔡声子的进言，使逃晋的五举返回楚国，见《国语・楚语下》。

② 令尹子重在全国所实施的“恤民”政策，参《左传・成公二年》。

③ 参本书第八章第四节。

④ 参本书第八章第二节。

均有论述，可参阅。

督管各项战备工作。

一是督建军事城堡。令尹孙叔敖“城沂”，令尹王子围督使部下城犨、栎、郏，令尹子瑕城郏，等等，均是其例。[①]

二是辖制兵赋。“蒍掩为司马，子木使庀赋，数甲兵。……既成，以授子木，礼也”[②]，是为其例。

三是战前负责整训练兵。令尹战前“治兵”之事，史载甚多。如“子玉复治兵于蒍”；“楚子重伐吴，为简之师”；“子庚帅师治兵于汾”；孙叔敖“择楚国之令典”，在平日加紧对军队的训练；等等。[③]

上述而外，楚令尹所握最高军权，最主要表现为出战必任统兵主帅。

在楚国所开展的对外战争中，凡令尹出战，几乎必任统军主帅，且不管其将中军、将左军、将右军，或不具体将某军，情况都是如此。令尹将中军而为三军主帅，城濮之战中，“子玉以若敖之六卒将中军”而指挥全军乃是其例。令尹将左军而为三军统帅，见《左传·襄公十八年》。令尹将右军而为全军主帅，见《左传·襄公二十五年》。令尹出战，不具体将三军而为全军主帅，邲战中孙叔敖的角色即为明证，见《左传·宣公十二年》。令尹、司马同时在军，情况又是如何？这里且以春秋时期为例（因战国时资料比较零碎，暂不为计）加以说明。据笔者仔细统计，《左传》记二者同时出战者计十二次，其中，《传》文列出令尹、司马名序的有四次，令尹均列于司马之前，说明前者为主帅而后者为副。[④]这十二战中，唯有鄢陵之战，司马将中军为三军主帅，而令尹将左。这次司马子反军权的骤然提升，是因为他力主与晋军开战正投合了共王的心愿。但即便如此，他对令尹子重也不敢以领导者自居。临战时，“子重使太宰伯州犁侍于王后”，以备顾问。这说明子重在一定程度

① 顺参《左传》宣公十一年、襄公三十一年、昭公十九年传文。

② 《左传·襄公二十五年》。

③ 顺见《左传》僖公二十七年、襄公三年、襄公十八年、宣公十二年传文。

④ 参见本书第五章第二节。

上也在做着统摄作战全局的工作。战后子重追究失败责任，迫令子反自杀，子反对言："大夫（子重）命侧（子反字），侧敢不义？"遂伏剑而死。[①] 这清楚说明令尹、司马之间上下尊卑关系的恒定性，说明此战子反军权大于子重只是一种暂时现象，一次特例。

有一种观点认为，令尹是上卿的宰相，司马是最高军事首长。这种看法是完全错误的。[②]

《左传·襄公三十年》载："司马，令尹之偏。"杜《注》："偏，佐也。"十分清楚，司马仅处于辅佐地位，官低令尹一级。令尹职位比司马高，《传》载其事还有不少。如，令尹有权荐举司马以自代。子文以司马子玉作战有功而"使为令尹"，沈诸梁于白公之乱后"使宁（子国）为令尹"[③]，均是其例。再从《左传》所载二者出征次数来看，经笔者统计核实，春秋时期令尹参战计 50 次，司马仅 25 次，令尹出战次数恰好多于司马一倍。[④] 战国时期，司马出战次数虽渐多于令尹，但这并未改变令尹独掌最高军权的事实。如宣王时期的令尹昭奚恤，仍是"带甲百万"[⑤] 的楚军统帅。在战国时期山东诸国两次合纵抗秦的斗争中，合纵军的统帅均为楚之令尹。一次在公元前 318 年，合纵军的统帅是令尹昭阳；一次在公元前 241 年，合纵军的统帅是令尹春申君黄歇。总之，直到战国后期，楚官军政大权位于司马（柱国）之上的，仍然"唯令尹耳"[⑥]！

综上所述，令尹主宰军事是全面的，而不是片面的；是长期的，而非一时的。这种全面、长期宰制军事的状况，决定了令尹在全楚的最高

① 见《左传·成公十六年》。
② 参《白话战国策》下册第 861 页。
③ 顺见《左传》僖公二十三年、哀公十六年传文。
④ 参本书第五章第二节所列具体战例和详细统计数字。
⑤ 《楚策一·荆宣王问于群臣章》。
⑥ 《齐策二·昭阳为楚伐魏章》："（陈轸）问：'楚之法，覆军杀将，其官爵何也？'昭阳曰：'官为上柱国，爵为上执圭。'陈轸曰：'异贵于此者何也？'昭阳曰：'唯令尹耳。'"

军职地位，即使专职武事的司马亦不得不受其节制。

第三，主管外交事务。

在春秋战国复杂多变、纵横捭阖的国际关系中，需要根据形势的不断变化辨清敌友，联合一方或多方，以打击主要对手。其间，楚国的外交政策，择其大要，有亲秦、联齐、友越几项。决定这方面策略的，仍然是令尹。

亲秦。主要在春秋时期。庄王三年（前 611 年），“庸人帅群蛮以叛楚”，令尹子越（斗椒）执行庄王联秦、巴灭庸的外交策略，与子贝率军分两路突入庸境，“秦人、巴人从楚师”，“遂灭庸”。[①] 共王后期，“楚弱于晋”，为加强同晋争夺中原的军力，共王二十九年（前 562 年），“楚（令尹）子囊乞旅于秦”，秦派“右大夫詹帅师从楚子”，伐宋，争郑。[②] 公元前 523 年，楚平王娶秦女嬴氏为夫人，是夏，“令尹子瑕聘于秦，拜夫人也”[③]，意在通过这种婚姻礼节的往来，加强楚同秦的政治同盟关系。楚昭王十年（前 506 年），吴入郢即将亡楚，楚外交使者申包胥（一作“棼昌勃苏”）“哭秦廷”以求秦援，秦“乃遣车五百乘救楚击吴”[④]，对楚的败吴复国起了重要作用，春秋时期楚秦的同盟关系由此而臻于巩固。

联齐。成王中后期，齐桓霸业已尽，但齐之余威尚存。此时宋襄不自量力，欲取齐霸而代之。为攘除霸心不已的宋襄而左右中原局势，令尹子文协助成王精心谋划了“齐之盟”，参与此盟者有楚、齐、鲁、陈、蔡、郑六国。此盟打着为陈国所提出并为楚国所力推的“修桓公之好”（“召陵之盟”也可看作楚、齐两国“修好”之例）的旗号，虚以齐为盟主，起到了团结中原诸国以孤立宋的作用。楚借此奠定了败宋的基础。

城濮战后，晋、楚矛盾上升为列国间的主要矛盾。这期间晋霸中

① 详参《左传·文公十六年》。
② 详参《左传·襄公十一年》。
③ 《左传·昭公十九年》。
④ 《史记·伍子胥列传》。

原而伤害了大国齐的利益，致使两国爆发了大规模的鞌之战。楚瞅准时机，于共王二年（前589年），由令尹子重率军北上，发起了阳桥之役以援齐[①]，一时压住了晋的兵锋，将庄王时期楚国的霸业推向了高峰。

友越。春秋大国争霸之中后期，晋用叛楚降晋的巫臣之计，开始联吴以制楚，使楚处于北、东两面对敌的不利境遇。楚因吴、越世为仇敌，遂采取结越扰吴的方针，从而给吴国带来了“黄雀”之忧。平王十一年（前518年），“楚子为舟师以略吴疆”，越公子仓及寿梦“帅师从王”，给楚以有力支持。[②]昭王十年（前506年），吴伐楚入郢，越乃伐吴救楚。[③]公元前489年，昭王救陈，病死前线，令尹子西等决策，“逆越女之子章立之”[④]，是为楚惠王。子西置昭王诸子于不顾，专立越姬之子，明显是着眼于联越抗吴之大局。

楚在战国时期的外交政策，最主要者为结交山东诸国，合纵抗秦。此事前文已作交待，兹不赘述。

令尹的外交主管权，还表现在有权决定对外缔结重要盟约。

发生在春秋中期的“弭兵之盟”，前后有两次。公元前579年第一次“弭兵之盟”的主盟者，晋方为执政士燮，楚方即为令尹子重。[⑤]公元前549年第二次“弭兵之盟”的主盟者，晋方为执政赵武，楚方则为令尹子木。[⑥]通过两次“弭兵之盟”，可清楚看到楚令尹在外交方面的权力有多么巨大。

楚令尹主管外交，还可充当婚使、聘使、会使、吊使，职任不一而足。[⑦]

楚令尹始终把控军政外交的权柄而不放，已如上述。

---

① 详参《左传·成公二年》。
② 详参《左传·昭公二十四年》。
③ 详参《史记·吴太伯世家》。
④ 《左传·哀公六年》。
⑤ 第一次“弭兵之盟”，顺参《左传》成公十一年、成公十二年。
⑥ 详参《左传·襄公二十七年》。
⑦ 参阅本书第五章第三节。

诸夏宰辅的权力，则不如楚令尹权力如此之大，如此稳定，如此长久。

以下拟分三个阶段，来对楚令尹权力和诸夏宰辅权力的对应变化加以说明：

第一阶段：春秋前中期。这一阶段，诸夏各国的宰辅制度多为二头政治，即“二卿士”执政。《左传》亦称当时楚国的令尹、司马为“二卿士”[①]，这是与周制相比拟之称。在《左传》等书的记载中，周平王时“郑伯（庄公）为王左卿士”，虢公忌父为右卿士。周灵王时，王叔陈生与伯舆为二卿士。从顾栋高《春秋大事表》卷十二《春秋王迹拾遗表》所列资料来看，当时周王室所置“二卿士”还有很多。彼时受东周王室二头政治影响，除楚之外，还有宋的“右师”“左师”，郑的“当国”“当政”，齐的“左、右相”，它们虽无“二卿士”之名，实际上都是本国的“二卿士”。作为楚国“二卿士”的令尹、司马，同他国的“二卿士”相比，就其在本国百官中的地位排序而言，并无二致。但具体分析二者权力之轻重，却与他国有很大的不同。楚的“二卿士”，其权力的不平衡性、差异性很大，令尹全面掌握国家的军政外交大权，司马为“令尹之偏”，官低一级，只是令尹的副手，二者中令尹是唯一的宰辅。[②]周的“二卿士”却不是这样，左卿士对右卿士并非处于被领导地位。这从周平王不敢在“二卿士”之间拉开差距[③]，周灵王时二卿士“王叔陈生与伯舆争政”[④]，均可以看出。宋的“右师”“左师”，郑的“当国”“当政”，齐的“左、右相”，其权力的差距也不像楚的“二卿士”那么明显。楚之“二卿士”权力相差很大，说明了什么？说明令尹作为卿士之长，权力更加集中，其实权要大于周的右卿士和宋、郑、

---

① 《左传·襄公十六年》：“（白公）胜谓石乞曰：‘王与二卿士，皆五百人当之，则可以矣。’”杜《注》：“二卿士，子西，子期。”按：其时子西为令尹，子期为司马。

② 《战国策·齐策二》载陈轸对昭阳曰：“令尹贵矣，王非置两令尹也。”

③ 详参《左传·隐公三年》。

④ 见《左传·襄公十年》及杜《注》。

齐、秦等国的执政上卿。说明确一点，楚虽有“二卿士”之名，但当权执政者仅令尹一人，司马并不处“宰辅”地位。东周与他国的“二卿士”执政权力差异不大，且大权又被二人所分割，楚令尹的权力明显大于他国“二卿士”中首辅的权力。在单卿为宰辅的晋国，令尹与晋“中军”（又称“元帅”）之权力则基本相当。但军政大权在握的晋“元帅”，有时也指挥不了他的将领，如在邲之战时，就发生过“有帅（荀林父）而不从”，“师不用命”的情况。[①] 而在楚军中，则从未出现过司马不听令尹指挥的现象。

第二阶段：春秋后期至战国前期。这段时期，由于中原地区社会经济制度变革剧烈，上层建筑出现了“礼乐征伐自诸侯出”到“政逮于大夫”[②] 的过渡，诸夏一些国家的宰辅，如鲁之季氏，齐之田氏，晋六卿之当国者，其权力迅速猛增。他们可以仗恃实力，世袭卿相之位[③]；可以主盟诸侯，自行决定签约内容[④]；可以夺公邑，分公室，损国肥私[⑤]；甚至可以专擅废立，逐君、杀君[⑥]。这时的他们，名为宰辅而实为君王，权力虽大于楚之令尹，但已不是法理上的宰辅了，已不适合用宰辅的名义来和楚令尹比权力的高下了。

第三阶段：战国中后期。鉴于以往大夫专权夺政的历史教训，这些已相继夺权为国君的原宰辅重臣，都不再走分封制的老路了，对其属下改行官僚薪俸制，特别是普遍实行了以将、相分职为特点的专制主义中

① 参《左传·宣公十二年》。

② 《论语·季氏》载孔子语。

③ 如鲁之季氏，齐之田氏。

④ 如公元前546年晋、楚第二次宋之盟时，晋执政赵孟可以自行决定签约内容，楚令尹子木则需向康王作出请示（“子木使驲谒诸王”）。参《左传·襄公二十七年》。

⑤ 《左传·襄公二十九年》“（鲁）季武子取卞”，以及《左传·昭公二十八年》“魏献子为政，分祁氏之田以为七县，分羊舌氏之田以为三县”，即夺公邑、弱公室之例；鲁三家先后“三分公室”和“四分公室”，更是尽人皆知之事。

⑥ 如《左传·昭公三十二年》所载“季氏出其君”，使昭公客死于乾侯，以及《左传·哀公十四年》所载“田常杀齐简公”等，皆是其例。

央集权制。史载可见的相、将分职的组合之例有：燕国的剧辛和乐毅；秦国的范雎和白起；齐国的邹忌和田忌；魏国的惠施和庞涓；赵国的蔺相如和廉颇；等等。《赵策二·苏秦从燕之赵章》引苏秦言："令天下之将相，相会于洹水之上，通质刑白马以盟之。"这里的"天下"，所指主要为除楚之外的山东诸国。这说明至战国中后期，华夏各国相继实行了君主专制集权的政治制度。昔日军政统理的宰辅，一变而为只管政事、不理军务的"相"或"相国"，军权由名为"将军"或"上将军"的专职武官所分领。这样，"相"或"相国"作为宰辅之官，其权力就大为减弱了。

诸夏宰辅的权力，从春秋到战国，经历了一个由军政统理到名为宰辅实为国君，再到将、相分职后大为削弱的变化，反差巨大，而楚令尹军、政、外交三权在握的地位却几无动摇。楚宰辅大权的相对稳定性，对保持楚王的权力稳定，稳固楚国的政局，不无作用。但这种宰辅权力的相对凝固性，却使令尹制变得迟滞、落后和保守了。他国宰辅将、相分职，原有宰辅的大权被一分为二，这有利于国君实现分而治之。而令尹制始终未能把军权从其身上剥离出去，至使楚国的君主集权制始终未能前进至君主独裁专权的地步。

以下我们再来谈谈楚令尹权力至大，且长期处于稳定状态而极少发生变化的原因，这就是由于令尹的权力受到了王权的全面监督和制约。这些制约的措施主要有：

掌握任免之权。

楚国已知的49位令尹，除极少数为他人荐举而由楚王认可外，其余全由楚王自定。对在任令尹，楚王也并非官其终身，而是根据其表现决定其去留。[①] 这种任免制度，对保障王命的贯彻执行，实现集权政治，显然起着重要作用。

在可能导致令尹渎职枉法的各个关节，紧把权力不放。

① 详参本书第五章第五节。

内政方面，令尹制定大政方针，选任高官要员，以及处理重大司法案件，都不得超越楚王而独自行事。军事方面，兵调之权、命将之权，亦均操于王手，令尹一般不得干预。外交方面，出聘官员之选派，在王而不在令尹。令尹制定对外方略，释放拘楚之他国使臣，须经楚王批准。对令尹的对外缔约结盟权，楚王也掌握着最后拍板定案的制约力。①

可对令尹杀戮灭族。

其原则是：丧师辱国者杀，贪财无厌者杀，私人势力过大者杀，叛乱篡权者灭族。② 在楚王制约令尹的各种措施中，这种措施算是最严厉的了。

可对令尹赏劳劝功。

这是从积极方面进行的制约措施。令尹凡立有政功、军功、事功、恩功及德操功，楚王均予以奖励。奖励的对象为令尹本人或其后代。对令尹本人，因已无官可加，一般为赐以食田或封邑；对令尹后裔，既可封以官爵，亦可赏以土地。③

由于以上种种制约措施的推行，楚王能在相当程度上左右令尹的意志和行动，克服令尹权对王权的离心力，使令尹权成为王之股肱。正是从这个意义上，笔者才得出结论：令尹制是一种深深受制于王权的宰辅制度。诸夏一些国家，由于较长时间未能确立起一套比较完整的制约其宰辅权力的制度，宰辅之权时或大于君权（详上），所以这些国家社会的发展在一定时期就不如君权独盛的楚国那么稳定。

三、战国中后期令尹制开始出现诸夏“相制”的某些初步特征

楚令尹制的特点之三，是战国中后期令尹制虽未发生质变，但已出现诸夏“相制”的某些初步特征。

“相制”是战国中后期，诸夏一些国家为加强君主专制集权，改

①②③ 详参本书第五章第五节。

革旧的宰辅制度，实行军、政分职的产物。因此，它的首要特征就是“相”（丞相、相邦、相国、宰相）只理政，不统军，失却了昔日宰辅所握有的军权，军权被分到了名为“将”或“上将”者身上。这种将原宰辅大权一分为二的做法，有利于国君实行分而治之的专制独裁，再加上有些国君实行了“虎符”兵调制和传递公文的“玺封”之制，国君的专制统治就更为强化了。另外，“相制”下的任免制，已比较彻底地打破了宗法血缘及阶级界限，扩大了任贤的范围，以利于真正有治国之才的人走上执政舞台。第三是“相”及百官均实行官僚薪俸制，以谷禄多少来分辨百官职位之高低。①

历史进入战国中后期，楚令尹制所固有的浓重的军事色彩，已出现一些变化。这首先表现为令尹参与军事征战的次数由春秋时期比司马为多，变为较司马为少。以下且以实例加以论证。如宣王时（前 369 至前 340 年），大司马景舍（子发）参加过御齐之战②、攻秦之战③，救赵伐魏之战④及灭蔡之战⑤；而令尹昭奚恤作为“带甲百万”的最高军事长官，其出战实例却不见于史载。怀王当政约三十年（前 328 至前 299 年），令尹出战仅见两例，一为怀王十一年（前 318 年）令尹昭阳以联军统帅身份，参与了当年山东诸国第一次攻秦之战，二是怀王二十八年（前 301 年）“楚相唐昧”率军与齐、魏、韩联军战于重丘，兵败身死；而这一时期司马或柱国征战沙场之事却不绝于书。如怀王六年（前 323

① 这段文字是专门给“相制”（或曰“丞相制”“宰相制”）这一宰辅制度下定义的。只有具备了文中所述的三大基本特征的宰辅制度，才可称为“相制”。春秋战国约五个世纪，各国的宰辅之制大致可分为两种类型。一种是适应于君主集权制的军政兼职的宰辅制度。另一种是以将、相分职为主要特征的宰辅制度，学界一般称之为“相制”。这种被称为“相制”的宰辅之制，由于实行了将、相分职的安排，有利于国君分而治之，再加上不少国家又采用了“符玺”（即“兵符”和“玺封”）之制，把军、政、财权全部集中到国君之手，这样国君就实现了以郡县制为基础的专制主义中央集权的独裁统治。

②⑤ 见《淮南子·道应训》。

③ 见《列女传·母仪》。

④ 见《楚策一·邯郸之难章》。

年）柱国（相当于大司马）昭阳曾“败魏于襄陵”[①]；怀王十三年（前316年）大司马悼滑“将楚邦之师徒以救郙”[②]；怀王十七年（前312年）“大将军”（相当于上柱国）屈匄率军攻秦，败北于丹阳[③]；同年，柱国景翠率军对韩、秦作战，“围雍氏”[④]；怀王二十二年（前307年）“秦拔宜阳”时，柱国景翠率军往救[⑤]。顷襄王和考烈王时期，司马（柱国）参与对外战争的事例亦不为少。例如，顷襄王十五年（前284年），职比柱国的悼齿联燕攻打齐国[⑥]；顷襄王二十六年（前272年）司马景阳率师攻魏救燕[⑦]；考烈王六年（前257年）景阳又率师击秦救赵[⑧]；战国末期，楚将（相当于大司马）项燕于负刍三年（前225年）指挥楚军“大破李信军……杀七都尉，秦军走”[⑨]；次年，项燕“立昌平君为荆王，反秦于淮南”[⑩]；公元前223年，“（王翦）破荆军，昌平君死，项燕遂自杀”[⑪]。司马（柱国）如此频繁地参与征战，说明了什么？说明司马（柱国）军事职掌的加重和令尹军事权能的相对减弱。但彼时令尹仍兼掌军政大权的情况无变。《战国策·齐策二》所记楚官军政大权高于上柱国者“唯令尹耳”，即为最清晰的说明。

其次，令尹制下的任免制，虽然也实行选优汰劣原则，但它把任免的范围主要局限在王族血统内，过于强调宗亲血缘关系，这就使它具有了鲜明的旧贵族政治色彩。但需要提及的是，令尹的选优原则，也确实招徕了王族内部的一些贤能之才，如刻苦贫身、“毁家纾难”的令尹子文，原为“处士”而治国有方的孙叔敖等。此外，起用外邦异姓而有特

① 《史记·楚世家》。
② 《包山楚简·遣策》。
③⑧ 《史记·楚世家》。
④ 《史记·六国年表》,《战国纵横家书》第二十二章。
⑤ 《东周策·秦攻宜阳章》。
⑥ 《战国策·齐策六》。
⑦ 《战国策·燕策二》。
⑨ 《史记·白起王翦列传》。
⑩⑪ 《史记·秦始皇本纪》。

殊才能的彭仲爽和吴起，说明令尹制的选贤已开始突破宗亲与国别的藩篱，具有了“相制”选贤不以门第和国别为重的初步特征。

第三，战国中后期，华夏各国均实行了君主专制集权政体下的官僚薪俸制，即谷禄制。其计量单位各国有所不同。卫国用“盆”，燕、秦用“石”，齐、魏用“钟”。关于各国宰辅的年俸，仅有魏相魏成子“食禄千钟”（《史记·魏世家》）一条记载。秦官年俸最高的为“六百石”（《韩非子·定法》），其宰辅的年俸应在此上下。楚官薪俸，有为“禄田”的，如《韩非子·喻老》载：“楚邦之法，禄臣再世而收地。”“禄臣”，即获取俸禄的在职之臣。其薪资为“禄田”上的租税。（“禄田”属“王田”，所有权在王而不在王臣）。包山楚简也有关于“禄田”即“食田”的记载：“左驭番戌食田于邳彧（国）歡（篮）邑。”[①]《礼记·坊记》：“君子与其使食浮于人也，宁使人浮于食。”郑玄注：“食，谓禄也。”左驭，即为王驾车而坐于左侧之驭者，为楚官之一，其“食田”即所获俸禄。另外，楚官俸禄也行“谷禄制”，《吕氏春秋·异宝》篇载：“荆国之法，得五员（伍子胥）者，爵执珪，禄万担，金千镒。”“爵禄制”春秋时并不存在于楚国，这里显然是以战国时情况讲春秋时事。但它透露了一则重要信息：楚在战国时其官员也实行过“谷禄制”。这在考古资料中也得到了印证：常德夕阳坡楚简记楚王赐臣下之物即为“岁谷”[②]。《异宝》篇所记“爵执珪”“禄万担”，意在标明这次捉拿伍员的奖赏在楚国已达最高级别。因为“执珪”是只有令尹及司马才能专用的爵称，而爵称又是和俸禄相匹配而存在的，所以立功者所可能获赏的“万担”之禄，大致已相当于令尹或司马的年俸了。至于令尹或司马的年俸是否已确为“万担”，目前尚缺乏更多的史料以为佐证。

① 《包山楚简》第151号。

② 见刘彬徽《常德夕阳坡楚简考释》，载《早期文明与楚文化研究》，岳麓书社2001年版，第217页。

结语

至此，似可以对楚令尹制的特点作一概略表述了。

令尹是楚国继承商、周尹官之制所独创之官，是楚国宰辅的专有称号。令尹制从它诞生之日起，就已经脱却了宗法分封制下世卿世禄的窠臼，成为一种与楚国君主集权制相适应的宰辅制度。概括来说，它的基本特征可细分为四：其一是令尹选录特重王族血统，又通过践行“告庙礼”以增强令尹的宗法血亲意识，以及将封君制揉进令尹制等措施，进一步增强了令尹制所固有的旧贵族政治的本色。其二是令尹被楚王赋予了全楚最高的军政外交大权，此亦为当时各国宰辅所仅见。这种军政合体的职能，给令尹制涂上了一层浓厚的军事色彩，使令尹所握取的巨大军权始终未能从令尹的职权中被剥离出去，而这正是阻碍令尹制向“相”制过渡的原因所在。其三是令尹虽权重势大，但楚王却制定出了种种制约其权属的措施，而将其控驭在手，使其变为加强君主集权的工具。令尹权与王权的合而为一，乃是令尹制长期稳固难变的根由所在。其四是随着社会政治经济制度的变化，随着时间的日迁月演，几乎已固化了的令尹制度，也慢慢出现了“相制”这一宰辅制度的若干因子，如令尹军事权能的渐次弱化，使令尹制初现将相分职的苗头；令尹任免制中出现了具有“相制”特征的萌芽（优录且开始引进异邦人）；以及体现官僚薪俸制要义的“食田制”“谷禄制”出现等，这些都表明令尹制也开始向君主专制政体下的宰辅制度——“相制”过渡了，尽管这种过渡尚远未达到质变的程度，尽管这些“相制”的因子还未从令尹制母胎中破壳而出。总之，相对“相制”而言，令尹制所显露出的守旧性和发展的迟滞性，实是造成楚为秦所灭的制度性原因之一。

附　　录

一、春秋战国时期楚令尹所属主要职官表

（一）春秋时期

1. 司马表

（全楚最高专职武官）

姓名	任职时间	根据
斗子良	子文任令尹（前 664 至前 637 年）之中期，亦当成王在位（前 671 至前 626 年）之中期	参本书第三章第一节
成得臣（子玉）	其任司马，上接斗子良，下限为成王三十五年（前 637 年），时处成王中期偏后	同上
斗宜申（子西）	成王三十五至四十年（前 637 至前 632 年），城濮败后	同上
斗克（子仪、子仪父）	成王四十五年至穆王十二年（前 627 至前 614 年）	同上
斗椒（子越）	庄王一至三年（前 613 至前 611 年）	同上
芀贾（伯嬴）	庄王三至九年（前 611 至前 605 年）	同上
公子侧（子反）	庄王十七年（前 597 年）前至共王十六年（前 575 年）	同上

续表

姓名	任职时间	根据
公子何忌	其任司马之上限当为共王十六年（前575年），下限与子庚相衔，最迟不超过鲁襄十二年，即共王三十年（前561年）	同上
公子午（子庚）	其任司马当上接公子何忌，最迟不晚于鲁襄十二年，即共王三十年(前561年)，下限为康王二年(前558年)	同上
薳子冯（薳子）	康王二至九年（前558至前551年）	同上
公子䵍	康王九至十二年（前551至前548年）	同上
蒍掩	康王十二年至郏敖二年（前548至前543年）	同上
公子弃疾(陈弃疾、蔡公、陈蔡公)	灵王十二年（前529年）夏，公子比为楚王之时，仅十余日	同上
公子鲂（子鱼）	平王元年至四年（前528至前525年）	同上
薳越	平王四至十年（前525至前519年）	同上
公子结（子期）	昭王十一年至惠王十年（前505至前479年）	同上
沈诸梁（叶公子高）	惠王十年秋至十一年秋（前479至前478年）	同上
公孙宽（鲁阳文子、鲁阳文君）	其任司马始于惠王十一年（前478年）秋，下限已入战国	同上

2. 左、右尹表

（令尹的助手，掌军事，可兼领他职）

官名	姓名	任职时间	史料依据	备注
左尹	子重（公子婴齐）	庄王十六年（前598年）前至庄王二十三年（前591年）	《左传·宣公十一年》："楚左尹子重侵宋。"	其任左尹之上限当早于庄王十六年，确年不祥。下限当为庄王二十三年，因次年即共王元年，他已任令尹。
	王子胜	平王五年（前524年）	《左传·昭公十八年》："楚左尹王子胜言于楚子曰……冬，楚子使王子胜迁许于析，实白羽。"	其任左尹之上限不详，下限当与郤宛相衔，最迟不晚于昭王元年（前515年）。
	郤宛（子恶）	昭王元年（前515年）	据《左传·昭公二十七年》，郤宛与阳令终是年夏为令尹子常所杀，而沈尹戌则称二人为"左尹与中厩尹"。杜预对此注曰："左尹，郤宛也。中厩尹，阳令终。"	郤宛以左尹死于昭王元年，其任此职的上限当与王子胜相接，确年不详。
右尹	子辛（公子壬夫）	共王十年前至二十一年（前581年前至前570年）	《左传·成公十六年》："楚子救郑，司马将中军，令尹将左，右尹子辛将右。"《左传·襄公三年》："子重病之，遂遇心疾而卒。……楚子辛为令尹。"	其任右尹之始年不详。
	公子罢戎	康王二年至康王六年（前558年至前554年）	《左传·襄公十五年》："公子罢戎为右尹。"	康王二年其始任右尹，康王五年（前555年）楚师伐郑，他又以右尹将右师，但这还不是他任右尹之终年，其任此职，当终于康王六年（前554年）郑然丹来奔前。

续表

官名	姓名	任职时间	史料依据	备注
右尹	子革（然丹、郑丹）	康王六至十四年（前554至前546年）	《左传·襄公十九年》："子革、子良出奔楚。子革为右尹。"《左传·襄公二十七年》："崔氏之乱，申鲜虞来奔（鲁），仆赁于野，以丧庄公（按：时在鲁襄二十五年）。冬（按：指鲁襄二十七年冬），楚人召之，遂如楚，为右尹。"	子革在楚曾先后两次出任右尹，这是第一次。
	申鲜虞	康王十四年（前546至前544年）	见上引襄二十七年《传》文。	郏敖元年（前544年），其职为子干所代，理由详下。可见其任右尹前后仅只两年。
	子干（王子比、公子比）	郏敖元年至四年（前544至前541年）	《左传·昭公元年》："冬，……公子围至，入问王疾，缢而弑之。……右尹子干出奔晋。"	郏敖以幼年即位，朝中重要官职多由其叔父决定，子干任右尹虽见记于鲁昭元年（郏敖四年）之《传》，但其始任是职，必同公子围任令尹一样，而在郏敖元年。
	子革（然丹、郑丹）	郏敖四年至灵王十二年（前541至前529年）	《左传·昭公十二年》："右尹子革夕，见之。"据《左传·昭公十三年》，公子弃疾政变成功后，"右尹子革"曾为外出征战的灵王谋划三条应变措施，因灵王拒听，"丹乃归于楚"。	灵王十二年子革弃灵王而归郢都，此其为右尹之终。其此次任右尹之上限，当在灵王弑立之年，即郏敖四年冬。

3. 左、右司马表

（司马的助手，掌军事，可兼领他职）

官名	姓名	任职时间	史料依据	备注
左司马	子朱（公子朱）	穆王九年（前617年）	据《左传·文公十年》，是冬，楚穆王“田孟诸”，“期思公复遂为右司马，子朱及文之无畏为左司马。”	子朱与文之无畏时为息县和申县县公。以二人同为左司马，此穆王田猎时所行之特例，非常制。
	文之无畏（文无畏、子舟）	穆王九年（前617年）	同上。	同上。
	公子成	康王二年（前558年）	《左传·襄公十五年》：“公子成为左司马。”	其任左司马之下限不详。
	沈尹戌	昭王元年至十年（前515至前506年）	《左传·昭公二十七年》：“吴子欲因楚丧而伐之，使公子掩馀、公子烛庸帅师围潜，……左司马沈尹戌帅都君子与王马之属以济师。”《左传·定公四年》：“左司马戌及息而还，败吴师于雍澨，伤。……句卑布裳，刭而裹之，藏其身，而以其首免。”	此为沈尹戌任左司马之上、下限。有人以戌在昭王十年吴入郢之战时官司马，误！考见本书第三章第一节。
	眅	昭王二十五年（前491年）	《左传·哀公四年》：“夏，楚人既克夷虎，乃谋北方。左司马眅、申公寿馀、叶公诸梁致蔡于负函，致方城外于缯关。”	眅之姓阙佚。其任左司马之上、下限不详。

续表

官名	姓名	任职时间	史料依据	备注
左司马	申鸣	惠王十年（前479年）	《韩诗外传》卷十："楚有士曰申鸣……楚（惠）王以为左司马。其年遇白公之乱……（申鸣）援桴鼓之，遂杀白公。……王归，赏之。申鸣曰……遂自刎而死。"	申鸣任左司马之始年不详。
右司马	复遂	穆王九年（前617年）	见本表左司马子朱栏所引文十年《传》文。	参本表左司马子朱栏"备注"。
	？	庄王三年（前611年）	《韩非子·喻老》："楚庄王莅政三年，无令发，无政为也。右司马御座而与王隐曰……"	此御座之"右司马"姓名阙佚。其任右司马之上、下限不详。
	公子申	共王二十年（前571年）	《左传·襄公二年》："楚公子申为右司马，多受小国之赂，以偪子重、子辛，楚人杀之。"	其任右司马之上限不详。
	公子橐师	康王二年（前558年至前？年）	《左传·襄公十五年》："公子橐师为右司马。"	其任右司马之下限不详。
	稽	昭王五年（前511年）	《左传·昭公三十一年》："吴师围弦，左司为戌、右司马稽帅师救弦，及豫章，吴师还。"	姓阙佚。其任右司马之上、下限不详。

续表

官名	姓名	任职时间	史料依据	备注
右司马	子国（公孙宁）	？至惠王十一年（？至前478年）	《左传·哀公十八年》："初，右司马子国之卜也，观瞻曰……"	《会笺》："卜指去年（按：哀公十七年）改卜子国而使为令尹。子国本为右司马，卜以为令尹。"由此知子国任右司马下限在惠王十一年，上限确年不详。

4. 莫敖表

（掌军事、外交）

莫敖	任职时间	史料依据	备注
屈瑕	武王四十至四十二年（前701至前699年）	《左传·桓公十一年》："楚屈瑕将盟贰、轸。郧人军于蒲骚，将与随、绞、州、蓼伐楚师。莫敖患之。"杜《注》："莫敖，楚官名也，即屈瑕也。"《左传·桓公十一年》："楚屈瑕伐罗，……大败之，莫敖缢于荒谷。"	其任莫敖之上限不详。王逸《离骚》注："（楚武王）生子瑕，受屈为卿，因以为氏。"其任莫敖之始，当早于武王四十年。
屈重	武王五十一年(前690年)	《左传·庄公四年》："楚武王荆尸……以伐随。……卒于樠木之下。令尹斗祁、莫敖屈重除道梁溠，营军临随，随人惧，行成。"	据《春秋世族谱》，重为瑕子。其任莫敖，乃接替父职，故任职之上限当为武王四十二年(前699年)，下限可能已入文王时期。

续表

莫敖	任职时间	史料依据	备注
屈完	成王十六年（前656年）	《春秋·僖公四年》："楚屈完来盟于师，盟于召陵"。	僖四年《经》《传》未载完之官称，但经分析考证，可断其为莫敖，详参本书第三章第一节"斗子良"条。据《春秋世族谱》，完为重子，故其任莫敖当上接其父，确年不详。下限亦无从考知。
屈到（子夕）	康王二至九年（前558至前551年）	《左传·襄公十五年》："屈到为莫敖。"《左传·襄公二十二年》："屈建为莫敖。"	《春秋分记·世谱七》："到生建。"建为莫敖，当是父死而子继。
屈建（子木）	康王九至十二年（前551至前548年）	参上引襄二十二年《传》文。又《左传·襄公二十五年》："楚薳子冯卒，屈建为令尹，屈荡为莫敖。"	康王十二年，屈建由莫敖迁升宰辅，其原职由屈荡接任。
屈荡	康王十二年（前548年）	见上引襄二十五年《传》文。	此屈荡即襄十五年（前558年）为连尹者，与宣十二年（前597年）之屈荡相距几十年，非一人。其任莫敖之终年不详。
屈申	灵王三至四年（前538至前537年）	《左传·昭公四年》："使屈申围朱方，……克之。"《左传·昭公五年》："楚子以屈申为贰于吴，乃杀之，以屈生为莫敖。"	左引《传》文虽未明载屈申的官称，但以其为克朱方之帅，可见其官职不低。特别是《传》载楚子杀屈申下，紧连"以屈生为莫敖"之语，说明屈申生前即任是职，清人张澍也持同样观点，他在《世本·楚谱》"按"中指出："荡生申，申亦为莫敖，事灵王。"申任此职之上限不详。
屈生	灵王四年（前537年）	见上引昭五年《传》文。	其任莫敖之终年不详。

续表

莫敖	任职时间	史料依据	备注
大心	昭王十年（前506年）	《楚策一·威王问于莫敖子华章》："昔者吴与楚战于柏举……莫敖大心抚其御之手，顾而大息曰：'……吾将深入吴军，若扑一人，若捽一人，以与大心者也，社稷其为庶几乎？'故断脰决腹……以忧社稷者，莫敖大心是也。"	其任莫敖之始年不详。莫敖为屈氏世官，故大心必为屈氏。有人以大心即沈尹戌，误！考见本书第二章第一节"薳越"条下对薳越死后楚司马任职情况的考证。

5．师（太师）、保（太保）表

（太子、楚王的老师、顾问，可掌军政）

官名	姓名	任职时间	史料依据	备注
师	潘崇	成王四十六年（前626年）前，穆王为太子时	《左传·文公元年》："（成王）黜太子商臣。商臣闻之而未察，告其师潘崇……"	此年太子商臣弑立为穆王，以潘崇为太师。是知此年为崇任太子师之终年。其任职之上限不详。穆王时期崇任太师，亦为王之近官。
	斗克（子仪、子仪父）	庄王元年（前613年）	《国语·楚语上》："昔庄王方弱，申公子仪父为师。"《左传·文公十四年》："楚庄王立，子孔，潘崇将袭群舒，使公子燮与子仪守，……二子作乱，……庐戢梨及叔麇诱之，遂杀斗克及公子燮。"	斗克在穆王时任大司马，见本书第三章第一节。

续表

官名	姓名	任职时间	史料依据	备注
师	潘尪（师叔）	庄王？年	《左传·文公十六年》："师叔曰：'……先君蚡冒所以服陉隰也。'"《左传·宣公十二年》："潘尪入盟，子良出质"，"师叔入盟，子良在楚"。是潘尪即师叔。	《左传·宣公十二年》："师叔，楚之崇也。"杜《注》："师叔潘尪，为楚人所崇贵。"章太炎《春秋左传读》卷六："万氏《氏族略》疑尪即潘崇之子，其说近是。窃谓潘崇尝为商臣师，或尪亦袭其职，故称曰师叔。"庄王即位时未成年，元年师斗克死，尪或继为其师，又，太子审（共王）生于庄王十三年（前601年），疑审生前，庄王曾立有太子，此太子或死或废，尪或为其师。
	伍奢	平王元年至七年（前528至前522年）	《左传·昭公十九年》："楚子之在蔡，郹阳封人之女奔之，生太子建。及即位，使伍奢为之师。"又据昭十九年及二十年《传》，平王六年，"太子建居于城父"，平王七年，太子建出奔，伍奢受谗被杀。	楚平王即位之年，伍奢即为太子建之师，至平王七年。
师	子谷	？	《左传·哀公十七年》："楚子（惠王）问帅于太师子谷与叶公诸梁。"	子谷于惠王成年时任太师，其任"师"必在惠王为太子时（亦即昭王后期）及惠王初即位未成年之时。

续表

官名	姓名	任职时间	史料依据	备注
少师	庆	庄王时期	《说苑·至公》："楚庄王之时，太子车立于茅门之外，少师庆逐之。"	庄王前后似曾立过两个太子。庆究为前太子之少师，或后太子(共王)之少师？不详。
	费无极	平王元年至七年（前528至前522年）	据《左传·昭公十九年》，平王即位之年，伍奢为太子建师，"费无极为少师"。《左传·昭公二十年》："三月，太子建奔宋。"据《左传·昭公二十七年》，在左司马沈尹戌的谏言下，"子常杀费无极，……尽灭其族。"	太子建出奔，则无极少师之职不复存在。其死，则在楚昭王元年（前515年）。
太师	潘崇	穆王弑立之年，即成王四十六年（前626年），终职于穆王十二年（前614年）	《左传·文公元年》："商臣闻之而未察，告其师潘崇。"又："穆王立，以其为太子之室与潘崇，使为太师，且掌环列之尹。"《史记·楚世家》："穆王立……使为太师，掌国事。"	太子及幼主之"师"，在太子成年立为国君及幼主成年当国后被尊为"太师"。太师权位极重，如潘崇为太师"掌国政"，在穆王时期地位仅低于令尹，参文十一年《传》。在哀十七年《传》中，太师子谷之名则列于令尹沈诸梁之上。这些均可说明楚太师爵为卿级。潘崇于文公十四年"袭群舒"后不见于《传》，其任太师当与穆王相始终。 庄王元年（前613年）仍任副帅，同令尹子孔率师"袭群舒"，见文公十四年《传》。

续表

官名	姓名	任职时间	史料依据	备注
太师	子谷	惠王十一年（前478年）	《左传·哀公十七年》："楚子问帅于太师子谷与叶公诸梁。"	其任太师之上、下限不详。
太保	鲍申（保申、葆申）	文王初立至被谏笞期间，约为文王前中期	《吕氏春秋·直谏》："荆文王……期年不听朝。葆申曰：'先王卜以臣为保，吉……'"高《注》："葆，太葆，官也。申，名也。"陈奇猷《吕氏春秋校释》引毕元曰："《说苑》'葆俱作保'。《淮南·说山训》作'鲍申'，非。"	太子之"保"，在太子成年立为国君后被尊为"太保"。鲍申之为"太保"，当在文王初立至被谏笞期间。其谏笞文王后，擢升令尹，考见本书第二章第一节。太保可谏笞文王，可见其权位之重。

6. 其他中央级职官表

官名	姓名	任职时间	史料依据	备注
环列之尹	潘崇	成王十六年（前626年）冬十月，穆王弑立后	《左传·文公元年》："穆王立，以其为太子之室与潘崇，使为太师，且掌环列之尹。"	杜《注》："环列之尹，宫卫之官，列兵而环王宫。"《春秋左传补注》卷四："环列之尹若汉之卫尉矣。《唐六典》，十二尉大将军掌统领宫庭警卫之法令，后人谓之环卫官。"崇兼环列之尹终于何年，不详。

续表

官名	姓名	任职时间	史料依据	备注
宫厩尹（中厩尹）	养由基	康王二年（前558年）	《左传·襄公十五年》："养由基为宫厩尹。"	《春秋分记·职官书四》："宫厩尹，亦曰中厩尹，掌宫闱之禁。"康王二年为养由基任宫厩尹之上限，其任职下限不详。
	子晰（公子黑肱）	郏敖四年（前541年）	《左传·昭公元年》："宫厩尹子晰出奔郑。"	子晰自此在外流亡十二年，灵王末年回国参加由公子弃疾所发动的政变，任令尹仅十余日，见《左传·昭公十三年》。
	斗弃疾（蔓弃疾）	灵王五年（前536年）	《左传·昭公六年》："令尹子荡帅师伐吴……，吴人败其师于房钟，获宫厩尹弃疾"。杜《注》："（弃疾）斗韦龟之父。"	此为弃疾任宫厩尹之下限，上限或为灵王元年（前540年），上接子晰。
	阳令终	昭王元年（前515年）	《左传·昭公二十七年》："（子常命鄢将师）尽灭郤氏之族党，杀阳令终……"本年《传》又载："沈尹戌言于子常曰：'夫左尹与中厩尹莫知其罪，而子杀之……'"杜《注》："左尹，郤宛也。中厩尹，阳令终。"	此为阳令终任中厩尹之下限，上限不详。

续表

官名	姓名	任职时间	史料依据	备注
王尹	麇	昭王元年（前515年）	《左传·昭公二十七年》："王尹麇帅师救潜。"	孔《疏》引服虔语："王尹，主宫内之政。"麇任王尹之上、下限不详。
寝尹	王孙由于（吴由于）	昭王十年至惠王十二年（前506至前477年）	《左传·定公四年》："王寝，盗攻之，以戈击王，王孙由于以背受之。"《左传·哀公十八年》："巴人伐楚，围鄾……使（公孙宁）帅师而行。请承，王曰：'寝尹、工尹，勤先君者也。'三月，楚公孙宁、吴由于、薳固败巴师于鄾。"	《春秋分记·职官书四》："寝尹，盖司王之寝处。"王孙由于，即楚器王子吴鼎铭文之"王子吴"（参见李瑾、徐俊《论先秦楚国职官名称及其有关问题》，载《华中师院学报》1982年第6期）。"吴"是名，"由于"是字。所谓"王寝，盗攻之，王孙由于以背受之"，证明由于在吴入郢之战时已任寝尹。其任此职甚久，确切上、下限不详。
郎尹	？	惠王？年	《淮南子·人间训》："太宰子朱侍饭于令尹子国，令尹子国啜羹而热，投卮浆而沃之。……明年，伏郎尹而笞之三百。"	高《注》："主郎官之尹也。"沈钦韩《春秋左传补注》："内官若中射、郎尹之属……"是郎尹为宫内主郎官之尹，哀公十七年《传》有"沈尹朱"。梁履绳《左通补释》引汪绳祖语："此沈尹朱即子朱，后复为太宰之官。"子朱任太宰既可能在春秋之尾，亦可能在战国之初。故此姓名阙佚之"郎尹"，也有任官于春秋之尾的可能。

续表

官名	姓名	任职时间	史料依据	备注
工尹（工正）	斗宜申（子西）	穆王九年（前617年）	《左传·文公十年：“（城濮战后）王（成王）……使为商公。沿汉泝江，将入郢。王在渚宫下，见之。惧而辞曰，……王使为工尹，又与子家谋弑穆王。穆王闻之，五月，杀斗宜申及仲归（子家）。”	掌百工。穆王九年为其任工尹之终年。其任此职之始年，当在成王四十年（前632年）城濮败后数月，即在其被贬为商公后不久。
	蒍贾（伯嬴）	?	《左传·宣公四年》：“及令尹子文卒，斗般为令尹，子越为司马，蒍贾为工正。谮子扬（斗般）而杀之，子越为令尹，己为司马。子越又恶之，乃以若敖氏之族圄伯嬴于轑阳而杀之。”	“尹”“正”义同音近，故“工正”当为“工尹”之异称。结合左引《传》文，笔者考证蒍贾任工正在庄王二至三年（前612至前611年），参本书第二章第一节。
	工尹齐	庄王十七年（前597年）	《左传·宣公十二年》：“工尹齐将右拒卒以逐（晋）下军。”	杨伯峻《注》：“工尹为官名，齐为人名，楚大夫也。”其姓氏及任工尹之上、下限不详。
	工尹襄	共王十六年（前575年）	《左传·成公十六年》：“楚子使工尹襄问之（郤至）以弓。”	杨伯峻《注》：“工尹，官名，襄，其名。”其姓氏及任工尹之上、下限不详。

续表

官名	姓名	任职时间	史料依据	备注
工尹（工正）	工尹他	?	《吕氏春秋·召类》："士尹池为荆使于宋，司城子罕觞之。"	"士尹池"，《太平御览》卷四百九十引作"工尹他"，《新序·刺奢》亦如是。可见，"士"当为"工"字之讹，"池"亦当作"他"字。据《左传》襄公六年、十五年、二十九年，司城子罕任宋执政约当楚共王后期至郏敖之时，"他"为工尹当不出这一时期，具体时间无考。
工尹	商阳	?	《礼记·檀弓下》："工尹商阳与陈弃疾追吴师，及之。"	灵王十一年有工尹路（见下），故商阳任工尹上限当不晚于灵王七年（鲁昭八年，前534年），下限当即工尹路任职之始年，最迟不超过灵王十一年（前530年）。
	工尹路	灵王十一年（前530年）	《左传·昭公十二年》："工尹路请曰：'君王（灵王）命剥圭以为鍼柲，敢请命。'"	其任工尹当上接工尹商阳，下限当即灵王死年（前529年）。

续表

官名	姓名	任职时间	史料依据	备注
工尹	工尹赤	平王六年（前523年）	《左传·昭公十九年》：“楚工尹赤迁阴于下阴。”	其任职当始于平王元年，下限无考。
	工尹寿	昭王元年（前515年）	《左传·昭公二十七年》：“左尹郤宛、工尹寿帅师至于潜。”	其任工尹之上、下限不详。
	薳固	惠王十二年（前477年）	《左传·哀公十八年》：“巴人伐楚，围鄾。……将卜帅，（惠）王曰：‘宁（公孙宁）如志，何卜焉？’使帅师而行。请承，王曰：‘寝尹、工尹勤先君者也。’三月，楚公孙宁、吴由于、薳固败巴师于鄾。”	从左引《传》文知，惠王所说“工尹”即为薳固。说他“勤先君”，是指昭王十年（前506年）吴入郢之战时，他曾以箴尹“执燧象以奔吴师”。至惠王十年（前479年），他仍任此官，哀十六年《传》称“箴尹固”。其任工尹之上限，当在惠王十年白公政变被平定后。正如《会笺》所说，盖因灭白公，“故进为工尹也”。其任工尹之下限不详。

续表

官名	姓名	任职时间	史料依据	备注
箴尹	斗克黄（斗生）	庄王九年（前605年）前后	据《左传·宣公四年》，若敖氏之乱时，令尹子文之孙“箴尹克黄使于齐”，归后被庄王赦免，“使复其所”。杨伯峻《注》：“使克黄复任箴尹之官。”	《吕氏春秋·勿躬》高注：“主箴规之官。”即掌谏议。“生”为庄王在平定若敖氏之乱后为其所改之名。据左引《传》《注》，其任箴尹的时间当在庄王前、中期，甚或与庄王相始终。
	公子追舒（子南）	康王二至八年（前558至前552年）	《左传·襄公十五年》：“公子追舒为箴尹。”《左传·襄公二十一年》：“夏，楚子庚卒。……乃使子南为令尹。”	其为箴尹，首尾共六年。
	鍼宜咎	灵王三年（前538年）	《左传·昭公四年》：“箴尹宜咎城钟离。”	箴、葴、鍼三字音、义近同，可通用，故楚“箴尹”亦可作“葴尹”“鍼尹”。但“鍼宜咎”之“鍼”，非以官为氏，而是以先祖陈鍼子之字为氏，参《左通补释》卷十八引周氏《附论》。宜咎于鲁襄二十四年，即楚康十一年（前549）自陈奔楚，其任箴尹或在此后不久，下限不详。

续表

官名	姓名	任职时间	史料依据	备注
箴尹	薳固（鍼尹固、箴尹固）	昭王十年至惠王十年（前506至前479年）	《左传·定公四年》："鍼尹固与（昭）王同舟，王使执燧象以奔吴师。"《左传·哀公十六年》："叶公亦至，……遇箴尹固率其属。"按：此"固"，据《左传·哀公十八年》及《左通补释》卷卅二，即佐令尹子国败巴师于鄾的工尹薳固。其任工尹，当是平定白公政变后职任有所改变。	据左引《传》文，薳固任箴尹至少二十七年，因昭王十年亦未必为其任此职之始年。
连尹	襄老	庄王十七年（前597年）	《左传·宣公十二年》："（晋人）射连尹襄老，获之，遂载其尸。"	"连尹"之"连"与"辇"同，为古"辇"字，是连尹乃主车之官（参骆瑞鹤《楚连尹为主车之官说》，载《江汉论坛》1984年第6期）；一说为主管铅、锡矿的职官（见郭仁成《试探楚工官》，载《益阳师专学报》1987年第4期）。庄王十七年襄老死于邲战，其任连尹之上限不详。
	屈荡	康王二至十二年（前558至前548年）	《左传·襄公十五年》："屈荡为连尹。"《左传·襄公二十五年》："楚薳子冯卒，屈建为令尹，屈荡为莫敖。"	此屈荡非邲战时为庄王左广之"右"的屈荡。

续表

官名	姓名	任职时间	史料依据	备注
连尹	伍奢	平王七年（前522年）	据《左传·昭公二十二年》，平王七年，平王听费无极谗言，杀伍奢，而昭二十七年《传》则称“杀连尹奢”。	据昭十九、二十年《传》，平王元年至七年（前528至前523年），伍奢官太子之“师”。如此，则连尹或其兼官，或其任太子师前之旧职。
莠尹	然	昭王元年前至四年后（前515年前至前512年后）	《左传·昭公二十七年》：“楚莠尹然……帅师救潜。”《左传·昭公三十年》：“楚子……使监马尹大心逆吴公子，使居养，莠尹然、左司马戌城之。”	《会笺》：“莠尹盖治田之官。农重择种，务在耘耨，以去莠为义，故名莠尹耳。”然任此官当早于昭王元年，迟于昭王四年，确切上、下限不详。
监马尹	大心	昭王四年（前512年）	见上引昭三十年《传》文。	掌宫内养马。其任监马尹之上、下限不详。
卜尹（开卜大夫）	观从	平王政变成功之年，即灵王十二年（前529年）	《左传·昭公十三年》：“召观从，（平）王曰：‘唯尔所欲。’对曰：‘臣之先佐开卜。’乃使为卜尹。”	前529年为观从任卜尹之始年。平王时期（前528至前516年）他当一直担任此职。

续表

官名	姓名	任职时间	史料依据	备注
卜尹（开卜大夫）	观射父	昭王时期	《国语·楚语下》大篇幅记载了观射父对楚昭王及司马子期的答辞。从答辞中可看出他是一个博通天地、鬼神和祭祀的人物。又，观氏家族自观从后世掌开卜大夫，则观射父当为楚之卜尹，且很可能就是观从之子。	掌卜事。其在昭王时期任卜尹之上、下限不详。
	观瞻	惠王十一年（前478年）	《左传·哀公十八年》："初，右司马子国之卜也，观瞻曰：'如志。'"杜《注》："观瞻，楚开卜大夫。"	右司马子国之卜为令尹，在鲁哀公十七年即楚惠王十一年。观氏家族世任开卜大夫的助手（即昭公十三年《传》所谓"佐开卜"），自观从一跃而为全国最高卜官——卜尹，其后代又世袭此职，故知观瞻所任之"开卜大夫"实即卜尹。
乐尹	钟建	昭王十一年（前505年）	《左传·定公五年》："昭王以季芈妻钟建，以为乐尹。"杜《注》："司乐大夫。"	钟建任乐尹始于昭王复国之年，下限可能已延及昭王中、晚期。

续表

官名	姓名	任职时间	史料依据	备注
玉尹	?	蚡冒时期	《新序·杂事五》："荆人卞和得玉璞而献之楚厉王，使玉尹相之。"	《七国考·楚官制》："玉尹，掌玉之官。"此任职于厉王（蚡冒）时期的玉尹是谁，已不可考。据《新序·杂事五》，武王、文王时亦有玉尹。
陵尹	喜	灵王十一年（前530年）	《左传·昭公十二年》："楚子狩于州来，次于颍尾，……使……陵尹喜帅师围徐以惧吴。"杜《注》："（喜）楚大夫。"	左言东《楚国官制考》："（陵尹）掌王陵墓。"喜任此官之上、下限不详。（《求索》1982年第1期）
罴尹	午	灵王十一年（前530年）	《左传·昭公十二年》："楚子……使……罴尹午……帅师围徐以惧吴。"	张澍《姓氏寻源》卷十四："罴尹者，当是禁人喧罴之官。"午任罴尹之上、下限不明。
芋尹	申无宇（范无宇）	郏敖元年至灵王十年（前544至前531年）	《左传·昭公七年》："楚子（灵王）之为令尹也，为王旌以田。芋尹无宇断之。"《左传·昭公十一年》："（灵）王问于申无宇曰：'弃疾在蔡，何如？'"	据《新序·义勇》，芋尹为殴兽之官。无宇，《左传》称"申无宇"，《国语》作"范无宇"。申为其氏，范乃封邑。在王子围任令尹的郏敖时期，他即官芋尹。王子围弑立后，对他仍很信任，昭四年及昭十一年《传》可证，这说明迟至灵王十年，他仍任此官。

续表

官名	姓名	任职时间	史料依据	备注
芋尹	申亥	灵王十二年（前529年）至平王时期（前528至前516年）	《左传·昭公十三年》："（灵）王沿夏，将欲入鄢。芋尹无宇之子申亥曰……乃求王，遇诸棘闱以归。夏五月癸亥，王缢于芋尹申亥氏。""他年，芋尹申亥以王柩告，乃改葬之。"	"他年"改葬灵王时，申亥仍官芋尹，平王时其职或未变。
	芋尹文	？	《新序·义勇》："芋尹文者，荆之欧鹿彘者也。司马子期猎于云梦，载旗之长拽地，芋尹文拔剑齐诸轸而断之。……王悦，使文为江南令而大治。"	"芋"乃"芋"之讹（参杨伯峻《春秋左传注》第四册第1283页）。子期任司马，时为昭王十一年至惠王十年（前505至前479年），考见本书第三章第一节。因之，文任芋尹或在前505年至前489年的昭王时期，或在前488年至前479年的惠王时期，或与子期任司马之时大致吻合，目前无法考定。
豚尹	杨宜	康王五年（前555年）	《左传·襄公十八年》："楚子闻之，使杨豚尹宜告子庚曰……"	《说苑·奉使》："楚庄王欲伐晋，使豚尹观焉。"是知豚尹为使者之官。襄十八年《传》之"杨豚尹宜"，则杨其氏，宜其名也。杨宜任豚尹当在康王时期，确切上、下限不详。

续表

官名	姓名	任职时间	史料依据	备注
清尹	弗忌	共王初期	《左传·成公七年》:“及共王即位,子重、子反杀巫臣之族……及清尹弗忌。”	子重、子反杀巫臣之族及清尹弗忌,时在共王二年(前589)以后,考见本书第五章第五节。弗忌任清尹在共王初期,上限也可能在庄王时期。章太炎据《吴彝铭》“用作青尹宝尊彝”,断吴、周有此官,并指出它为春官朝廷官,非地方官。至于楚有青尹,他认为是“楚僭王礼”之故。(《章太炎全集》,上海人民出版社1982年版,第2集第443页)
新造尹	棼冒勃苏(申包胥)	昭王十年(前506年)	《楚策一·威王问于莫敖子华章》:“昔者吴与楚战于柏举,……(棼冒勃苏)七日而薄秦王之朝。……秦王身问之:‘子孰谁也?’棼冒勃苏对曰:‘臣非异,楚使新造盩棼冒勃苏。’”	职司外交。曾侯乙墓简文有“新造尹”,铜器铭文作“新貽”。《楚策一》的“新造盩”,当即“新造尹”,“盩”乃讹字。

续表

官名	姓名	任职时间	史料依据	备注
左史	倚相	灵王十一年至昭王十一年以后（前530至前505年以后）	《左传·昭公十二年》："左史倚相趋过，（灵）王曰：'是良史也。'"《国语·楚语上》："司马子期欲以妾为内子，访之左史倚相。"《国语·楚语下》："王孙圉聘于晋，定公飨之。……（王孙圉）曰：'……楚之所宝者，观射父。……又有左史倚相，能道训典……'"	掌典籍历法。《七国考·楚官制》引王应麟《玉海》："左史，楚之史官也。"倚相任左史之上限不详。下限当在昭王十一年后，而不到惠王时期。理由为：第一，子期出任司马在昭王十一年，考见本书第三章第一节，故子期以司马访问倚相，必在昭王十一年后；第二，惠王初期，倚相之子"老"已接任左史之职（详下），故倚相任左史不可能到惠王时期；第三，晋定公七年，当楚昭王十一年，王孙圉聘晋同定公讲倚相事若在此年以后，于理亦通。
	左史老	惠王十一年（前478年）	《左传·哀公十七年》引"子谷曰"："右领差车与左史老皆相令尹、司马以伐陈。"	《通志·氏族略四》："楚有左史倚相，左史老其后也。"是"老"为倚相之子。哀十三年《经》有"楚公子申（令尹子西）帅师伐陈"的记载，时为惠王七年（前482年）。左史老辅令尹、司马伐陈，或即此役。若然，"老"于惠王初期即已继任父职。其任左史之下限不详。

续表

官名	姓名	任职时间	史料依据	备注
史（太史）	申公史老（申公子亹）	?	《国语·楚语上》："左史倚相廷见申公子亹，子亹不出，左史谤之，举伯以告。子亹怒而出，曰：'女无亦谓我老耄而舍我，而又谤我。'"韦《注》："子亹，楚申公史老也。"《楚语上》又载："灵王虐，白公子张骤谏。王患之，谓史老曰……"	《左传》《国语》所称"史某"，一般是指太史。楚臣七十致仕。子亹于灵王时既已老耄，则当已不任官职。据考证，其任申公，上限最迟不晚于康王十三年（前547年），下限当已入郏敖时期，见本书附录一之"县公、县尹表"。如此，则其任史官当在任申公之前，具体时间已不可考。
	史猈	灵王十二年（前529年）	《左传·昭公十三年》："蔡公使须务牟与史猈先入，因正仆人杀太子禄及公子罢敌。"	猈任太史，当在灵王时期，平王夺政后当仍任此官，确切上、下限不详。
	史皇	昭王十年（前506年）	《左传·定公四年》："史皇以其（令尹子常）乘广死。"	其任职之上限不详。

续表

官名	姓名	任职时间	史料依据	备注
太宰	子商（公子辰）	共王九至十年（前582至前581年）	《左传·成公九年》："十二月，楚公子辰如晋，报钟仪之使，请修好，结成。"杨《注》："据下年《传》，公子辰字子商，官太宰。"《左传·成公十年》："十年春，晋侯使籴茷如楚，报太宰子商之使也。"	据《新序·杂事一》，楚太宰主职外交，即所谓"奉珪璧，使诸侯，解忿争之难，交两国之欢"。其任太宰之上限，当早于共王九年，下限当即伯州犁任太宰之始年，最迟不晚于共王十五年（前576年），详下。
	伯州犁	共王十六年至郏敖四年（前575至前541年）	《左传·成公十六年》："子重使太宰伯州犁侍于王后。"《左传·昭公元年》："（灵王弑立）杀太宰伯州犁于郏。"	据成十五年《传》，伯州犁于是年奔楚。故其始任太宰当在共王十五年（前576年）。
	薳启强	郏敖四年至灵王六年（前541至前535年）	《左传·昭公元年》："楚灵王即位，薳罢为令尹，薳启强为太宰。"《左传·昭公七年》："楚子（灵王）成章华之台，愿与诸侯落之。太宰薳启强曰……"	《左传》记薳启强事止于昭公七年（楚灵王六年），但其任太宰的下限当在此年之后，或与太宰犯相衔。
	犯	平王八年（前521年）	《左传·昭公二十一年》："楚薳越帅师将逆华氏，太宰犯谏曰……"	犯之姓氏阙佚。其任太宰之上限，或即薳启强任太宰之终年。其任太宰之下限不详。

续表

官名	姓名	任职时间	史料依据	备注
太宰	子朱	惠王十一年（前478年）后	《淮南子·人间训》："太宰子朱侍饭于令尹子国，令尹子国啜羹而热，投卮浆而沃之，明日，太宰子朱辞官而归。"	子国任令尹在惠王十一年后而兼跨春秋和战国两个时代，故子朱任太宰既可能在惠王十一年后的春秋末期，亦可能在战国初期。
少宰	?	庄王十七年（前597年）	《左传·宣公十二年："楚少宰如晋师……"	宋亦设有太宰、少宰，而少宰为太宰之副（见《左传·成公十五年》，楚当亦然。庄王十七年之少宰姓名不详，其任职之上、下限无考。
司败（廷理）	?	成王四十年（前632年）	《左传·文公十年》："（子西）沿汉泝江，将入郢。（成）王在渚宫，下，见之。惧而辞曰：'臣免于死，有谗言，谓臣将逃，臣归死于司败也。'"	杜《注》："楚名司寇为司败。"是司败乃主刑罚狱讼之官。左引《传》文所述之事，发生在成王四十年城濮战后不久。此"司败"姓名不知，其任职之上、下限无考。
	?	庄王九年（前605年）	《左传·宣公四年》："其（令尹子文）孙箴尹克黄使于齐……遂归，复命，而自拘于司败。"	此姓名阙佚之司败，其任职之上、下限不详。
	?	昭王十一年（前505年）	《国语·楚语下》引蓝尹亹曰："臣何有于死，死在司败矣。"	蓝尹亹说此话，在昭王十一年。此年之司败，姓名阙佚，其任职之上、下限无考。

续表

官名	姓名	任职时间	史料依据	备注
司败（廷理）	?	成王八至三十五年（前664至前637年）	《说苑·至公》："楚令尹子文之族有干法者，廷理拘之，闻其令尹之族也，而释之。子文召廷理而责之曰……	《说苑·至公》："凡立廷理者，将以司犯王令而察触国法也。"是知廷理与司败乃一官二名。此廷理任职不出子文执政期间（前664至前637年），确年不详。
	?	庄王时期	《韩非子·外储说右上》："荆庄王有茅门之法，曰……于是太子入朝，马蹄践雷。廷理折其辀，戮其御。"	此任职于庄王时期的廷理，其在任之上、下限无考。
	石奢	昭王时期	《韩诗外传》卷二："楚昭王有士，曰石奢。其为人也，公而好直，王使为廷理，于是道有杀人者，石奢追之，则父也。还返于廷。……刎颈而死乎廷。"	奢任廷理不出昭王时期，确年无考。
司徒	?	庄王十六年（前598年）	《左传·宣公十一年》："令尹蔿艾猎城沂，使封人虑事，以授司徒。"	杜《注》："司徒掌役。"即楚国劳役大总管。此司徒任职之上、下限不详。

续表

官名	姓名	任职时间	史料依据	备注
封人	?	庄王十六年（前598年）	同上	《周礼·地官·封人》："凡封国，设其社稷之壝，封其四疆。造都邑之封域者，亦如之。"是封人为典守封疆与建筑城廓之官。杜预注宣十一年《传》曰："封人，其时主筑城者。"此封人任职之上、下限无考。

7. 县公、县尹表

（掌县政者，可兼领军职）

官名	姓名	任职时间	史料依据	备注
申公	彭宇	文王中、晚期	《申公彭宇簠铭》："唯五（王）十又一月辛子，𪚪（申）公彭宇自作淄匿（簠），宇其眉寿，万年无疆，子子孙孙，永宝用之。"刘彬徽考证指出："从南阳申公器的形制、纹饰来看亦为春秋早期，是楚灭申后不久所封申公之器"（见《楚国春秋早期铜礼器简论》，载《楚文化觅踪》，中州古籍出版社1986年版）。按：所谓"楚灭申后不久"，乃文王中、晚期也。	此"申公彭宇"，当即楚灭申后担任令尹的彭仲爽的族人。彭仲爽"县申息"，而以熟知原申国情况的彭氏家族之人为首届申公，可谓所用得人。彭宇任申公的上限为楚于申地设县之年，即楚灭申后不久，下限可能已进入成王之初，而与申公斗班相衔。

续集

官名	姓名	任职时间	史料依据	备注
申公	斗班	成王八年（前664年）	《左传·庄公三十年》："申公斗班杀子元。"	斗班于鲁庄二十八年见《传》，为伐郑诸将之一，其时当已任申公。其任申公之上限，当还较此为早，而与申公彭宇相衔，下限不详。
	斗克（子仪、子仪父）	成王三十七年（前635年）	《左传·僖公二十五年》："（秋）楚斗克、屈御寇以申息之师戍商密"，秦军围之，"囚申公子仪、息公子边以归。"	斗克被俘后，其职由名为"叔侯"者接任，故此年即斗克任申公之下限。据《国语·楚语上》韦《注》，斗克为斗班之子。故克任申公之上限，很可能即斗班任申公之终年。
	叔侯（申叔侯，申叔）	成王三十七至四十年（前635至前632年）	《左传·僖公二十六年》："（鲁僖）公以楚师伐齐取谷。……楚申公叔侯戍之。"又《左传·僖公二十八年》："楚子入居于申，使申叔去谷。"	《会笺》僖公二十八年《传》笺："申叔，申公叔侯也。申公斗克为秦所囚，故叔侯代之也。"则其始任申公在成王三十七年（前635年）。其任职之下限最迟不晚于成王四十年（前632年）。据《通志·氏族略》，叔侯食邑于申，称申叔侯，其后为"申叔"氏。

续集

官名	姓名	任职时间	史料依据	备注
申公	子培	庄王十六年（前598年）前	《吕氏春秋·至忠》有“申公子培”杀随兕后三月得疾而死的记载，并载明其时在“两棠”之战即邲战以前。	剔除其迷信成分,《至忠》所反映的邲战以前楚有申公子培其人，当属可信。据《左传》，庄王十六年屈巫臣已任申公（详下）。如此，子培任申公之下限最晚不超过此年，其任职之上限不详。
	屈巫（巫臣、子灵）	庄王十六年至共王二年（前598至前589年）	《左传·成公二年》：“楚之讨陈夏氏也，庄王欲纳夏姬。申公巫臣曰：‘不可。’”按：楚讨陈夏氏，在鲁宣十一年，即庄王十六年。《左传·成公二年》又载：“（九月）使屈巫聘于齐，……巫臣尽室以行。”	巫臣任申公之下限在共王二年，上限则可能早于庄王十六年，而与申公子培相衔。
	公子申	共王六年（前585年）	《左传·成公六年》：“楚公子申、公子成以申、息之师救蔡。”	据《左传》，凡率申、息之师征战戍守者，皆为申公、息公（见僖公二十五、二十七年、文公九年《传》等）。以此知公子申时任申公。其任此职之上限，当在共王二年巫臣奔晋以后，下限不详，共王二十六年（前565年）他以右司马被杀。

续集

官名	姓名	任职时间	史料依据	备注
申公	王子牟	康王时期	《国语·楚语上》:“椒举取于申公子牟,子牟有罪而亡,康王以为椒举遣之,椒举奔郑,将遂奔晋。蔡声子将如晋,遇之于郑,……《声子》还(自晋返楚)见令尹子木,子木语之语,曰:‘……彼(椒举)惧而奔郑,……乃遂奔晋,晋人又用之矣。彼若谋楚,其亦必有丰败也哉。’……(子木)乃使椒鸣召其父而复之。”	椒举惧祸奔郑、奔晋,时在“子牟有罪而亡”不久。而椒举出奔,又与蔡声子“将如晋”“还见令尹子木”在同一年。据《左传·襄公二十六年》,“声子通使于晋,还如楚”之年为康王十三年(前547年),如此,则“王子牟有罪而亡”当亦在此年。其任申公之上限不详,既可能在康王初期,也可能在共王晚年,在他和公子申之间,似还有一任申公。
	子亹(史老)	?	《国语·楚语上》:“左史倚相廷见申公子亹,子亹不出。左史谤之,举伯以告。子亹怒而出,曰:‘女无亦谓我老耄而舍我,而又谤我!’”	联系《楚语上》有关记载的上下文意来看,“倚相廷见申公子亹”的时间在灵王时期。子亹于灵王时既已“老耄”,则其出任申公当在康王时期,王子牟任申公之下限为康王十三年(见上),则子亹任申公之上限最晚不迟于此年,下限可能已进入郏敖时期。

续集

官名	姓名	任职时间	史料依据	备注
申公	寿馀	昭王十五年（前 491 年）	《左传·哀公四年》："夏……左司马眅、申公寿馀、叶公诸梁致蔡于负函，致方城外于缯关。"	寿馀任申公之上、下限不详。他与子亹之间，间隔较长，其间当还有他人担任申公。
息公	屈禦寇（子边）	成王十七年（前 635 年）	《左传·僖公二十五年》："秋，秦、晋伐鄀，楚斗克、屈御寇以申、息之师戍商密。……秦师囚申公子仪、息公子边以归。"	此年为其任息公之下限，上限不详。
	子朱（公子朱）	穆王二至九年（前 624 至前 617 年）	《左传·文公三年》："晋阳处父伐楚以救江，门于方城，遇息公子朱而还。"《左传·文公九年》："秋，楚公子朱自东夷伐陈。"又据文十年《传》，穆王田猎于孟诸，"子朱……为左司马"。	其任息公，上限可能早于穆王二年，下限可能晚于穆王十年。穆王十年他任左司马，盖临时因田猎而置，其本职当仍为息公。有人以子朱姓屈氏（见赵逵夫《楚屈子赤角考》，载《江汉考古》1982 年第 1 期），误！穆王时屈氏家族之人不得称"公子"。
	公子成	共王六年至康王二年（前 585 至前 558 年）	《左传·成公六年》："楚公子申、公子成以申、息之师救蔡。"《左传·襄公十五年》："楚公子午为令尹，……公子成为左司马。"	据《左传》，凡率申、息之师执行军事任务者，皆申公、息公。公子成任息公之上限当早于共王六年。

续集

官名	姓名	任职时间	史料依据	备注
商公	子西（斗宜申）	成王四十年（前632年）城濮战后	《左传·文公十年》："（城濮败后）子西缢而县绝，王使适至，遂止之，使为商公。沿汉泝江，将入郢……王使为工尹。"	子西因惧谗而离开商县，回到郢都，时间当在城濮败后不久。至郢即任工尹，故其任商公为时甚短。
期思公	复遂	穆王九年（前617年）	《左传·文公十年》："（穆王）田孟诸……期思公复遂为右司马。"	复遂时任期思县公。"右司马"为田猎中所加的临时所任之职。其任期思公之上、下限不明。
析公	臣	庄王元年（前613年）	《左传·襄公二十六年》："子仪之乱，析公奔晋……"《楚语上》："（子仪之乱）或谮析公臣于王，王弗是，析公奔晋。"	"子仪之乱"在庄王元年。臣任析公之上限不详。
成公	贾	庄王三年（前611年）	《吕氏春秋·重言》："荆庄王立三年，不听而好讔，成公贾入谏……"	据《左传·定公五年》及《国语·楚语下》韦《注》，楚有津名"成臼"。臼即臼水（发源于今湖北京山屈聊山），则"成臼"之"成"，应为地名无疑。贾任成公之上、下限不明。

续集

官名	姓名	任职时间	史料依据	备注
成公	乾	平王六至七年（前523至前522年）间	《说苑·辨物》："王子建出守于城父，与成公乾遇于畴中。"	王子建出守城父，在平王六至七年，详参《左传》昭公十九年、二十年。乾于此间官为成公。其任职之上、下限不明。
鄀公	?	春秋中期	《上鄀公簠铭》："惟正月初吉丁亥，上鄀公择其吉金，铸其叔嬭番妃媵簠，其眉寿万年无期，子子孙孙，永宝用之。"	"上鄀公簠"出土于河南淅川下寺八号墓，据刘彬徽考证，此器从花纹、形制看，应为春秋中期之物。据铭文可知，此上鄀公为芈姓，而文献记载鄀国之姓为允姓，因知此"上鄀公"为楚县县公（参《湖北出土两周金文国别年代考述》，载《古文字研究》第13辑）。
	服（府）	春秋中期	《上鄀服簠铭》："佳（唯）正六月初吉丁亥，上鄀服择其吉金，铸其胥簠，其眉寿无记（期），子子孙孙，永宝用之。"	"上鄀府簠"于1972年在湖北襄阳山湾出土，刘彬徽考证其为春秋中期器，参上文。
	孟城	春秋晚期	《鄀公瓶铭》："鄀公孟城，作为行瓶，其眉寿无疆，子子孙孙，永宝用之。"	有人考证此器为春秋晚期器（见李瑾、徐俊《论先秦楚国职官名称及其有关问题》，载《华中师院学报》1986年6期），则孟城为彼时楚鄀县之县尹。

续集

官名	姓名	任职时间	史料依据	备注
鄖公	钟仪	共王七年（前584年）	《左传·成公七年》："秋，楚子重伐郑，师子汜。……郑共仲、侯羽军楚师，囚鄖公钟仪，献诸晋。"	此年可视为钟仪任鄖公之终年，因其囚晋两年，其间必有接任者。钟仪任鄖公之上限不详。
	斗辛	昭王十至十一年（前506至前505年）	《左传·定公四年》："（昭）王奔鄖。……鄖公辛之弟怀将弑王，……辛曰：'……'斗辛与其弟巢以王奔随。"《左传·定公五年》："及宁，……王赏斗辛……"	辛任鄖公上限当早于昭王十年，下限晚于昭王十一年，确切上、下限不详。
邓公	乘	春秋中晚期之际到春秋晚期早段	《邓公乘鼎铭》："邓公乘，自乍（作）飤鼾，其眉寿无期，永宝用之。"刘彬徽从此器的形状、纹饰，断定它是春秋中晚期之际到春秋晚期早段的器物（见《湖北出土两周金文国别年代考述》，载《古文字研究》第13辑）。	邓于文王时期并为楚县，而乘又生活于春秋中晚期至春秋晚期早段，则其时为邓县县公无疑。
陈公	穿封戌	灵王七至十年（前534至前531年）	《春秋·昭公八年》："冬十月壬午，楚师灭陈。"同年《传》："使穿封戌为陈公。"杜《注》："灭陈为县，使戌为县公。"《史记·楚世家》："（灵王）十年，召蔡侯，醉而杀之。使弃疾定蔡，因为陈、蔡公"。	灵王十年灭蔡，弃疾"为陈、蔡公"，这说明戌其时已死，故弃疾得并领二县。

续集

官名	姓名	任职时间	史料依据	备注
陈公	公子弃疾	灵王十至十二年（前531至529年）	据《楚世家》，灵王十年楚灭蔡，以弃疾“为陈、蔡公”，此其为陈、蔡公之始；又据《左传·昭公十三年》，弃疾发动政变前仍然“君陈、蔡”，此其为陈公之末。	
蔡公	公子弃疾	灵王十至十二年（前531至前529年）	《左传·昭公十一年》载，“冬十一月，楚子灭蔡”，“十二月，……使弃疾为蔡公”，又《左传·昭公十三年》仍称政变前夕的公子弃疾为“陈、蔡公”“蔡公”，说明弃疾任蔡公终于是年。	
叶公	沈诸梁（子高）	昭王十一年至惠王十三年（前505至前476年）	《左传·定公五年》：“叶公诸梁之弟后臧从其母于吴，不待而归，叶公终不正视。”《左传·哀公十六年》：“叶公亦至，及北门。……沈诸梁兼二事。”又《左传·哀公十七年》：“王卜与叶公（时任令尹、司马）……改卜子国而使为令尹……秋，楚沈诸梁伐东夷。”	据左引《传》文，沈诸梁任叶公前后当有两次，第一次上限为昭王十一年之前，下限为惠王十年（前479年），第二次上限为惠王十二年（前477年），下限为惠王十三年（前476年）或十三年以后。惠王十年秋至十一年秋，其官为令尹、司马，考见本书第三章第一节。

续集

官名	姓名	任职时间	史料依据	备注
沈尹	沈尹（虞丘子）	庄王十七年至共王二年之后（前597至前589年后）	《左传·宣公十二年》："楚子北师次于郔。沈尹将中军。"《左传·成公七年》："及共王即位，子重、子反杀巫臣之族，……使沈尹……分子荡之室。"	据杨伯峻《春秋左传注》第二册第728页注，沈尹即虞丘子。笔者考证，从庄王九年起，此人曾任令尹五年左右，约于庄王十四年让位于孙叔敖，参本书第二章第一节。其任沈县县尹，前后当有两次。第一次在庄王九年（前605年）前，上限不知。第二次上限在庄王十四年（前600年），下限当晚于"共王即位，子重、子反杀巫臣之族"之年（共王二年后）。子重等杀巫臣之族为何在共王二年以后？参本书第五章第五节。
	沈尹寿	康王十一年（前549年）	《左传·襄公二十四年》："舒鸠人叛楚。楚子师于荒浦，使沈尹寿与师祁犁让之。"	寿任沈尹之上、下限不详。
	沈尹射（薳射）	灵王三年（前538年）	《左传·昭公四年》："冬，吴伐楚，入棘、栎、麻，以报朱方之役。楚沈尹射奔命于夏汭。"《左传·昭公五年》："冬十月，楚子……伐吴，以报棘、栎、麻之役。薳射以繁扬之师会于夏汭。"	由左引《传》文，知沈尹射即薳射。但因灵王四年冬十月已另有名赤之沈尹（亦见昭五年《传》），故知薳射任沈尹终于灵王四年。其任沈尹之上限不明。

续集

<table>
<tr><th>官名</th><th>姓名</th><th>任职时间</th><th>史料依据</th><th>备注</th></tr>
<tr><td rowspan="3">沈尹</td><td>沈尹赤</td><td>灵王四年（前537年）</td><td>《左传·昭公五年》：“冬十月，……楚子以驲至于罗汭。……楚师济于罗汭，沈尹赤会楚子，次于莱山，薳射帅繁扬之师先入南怀，楚师从之，及汝清，吴不可入。楚子遂观兵于坻箕之山。”</td><td>其任沈尹始于是年，下限不明。</td></tr>
<tr><td>沈尹戌</td><td>平王六年至昭王元年（前523至前515年）</td><td>《左传·昭公十九年》：“楚人城州来，沈尹戌曰……”《左传·昭公二十七年》：“吴子欲因楚丧而伐之，……左司马沈尹戌帅都君子与王马之属以济师。”</td><td>昭王元年为戌任沈尹之下限，其任沈尹之上限当早于平王六年。</td></tr>
<tr><td>沈尹朱</td><td>惠王十一年（前478年）</td><td>《左传·哀公十七年》：“王与叶公枚卜子良以为令尹，沈尹朱曰……”</td><td>其任沈尹之上、下限不明。</td></tr>
<tr><td>方城外之县尹（穿封尹？）</td><td>穿封戌</td><td>康王十三年（前547年）</td><td>《左传·襄公二十六年》：“（伯州犁）曰：‘此子为穿封戌，方城外之县尹也。’”</td><td>万氏《氏族略》：“穿封戌为方城外之县尹，疑穿封是方城外地名，戌为其县尹。”其任职之上、下限不明。</td></tr>
</table>

续集

官名	姓名	任职时间	史料依据	备注
棠尹	伍尚	平王七年（前522年）	据《左传·昭公二十年》，此年伍奢及其长子伍尚（即“棠君尚”）皆被杀。	棠为楚地，据顾祖禹《读史方舆纪要》，在今河南遂平县西北百里。王引之《经义述闻》以“棠君尚”之“君”当为“尹”字。《春秋分记·职官书四》：“楚县尹称公，……凡以邑名，皆县尹也。”尚任棠尹之下限为平王七年，上限不明。
武城尹	武城黑	昭王十年（前506年）	《左传·定公四年》：“武城黑谓子常曰……”	杜《注》：“黑，武城大夫”。顾栋高《春秋大事表》卷十《官制》：“楚官多以尹名，……武城，……邑名，（黑）盖即县尹也。”黑任此职之上、下限不明。
	公孙朝	惠王十一年（前478年）	《左传·哀公十七年》：“王卜之，武城尹吉。使帅师取陈麦。陈人御之，败，遂围陈。秋七月己卯，楚公孙朝帅师灭陈。”	朝任武城尹之上、下限不明。
郊尹	斗成然（子旗）	灵王时期（？至前529年）	《左传·昭公十三年》：“及即位……（灵王）又夺成然邑，而使为郊尹。”杜《注》：“成然，韦龟子。郊尹，治郊竟（郊区）大夫。”同年《传》又载：“弃疾即位。……使子旗为令尹。”	据左引《传》文，成然任郊尹在灵王即位以后，确年不详，下限为灵王死年。

（二）战国时期

战国时期楚令尹所属主要职官表

职官名称	职掌	姓名	任职时间	史料依据
司马	全楚最高专职武官	公孙宽（鲁阳文子、鲁阳文君）	惠王时期（前期？）	见本书第三章第二节。
	同上	悼子音	肃王时期	同上。
大司马	同上	景舍（子发）	宣王时期	同上。
柱国大司马	同上	昭阳（昭子）	怀王时期	《史记·楚世家》：“（怀王）六年，楚使柱国昭阳将兵伐魏，得八邑。又将兵攻齐……” 包山楚简“简115”：“大司马卲（昭）阳败晋（魏）帀（师）于鄗（襄）陵之岁……”“鄂君启节”铭文文意与上同。
大司马	同上	悼滑(昭滑、召滑、悼愲、卓滑）	怀王前、中期	包山楚简“简103”：大司马恕(悼）愲以□（将）楚邦之帀（师）徒以救郙之戢（岁）畱房之月己卯之日。 《战国策·燕策三》和《韩非子》卷十也记有其事。
上柱国?	同上	屈匄	怀王中期	《史记·楚世家》：“（怀王）十七年春，与秦战丹阳，秦大败我军，斩甲士八万，虏我大将屈匄、裨将军逢侯丑等七十余人，遂取汉中之郡。”按：此“大将”为上柱国的比拟之称。 被俘后，在秦一度任左丞相，考见本书第三章第二节。

续表

职官名称	职掌	姓名	任职时间	史料依据
上柱国	同上	景翠	怀王前、中期	见本书第三章第二节。
柱国	同上	景缺	怀王中、后期	同上。
柱国或司马	同上	淖齿	顷襄王前期	同上。
司马	同上	景阳	考烈王前期	同上。
柱国或司马	同上	临武君	考烈王晚期	同上。
大司马	同上	项燕	幽王至负刍王时期	同上。
左、右尹	佐助令尹掌军事	?	战国早期	曾侯乙墓的简文中，记有“左尹”和“右尹”。裘锡圭认为，此可能是楚国官员，但以是曾侯乙之臣的可能性为大，见其《谈谈随县曾侯乙墓的文字资料》一文。笔者认为：其时曾早已是楚之属国，而曾国职官官称多袭自楚。反推之可知，楚于战国早期，同春秋时期一样，必设有左、右尹之官，且比曾国设此官的时间为早。此时楚左、右尹的职责当同于春秋时期。

续表

职官名称	职掌	姓名	任职时间	史料依据
左尹	主掌全楚司法刑狱	邵舵	战国中期	关于左尹邵舵掌管全楚司法刑狱，见包山楚简“简 217”及“简 220 号”。详参本书第六章第一节中的“左尹”。 包山楚简中还有几条有关“左尹”的记载：①第 224 号：“攻尹之攻执事人姬举、卫妆为子左尹舵举祷。”②第 12 号：“子左尹命漾陵宽（国）大夫……”③“第 143 号：“郛宽礹敌郹君之泉邑人黄钦言于左尹……”④第 128 号：“左尹与……王私司败逿、少里乔与尹翠……之命胃（谓）……”战国楚官前带“子”者，多为中央级官员。（参本表“陵尹”栏之史料依据）
大莫嚣（敖）	同于春秋时期的莫敖	鴋（阳）为	战国早期	裘锡圭《谈谈随县曾侯乙墓的文字资料》：“大莫嚻（敖）鴋（阳）为适豧之春庚申，轴赿执事人书入车。” 包山楚简第 105 号，葛陵楚简甲 36、295 号，也记有“大莫嚣”“易为”的名字，可参阅。
莫敖	楚王的顾问（兼职）	子华	威王时期	据《楚策一·威王问于莫敖子华章》，子华在回答威王有关楚国历史上的“社稷之臣”时，曾详细列举了包括令尹子文在内的五个社稷名臣的事迹，获得威王的赞叹。

续表

职官名称	职掌	姓名	任职时间	史料依据
大莫嚣	当同于春秋时期的莫敖	楚玺	战国后期	楚玺“大莫嚣（敖）鉨（玺）”（参见《文物》1958年第2期，第62页）。武汉大学教授、古文字专家罗运环认为：“从字体来看，当为战国后期的楚玺。”（参其《出土文献与楚史研究》，商务印书馆2011年版，第179页）
左徒	主职外交	?	战国早期	“左徒”之官最早见于战国早期曾侯乙墓的简文中。裘锡圭认为可能是曾国职官，但曾职官多袭自楚，反推之，楚有此官当早于曾国。
	同上	屈原	怀王中晚期	《史记·屈原贾生生列传》：“屈原者，……为楚怀王左徒。”其主职外交，他联齐以抗秦的事迹，见于《史记·楚世家》《新序·杂事一》等。
	主职外交	黄歇	楚迁陈郢后的顷襄时期	《史记·楚世家》：考烈王以左徒为令尹，封以吴。” 其任“左徒”出使于秦时，曾上秦昭王书，以极其精彩的论述说服秦昭王放弃联韩、魏共灭楚的计划，并同楚“约为与国”，表现了极高的外交才能，详见《史记·春申君列传》。

续表

职官名称	职掌	姓名	任职时间	史料依据
左、右司马	司马（大司马）的副手，佐助司马掌军	?	战国时期	曾侯乙墓中，出土简文中记有左、右司马之官，他们是送葬礼中的赠马者。裘锡圭认为他们为曾国官员的可能性较大。当时的曾国已是楚之属国，其国内的官称多袭自楚，反推之，楚设此类官要早得多，况且文献中还出现了战国后期的楚官左、右司马，更证实了这一点。
左司马	同上	適（适）	战国中期	包山楚简第 129 号："左司马適以王命期思……"左司马適，是以"王命"向期思县发布命令的，依楚简行文惯例，此"左司马"当是中央职官，为司马的副职。包山楚简第 119 号有"昜（阳）陵司马达、右司马志"的记载，有人认为他们是"中央职官"（见谭黎明《春秋战国时期楚国官制研究》第 62 页），这是错误的，因为"昜陵"是楚县，他们当是县级官员。
左、右司马	同上	司马景阳的副手	考烈王后期	《战国策·齐策三》："齐、韩、魏共攻燕，燕使太子请救于楚。楚王使景阳将而攻之。暮舍，使左、右司马各营壁地。"这里的左、右司马是司马景阳的副手，其为中央级职官甚明。为驻军建造营垒，当为左、右司马的军职之一。他们的军事主职应与春秋时一样，为辅佐司马作战的副将。

续表

职官名称	职掌	姓名	任职时间	史料依据
太师	楚王的老师顾问、参谋	子佩	怀王时期	《通典·职官》："周以太师、太傅、太保为三公。太师为三公之最尊者。"包山楚简第115号："大司马卲（昭）阳败晋（魏）帀（师）于鄟（襄）陵之岁，夏柰之月庚午之日，命（令）尹子士、大（太）帀（师）子佩命蘘陵公邗𪓐为鄗（镐）鄬貣（贷）戉阝（越）异之鉌金一百益（镒）二益（镒）四两。"这里记载了怀王六年太师子佩与令尹子士以楚国中央政府高官的身份向地方官员出贷黄金一事，此似与太师的职司无甚关系，但从中显示了其很高的地位。
太傅	同上	铎椒	威王时期	《史记·十二诸侯年表》："铎椒为楚威王傅，为王不能尽观《春秋》，采取成败，卒四十章，为《铎氏微》。"《汉去·艺文志》："《铎氏微》三篇，楚太傅铎椒也。"
	同上	慎子	顷襄王为太子时	《战国策·楚第二》记载其曾随太子入质于齐。其中说他曾佯许齐索地而使太子回楚立为顷襄王，又说他如何为顷襄出谋划策来应对齐国索地问题。尽管《楚策二》此篇的内容有违于史实，但慎子为顷襄太傅一事则不应为虚构。

续表

职官名称	职掌	姓名	任职时间	史料依据
三闾大夫	管理楚王族昭、屈、景宗族事务，包括对此三姓子弟之教育	屈原	怀、襄之时，直至被顷襄王流放	王逸释“三闾大夫”之职曰：“三闾之职，掌王族三姓，曰昭、屈、景。屈原序其谱属，率其贤良，以厉国事。”详参其《离骚》注。关于屈原任“三闾大夫”的时间，《楚辞》学专家姜亮夫作有如下解说：“三闾之职，盖专主宗姓之守者也，此当为屈姓世守之职。怀王甚任之时，则进而为左徒，此政治上之进阶也；既则退守宗庙，理族姓，此宗族上之职守也。及怀王悟为张仪所欺，而起用原为齐使，盖一时权宜之事，非即能塞谗者之口，故使齐反而仍被疏。此后遂以三闾一职直至被流放。”（详见其《楚辞学论文集》，上海古籍出版社 1984 年版，第 58 至 59 页）
大攻（工）尹	掌百工	?	战国早期	曾侯乙死后赠马助丧者。 曾侯乙墓竹简第 145 号：“大攻（工）尹之騮为右騞。” 曾侯乙墓竹简第 152 号：“大攻（工）尹之騮为左驂。”
	掌百工	脽	战国中期	鄂君启节铭文：“……大攻（工）尹脽以王命命集尹恖（悼）糌……为鄗（鄂）君启之府賦（就）铸金节……”

续表

职官名称	职掌	姓名	任职时间	史料依据
缄尹（缄、箴同音互代）	铜器制造验审	加攵	战国早期	曾侯乙墓竹简第 152 号："缄尹加攵之骝为右骖。"
		亭	战国早期	曾侯乙墓竹简第 171 号："缄尹亭之两骝为骕。"
		逆	战国中期	鄂君启节铭文："大工尹脽以王命集尹悼（悼）辖、缄尹逆……为鄗（鄂）君启之府赋（就）铸金节……"
集尹	参与铜器的监制	悼（悼）糌	战国中期	同上。
	同上	墨	战国中期	天星观一号墓竹简："集尹墨……"
宫厩尹	宫内养马之官	?	战国早期	曾侯乙丧礼之赠马者。曾侯乙墓的简文中有"宫厩尹"之官，他们既是赠马者，又是御车者。裘锡圭认为"应是曾侯之臣"。楚在春秋时即有此官，战国早期因设之。曾之职官多袭自楚，曾设此官当比楚国要晚。
大廏（厩）尹	楚王的御厩	?	战国时期	《古玺汇编》第 5590 号："大廏（厩）……" 此玺是湖南长沙湖桥一带 E10 号战国墓出土，可补文献之缺失。
连尹	主掌铅、锌矿的工官	?	战国时期	《古玺汇编》第 1045 号："连尹之鉨（玺）。"

续表

职官名称	职掌	姓名	任职时间	史料依据
寝尹	司王之寝处	?	战国中期	包山楚简第171号：“寝尹之人……”《春秋分记·职官书四》：“寝尹，盖司王之寝处。”一说为战国时期楚国卜筮之官，为神职官员（见谭黎明《春秋战国时期楚国官制研究》，社会科学文献出版社2017年版，第100页）。
贅尹	掌神事	?	战国早期	曾侯乙墓竹简第165号：“贅尹騬鳌为右贅。”上海博物馆藏战国楚竹书四：“贅尹为楚邦之鬼神主，不敢以君主之身变乱鬼神之常故。”由此可知，贅尹为楚王近臣，职掌神事，为楚国卜筮之官。
陵尹	掌山林	?	战国时期	上博简(四)《柬大王泊旱》有“陵尹”。
		?	战国时期	包山楚简第156号：“子陵尹諻之。”第179号：“陵尹之人黄奚。”第149号：“陵迅尹墒以杨虎斂关金于郙……”上述“子陵尹”“陵尹”“陵迅尹”，皆为中央职官。刘信芳认为，包山楚简官名前冠以“子”者，多为中央级官员而非地方官员（参其《包山楚简职官与官府通考》，载《故宫学术季刊》（台北）1997年第15卷第1期）。

续表

职官名称	职掌	姓名	任职时间	史料依据
莪尹	监管铸造	逆	战国中期	鄂君启舟节铭文："集尹悤（悼）糌、莪（缄）尹逆、莪（缄）令阬为鄩（鄂）君启之府賸（商）铸金节。屯（皆）三舟为一舿，五十舿，岁翼（代）返。自鄂市，逾沽（湖）"。 按：此舟节上之"莪"字，同金节即车节上的"缄"字为同音互转，实际上是同一人，即"逆"。
太宰	楚王侍从	圵（步）	战国早期	上博简（四）《柬大王泊旱》有载。
		？	战国中期	《战国策·韩策一·郑彊之走张仪于秦章》："郑彊之走张仪于秦，曰仪之使者必之楚矣。故谓太宰曰：'公留仪之使者，强请西图仪于秦。'"鲍彪注："太宰，楚官。"战国时当与春秋时太宰职同，为楚王之侍从。
太卜	掌占卜	郑詹尹	战国中期	屈原《卜居》："屈原既放，三年不得复见，竭知尽忠，而蔽鄣于谗，心烦虑乱，不知所从。往见太卜郑詹尹曰：'予有所疑，愿因先生决之。'"由此知，太卜职掌占卜。按:《卜居》是《楚辞》中的一篇文章。相传为屈原所作，而现代学者多以为是楚国人在屈原死后为了悼念他而记载下来的有关传说。
典令	掌国之令典	？	战国中期	《战国策·韩策二》载史疾谓楚王曰："今王之国有柱国、令尹、司马、典令，其任官置吏，必曰廉洁胜任……。"鲍彪注："皆楚官。"

续表

职官名称	职掌	姓名	任职时间	史料依据
太史、右史、正史	楚史官	畢得厕、炎……	战国中期	包山楚简第138号："大（太）𤔲（史）连中。"第158号："畢得厕为右𤔲于莫囂之军。"第102号："正𤔲炎……"刘信芳认为，"𤔲"字应读作"史"（参见其《〈包山楚简〉职官与官府通考》，载《故宫学术系列》（台北）1997年第15卷第1期）。上列三"𤔲"（史），为战国时楚史官。
县令	县级政务官	子发（景舍）	威王时期	《淮南子·人间训》："子发为上蔡令，民有罪当刑，狱断论定，决于令尹前，子发喟然有凄怆之心，罪人已刑而不忘其恩。"王念孙云："尹字后人所加。"本应是"决于令前"，谓决于上蔡令之前，非为令尹前也。按：王氏之见为确！因从上下文看，乃子发一人在决断、在发感慨，突加"令尹"于中间，不合文意。从《人间训》的这段文字来看，县之行政长官的施政范围，也包括刑事断案。该案犯当曾有恩于子发，故子发虽有同情罪人之心，但还是依法惩处了犯人，显示出子发执法无私的精神。

续表

职官名称	职掌	姓名	任职时间	史料依据
大夫	同上	郢大夫江乙	宣王时期	《绎史·列女传》："（江）乙为郢大夫，有入王宫盗者，令尹以罪江乙，请于王而绌（黜）之。"令尹昭奚恤以江乙治郢失职，请示于王而罢黜其官，此说明县（都）之长官大夫有刑事断案之权，但若断案有错，令尹通过一定程序，可罢免其官职。
县公、县令	同上	其他县公、县令列举	战国时期	包山楚简所记有"集阳公"（第130号）、"鲁阳公"（第2号）、"郚公"（第199号）、"蔡公"（第200号）"长沙公"（第61号）、"安陵公"（第117号）、"阳城公"（第120号）、"鄜陵令"（第166号）、"郋令"（第165号），等等。 文献所载，除《淮南子·人间训》之"子发"外，还有《史记·孟子荀卿列传》所载之楚兰陵县县令荀卿，等等。他如"淮北地十二县"，"上庸之地六县"，皆设县公或县尹。

二、战国时期楚国封君表

1. 杨宽《战国史》所载楚国之封君表（计 53 人）

受封者	封号	封邑	受封经过及有关事迹
公孙宁	析君	析	楚惠王十二年（前 477 年）受封（《左传·哀公十八年》）。
公孙宽	鲁阳文君	鲁阳	楚惠王时封君（《国语·楚语下》）、鲁阳文君将攻郑，墨子闻而止之（《墨子·鲁问》）。
	昜（阳）城君	阳城	楚惠王时封君，见随县曾侯乙墓出土竹简，见裘锡圭《谈谈随县曾侯乙墓的文字资料》（《文物》1979 年第 7 期）。
	坪（平）夜（舆）君	平舆	同上。
	鄴（养）君	养	同上。
	鄦君		同上。
	鄗君		同上。
	郐君	徐	同上。
	析君	析	同上。
	鄀君	鄀	声王或悼王时封君，见于江陵楚墓出土竹简，载湖北江陵拍香山楚墓发掘简报（《考古》1973 年第 3 期）。
	阳城君	阳城	楚悼王时封君。楚悼王去世时，阳城君与群臣在丧所围攻吴起，射中王尸。楚将依法办罪，阳城君出走，楚收回封国（《吕氏春秋·上德》）。

续表

受封者	封号	封邑	受封经过及有关事迹
昭奚恤	工（江）君	江	楚宣王时封君，官为相国（《战国纵横家书》二十七）。此“相国”为比拟之称。
	州侯	州	楚宣王时封君。江乙为魏出使于楚，对楚宣王说：“州侯相楚，贵甚矣而主断。”（《战国策·楚策一》）。
	彭城君	彭城	楚宣王时封君，曾与昭奚恤议于王前（《战国策·楚策一》）。
坛	安陵君		楚宣王时封君（《战国策·楚策一》）。《说苑·权谋》作安陵缠，“得幸于楚恭王”。安陵为封号，无封邑。
潘勅（乘）	邸阳君	邸阳	宣王或威王时封君，见于江陵楚墓出土竹简（参见《江陵天星观1号楚墓》，载《考古学报》1982年第2期）。
启	鄂君	鄂	楚怀王时封君。据安徽寿县出土鄂君启节铭文，他拥有舟车，往来长江中下游，经过关卡时，凭节可免税。
	邸阳君	邸阳	楚怀王时封君。见于1987年湖北荆门包山二号楚墓出土竹简，详见《包山楚墓》（即包山楚墓发掘报告，文物出版社1991年版）以及杨宽《战国史》附录何浩、刘彬徽《包山楚墓封君释地》。
	郻君	濮	同上。
	阴君	阴	同上。
	喜君		同上。
	噩君	噩（鄂）	同上。
	鄬阳君	詹阳	同上。

续表

受封者	封号	封邑	受封经过及有关事迹
	羕陵君	养	同上。
	鄱君	潘	同上。
	郲君	六	同上。
	菽君		同上。
	阳君	阳	同上。
	荇君	荇	同上。
	郜君	郜	同上。
	俈陵君	俈陵	同上。
	鄞君	鄞（黄）	同上。
	新野君	新野	同上。
	菮淀君		同上。
	郐君	郐	同上。
	坪（平）夜（舆）君	平舆	同上。
	鄹君	襄	同上。
	坪陵君	平陵	同上。
	逆厽君	逆厽	同上。
	郭君	郭	同上。
	应君	应	威王或怀王时封君（见《江西靖安出土春秋徐国铜器》，载《文物》1980 年第 8 期）。

续表

受封者	封号	封邑	受封经过及有关事迹
子晰	鄂君	鄂	楚顷襄王时封君。楚大夫庄辛曾和襄成君谈论到他，说："鄂君子晰，亲楚王母弟也。官为令尹，爵为执珪。"（《说苑·善说》）鄂君子晰和鄂君启可能是一人，启是名，子晰是字，因为"启"和"晰"的字义相通，时代又相当。
	襄成君	襄城	楚顷襄王时封君。始封之日，楚大夫庄辛曾往拜谒（《说苑·善说》《水经·汝水注》）。
	夏侯 州侯 鄢陵君 寿陵君	夏州	楚顷襄王时封君，都是楚顷襄王的近臣。庄辛对楚顷襄王说："君王左州侯，右夏侯，辇从鄢陵君与寿陵君，专淫逸侈靡，不顾国政，郢都必危矣。"（《战国策·楚策四》）鄢陵、寿陵为封号，无封邑。
庄辛	阳陵君	淮北	庄辛曾规谏楚顷襄王。楚失郢都后，封他为阳陵君，给与淮北地（《战国策·楚策四》）。
	阳文君		楚顷襄王的近亲，封为阳文君。楚顷襄王有病，楚太子留秦，黄歇怕阳文君二子继立为王，劝楚太子变服逃归（《史记·春申君列传》）。
	项君	项	始封年代不详。《史记·项羽本纪》："项氏世世为楚将，封于项，故姓项氏。"
黄歇	春申君	淮北十二县，后改封于吴	公元前二六二年楚考烈王封黄歇为春申君，赐淮北地十二县。后因淮北靠近齐国，请改建为郡，献出淮北十二县，遂改封于吴（《史记·春申君列传》）。

续表

受封者	封号	封邑	受封经过及有关事迹
	临武君		楚考烈王时封君。春申君曾经要使临武君为将(《战国策·楚策四》)。其后他曾与荀况议论军事于赵孝成王前(《荀子·议兵》)。 临武君当即楚名将景阳,说详本书(《战国史》)第八章第六节。
	郪陵君	郪陵	战国末年楚封君,见于江苏无锡出土郪陵君三铜器(详见《楚郪陵君三器》,载《文物》1980年第8期)。

2. 其他论著所录记的新增的楚国封君表(计34人)

受封者	封号	封邑	受封经过及有关事迹
	榠君	榠阝	楚惠王时的封君,见郑威《楚国封君研究》(湖北教育出版社,2017年6月版)附录一:"楚国封君表"。
	析君(黑肩)	榠阝	楚惠王时期,同上书、表。
	榠阝君	榠阝	楚惠王时期,同上书、表。
	乐君	乐	楚惠王时期,同上书、表。
	舍阝君	舍阝	楚惠王时期,同上书、表。
	邦君	荆	楚惠王时期,同上书、表。
	斯阝君	沂? 析	楚惠王时期,同上书、表。
叶公诸良子	叶侯	叶	楚惠王后期至楚简王时,同上书、表。
	酂君	酂	楚惠王至怀王时期,同上书、表。

续表

受封者	封号	封邑	受封经过及有关事迹
	鄗君	鄗	楚惠王时期，同上书、表。
凤	艾君	艾	战国早期，同上书、表。
縈	盛君	成（城父）	战国早中期，同上书、表。
	南君	南	战国中前期，同上书、表。
	西阳君	西阳	楚宣王至楚威王时期，同上书、表。
	吅君	吅	楚宣王至楚威王时期，同上书、表。
	顾侯	顾	楚宣王至楚威王时期，同上书、表。
	纪陵君	纪陵	楚威王时期或怀王前期，同上书、表。
	中军	中	约楚威王、怀王时，同上书、表。
	射皋君	射皋	楚怀王时期，同上书、表。
	彭君	彭	楚怀王时期，同上书、表。
	六君	六	楚怀王时期，同上书、表。
	蔆君	蔆（陵）	楚怀王时期，同上书、表。
	纪沮君	纪沮	楚怀王时期，同上书、表。
	耒阳君	耒阳	楚怀王时期，同上书、表。
	邔阳君	邔阳	具体时间不明，同上书、表。
	上赣君	上赣	具体时间不明，同上书、表。
	权君	权	具体时间不明，同上书、表。

续表

受封者	封号	封邑	受封经过及有关事迹
	九里君	九里	肃王时期。见何浩《论楚国封君制的发展与演变》，载《江汉论坛》1991 年第 5 期。
	湫陵君	湫陵	具体时间不明。出处：同上文。
	涌君	涌	具体时间不明。出处：同上文。
	党君	党	具体时间不明。出处：同上文。
	锦君	锦	具体时间不明。出处：同上文。
	相君	相	具体时间不明。出处：同上文。 按：要判定湫陵、涌、党、锦、相五封君受封的大致时间，或许从他们所处的地理位置可获得一些启发。欲达到此目的，可参阅何浩如下三篇文章： 何浩《战国时期楚封君初探》，载《历史研究》1984 年第 5 期。 何浩、刘彬徽《包山楚简“封君”释地》，载《包山楚墓》，文物出版社 1991 年版，第 569 页。 何浩《楚国封君封邑地望续考》，载《江汉考古》1991 年第 4 期。
	吴君	旧吴国属地	按：楚迁陈郢后至楚亡。吴君出处，见何浩《论楚国封君制的发展与演变》，载《江汉论坛》1991 年第 5 期。

按：本书“附录二”所列战国时期楚国封君计 87 位，这并非彼时楚国封君的全部数字。考虑到战国时期楚封君存在世袭现象，以及大量封君失载的情况，可知实际受封者当还要大于此数，日后考古发掘资料将会不断展示出新的证据。